纯粹哲学丛书

黄裕生 主编

国家社会科学基金青年项目"康德后期伦理学研究"（15CZX049）研究成果，
结项等次为优秀

自由体系的展开

ZIYOU TIXI DE ZHANKAI

康德后期伦理学研究

刘 作 著

江苏人民出版社

图书在版编目(CIP)数据

自由体系的展开：康德后期伦理学研究 / 刘作著
. — 南京：江苏人民出版社，2023.5
（纯粹哲学丛书）
ISBN 978 - 7 - 214 - 27606 - 3

Ⅰ . ①自… Ⅱ . ①刘… Ⅲ . ①康德(Kant,
Immanuel 1724－1804)－伦理学－研究 Ⅳ . ①B516.31
②B82

中国版本图书馆 CIP 数据核字(2022)第 192205 号

书　　　名	自由体系的展开——康德后期伦理学研究	
著　　　者	刘　作	
责 任 编 辑	薛耀华	
装 帧 设 计	许文菲	
责 任 监 制	王　娟	
出 版 发 行	江苏人民出版社	
地　　　址	南京市湖南路 1 号 A 楼,邮编:210009	
照　　　排	江苏凤凰制版有限公司	
印　　　刷	江苏凤凰通达印刷有限公司	
开　　　本	652 毫米×960 毫米　1/16	
印　　　张	25　插页 3	
字　　　数	336 千字	
版　　　次	2023 年 5 月第 1 版	
印　　　次	2023 年 5 月第 1 次印刷	
标 准 书 号	ISBN 978 - 7 - 214 - 27606 - 3	
定　　　价	98.00 元	

（江苏人民出版社图书凡印装错误可向承印厂调换）

献给我的妻子(谢蓉)

和我的两个儿子(刘楷瑞和刘子瑞)

从纯粹的学问到真实的事物

——"纯粹哲学丛书"改版序

江苏人民出版社自 2002 年出版这套"纯粹哲学丛书"已有五年,共出书 12 本,如今归入凤凰出版传媒集团"凤凰文库"继续出版,趁改版机会,关于"纯粹哲学"还有一些话要说。

"纯粹哲学"的理念不只是从"纯粹的人"、"高尚的人"、"摆脱私利"、"摆脱低级趣味"这些意思引申出来的,而是将这个意思与专业的哲学问题,特别是与德国古典哲学的问题结合起来思考,提出"纯粹哲学"也是希望"哲学""把握住""自己"。

这个提法,也有人善意地提出质询,谓世上并无"纯粹"的东西,事物都是"复杂"的,"纯粹哲学"总给人以"脱离实际"的感觉。这种感觉以我们这个年龄段或更年长些的人为甚。当我的学生刚提出来的时候,我也有所疑虑,消除这个疑虑的理路,已经在 2002 年的"序"中说了,过了这几年,这个理路倒是还有一些推进。

"纯粹哲学"绝不是脱离实际的,也就是说,"哲学"本不脱离实际,也不该脱离实际,"哲学"乃是"时代精神"的体现;但是"哲学"也不是要"解决"实际的具体问题,"哲学"是对于"实际-现实-时代""转换"一个"视角"。"哲学"以"哲学"的眼光"看""世界","哲学"以"自己"的眼光"看"世界,也就是以"纯粹"的眼光"看"世界。

为什么说"哲学"的眼光是"纯粹"的眼光?

"纯粹"不是"抽象",只有"抽象"的眼光才有"脱离实际"的问题,因为它跟具体的实际不适合;"纯粹"不是"片面",只有"片面"的眼光才有"脱离实际"的问题,因为"片面"只"抓住-掌握""一面",而"哲学"要求"全面"。只有"全面-具体"才是"纯粹"的,也才是"真实的"。"片面-抽象"都"纯粹"不起来,因为有一个"另一面"、有一个"具体"在你"外面"跟你"对立"着,不断地从外面"干扰"你,"主动-能动"权不在你手里,你如何"纯粹"得起来?

所以"纯粹"应在"全面-具体"的意义上来理解,这样,"纯粹"的眼光就意味着"辩证"的眼光,"哲学"为"辩证法"。

人们不大谈"辩证法"了,就跟人们不大谈"纯粹"了一样,虽然可能从不同的角度来"回避"它们,或许以为它们是相互抵触的,其实它们是一致的。

"辩证法"如果按日常的理解,也就是按感性世界的经验属性或概念来理解,那可能是"抽象"的,但那不是哲学意义上的"辩证"。譬如冷热、明暗、左右、上下等等,作为抽象概念来说,"冷"、"热"各执一方,它们的"意义"是"单纯"的"抽象",它们不可以"转化",如果"转化"了,其"意义"就会发生混淆;但是在现实中,在实际上,"冷"和"热"等等是可以"转化"的,不必"变化"事物的温度,事物就可以由"热""转化"为"冷",在这个意义上,执著于抽象概念反倒会"脱离实际",而坚持"辩证法"的"转化",正是"深入""实际"的表现,因为实际上现实中的事物都是向"自己"的"对立面""转化"的。

哲学的辩证法正是以一种"对立面""转化"的眼光来"看-理解"世界的,不执著于事物的一面——一偏,而是"看到-理解到"事物的"全面"。

哲学上所谓"全面",并非要"穷尽"事物的"一切""属性",而是"看到-理解到-意识到"凡事都向"自己"的"相反"方面"转化","冷"必然要"转化"为"非冷",换句话说,"冷"的"存在",必定要"转化"为"冷"的"非存在"。

在这个意义上,哲学的辩证法将"冷-热"、"上-下"等等"抽象-片面"的"对立""纯粹化"为"存在-非存在"的根本问题,思考的就是这种"存在-非存在"的"生死存亡"的"大问题"。于是,"哲学化"就是"辩证化",也就是"纯净化-纯粹化"。

这样,"纯粹化"也就是"哲学化",用现在流行的话来说,就是"超越化";"超越"不是"超越"到"抽象"方面去,不是从"具体"到"抽象",好像越"抽象"就越"超越",或者越"超越"就越"抽象",最大的"抽象"就是最大的"超越"。事实上恰恰相反,"超越"是从"抽象"到"具体","具体"为"事物"之"存在"、"事物"之"深层次"的"存在",而不是"表面"的"诸属性"之"集合"。所谓"深层",乃是"事物"之"本质","本质"亦非"抽象",而是"存在"。哲学将自己的视角集中在"事物"的"深层",注视"事物""本质"之"存在"。"事物"之"本质","本质"之"存在",乃是"纯粹"的事物。"事物"之"本质",也是"事物"之"存在",是"理性-理念"的世界,而非"驳杂"之"大千世界"-感觉经验世界。"本质-存在-理念"是"具体"的、"辩证"的,因而也是"变化-发展"的。并不是"现象""变"而"理念-本质""不变",如果"变"作为"发展"来理解,而不是机械地来理解,则恰恰是"现象"是相对"僵化"的,而"本质-理念"则是"变化-发展"的。这正是我们所谓"时间(变化发展)"进入"本体-本质-存在"的意义。

于是,哲学辩证法也是一种"历史-时间"的视角。我们面对的世界,是一个历史的世界、时间的世界,而不仅是僵硬地与我们"对立"的"客观世界"。"客观世界"也是我们的"生活世界",而"生活"是历史性的、时间性的,是变化发展的,世间万事万物无不打上"历史-时间"的"烙印","认出-意识到-识得"这个"烙印-轨迹",乃是哲学思考的当行,这个"烙印"乃是"事物-本质-存在""发展"的"历史轨迹",这个"轨迹"不是直线,而是曲线。"历史-时间"的进程是"曲折"的,其间充满了"矛盾-对立-斗争",也充满了"融合-和解-协调",充满了"存在-非存在"的"转化",充满了"对立面"的"转化"和"统一"。

以哲学-时间-历史的眼光看世界,世间万物都有相互"外在"的"关系"。"诸存在者"相互"不同",当然也处在相互"联系"的"关系网"中,其中也有"对立",譬如冷热、明暗、上下、左右之类。研究这种"外在"关系,把握这种"关系"当然是非常重要的,须得观察、研究以及实验事物的种种属性和他物的属性之间的各种"关系",亦即该事物作为"存在者"的"存在""条件"。"事物"处于"外在环境"的种种"条件""综合"之中,这样的"外在""关系"固不可谓"纯粹"的,它是"综合"的、"经验"的;然则,事物还有"自身"的"内在""关系"。

这里所谓的"内在""关系",并非事物的内部的"组成部分"的关系,这种把事物"无限分割"的关系,也还是把一事物分成许多事物,这种关系仍是"外在"的;这里所谓"内在"的,乃是"事物""自身"的"关系",不仅仅是这一事物与另一事物的关系。

那么,如何理解事物"自身"的"内在""关系"?"事物自身"的"内在""关系"乃是"事物自身""在""时间-历史"中"产生"出来的"非自身-他者"的"关系",乃是"是-非"、"存在-非存在"的"关系",而不是"白"的"变成""黑"的、"方"的"变成""圆"的等等这类关系。这种"是非-存亡"的关系,并不来自"外部",而是"事物自身"的"内部"本来就具备了的。这种"内在"的"关系"随着时间-历史的发展"开显"出来。

这样,事物的"变化发展",并非仅仅由"外部条件"的"改变"促使而成,而是由事物"内部自身"的"对立-矛盾"发展-开显出来的,在这个意义上,"内因"的确是"决定性"的。看到事物"变化"的"原因""在""事物自身"的"内部",揭示"事物发展"的"内在原因",揭示事物发展的"内在矛盾",这种"眼光",可以称得上是"纯粹"的(不是"驳杂"的),是"哲学"的,也是"超越"的,只是并不"超越"到"天上",而是"深入"到事物的"内部"。

以这种眼光来看世界,世间万物"自身"无不"存在-有""内在矛盾",一事物的"存在"必定"蕴涵"该事物的"非存在",任何事物都向自身的"反面""转化",这是事物自己就蕴涵着的"内在矛盾"。至于这个事物究竟"变成""何种-什么"事物,则要由"外部""诸种条件"来"决定",但是哲学可以断言的,乃是该事物-世间任何事物都不是"永存"的,都是由"存在""走向-转化为""自己"的"反面"——"非存在","非存在"就"蕴涵""在"该事物"存在"之中。在这个意义上,我们对事物采取"辩证"的态度,也就是采取"纯粹"的态度,把握住"事物"的"内在矛盾",也就是把握住了"事物自身",把握住了"事物自身",也就是把握住了"事物"的"内在""变化-发展",而不"杂"有事物的种种"外部"的"关系";从事物"外部"的种种"复杂关系"中"摆脱"出来,采取一种"自由"的、"纯粹"的态度,抓住"事物"的"内在关系",也就是"抓住"了事物的"本质"。

抓住事物的"本质",并非不要"现象","本质"是要通过"现象""开显"出来的,"本质"并非"抽象概念","本质"是"现实",是"存在",是"真实",是"真理";抓住事物的"本质",就是要"透过现象看本质"。"哲学"的眼光,"纯粹"的眼光,"辩证"的眼光,"历史"的眼光,正是这种"透过现象""看""本质"的眼光。

"透过现象看本质","现象"是"本质"的,"本质"也是"现象"的,"本质""在""现象"中,"现象"也"在""本质"中。那么,从"本质"的眼光来"看""现象-世界"又复何如?

从"纯粹"的眼光来"看""世界",则世间万物固然品类万殊,但无不"在""内在"的"关系"中。"一事物"的"是-存在"就是"另一事物"的"非-非存在","存在""在""非存在"中,"非存在"也"在""存在"中;事物的"外在关系",原本是"内在关系"的"折射"和"显现"。世间很多事物,在现象上或无直接"关系",只是"不同"而已。譬如"风马牛不相及","认识到-意识到""马""牛"的这种"不同"大概并不困难,是一眼就可以断定的。对于古代战争来说,有牛无马,可能是一个大的问题。对于古代军事家来说,认识到这一点也不难,但是要"意识到-认识到""非存在"也"蕴涵着""存在",二者是一而二、二而一的,并不因为"有牛无马"而放弃战斗,就需要军事家有一点"大智慧"。如何使"非存在""转化"为"存在"? 中国古代将领田单的"火牛阵"是以"牛"更好地发挥"马"的战斗作用的一例,固然并非要将"牛""装扮"成"马",也不是用"牛"去"(交)换""马",所谓"存在-非存在"并非事物之物理获胜或生物的"属性"可以涵盖得了的。"存在-非存在"有"历史"的"意义"。

就我们哲学来说,费希特曾有"自我""设定""非我"之说,被批评为主观唯心论,批评当然是很对的,他那个"设定"会产生种种误解;不过他所论述的"自我"与"非我"的"关系"却是应该被重视的。我们不妨从一种"视角"的"转换"来理解费希特的意思:如"设定"——采取一种"视角"——"A-存在",则其他诸物皆可作"非A-非存在"观。"非A"不"=(等于)""A",但"非A"却由"A""设定","非存在"由"存在""设定"。我们固不可说"桌子"是由"椅子""设定"的,这个"识见"是"常识"就可以判断的,没有任何哲学家会违反它,但是就"椅子"与"非椅子"的关系来说,"桌子"却是"在""非椅子"之内,而与"椅子"有一种"对立统一"的关系,"非椅子"是由于"设定"了"椅子"而来的。扩大开来说,"非存在"皆由"存在"的"设定"而来,既然"设定""存在",则必有与其"对立"的"反面"——"非存在""在","非存在"由"存在""设定",反之亦然。

"我"与"非我"的关系亦复如是。"意识-理性""设定"了"我",有了"自我意识",则与"我""对立"的"大千世界"皆为"非我",在这个意义上,"非我"乃由"(自)我"之"设定"而"设定",于是"自我""设定""非我"。我们看到,这种"设定"并不是在"经验"的意义上来理解的,而是在"纯粹"的意义上来理解的,"自我"与"非我"的"对立统一"关系乃是"纯粹"的、"本质"的、"哲学"的、"历史"的,因而也是"辩证"的。我们决不能说,在"经验"上大千世界全是"自我""设定"——或者叫"建立"也一样——的,那真成了狄德罗批评的,作如是观的脑袋成了一架"发疯的钢琴"。哲学是很理性的学问,它的这种"视角"的转换——从"经验"的"转换"成"超越"的,从"僵硬"的"转换"成"变化发展"的,从"外在"的"转换"成"内在"的——并非"发疯"式的胡思乱想,恰恰是很有"理路"的,而且还是很有"意义"的:这种"视角"的"转换",使得从"外在"关系看似乎是"风马牛不相及"的"事物"都有了"内在"的联系。"世界在普遍联系之中"。许多事物表面上"离"我们很"远",但作为"事物本身-自身-物自体"看,则"内在"着-"蕴涵"着"对立统一"的"矛盾"的"辩证关系",又是"离"我们很"近"的。海德格尔对此有深刻的阐述。

"日月星辰"就空间距离来说,离我们人类很远很远,但它们在种种方面影响人的生活,又是须臾不可或离的,于是在经验科学尚未深入研究之前,我们祖先就已经在自己的诗歌中吟诵着它们,也在他们的原始宗教仪式中膜拜着它们;尚有那人类未曾识得的角落,或者时间运行尚未到达的"未来",我们哲学已经给它们"预留"了"位置",那就是"非我"。哲学给出这个"纯粹"的"预言",以便一旦它们"出现",或者我们"发现"它们,则作出进一步的科学研究。"自我"随时"准备"

着"迎接""非我"的"挑战"。

"自我"与"非我"的这种"辩证"关系,使得"存在"与"非存在""同出一元",都是我们的"理性""可以把握-可以理解"的:在德国古典哲学,犹如黑格尔所谓的"使得""自在-自为之物""转化"为"为我之物";在海德格尔,乃是"存在"为"使存在",是"动词"意义上的"存在","存在"与"非存在"在"本体论-存在论"上"同一"。

就知识论来说,哲学这种"纯粹"的"视角"的"转换",也有相当重要的意义。知识论也"设定"一个不以人的意志为转移的"客体",这个"客体"乃是一切经验科学的"对象",也是"前提",但是哲学"揭示"着"客体"与"主体"也是"对立统一"的"辩证关系",一切"非主体"就是"客体",于是仍然在"存在-非存在"的关系之中,那一时"用不上"的"未知"世界,同样与"主体"构成"对立统一"关系,从而使"知识论"展现出广阔的天地,成为一门有"无限"前途的"科学",而不局限于"主体-人"的"眼前"的"物质需求"。哲学使人类知识"摆脱""急功近利"的"限制",使"知识"成为"自由"的。"摆脱""急功近利"的"限制",也就是使"知识-科学"有"哲学"的涵养,使"知识-科学"也"纯粹"起来,使"知识-科学"成为"自由"的。古代希腊人在"自由知识"方面给人类的贡献使后人受益匪浅,但这种"自由-纯粹"的"视角",当得益于他们的"哲学"。

从这个意义来看,我们所谓的"纯粹哲学",一方面当然是很"严格"的,从康德到黑格尔的德国古典哲学,哲学有了自己很专业的一面,再到胡塞尔,曾有"哲学"为"最为""严格"(strict-strenge)之称;另一方面,"纯粹哲学"就其题材范围来说,又是极其广阔的。"哲学"的"纯粹视角",原本就是对于那表面上似乎没有关系的、在时空上"最为遥远"的"事物",都能"发现"有一种"内在"的关系。"哲学"有自己的"远"、"近"观。"秦皇汉武"已是"过去"很多年的"事情",但就"纯粹"的"视角"看也并不"遥远",它仍是伽达默尔所谓的"有效应的历史",仍在"时间"的"绵延"之"中",它和"我们"有"内在"的关系。

于是,从"纯粹哲学"的"视角"来看,大千世界、古往今来,都"在""视野"之"中",上至"天文",下至"地理","至大无外"、"至小无内",无不可以"在""视野"之"中";具体到我们这套丛书,在选题方面也就不限于讨论康德、黑格尔、海德格尔等等专题,举凡社会文化、政治经济、自然环境、诗歌文学,甚至娱乐时尚,只要以"纯粹"的眼光,有"哲学"的"视角",都在欢迎之列。君不见,法国福柯探讨监狱、疯癫、医院、学校种种问题,倡导"穷尽细节"之历史"考古"观,以及论题不捐细小的"后现代"诸公,其深入程度,其"解构"之"辩证"运用,岂能以"不纯粹"目之?

"纯粹哲学丛书"改版在即,有以上的话想说,当否敬请读者批评指正。

叶秀山

2007 年 7 月 10 日于北京

序"纯粹哲学丛书"

　　人们常说,做人要像张思德那样,做一个"纯粹的人",高尚的人,如今喝水也要喝"纯净水",这大概都没有什么问题;但是说到"纯粹哲学",似乎就会引起某些怀疑,说的人,为避免误解,好像也要做一番解释,这是什么原因? 我想,这个说法会引起质疑,是有很深的历史和理论的原因的。

　　那么,为什么还要提出"纯粹哲学"的问题?

　　现在来说"纯粹哲学"。说哲学的"纯粹性",乃是针对一种现状,即现在有些号称"哲学"的书或论文,已经脱离了"哲学"这门学科的基本问题和基本要求,或者可以说,已经没有什么"哲学味",但美其名曰"生活哲学"或者甚至"活的哲学",而对于那些真正探讨哲学问题的作品,反倒觉得"艰深难懂",甚至断为"脱离实际"。在这样的氛围下,几位年轻的有志于哲学研究的朋友提出"纯粹哲学"这个说法,以针砭时弊,我觉得对于哲学作为一门学科的发展是有好处的,所以也觉得是可以支持的。

　　人们对于"纯粹哲学"的疑虑也是由来已久。

　　在哲学里,什么叫"纯粹"? 按照西方哲学近代的传统,"纯粹"

(rein，pure)就是"不杂经验"、"跟经验无关"，或者"不由经验总结、概括出来"这类的意思，总之是和"经验"相对立的意思。把这层意思说得清楚彻底的是康德。

康德为什么要强调"纯粹"？原来西方哲学有个传统观念，认为感觉经验是变幻不居的，因而不可靠，"科学知识"如果建立在这个基础上，那么也是得不到"可靠性"，这样就动摇了"科学"这样一座巍峨的"殿堂"。这种担心，近代从法国的笛卡尔就表现得很明显，而到了英国的休谟，简直快给"科学知识""定了性"，原来人们信以为"真理"的"科学知识"竟只是一些"习惯"和"常识"，而这些"习俗"的"根据"仍然限于"经验"。

为了挽救这个似乎摇摇欲坠的"科学知识"大厦，康德指出，我们的知识虽然都来自感觉经验，但是感觉经验之所以能够成为"科学知识"，能够有普遍的可靠性，还要有"理性"的作用。康德说，"理性"并不是从"感觉经验"里"总结-概括"出来的，它不依赖于经验，如果说，感觉经验是"杂多-驳杂"的，理性就是"纯粹-纯一"的。杂多是要"变"的，而纯一就是"恒"，是"常"，是"不变"的；"不变"才是"必然的"、"可靠的"。

那么，这个纯一的、有必然性的"理性"是什么？或者说，康德要人们如何理解这个(些)"纯粹理性"？我们体味康德的哲学著作，渐渐觉得，他的"纯粹理性"说到最后乃是一种形式性的东西，他叫"先天的"——以"先天的"译拉丁文 a priori 不很确切，无非是强调"不从经验来"的意思，而拉丁文原是"由前件推出后件"，有很强的逻辑的意味，所以国外有的学者干脆就称它作"逻辑的"，意思是说，后面的命题是由前面的命题"推断"出来的，不是由经验的积累"概括"出来的，因而不是经验的共同性，而是逻辑的必然性。

其实，这个意思并不是康德的创造，康德不过是沿用旧说；康德的创造性在于他认为旧的哲学"止于"此,就把科学知识架空了,旧的逻辑只是"形式逻辑"——"止于"形式逻辑,而科学知识是要有内容的。康德觉得,光讲形式,就是那么几条,从亚里士多德创建形式逻辑体系以来,到康德那个时代,并没有多大的进步,而科学的知识,日新月异,"知识"是靠经验"积累"的,逻辑的推演,后件已经包含在前件里面,推了出来,也并没有"增加"什么。所以,康德哲学在"知识论"的范围里,主要的任务是要"改造"旧逻辑,使得"逻辑的形式"和"经验的内容"结合起来,也就是像有的学者说的,把"逻辑的"和"非逻辑的"东西结合起来。

从这里,我们看到,即使在康德那里,"纯粹"的问题,也不是真的完全"脱离实际"的;恰恰相反,康德的哲学工作,正是要把哲学做得既有"内容",而又是"纯粹"的。这是一件很困难的工作,康德做得很艰苦,的确也有"脱离实际"的毛病,后来受到很多的批评,但是就其初衷,倒并不是为了"钻进象牙之塔"的。

康德遇到了什么困难?

我们说过,如果"理性"的工作,只是把感觉经验得来的材料加工酿造,提炼出概括性的规律来,像早年英国的培根说的那样"归纳"出来的,那么,一来就不容易"保证""概括"出来的东西一定有普遍必然性,二来这时候,"理性"只是"围着经验转",也不大容易保持"自己",这样理解的"理性",就不会是"纯粹"的。康德说,他的哲学要来一个"哥白尼式的大革命",就是说,过去是"理性"围着"经验"转,到了我康德这里,就要让"经验"围着"理性"转,不是让"纯粹"的东西围着"不纯"的东西转受到"污染",而是让"不纯"的东西围着"纯粹"的东西转得到"净化"。这就是康德说的不让"主体"围着"客体"转,而让"客体"围着"主体"转的意义所在。

我们看到,不管谁围着谁转,感觉经验还是不可或缺的,康德主观上并不想当"脱离实际"的"形式主义者";康德的立意,还是要改造旧逻辑,克服它的"形式主义"的。当然,康德的工作也只是一种探索,有许多值得商讨的地方。

说实在的,在感觉经验和理性形式两个方面,要想叫谁围着谁转都不很容易,简单地说一句"让它们有机地结合起来"当然并不解决问题。

康德的办法是提出一个"先验的"概念来统摄感觉经验和先天理性这两个方面,并使经验围着理性转,以保证知识的"纯粹性"。

康德的"先验的"原文为 transcendental,和传统的 transcendent 不同,后者就是"超出经验之外"的意思,而前者为"虽然不依赖经验但还是在经验之内"的意思。

康德为什么要把问题弄得如此的复杂?

原来康德要坚持住哲学知识论的纯粹性而又具有经验的内容,要有两个方面的思想准备。一方面"理性"要妥善地引进经验的内容,另一方面要防止那本不是经验的东西"混进来"。按照近年的康德研究的说法,"理性"好像一个王国,对于它自己的王国拥有"立法权",凡进入这个王国的都要服从理性为它们制定的法律。康德认为,就科学知识来说,只有那些感觉经验的东西,应被允许进入这个知识的王国,成为它的臣民;而那些根本不是感觉经验的东西,亦即不能成为经验对象的东西,譬如"神-上帝",乃是一个"观念-理念",在感觉经验世界不存在相应的对象,所以它不能是知识王国的臣民,它要是进来了,就会不服从理性为知识制定的法律,在这个王国里,就会闹矛盾,而科学知识是要克服矛盾的,如果出现不可避免的矛盾,知识王国-科学的大厦,就要土崩瓦解了。所以康德在他的第一批判——《纯粹理性批判》里,一方面要仔细研究理性的立法作用;另一方面要仔细厘定理性的职权范围,防止越出经验的范围之外,越过了自己的权限——防止理性的僭越，管了那本不是它的臣民的事。所以康德的"批判"，有"分析"、"辨析"、"划界限"的意思。

界限划在哪里？正是划在"感觉经验"与"非感觉经验-理性"上。对于那些不可能进入感觉经验领域的东西，理性在知识王国里，管不了它们，它们不是这个王国的臣民。

康德划这一界限还是很有意义的，这样一来，举凡宗教信仰以及想涵盖信仰问题的旧形而上学，都被拒绝在"科学知识"的大门以外了，因为它们所涉及的"神-上帝"、"无限"、"世界作为一个大全"等等，就只是一些"观念"（ideas），而并没有相应的感觉经验的"对象"。这样，康德就给"科学"和"宗教"划了一条严格的界限，而传统的旧形而上学，就被断定为"理性"的"僭越"；而且理性在知识范围里一"僭越"，就会产生不可克服的矛盾，这就是他的有名的"二律背反"。

在这个意义上，我们看到，在知识论方面，康德恰恰是十分重视感觉经验的，也是十分重视"形式"和"内容"的结合的。所以批评康德知识论是"形式主义"，猜想他是不会服气的，他会说，他在《纯粹理性批判》里的主要工作就是论证"先天综合判断"如何可能，既然是"综合"的，就不是"形式"的，在这方面，他是有理由拒绝"形式主义"的帽子的；他的问题出在那些不能进入感觉经验的东西上。他说，既然我们所认知的是事物能够进入感觉经验的一面，那么，那不能进入感觉经验的另一面，就是我们科学知识不能达到的地方，我们在科学上则是一无所知；而通过我们的感官进得来的，只是一些印象（impression）、表象（appearance），我们的理性在知识上，只能对这些东西根据自己立的法律加以"管理"，使之成为科学的、具有必然真理性的知识体系，所以我们的科学知识"止于""现象"（phenomena），而"物自身"（Dinge an sich）、"本体"（noumena）则是"不可知"的。

原来，在康德那里，这种既保持哲学的纯粹性，又融入经验世界的"知识论"是受到"限制"的,康德自己说,他"限制""知识",是为"信仰"留有余地。那么,就我们的论题来说,康德所理解的"信仰"是不是只是"形式"的? 应该说,也不完全是。

我们知道,康德通过"道德"引向"宗教-信仰"。"知识"是"必然"的,所以它是"科学";"道德"是"自由"的,所以它归根结蒂不能形成一门"必然"的"科学知识"。此话怎讲?

"道德"作为一门学科,讨论"意志"、"动机"、"效果"、"善恶"、"德性"、"幸福"等问题。如果作为科学知识来说,它们应有必然的关系,才是可以知道、可以预测的;但是,道德里的事,却没有那种科学的必然性,因而也没有那种"可预测性"。在道德领域里,一定的动机其结果却不是"一定"的;"德性"和"幸福"就更不是可以"推论"出来的。世上有德性的得不到幸福,比比皆是;而缺德的人往往是高官得做、骏马得骑。有那碰巧了,既有些德性,也有些幸福的,也就算是老天爷开恩了。于是,我们看到,在经验世界里,"德性"和"幸福"的统一,是偶尔有之,是偶然的,不是必然的。我们看到一个人很幸福,不能必然地推断他一定就有德性,反之亦然。在这个意义上,这种关系,是不可知的。

所谓"不可知",并不是说我们没有这方面的感觉经验的材料,对于人世的"不公",我们深有"所感";而是说,这些感觉材料,不受理性为知识提供的先天法则的管束,形不成必然的推理,"不可知"乃是指的这层意思。

"动机"和"效果"也是这种关系,我们不能从"动机"必然地"推论"出"效果",反之亦然。也就是说,我们没有足够的理由说一个人干了一件"好事",就"推断"他的"动机"就一定也是"好"的;也没有足够的理由说一个人既然动机是好的,就一定会做出好的事情来。

之所以会出现这种情况,乃是因为"道德"的问题概出于意志的

"自由",而"自由"和"必然"是相对立的。

要讲"纯粹",康德这个"自由"是最"纯粹"不过的了。"自由"不但不能受"感觉经验-感性欲求"一点点的影响,而且根本不能进入这个感觉经验的世界,就是说,"自由"不可能进入感性世界成为"必然"。这就是为什么康德把他的《实践理性批判》的主要任务定为防止"理性"在实践-道德领域的"降格":理性把原本是超越的事当做感觉经验的事来管理了。

那么,康德这个"自由"岂不是非常的"形式"了?的确如此。康德的"自由"是理性的"纯粹形式",它就问一个"应该",向有限的理智者发出一道"绝对命令",至于真的该做"什么",那是一个实际问题,是一个经验问题,实践理性并不给出"教导"。所以康德的伦理学,不是经验的道德规范学,而是道德哲学。

那么,康德的"纯粹理性"到了"实践-道德"领域,反倒更加"形式"了?如果康德学说止于"伦理学",止于"自由",则的确会产生这个问题;但是我们知道,康德的伦理道德乃是通向宗教信仰的桥梁,它不止于此。康德的哲学"止于至善"。

康德解释所谓"至善"有两层含义:一是指单纯意志方面的,是最高的道德的善;一是更进一层为"完满"的意思。这后一层的意义,就引向了宗教。

在"完满"意义上的"至善",就是我们人类最高的追求目标:"天国"。在这个意义上,我们人类要不断地修善,"超越""人自身"——已经孕育着尼采的"超人"(?),而争取进入"天国"。

在"天国"里,一切的分离对立都得到了"统一"。"天国"不仅仅是"理想"的,而且是"现实"的。在"天国"里,凡理性的,也就是经验的,反之亦然。在那里,"理性"能够"感觉"、"经验的",也就是"合理的",两者之间有一种"必然"的关系,而不像尘世那样,两者只是偶尔统一。这样,在那个世界,我们就很有把握地说,凡是幸福的,就一定是有德的,而绝不会像人间尘世那样,常常出现"荒诞"的局面,让那有德之人受苦,而缺德之人却得善终。于是,在康德的思想里,"天国"恰恰不是"虚无缥缈"的,而是实实在在的,它是一个"理想",但也是一个"现实";甚至我们可以说,唯有"天国"才是既理想又现实的,于是,我们可以说这是一种"完满"意义上的"至善"。

想象一个美好的"上天世界"并不难,凡是在世间受到委屈的人都会幻想一个美妙的"天堂",他的委屈就会得到平申;但是建立在想象和幻想上的"天堂",是很容易受到怀疑和质询的;中国古代屈原的"天问",直到近年描写莫扎特的电影 Amadeus,都向这种想象的产物发出了疑问,究其原因,乃是这个"天堂"光是"理想"的,缺乏"实在性";康德的"天国",在他自己看来,却是"不容置疑"的,因为它受到严格的"理路"的保证。在康德看来,对于这样一个完美无缺、既合理又实实在在的"国度"只有理智不健全的人才会提出质疑。笛卡尔有权怀疑一切,康德也批评过他的"我思故我在"的命题,因为那时康德的领域是"知识的王国";如果就"至善-完满"的"神的王国-天国"来说,那么"思"和"在"原本是"同一"的,"思想的",就是"存在的",同理,"存在"的,也必定是"思想"的,"思"和"在"之间,有了一种"必然"的"推理"关系。对于这种关系的质疑,也就像对于"自然律"提出质疑一样,本身"不合理",因而是"无权"这样做的。

这样,我们看到,康德的"知识王国"、"道德王国"和"神的王国-天国",都在不同的层面和不同的意义上具有现实的内容,不仅仅是形式的,但是没有人怀疑康德哲学的"纯粹性",而康德的"(纯粹)哲学"不是"形式哲学"则也就变得明显起来。

表现这种非形式的"纯粹性"特点的,还应该提到康德的第三批判:《判断力批判》。就我们的论题来说,《判断力批判》是相当明显地表现了形式和内容统一的一个领域。

通常我们说,《判断力批判》是《纯粹理性批判》和《实践理性批判》之间的桥梁,或者是它们的综合,这当然是正确的;这里我们想补充说的是:《判断力批判》所涉及的世界,在康德的思想中,也可以看做是康德的"神的王国-天国"的一个"象征"或"投影"。在这个世界里,现实的、经验的东西,并不仅仅像在《纯粹理性批判》里那样,只是提供感觉经验的材料(sense data),而是"美"的,"合目的"的;只是"审美的王国"和"目的王国"还是在"人间",它们并不是"天国"。在这个意义上,我们具有(有限)理性的人,如果努力提高"鉴赏力-判断力",提高"品位-趣味",成了"高尚的人","脱离了低级趣味的人",那么就有能力在大自然和艺术品里发现"理性"和"感性"、"形式"和"内容"、"合目的性"和"合规律性"等等之间的"和谐"。也就是说,我们就有能力在经验的世界里,看出一个超越世界的美好图景。康德说,"美"是"善"的"象征","善"通向"神的王国",所以,我们也可以说,"美"和"合目的"的世界,乃是"神城-天国"的"投影"。按基督教的说法,这个世界原本也是"神""创造"出来的。

"神城-天国"在康德固然言之凿凿,不可动摇对它的信念,但是毕竟太遥远了些。康德说,人要不断地"修善",在那绵绵的"永恒"过程中,人们有望达到"天国"。所以康德的实践理性的"公设"有一条必不可少的就是"灵魂不朽"。康德之所以要设定这个"灵魂不朽",并不完全是迷信,而是他觉得"天国"路遥,如果灵魂没有"永恒绵延",则人就没有"理由"在今生就去"修善",所以这个"灵魂不朽"是"永远修善"所必须要"设定"的。于是,我们看到,在康德哲学中,已经含有了"时间"绵延的观念,只是他强调的是这个绵延的"永恒性",而对于"有限"的绵延,即人的"会死性"(mortal)则未曾像当代诸家那么着重地加以探讨;但是他抓住的这个问题,却开启了后来黑格尔哲学的思路,即把哲学不仅仅作为一些抽象的概念的演绎,而是一个时间的、历史的发展过程,强调"真理"是一个"全""过程",进一步将"时间"、"历史"、"发展"的观念引进哲学,形成了一个庞大的哲学体系。

黑格尔哲学体系可以说是"包罗万象",是百科全书式的,却不是驳杂的,可以说是"庞"而不"杂"。人们通常说,黑格尔发展了谢林的"绝对哲学",把在谢林那里"绝对"的直接性,发展为一个有矛盾、有斗争的"过程",而作为真理的全过程的"绝对"却正是在那"相对"的事物之中,"无限"就在"有限"之中。

"无限"在"有限"之中,"有限""开显"着"无限",这是黑格尔强调的一个非常重要的思想。这个思路,奠定了哲学"现象学"的基础,所以,马克思说,《精神现象学》是理解黑格尔哲学的钥匙。

"现象学"出来,"无限"、"绝对"、"完满"等等,就不再是抽象孤立的,因而也是"遥远"的"神城-天国",而就在"有限"、"相对"之中,并不是离开"相对"、"有限"还有一个"绝对"、"无限"在,于是,哲学就不再专门着重去追问"理性"之"绝对"、"无限",而是追问:在"相对"、"有限"的世界,"如何""体现-开显"其"不受限制-无限"、"自身完满-绝对"的"意义"来。"现象学"乃是"显现学"、"开显学"。从这个角度来说,黑格尔的哲学显然也不是"形式主义"的。

实际上黑格尔是在哲学的意义上扩大了康德的"知识论",但是改变了康德"知识论"的来源和基础。康德认为,"知识"有两个来源:一个是感觉经验,一个是理性的纯粹形式。这就是说,康德仍然承认近代英国经验主义者的前提:知识最初依靠着感官提供的材料,如"印象"之类的,只是康德增加了另一个来源,即理性的先天形式;黑格尔的"知识"则不依赖单纯的感觉材料,因为人的心灵在得到感觉时,并不是"白板一块",心灵-精神原本是"能动"的,而不仅仅是"被动"地接受。"精神"原本是自身能动的,不需要外在的感觉的刺激和推动。精神的能动性使它向外扩展,进入感觉的世界,以自身的力量"征服"感性世界,使之"体现"精神自身的"意义"。因而,黑格尔的"知识",乃是"精神"对体现在世界中的"意义"的把握,归根结蒂,也就是精神对自身的把握。所以在这个意义上,黑格尔的"科学-知识"(Wissenschaft),并不是一般的经验科学知识理论,而是"哲学",是"纯粹的知识",即"精神"在历史发展的进程中、在时间的进程中对精神自身的把握。

精神(Geist)是一个生命,是一种力量,它在时间中经过艰苦的历程,征服"异己",化为"自己",以此"充实"自己,从一个抽象的"力"发展成有实在内容的"一个""自己",就精神自己来说,此时它是"一"也是"全"。精神的历史,犹如海纳百川,百川归海为"一",而海因容纳百川而成其"大-全"。因此,"历经沧桑"之后的"大海",真可谓是"一个"包罗万象、完满无缺的"大-太一"。

由此我们看到,黑格尔的《精神现象学》作为"现象学-显现学",乃是精神——通过艰苦卓绝的劳动——"开显""自己""全部内容"的"全过程"。黑格尔说,这才是"真理-真之所以为真(Wahrheit)"——一个真实的过程,而不是"假(现)象"(Anschein)。

于是,我们看到,在康德那里被划为"不可知"的"本体-自身",经过黑格尔的改造,反倒成了哲学的真正的"知识对象",而这个"对象"不是"死"的"物",而是"活"的"事",乃是"精神"的"创业史",一切物理的"表象",都在这部"精神创业史"中被赋予了"意义"。精神通过自己的"劳作",把它们接纳到自己的家园中来,不仅仅是一些物质的"材料"-"质料",而是一些体现了"精神"特性(自由-无限)的"具体共相-理念",它们向人们——同样具有"精神"的"自由者-无限者(无论什么具体的事物都限制不住)"——"开显"自己的"意义"。

就我们现在的论题来说,可以注意到黑格尔的"绝对哲学"有两方面的重点。

一方面,我们看到,黑格尔的"自由-无限-绝对"都是体现在"必然-有限-相对"之中的,"必然-有限-相对"因其"缺乏"而会"变",当它们"变动"时,就体现了有一种"自由-无限-绝对"的东西在内,而不是说,另有一个叫"无限"的东西在那里。脱离了"有限"的"无限",黑格尔叫做"恶的无限",譬如"至大无外"、"至小无内",一个数的无限增加,等等,真正的"无限"就在"有限"之中。黑格尔的这个思想,保证了他的哲学不会陷于一种抽象的概念的旧框框,使他的精神永远保持着能动的创造性,也保持着精神的历程是一个有具体内容的、非形式的过程。在这个意义上,黑格尔的"绝对"并不是一个普遍的概念,而是具体的个性。这个"个性",在它开始"创世"时,还是很抽象的,而在它经过艰苦创业之后"回到自己的家园"时,它的"个性"就不再是抽象、空洞的了,而是有了充实的内容,成了"真""个性"了。

另一方面,相反的,那些康德花了很大精力论证的"经验科学",反倒是"抽象"的了,因为这里强调的只是知识的"普遍性",这种普遍性又是建立在"感觉的共同性"和理性的"先天性-形式性"基础之上的,因而它们是静止的,静观的,而缺少精神的创造性,也就缺少精神的具体个性,所以这些知识只能是"必然"的,而不是"自由"的。经验知识的共同性,在黑格尔看来,并不"纯粹",因为它不是"自由"的知识;而"自由"的"知识",在康德看来又是自相矛盾的,自由而又有内容,乃是"天国"的事,不是现实世界的事。而黑格尔认为,"自由"而又有内容,就在现实之中,这样,"自由"才是具体的,不是抽象的形式。这样,在黑格尔看来,把"形式"与"内容"割裂开来,反倒得不到"纯粹"的知识。

于是,我们看到,在黑格尔那里,"精神"的"个性",乃是"自由"的"个性",不是抽象的,也不是经验心理学所研究的"性格"——可以归到一定的"种""属"的类别概念之中。"个体"、"有限"而又具有"纯粹性",正是"哲学"所要追问的不同于经验科学的问题。

那么,为什么黑格尔哲学被批评为只讲"普遍性"、不讲"个体性"的,比经验科学还要抽象得多的学说?原来,黑格尔在《精神现象学》中许诺,他的精神在创业之后,又回到自己的"家园",这就是"哲学"。"哲学"是一个概念的逻辑系统,于是在《精神现象学》之后,尚有一整套的"逻辑学"作为他的"科学知识(Wissenschaften)体系"的栋梁。在这一部分里,黑格尔不再把"精神"作为一个历史的过程来处理,而是作为概念的推演来结构,构建一个概念的逻辑框架。尽管黑格尔把他的"思辨概念-总念"和"表象性"抽象概念作了严格的区别,但是把一个活生生的精神的时间、历史进程纳入到逻辑推演程序,不管如何努力使其"自圆其说",仍然留下了"抽象化"、"概念化"的痕迹,以待后人"解构"。

尽管如此,黑格尔哲学仍可以给我们以启示:黑格尔的"绝对精神"既是"先经验的-先天的",同样也是"后经验的-总念式的"。

"绝对精神"作为纯粹的"自由",起初只是"形式的"、没有内容的、空洞的、抽象的;当它"经历"了自己的过程——征服世界"之后,回到了"自身",这时,它已经是有内容、充实了的,而不是像当初那样是一个抽象概念了。但是,此时的"精神"仍然是"纯粹"的,或者说,这才是真正意义上的有了内容的"纯粹",不是一个空洞的"纯粹",因为,此时的经验内容被"统摄"在"精神-理念"之中。于是就"精神-理念"来说,并没有"另一个-在它之外"的"感觉经验世界"与其"对立-相对",所以,这时的"精神-理念"仍是"绝对"的,"精神-理念"仍是其"自身";不仅如此,此时的"精神-理念"已经不是一个"空"的"躯壳-形式",而是有血肉、有学识、有个性的活生生的"存在"。

这里我们尚可以注意一个问题:过去我们在讨论康德的"先验

性-先天性"时,常常区分"逻辑在先"和"时间在先",说康德的"先天条件"乃是"逻辑在先",而不是"时间在先",这当然是很好的一种理解;不过运思到了黑格尔,"时间"、"历史"的概念明确地进入了哲学,这种区分,在理解上也要作相应的调整。按黑格尔的意思,"逻辑在先-逻辑条件"只是解决"形式推理"问题,是不涉及内容的,这样的"纯粹"过于简单,也过于容易了些,还谈不上真正意义上的"纯粹";真正的"纯粹"并不排斥"时间",相反,它就在"时间"的"全过程"中,"真理"是一个"全"。这个"全-总体-总念"也是"超越","超越"了这个具体的"过程",有一个"飞跃","1"+"1"大于"2"。这就是"meta-physics"里"meta"的意思。在这个意思上,我们甚至可以说,真正的、有内容的"纯粹"是在"经验-经历"之"后",是"后-经验"。这里的"后",有"超越"、"高于"的意思,就像"后-现代"那样,指的是"超越"了"现代"(modern)进入一个"新"的"天地","新"的"境界",这里说的是"纯粹哲学"的"境界"。所以,按照黑格尔的意思,哲学犹如"老人格言",看来似乎是"老生常谈",甚至"陈词滥调",却包容了老人一生的经验体会,不只是空洞的几句话。

说到这里,我想已经把我为什么要支持"纯粹哲学"研究的理由和我对这个问题的基本想法说了出来。最后还有几句话涉及学术研究现状中的某些侧面,有一些感想,也跟"纯粹性"有关。

从理路上,我们已经说明了为什么"纯粹性"不但不排斥联系现实,而且还是在深层次上十分重视现实的;但是,在做学术研究、做哲学研究的实际工作中,有一些因素还是应该"排斥"的。

多年来,我有一个信念,就是哲学学术本身是有自己的吸引力的,因为它的问题本身就在一个更高的层面上涉及现实的深层问题,所以不是一种脱离实际的孤芳自赏或者闲情逸致;但它也需要"排斥"某些"急功近利"的想法和做法,譬如,把哲学学术当做仕途的敲门砖,"学而优则仕","仕"而未成就利用学术来"攻击",骂这骂那,愤世嫉俗,自标"清高",学术上不再精益求精;或者拥学术而"投入市场",炒作"学术新闻",标榜"创新"而诽谤读书,诸如此类,遂使哲学学术"驳杂"到自身难以存在。这些做法,以为除了鼻子底下、眼面前的,甚至肉体的欲求之外,别无"现实"、"感性"可言。如果不对这些有所"排斥",哲学学术则无以自存。

所幸尚有不少青年学者,有感于上述情况之危急,遂有"纯粹哲学"之论,有志于献身哲学学术事业,取得初步成果,并得到江苏人民出版社诸公的支持,得以"丛书"名义问世,嘱我写序,不敢怠慢,遂有上面这些议论,不当之处,尚望读者批评。

叶秀山

2001 年 12 月 23 日于北京

目　录

前　言

　　自由概念是康德实践哲学的核心[①],由自由概念引出的义务和责任概念是康德实践哲学的关键性概念。但是它们遭到了一些误解,甚至批判。比如黑格尔认为:"康德对于义务的定义(因为抽象的问题是:对自由意志来说什么是义务)除了同一性、自身不矛盾的形式外(而这种形式乃是抽象理智的法则),什么东西也没有。保卫祖国为他人谋福利之所以是义务,并不是由于它们的内容,而只是因为那是义务。"[②]黑格尔对康德的实践哲学的理解是以《道德形而上学奠基》(以下简称《奠基》)和《实践理性批判》为依据的。[③]　在黑格尔看来,康德的道德法则是形式的,因而是空洞的。黑格尔对康德实践哲学空洞性的批判被一些学者引用和

---

① 霍尔兹伊(Helmut Holzhey)和穆德罗(Vilem Mudroch)认为:"康德的伦理学没有哪个概念比义务的概念受到更多的关注了"(Helmut Holzhey and Vilem Mudroch, *Kant and Kantianism*, Lanham: Scarecrow Press, 2005, p. 109)。凯吉尔(Howard Caygill)认为:"作为康德实践哲学的一个中心概念,义务的遥远起源在于斯多葛对经典伦理学的批判"(Howard Caygill, *A Kant Dictionary*, USA: Blackwell Reference, 1995, p. 164)。这些都充分说明了义务概念在康德伦理学中的重要地位。

② 黑格尔:《哲学史讲演录》(第四卷),商务印书馆1997年版,第290—291页。

③ 在《伦理学讲义》中,康德指出实践哲学关注的是追求幸福的假言命令和定言命令,后者就是道德学。参见 Kant, *Lectues on Ethics*, Cambridge: Cambridge University, 1997, p. 43。可以看出在康德那里,实践哲学是指自由的一般运用,既包括明智,也包括道德。本书在通常情况下,一般不特别区分实践哲学与道德学。

认同,那么如何从康德的立场去反驳这种批判? 这涉及对康德整个实践哲学的理解。康德后期的伦理学著作可以提供一些新的视角。

对康德的《奠基》和《实践理性批判》的研究一直是学术界的热点,出现了很多研究成果。国内的研究成果如曾晓平教授的《自由的危机与拯救》、张志伟教授的《康德的道德世界观》、杨云飞博士的《定言命令研究》等。国外的研究成果也很多,如贝克(Beck)的《康德的〈实践理性批判〉释义》、阿利森的《康德的自由理论》、罗尔斯的《道德哲学史讲义》、伍德(Wood)的《康德的伦理思想》、科尔斯科德(Korsgaard)的《创建目的王国》、蒂默曼(Timmermann)的《康德的〈道德形而上学的奠基〉释义》(2007)、阿利森的《康德的〈道德形而上学奠基〉释义》(2011)以及克勒梅(Heiner Klemme)最近出版的《康德的〈道德形而上学奠基〉:一种系统的阐释》(2017)等。这些文献都对学界研究康德的实践哲学做出了很多贡献,后面三部著作都是学术性的,呈现不同特点。蒂默曼是段读式的,他对文本的梳理很清楚,尤其在著作后面,有一个比较详细的概念解释,有助于澄清学界之前存在的一些误解。阿利森分析论证得非常细致,很多地方是句读式的,并且对学术界已经有的成果都做出了讨论。克勒梅的解读具有德国学者的特色,他比较注重历史背景的分析,尤其是对给予康德颇多影响的沃尔夫给予了很多关注。对于他的解读,总体而言有两个特点:第一,他注重分析这部著作的历史背景,说明康德伦理学有针对沃尔夫哲学的背景,这主要体现在康德批判了沃尔夫把所有的心灵能力都归结于认识能力的观点,并且区分出人的三种基本的心灵能力;第二,他从实践的角度理解自由概念的演绎,说明定言命令的可能性,以此批判学界的一些可能的误解,维护康德哲学的一致性。①

在这些研究成果中,哲学式的解读主要有两种,第一种是罗尔斯的建构主义的解读,第二种是伍德的基于价值(value)的解读。二者可以看

① 参见刘作《人何以是自由的? ——评克勒梅教授的〈康德的《道德形而上学奠基》:一种系统注释〉》,载《清华西方哲学研究》2017 年第 2 期,第 477—486 页。

作是英语世界解读康德的两种不同的研究路数。罗尔斯把康德的实践哲学的体系看作是由定言命令的形式公式的普遍测试而得来的体系。他对康德的解读与他的哲学思想有关,他的正义的两条基本原则也是通过一种建构的程序获得的。与之相反,伍德反对建构主义的解读。他注重定言命令的人性公式(也有学者称为"目的论公式"),把人性公式解读为三段论式的推论,其中大前提是人性公式,小前提是判断行动的具体的准则是否尊重人性是目的,结论是判断这个准则在道德上是否是可行的。结论的不同在于对小前提理解的不同。同时,伍德还注重对康德哲学中的一般人性理论的研究,试图把一般人性的理论也纳入康德的实践哲学中,从而他把康德的义务学说理解为基于价值的义务学说。二者存在不同的缺陷:在康德的后期伦理学著作尤其是《道德形而上学》中,康德并没有如建构主义者所设想的通过普遍测试而得到义务;同时,在康德那里,价值是由道德法则所规定的,康德的义务学说基于自由,而不是基于价值,而且伍德对康德法权学说的解读存在一些值得商榷之处。

　　笔者试图从康德的核心概念,即自由的概念入手来考察他的后期的伦理学著作,把他的后期伦理学看作自由体系的系统展现,包括他的德性义务体系、法权义务体系、历史哲学以及教育学学说等。笔者的基本思路是:在批判哲学时期,康德揭示了自律是意志的属性,也是人的意志的一种能力,把实践哲学建立在意志的自律即自由的基础之上,在后期著作中,他都是围绕自由的概念,系统地展现自由的体系,其中《道德形而上学》作为义务学说的体系以意选①自由的不同运用为基础并且以实现人的自由为其目的,法权义务基于意选自由的外在运用,是一个人的意选与他人的意选之间的外在关系的义务,德性义务基于意选自由的内在运用,是纯粹实践理性对自由意选的内在规定的义务。因而,康德后

---

① 需要说明的是,康德的 Willkür,杨祖陶和邓晓芒教授翻译为"任意",李秋零教授翻译为"任性",张荣教授主张翻译为"决断",卢雪崑教授翻译为"抉意",都有可取之处。这个词在康德那里主要指意志的选择和执行行动的能力。因而翻译时,有"意"更好,笔者试图把它翻译为"意选"。在引用译文时,尊重译者的翻译。对于 Wille 和 Willkür 之间的关系所引起的争议,可以参见卢雪崑《康德的自由学说》,中国人民大学出版社 2016 年版,第 176—191 页。

期伦理学的义务体系的展示是以意选自由的不同的运用为基础的,是人从文化到人格性即自由的逐步深化的发展过程。历史哲学是从类的角度说明人具有发展文化、实现外在自由的希望,实现个体的希望则放在宗教中。教育学给我们提供了另外一种现实性的图景,教育学作为后期伦理学的"伦理学方法论"的部分,是以实现个体的人的自由为目的的。康德的后期伦理学以批判时期的伦理学为基础,但是不能只是看作批判时期的定言命令的运用,而是基于自由同时以实现人的自由为目的的学说。

本著作的基本思路和内容如下。第一章结合当代的研究成果,理清康德伦理学所面对的语境和背景,笔者主要考察沃尔夫和克鲁修斯的学说。第二章说明和论证康德后期伦理学的基础,我把这种基础看作两个方面:一个是由批判哲学所确立起来的自由概念,一个是康德对人性的理解,即人性论基础。我们也可以把这两个方面分别表述为康德伦理学的先验人类学和经验人类学,需要说明的是,根本恶是否作为经验人类学,是有争议的,有的学者把它看作是介于先验和经验之间,是一种准先验的。但是非社会的社会性无疑是经验人类学的内容,不过它只是一般性的经验性人类学,不涉及对人类进行特殊考察的经验人类学。康德后期伦理学的主题是自由体系的系统展现,其中包括自由体系的外在方面和内在方面,在康德的人类学中,有所展现。第三章是自由体系的外在方面,涉及法权学说,论证这些法权义务是为了保障人的外在自由,促进文化的发展,为人性的进一步完善奠定基础。第四章是自由体系的内在方面,涉及德性学说,说明这些德性义务基于内在自由,同时以实现人的内在自由为其目的。

第五章讨论自由体系的现实性方面,涉及三个方面的内容:第一,康德的历史哲学说明人作为类,具有完善文化、实现人的外在自由的希望,完善个体的自由的希望只能在道德宗教中,但是实际上康德在教育学中涉及人的个体自由的发展和完善;第二,教育学讨论的话题正是个体的人如何通过教育的方式完善其道德,康德的教育学最大的问题是,如何从强制培养出自由,康德提出榜样的作用,它是否可以有效解决这个问题,依然是有争议的;第三,人在具体履行义务时,可能存在着道德困境,康德在《道德形而上学》中对道德困境给出"词典式"的解决方案。第六章讨论康德自由体系的地位和影响,目前学界关注康德的义务论与德性论的比较问题,有人认为康德的伦理学低于亚里士多德的德性论,因为后者强调情感与理性的和谐,笔者以不能自制作为立足点,说明康德的自由概念对解决这一问题提供了新的维度。承认概念是学界关注的问题,有的学者认为康德那里缺乏承认的概念,笔者指出康德所揭示出来的自由概念包含着相互性的原则,这种原则实质上是承认概念的基础,它后来为费希特和黑格尔所发展和丰富。对于康德自由体系学说对当代哲学的影响,笔者分别考察了康德的法权学说和德性学说对罗尔斯和罗斯的影响,这一章节是一种初步的尝试,随着研究的进展,会逐步深入下去。

第一章　康德伦理学说的语境

第一节　沃尔夫的伦理学

沃尔夫(Wolf)对康德有非常大的影响。在康德的著作中,我们可以看到沃尔夫的影子,比如康德认为行动必须有动机的参与(在康德那里,敬重的情感是唯一的道德动机)[①]、人与上帝处于一个共同体之中以及自我义务优先于其他义务等,这些都受到了沃尔夫的影响,而且在讲解伦理学时,康德使用的就是沃尔夫学派鲍姆嘉通的教材。[②] 从体系上来说,沃尔夫也影响了康德。施魏格尔(Clemens Schwaiger)指出,沃尔夫的伦

[①] 关于动机在行动中的作用,更早对康德产生影响的是哈奇森。

[②] 学界通常认为,康德继承和批判了沃尔夫哲学,甚至沃尔夫哲学是康德批判的主要对象。但是学界对沃尔夫的研究并不多,对他的了解主要是通过康德,这样可能会造成一些误解,同时不利于更深入地研究康德。当然,一些学者也注意到沃尔夫的重要性。比如盖耶(Paul Guyer)在 *Encyclopedia of Ethics* 的沃尔夫的词条中,说明了沃尔夫哲学的重要性。他认为:"虽然出于不同动机的考虑,康德对《道德形而上学的奠基》和《道德形而上学》的划分,以及后者区分为公正和德性的学说,都反映了沃尔夫的计划。而且,康德的德性学说的很多细节性的内容也是沃尔夫的。"他接着认为沃尔夫的道德哲学可以用四个标题来描述:完善论、自然主义、后果主义,以及认知主义。[Lawrence C. Becker(ed.), *Encyclopedia of Ethics 1 - 3*, London & New York: Routledge, 1997, p.1815]从盖耶的论述中可以看出,沃尔夫对康德的影响是很大的,把沃尔夫哲学当作康德伦理学的渊源是有根据的。

理学已经在做与康德的"道德形而上学"类似的基础性工作,"把他在《普遍数学》中早期现代的计划的实践哲学的体系模式化,沃尔夫试图将其发展为一个为个体的伦理学、自然法理论和政治学奠定共同基础的道德性的基本理论。很难否认他的计划实质上是康德'道德形而上学'的初期形式"①。因而考察沃尔夫的伦理学,有助于理解康德的伦理学。沃尔夫的伦理学以他的心理学为基础,所以我们从考察他的心理学开始。②

(一)沃尔夫的心理学

沃尔夫的心理学的对象是灵魂。在沃尔夫看来,灵魂与身体(body)相对,是一种无形体的实体。与其他的存在物一样,灵魂的本质是由它的力(power)构成的。由于灵魂是简单的,所以它只有一种力。灵魂与身体结合在一起,它的力就表象着世界。所以在沃尔夫那里,灵魂或者心灵的诸基本能力即知情意之间没有本质的区别,都体现在对这个世界的不同的表象上。这些表象以不同程度的清楚明白(clarity and distinctness)表象了这个世界。沃尔夫接受了近代唯理论以清楚和明白来规定表象的立场,认为清楚是事物之间的关系,明白是事物的部分和整体之间的关系。由此,我们越能够把这个表象和其他表象区分开,那么我们的表象就越清楚;我们越能清晰地感知到表象的组成部分,表象就越明白。表象具有不同的方式:感觉、想象力、反思、欲望以及意志等。

与近代唯理论者特别是莱布尼茨不同,沃尔夫区分了知识的两种不同类型即清楚的和明白的知识。在莱布尼茨看来,感觉是不清楚和混乱地表象着这个世界。但是在沃尔夫看来,感觉虽然是混乱的表象,但是它是清楚的。比如,我们看到外面的一棵树,这是我们的感觉的能力。

---

① Heiner Klemme and Manfred Kuehn(ed.), *The Bloomsbury Dictionary of Eighteenth-Century German Philosophyers*, London: Bloomsbury, 2016, p. 864.

② 无论是英语世界还是汉语世界,目前对沃尔夫的关注都很少。这部分我将主要以 *Moral Philosophy from Montaigne to Kant* 中的沃尔夫文本以及相应的研究成果为依据,展开我的论述。另外,现在德国学术界正在整理《沃尔夫全集》,相信出版之后,会形成新的学术关注点。

我们虽然不能把这个棵树的组成部分明白地表象出来,但是我们可以清楚地把它与别的树区分开来。无论是感觉,还是其他的能力,都是从对完善的不同认知来进行区分的。

完善(perfect)与目的的概念结合在一起,这一点沃尔夫与莱布尼茨相似。沃尔夫从完善的概念来规定这个世界,何为完善?他认为"杂多的和谐构成了完善。比如如果一个表能够显示正确的时间,那么我们判断它是完善的"[①]。钟表的目的是显示正确的时间,如果钟表可以达到这个目的,那么它的组成部分就是合目的性的。推而广之,一个复杂的实体包含着不同的部分,如果这些不同的部分有序地朝向这个事物的目的,那么这个事物就是完善的。完善是分等级的,事物所包含的部分越多,实现其目的的原则越简单,它就越完善。他认为人的行动也是这样的,"人的行动包含着一些行动,并且如果它们相互之间是一致的,以至于它们都最终基于一个一般的目标,那么人的行动将是完善的"[②]。

同时,快乐、善和恶也可以用完善的概念来解释。快乐和完善直接相关,当我们认识到完善时,我们感到快乐;当我们感到快乐时,这种感受也是对完善的认识。同时,快乐的程度和我们所直观到的完善的量是成正比的,完善越大,我们感受到的快乐就更多。善和恶也是通过完善的概念来定义的。"使得我们内在和外在的条件完善的是善(good);相反,使得我们较少完善的是恶(bad)。所以,人的自由行动要么是善的,要么是恶的。"[③]完善的就是善的,不完善的就是恶的。

基于沃尔夫对清楚和明白的进一步区分,把这种区分放在快乐和痛苦的表象上。他指出,我们对快乐和痛苦有清楚的表象,因为我们可以清楚地区分快乐和痛苦,但是二者仍然是对完善混乱的表象,因而,它们

① J. B. Schneewind (ed.), *Moral Philosophy from Montaigne to Kant*, Cambridge: Cambridge University Press, 2003, p. 349.

② J. B. Schneewind (ed.), *Moral Philosophy from Montaigne to Kant*, Cambridge: Cambridge University Press, 2003, p. 349.

③ J. B. Schneewind (ed.), *Moral Philosophy from Montaigne to Kant*, Cambridge: Cambridge University Press, 2003, p. 335.

产生了感性的表象。在沃尔夫看来,欲望是灵魂对某物的倾向,通过它们,我们产生快乐,但是我们对这个物并没有明白的表象。我们对欲望的对象并没有切实的理解,不清楚是什么使所欲望的东西比别的东西更完善,只是通过一种感觉来与对象相关。善是通过完善来定义的,所以在沃尔夫看来,愉快的情感来自对善的不明白的表象。

我们对善和快乐的追求构成了情欲。当情欲到达一定的程度时,它就变成了激情(affects)。与激情一样,情欲也是对完善混乱的表象。它们奴役着我们,使我们一直保持在混乱的表象中,让我们难以摆脱出来,从而无法达到对完善清楚而明白的表象。在这种状态中,我们是不完善的。正如盖耶认为,沃尔夫有认知主义倾向。在沃尔夫看来,既然灵魂的表象都是对完善的认识,这些认识只是清楚明白的程度不同,那么我们的表象越清楚明白,我们就越完善,因而我们只有有更加清楚明白的表象,我们才能摆脱情欲和激情的控制。同时,清楚明白的表象在实践上给予我们更多的力量,为此沃尔夫引入了意志(will)的概念。

在沃尔夫看来:"在不同的事物中,意志可以自由地选择那些给我们最大快乐的事物,人的这样的行动就是自由的,因而称之为自由的行动。"①意志和欲望并没有本质的区别,区别只在于意志可以在不同事物的表象之间进行比较,从中选择给予我们最大快乐的事物。促进了快乐就是促进了我们的完善,所以意志也是一种在不同表象的完善之间进行比较的能力。另外,沃尔夫重视动机的作用,意志对行动的规定必须有动机(motive,也有人把它翻译为动因)的参与。对善的知识就是意志的动机,动机给予我们行动的理由。当我们认识到善的事物的表象时,我们必然会行动,除非我们并没有认识到它的善。后面可以看出,康德批判地继承了沃尔夫,一方面他强调了动机的作用,另一方面,他区分了意志和欲望。

---

① J. B. Schneewind(ed.), *Moral Philosophy from Montaigne to Kant*, Cambridge: Cambridge University Press, 2003, p. 334.

与莱布尼茨相似,沃尔夫认为上帝创造了最完善的世界。事物的善和恶的表象是行动的动机,这些表象已经被规定好了,区别只在于我们对这些表象的认识方式,即对完善的清晰明白表象的不同程度。这些表象没有本质的区别,只具有程度的区别,所以它们之间没有质的区分,只有程度的区别。理性的认识就在于能够清楚明白地认识这些完善,相反感性对完善的认识是不清楚明白的,它会导致错误。人应该提高他对完善的认识。由于他把这种形而上学的理论运用到自由的概念上,所以他反对把自由看作是在不同的事物之间进行选择的能力的观点,他认为自由就是"灵魂通过它的意志从两种同样可能的事物中,选择那些能使它最快乐的事物"①,意志具有比较和权衡的作用,如果意志选择那种相对善的事物,那么它就是自由的。所以,自由不在于在多种可能性中进行选择,即通常所说的中立的自由,而在于对善的表象的选择。

(二) 沃尔夫的义务学说

沃尔夫通过义务的概念,从心理学过渡到他的伦理学。沃尔夫对义务的规定体现了近代自然法的基本特点,即义务是遵循法的行动。法和责任是相关的,所以义务就是那些我们有责任去做的行动。那么,责任(Verbindlichkeit,obligation)是什么呢?② 他给出了一个一般的定义:"有责任(verbinden,也可以翻译为强制)让某人做或者不做某事仅仅与意愿或者不意愿做这个事情的动机相关。"③沃尔夫举了一个例子,一个长官禁止他的臣民偷盗,否则会判处绞刑。绞刑与偷盗的行动结合在一起,偷盗的人被抓住之后,就会被判处绞刑。那些想偷盗的人知道偷盗是恶的,是因为偷盗会给他们带来恐惧,从而使得他们不去偷盗。不能

---

① J. B. Schneewind(ed.), *Moral Philosophy from Montaigne to Kant*, Cambridge: Cambridge University Press, 2003, p. 348.

② 张任之教授认为要翻译为约束性。

③ J. B. Schneewind(ed.), *Moral Philosophy from Montaigne to Kant*, Cambridge: Cambridge University Press, 2003, p. 335.

偷盗的责任与它可能带来的恐惧密切相关,这种恐惧给盗贼提供不去偷盗的动机。这种动机与长官所拥有的权力有关。从某个方面来说,沃尔夫的责任概念表现为一种后果主义的倾向。

什么东西向我们提供某种行动的动机呢? 沃尔夫认为是自然,亦即事物的本性。善的行动是符合事物的本性的,给我们提供某种行动的动机。事物的本性要求我们不断地完善自己以及他人,亦即努力达到更完善的存在是我们本质性的存在和要求,我们必然会把促进更完善作为我们行动的动机,动机与责任的概念相连,由此我们有责任促进自我和他人更加完善。从而,我们自由行动的基本规则是:"做那些使你和你的条件,以及使他人和他人的条件更加完善的事情;不做相反的事情。"在沃尔夫看来,这个规则就是自然法。他做出了一些基本的论证。法则是什么?"通过一个规则,我们被强制来执行我们的自由行动,那么这个规则就叫作一个法则。"[1]能够强制我们的自由行动的规则就是法则。上帝强制我们自由行动的规则就是神法;人强制我们自由行动的规则就是人法;与之类似,自然强制我们的自由行动的规则就是自然法。自然要求我们更加完善,那么这个法则就是一个自然的法则。自然要求我们促进自己和他人的完善,所以上述的基本规则就是自然法。沃尔夫特别强调,这条自然法涵盖我们所有的自由行动,我们不需要从其他方面(包括上帝)来引出自由行动的规则,所以它是一条最基本的自然法,其他一切特殊的法都是从这条基本的法则中得来的。

需要注意的是,在沃尔夫那里,自然法也是神法。上帝对人的行动的规定与自然法没有区别。可见,沃尔夫的立场与唯意志主义者不同,正如克努兹·哈康森所认为的,沃尔夫的自然法要求我们追求完善,"这样我们就为道德建立了一个完全独立于上帝意志之外的客观基础"[2]。

---

[1] J. B. Schneewind (ed.), *Moral Philosophy from Montaigne to Kant*, Cambridge: Cambridge University Press, 2003, p. 336.
[2] 马克·戈尔迪、罗伯特·沃克勒(主编):《剑桥十八世纪政治思想史》,刘北成、马万利、刘耀辉、唐科译,商务印书馆 2017 年版,第 260 页。

上帝无法改变这条自然法,甚至也要遵守它。但是人与上帝的区别在于:人是不完善的,而上帝是最完善的。上帝的完善体现在他可以清楚明白地表象这个世界。上帝之所以可以这样,是因为他创造了这个世界。上帝作为最完善的存在者,其强制我们做的也是自然法强制我们做的,所以自然的法则就是上帝的法则,是神圣的法则。在唯意志主义者看来,上帝是无限的,他的意志高于他的理性,我们无法理解上帝的意志,然而他的法则是我们所必须遵守的,同时上帝通过他的无限的力量使用奖惩的手段来使法则得以履行。但是,在沃尔夫看来,由于上帝和我们一样都遵守着同样的法则。一个有理性的人能够清楚明白地表象这个世界,因而他是自己立法的,他是按照事物本身的善和恶来行动的,不需要在事物本身的善恶之外的奖惩来服从自然法,此时,他就变得和上帝一样是完善的存在者,不需要外在的强制。对于一个具有不完善的理性的人来说,由于他对这个世界的表象不是清楚明白的,因而事物本身的表象无法驱动他行动,以及他不会按照事物的本性的完善来行动。此时他需要外在的奖惩来履行责任。

为了避免他人把自我的完善误解为自利,他做了进一步的澄清工作。促进我们本性和我们条件的完善的行动与自利(Eigen-nutz)有根本的区别,就像太阳普照大地一样,这样的行动是尊敬上帝的行动,也促进了共同的善。因而沃尔夫也接受了近代自然法的开创者之一格劳秀斯对人的社会性的看法,但是他转换了格劳秀斯的问题的视角。① 在他看来:人有社会性,需要和别人在一起,但是这并没有造成必然的冲突,相反,自我的完善和他人的完善是联系在一起的,因为"任何寻求使自己尽

---

① 我采用的是施尼温德(J. B. Schneewind)的观点,在他看来,近代自然法的开创者是格劳秀斯所提出的问题,即如何制定出有效的规则来限制人的非社会性。整个近代自然法以及之后的哲学家们包括洛克,一直到康德都需要解决这个问题。当然近代哲学家对人的社会性和非社会性有不同的侧重点。有的哲学家比如霍布斯比较强调人的非社会性,有的哲学家比较强调人的社会性,比如这里提到的沃尔夫。同时我在此也认同他把近代自然法的范围限定在唯意志主义的观点[参见 J. B. Schneewind(ed.), *Moral Philosophy from Montaigne to Kant*, Cambridge: Cambridge University Press, 2003, p. 11]。

可能完善的人,也在追求他人所寻求的东西,并且追寻任何东西都不会牺牲他人的利益"①。

沃尔夫的义务概念与责任、完善和动机等概念结合在一起。义务就是有责任去做的行动,这些行动的目的是促进自我和他人的完善。我们对完善的认识作为我们意志的动机可以促进我们的行动。在他那里,义务由法则所规定,义务的概念先于权利的概念。当然沃尔夫并不是说存在着无权利的义务,相反,他认为义务只是在论证的秩序上先于权利,事实上二者是一一对应的,没有无权利的义务,也没有无义务的权利。这一点影响了康德,尤其在康德的后期伦理学的义务体系中明显地体现出来。关于义务的分类,沃尔夫遵循近代自然法理论的传统,也把义务分为对自我的义务、对上帝的义务以及对他人的义务。② 但是他认为对自我的义务是首要的,只有促进了自我的完善,我们才能促进对他人的义务。

由于自然法要求我们做使我们以及我们的条件更加完善的事情,而人是由灵魂和身体所组成的,那么他有义务完善他的灵魂、身体以及他的外在的状态。因而,我们对自己的义务就有三种:促进我们灵魂的完善、促进我们身体的完善以及促进我们外在状态的完善。"人必须促进他灵魂、身体以及他外在状态的完善……所以,他必须学会认识他的灵魂、他的身体以及他外在的状态。"③沃尔夫详细论述了对自我的义务。在对自我的义务中,沃尔夫首先论述了对自我灵魂的义务。在他看来,灵魂的主要能力体现在知性和意志上,所以我们有对知性以及对意志的义务。

---

① J. B. Schneewind(ed.), *Moral Philosophy from Montaigne to Kant*, Cambridge: Cambridge University Press, 2003, p. 337.

② 把义务区分为对上帝的义务、对自我的义务以及对他人的义务在托马斯·阿奎那那里就有了相应的区分。参见 J. B. Schneewind(ed.), *Moral Philosophy from Montaigne to Kant*, Cambridge: Cambridge University Press, 2003, p. 20。

③ J. B. Schneewind(ed.), *Moral Philosophy from Montaigne to Kant*, Cambridge: Cambridge University Press, 2003, p. 343.

知性是一种认识能力，它的主要作用是清楚明白地表象可能的东西。知性越完善，它就越能清楚明白地表象在一个事物之中的东西，所以，我们有义务去做任何能够促进表象的清晰性的事情并且不做妨碍这种清晰性的事情。知性的完善包括"推理的准确和灵巧，发现的艺术、智力、实验的艺术、对语言的理解以及任何属于这些完善的其他东西"①。由于意志具有能够在不同事物的表象的完善之间进行比较的能力，因而，对自我的意志的义务就是"人把他所认识的诸善中更善的作为动机"②。因为人有义务使他自己以及他的条件更加完善，那么他必须在不同的完善之间选择更好的善作为意志的动机。由于沃尔夫有明显的认知主义的倾向，善的认识可以给我们带来行动的动机。知性有判断什么是善以及什么是更善的能力，那么意志的完善只有通过知性的完善才是可能的，所以促进意志的完善只能通过知性来进行。

除了对自我的义务之外，我们还有对上帝的义务。"对上帝的义务，我理解为由于法则（并且我们所谈的仅仅是自然的义务，由于自然法）与上帝相关，人必须承担的行动。"③由于上帝是最完善的，所以人不可能促进上帝的完善。人可以做的就是意识到上帝的完善，并且把这种完善当作自己的行动的动机。对上帝的义务就体现在敬仰上帝。人在敬仰上帝中把上帝的完善当作自己的动机。另外，人也被上帝强制来服从自然法，在此上帝像一个慈祥的父亲那样，他赐福于我们。对上帝的这种敬仰是我们服从自然法的额外动机，它从内容上并没有增加我们实际的义务，只是更有力地促进义务的完成。这类似于康德在后期著作中所提到的，我们的一切义务都可以看作是对上帝的义务，但是这只是从形式的角度来看，而不是从质料的角度来看。

---

① J. B. Schneewind（ed.），*Moral Philosophy from Montaigne to Kant*，Cambridge：Cambridge University Press，2003，p. 343.

② J. B. Schneewind（ed.），*Moral Philosophy from Montaigne to Kant*，Cambridge：Cambridge University Press，2003，p. 344.

③ J. B. Schneewind（ed.），*Moral Philosophy from Montaigne to Kant*，Cambridge：Cambridge University Press，2003，p. 344.

关于对他人的义务,他指出:"人有义务在他的能力所允许的范围内不仅使他自己以及他的状态,而且还有他人和其状态尽可能地完善。因而,他有义务承担所有这些能够促进他们以及他们状态完善的行动。"他进一步解释了这些东西的作用:"这些行动构成了对作为实现幸福的手段的自然法的遵守,所以,人有义务尽可能地促进他人的幸福。"①与对自我的义务类似,对他人的义务包括促进他人的灵魂、身体以及外在状态的完善的义务。沃尔夫在具体谈论对他人的义务时,又做了进一步的区分,比如"对他人的一般义务""对朋友以及对敌人的义务""对在演讲中以及在契约中的他人的义务"等。这些义务很具体,都包含在沃尔夫的伦理学中。这些义务都没有出现在康德公开出版的《道德形而上学》中,这是因为康德认为沃尔夫混淆了伦理学的形而上学部分和经验人类学的部分。尤其在《奠基》中,康德批判沃尔夫没有区分不同的意志,即没有区分纯粹意志和一般的意志,前者是道德形而上学的研究对象。在康德看来,沃尔夫混淆了不同的意志,把它们都放在他的伦理学中,而康德自己要做的工作就是要找出纯粹意志的概念及其原则。

沃尔夫的义务学说一定程度上克服了唯意志主义者的困境。在唯意志主义者看来,上帝的意志高于理性,上帝的意志是人的理性所无法理解的,人在上帝面前,就像面对一个无法捉摸的君主一样。沃尔夫试图从两个方面克服唯意志主义者所面对的问题:一方面是人的价值的存在问题,另一方面是义务的基础问题。在沃尔夫那里,人和上帝的区别只是在于完善程度的不同,人可以通过不断完善自己以接近于上帝,人和上帝遵守同样的法则,人甚至与上帝具有同样的价值。这点启示了康德。在康德那里,人和上帝之间都服从共同体的法则,处于同一个目的王国之中,只是对于人来说,这些法则以责任和命令的形式表现出来。

不过沃尔夫义务学说也存在困难。在沃尔夫那里,由于人有义务更

---

① J. B. Schneewind (ed.), *Moral Philosophy from Montaigne to Kant* , Cambridge: Cambridge University Press, 2003, p. 345.

加完善，完善是对事物清楚和明白的表象，那么我们有义务提高自己对事物清晰明白的认识。因而他的义务学说具有认知主义倾向。同时由于不同的完善体现为量的区别，在他那里，纯粹概念和经验性的概念之间不存在本质的区别，只具有程度上的不同，可见他的义务学说有后果主义倾向。只有具备了对事物清楚明白认识的人才是理性的人，才可以自律，也只有这样的人，才能够在不同完善的表象之间进行比较，从而促进自己的完善，体现自己的价值，但是多数人难以具备这种能力，因而多数人应当听从少数人的指导。这点类似于柏拉图在理想国中所设想的情景，即在一个理想的国家里，大多数人不具备善的理念的知识，只有极少数人才具有这样的知识，因而大多数人应该听从少数人的指导。沃尔夫的伦理学有强烈的精英主义色彩，这也是与他同时代的克鲁修斯（Crusius）以及其后的康德对他的批判之处。

克勒梅教授对沃尔夫伦理学做了总结，他认为，沃尔夫的责任概念和动机的概念结合在一起，责任的概念以意志的自由为前提，同时自由的概念与必然性结合在一起，亦即与关于事物的善恶知识结合在一起。他接着认为，康德反对沃尔夫在于以下两点："第一，在经验性概念和纯粹的概念之间不存在逐步的过渡。更确切地说，按照康德的观点，它们涉及两种不同种类的概念，这些概念连同感性和理性以它们的存在的不同的来源为基础。第二，也不存在我们通过它表象这个世界的基本能力（'普遍的表象能力'）。更准确地说，我们必须在人的不同的能力之间进行区分。"[1]除此之外，康德也不满意沃尔夫把伦理学建立在经验心理学的基础之上。在康德看来，责任和义务都是无条件的，具有普遍性和必然性。沃尔夫把伦理学的基本概念建立在经验性的根据之上，这样的一些基本的概念比如义务和责任就不具有普遍性和必然性，只能够称为实践的规则而不能成为法则。

---

[1] Heiner Klemme, *Kants Grundlegung zur Metaphysik der Sitten：ein Systematischer Kommentar*, Leipzig：Reclam, 2017, S. 34.

第二节　克鲁修斯的伦理学

　　和沃尔夫同一个时代的学者,对康德有很大影响的是克鲁修斯。[①] 比如在"获奖论文"中,康德认为责任的形式根据是"做通过你而成为可能的最完美的事"[②]。在介绍克鲁修斯时,施尼温德认为:"特别地,克鲁修斯的伦理学对于早期的德国的启蒙哲学到康德的学说的转变起着至关重要的作用。因为为了试图解释我们何以能够完全依赖上帝以及也完全能够对我们的行动负责,他制定了一些概念系统,这些系统被康德看来是比沃尔夫所表现的人类自律更强烈的主张。"[③]我认为,他对康德的伦理学主要有如下影响:第一,康德直接继承了克鲁修斯的意志(Wille)概念,在他看来,意志具有内在的法则,这点恰好是康德的伦理学所强调的;第二,康德对定言命令和假言命令的区分可以在克鲁修斯对明智和德性的区分中找到端倪;第三,康德在后期伦理学中把义务和目的的概念结合起来,可以在克鲁修斯把义务和目的的概念结合中溯源。另外需要引起注意的是,克鲁修斯提出创造的终极目的是德福一致,幸福自身只有与德性结合在一起才是善的,这对康德的至善学说的影响也很大。

(一) 克鲁修斯的意志概念

　　沃尔夫伦理学的核心概念是完善,在他看来,诸存在者之间没有本质的区别,区别在于他们的完善的程度不同,我们和上帝遵守同样的完善的法则。人与上帝没有本质的不同,二者的区别在于上帝是完善的存

---

① 施尼温德在 *Encyclopedia of Ethics* 中介绍克鲁修斯时认为:"康德(1724—1804),当他年轻时,阅读过克鲁修斯,非常钦佩他。克鲁修斯的形而上学、认识论以及伦理学的思想再现并且转化在康德成熟的著作中。正因为此,现在克鲁修斯被研究。"(Lawrence C. Becker(ed.), *Encyclopedia of Ethics 1 -3*, London & New York: Routledge, 1997: 363)从他的论述中,我们可以看出研究克鲁修斯的重要性。

② 《康德著作全集》第 2 卷,李秋零主编,中国人民大学出版社 2005 年版,第 301 页。

③ B. Schneewind(ed.), *Moral Philosophy from Montaigne to Kant*, Cambridge: Cambridge University Press, 2003, p. 569.

在者,人是不完善的存在者,只有对完善不清楚明白的认识。自然法的规范性不在于上帝,即使没有上帝,它也是我们的义务法则。但是,克鲁修斯信奉路德派,强调信仰的作用。他反对沃尔夫的学说,认为人是依赖于上帝的。上帝是一种无限的存在,人是一种有限的存在。有限和无限之间不是量的差异,而是质的不同。我们对上帝的理解只能是一种否定性的,即上帝的完善是没有限制的。在唯意志主义那里,上帝给我们颁布法则,通过奖励和惩罚来强制我们服从这些法则,这些法则就是义务的法则,然而上帝自身不服从这些法则。这引发两方面的问题:第一,义务的概念不是无条件的,而是外在性的;第二,人在上帝面前成为一种卑微的存在。为了避免这两个问题,尤其第一个问题,克鲁修斯做出相应的修正。他认为我们服从上帝的意志不是出于恐惧或者希望,而是出于依赖于他的意识,即人意识到他是依赖于上帝的。

为了说明这种依赖性,克鲁修斯提出了他的意志的概念:"我把意志理解为心灵按照它的观念来行动的能力。"①在有限的存在者比如人那里,认识能力和实践能力是区分开来的,二者是不同的能力。人的意志不仅包含着认识,而且还是按照某种认识即观念来行动的能力。观念是一种表象,意志以之行动说明意志具有自己内在的表象或者观念。接着他指出:"欲望和厌恶,包括所有来自它们的行动或不行动,都归于意志。"②欲望不是像沃尔夫所认为的那样只是一种不清晰的表象,而是意志运用其能动性、实现其特有功能的一个方面,因而它是"按照一定的观念以特定的方式持续地努力的行动"③。意志通过其表象接受或者否定某种欲望,所谓接受一个欲望亦即实现该欲望所表象的对象。

如前所说,沃尔夫把意志和知性都看作认识能力,二者的区分只是

---

① J. B. Schneewind (ed.), *Moral Philosophy from Montaigne to Kant*, Cambridge: Cambridge University Press, 2003, p. 569.

② J. B. Schneewind (ed.), *Moral Philosophy from Montaigne to Kant*, Cambridge: Cambridge University Press, 2003, p. 569.

③ J. B. Schneewind (ed.), *Moral Philosophy from Montaigne to Kant*, Cambridge: Cambridge University Press, 2003, p. 569.

表象对象的清晰程度不同,然而克鲁修斯区分了二者,"在所有有限的存在者那里,意志作为一种不同的基本的能力,与知性是不同的"①,知性是用来认识和发现真理的能力,而意志是按照其内在的观念把对象实现出来的能力。同时,由于"所有的心灵必须有意志。假如没有意志,他们就不能按照他们的观念来行动,没有意志,既对他们自己又对其他人都没有用处,而且是没有作用的。然而创造无用和没有作用的东西违背了上帝的完善"②。值得注意的是,他认为:知性只是认识对象,即表象对象,然而要使这些表象得以实现,必须依靠意志,所以意志高于知性。与之类似,康德也强调实践理性高于理论理性。

和沃尔夫具有后果主义的倾向不同,即与沃尔夫把快乐和善建立在行动所获得的结果的完善上不同,克鲁修斯通过意志的概念表述伦理学的基本概念,"通过满足一个意愿,我们灵魂所产生的状态叫作愉快","符合心灵的意志的任何东西,我们称之为一定程度的善"。③ 由此定义,完善和善是有区别的两个概念,善的概念与意志相关,由意志所规定。我们的意志欲求完善,完善是善的,区别在于,完善是对象性的概念,它表达事物的状态和其所适宜的结果的总量之间的关系,事物越适宜于这些结果,它就越完善。完善是意志的追求目标,是其能动性的体现。

基于意志的概念,他提出了自由的概念。在沃尔夫看来,意志自由体现在:在不同的事物中,意志能够选择和追求最完善的事物。但是,在克鲁修斯看来,这不是真正的自由。自由的通常概念是不被外在的强制或者内在的必然性所束缚,一方面,它使人能够为他的行动负责,另一方面,它能够使我们适宜从属于一个法则和责任之下。结合以上考虑,"一个自由的存在者只能是在某时某刻能够做或者不做某事,或者取代它而

① J. B. Schneewind(ed.), *Moral Philosophy from Montaigne to Kant*, Cambridge: Cambridge University Press, 2003, p. 573.

② J. B. Schneewind(ed.), *Moral Philosophy from Montaigne to Kant*, Cambridge: Cambridge University Press, 2003, p. 569.

③ J. B. Schneewind(ed.), *Moral Philosophy from Montaigne to Kant*, Cambridge: Cambridge University Press, 2003, p. 570.

做其他的事情的存在者,凭借它,能够这么做的能力被称为自由"①。在接下来的两段,他进一步指出,行动或者能动性伴随着后果和作用因,但是在形而上学上,这个后果和作用因的序列不能无限地延伸,必然有第一因,因而"自由是意志活动的最高等级,通过这种活动,意志不顾所有的必要条件,能够自身开始、引导,接着中断它的有效性(effectiveness)"②。为了进一步说明意志的自由的能动性,克鲁修斯甚至认为,即使我们出于对上帝的依赖而服从上帝的意志,但是我们仍然能够不服从上帝的法则,这种不服从正是自由的体现。

既然自由体现在这种中立性之中,那么我们为什么会服从上帝的意志呢? 服从上帝的意志的动机在何处呢? 克鲁修斯引进了"良知"的概念。在他看来,责任是"在广义上来看,为了某物的存在的一种道德必然性所处的状态"③。我们有责任去做某事,不是如沃尔夫所认为的是我们有做某事的动机,因为我们经常有做坏事的动机。也不是如唯意志主义者所认为的那样,我们出于希望和恐惧来做有责任的事情,因为我们的意志是自由的,希望和恐惧并不能强制我们做有责任的事情。只有良知才是使我们服从上帝的法则的唯一动机。沃尔夫认为,由于良知会犯错误,所以它不能成为我们的动机,但是克鲁修斯把经验与良知进行类比。虽然经验有时欺骗我们,但是它仍然是获得真理的一个原则,与之类似,即使良知会犯错误,但是它也是给我们提供了义务知识的确定来源。另外一个问题,由于上帝对人的价值的判断是以其行动是否遵从了他的法则为标准,依照沃尔夫,这种判断的标准在于行动后果的完善性,它是一种推理的能力,可惜大多数人难以具有这种能力,所以上帝必然会让每个人都有良知,以此上帝的法则才可以得到遵守,道德性才具有现实的

---

① J. B. Schneewind(ed.), *Moral Philosophy from Montaigne to Kant*, Cambridge: Cambridge University Press, 2003, p. 572.

② J. B. Schneewind(ed.), *Moral Philosophy from Montaigne to Kant*, Cambridge: Cambridge University Press, 2003, p. 572.

③ J. B. Schneewind(ed.), *Moral Philosophy from Montaigne to Kant*, Cambridge: Cambridge University Press, 2003, p. 577.

普遍性。^① 良知就是对上帝法则的意识,它驱动我们行动的基本规则是:"做那些依照上帝的完善以及你与他的关系的事情,并且促进与人的本性的本质完善一致的东西,而不是相反。"^②

(二)克鲁修斯的义务学说

由意志和责任的概念,他引出了义务的概念。在他看来:义务是"从广义上来看,一个道德必然性所存在的行动或者不行动"。何为道德必然性? 道德必然性就是"行动或不行动与一定的目的的关系,以致一个理性的心灵能够理解它应该或者不应该做某事"^③。由此,义务与目的的概念结合在一起。从道德必然性的概念进一步论述责任的概念,广义上的责任是为了某物,是道德必然性存在的条件。道德包含着诸义务和责任。从它们的概念可以看出,义务和责任的概念对应着目的的概念,依照不同的目的,就有不同的道德必然性,也就有不同的义务和责任。有一种目的与我们的欲望相关,是多样的,另外一种目的是必然的,与上帝有关。由此道德包括明智(prudence)的责任和义务以及德性(virtue)的责任和义务。

"对于明智,我们理解为为了实现某人的目的,选择和运用好的手段。"^④由于我们总是力图实现我们自身的完善,这样就产生了一些特殊的欲望。这些欲望有不同的表象,为了实现这些表象,我们必须采取相应的行动。和上帝不会做不合目的的事情一样,我们意图实现我们所欲望的,并且努力使我们的行动更加有效。比如为了更好地保存自己,我

---

① 参见 J. B. Schneewind, *The Invention of Autonomy*, Cambridge: Cambridge University Press, 2003, p. 450。

② J. B. Schneewind (ed.), *Moral Philosophy from Montaigne to Kant*, Cambridge: Cambridge University Press, 2003, p. 576.

③ J. B. Schneewind (ed.), *Moral Philosophy from Montaigne to Kant*, Cambridge: Cambridge University Press, 2003, p. 577.

④ J. B. Schneewind (ed.), *Moral Philosophy from Montaigne to Kant*, Cambridge: Cambridge University Press, 2003, p. 577.

们必须有强健的身体。对于德性的义务,克鲁修斯认为:"德性是心灵的道德条件与神圣的法则一致。"①他接下来做了进一步说明,德性在广义上指的是值得称赞的性质,作为义务,它专指与上帝相关的行动。德性的法则是由上帝制定的,并且出于上帝的目的。对于上帝来说,他所意图的是一个事物的完善,那么德性的法则就是使得我们完善。良知使我们意识到我们依赖于上帝,从而服从上帝的法则。无论是明智的义务还是德性的义务,它们都源于我们意志的内在结构,即意志作为一种按照表象(观念)来行动的能力,不是一种认识的能力,而是一种专门的行动的能力,有它自身所遵循的法。

显然,克鲁修斯对两种义务关系的说明对康德有很大影响。在克鲁修斯那里,真正来说,德性的义务和责任才是义务和责任,明智的义务和责任只和我们所要达到的目的相关,因为前者基于神圣的或者上帝的法则,后者是与我们的欲望相关。如果我们不履行明智的义务,那么我们只是不能达到我们所欲望的目的。但如果我们不履行德性的义务,那么,我们就是违背了神圣的法则。所以,在一个德性的责任所存在的地方,也可以说谈及的是一个债务(indebtedness),即我们必须要遵循的法则和行动。然而,他也说明虽然二者有相通之处,履行德性的责任和义务也是在履行明智的责任和义务。因为"神圣的法则命令的是达到我们福祉(well-being)的最真实的手段,当我们服从神圣法则时,我们灵魂的本真的诸欲望将会得到满足"②。那么为什么要区分二者呢?因为如果不区分二者,人们把明智和德性混在一起,误以为只存在着明智的义务和责任,导致破坏了真正的责任和德性的本质。康德在《奠基》中提出两种命令——假言命令和定言命令,认为只有定言命令才是真正的命令,才可以建立起真正的义务和责任概念。这种论证思路和克鲁修斯比较

① J. B. Schneewind(ed.), *Moral Philosophy from Montaigne to Kant*, Cambridge: Cambridge University Press, 2003, p. 577.

② J. B. Schneewind(ed.), *Moral Philosophy from Montaigne to Kant*, Cambridge: Cambridge University Press, 2003, p. 578.

类似。当然,二者的区别很大,康德的义务概念基于意志的自律,而不是上帝。

克鲁修斯认为意志具有内在的法则,以及人都有良知,克服了沃尔夫精英主义的倾向。但是由于他把意志的自由建立在经验心理学上,他的伦理学导致一些困难。既然意志本身包着含内在的法则,意志的自由具有违背自身法则的能力,这与意志的概念是一致的吗?当然,我们可以做如此理解,即我们有可能没有意识到内在于我们意志的法则,所以我们会存在违背法则的可能性,这种可能性就是一种自由。与之相关,为了克服沃尔夫的精英主义倾向和唯意志主义者的困境,他提出了良知的概念。每个人都有良知,它来自、依赖上帝的意识。如果是每个人都有良知,那么人们就不会做违背良知的事情,这就很难解释人为何作恶。这个问题到了康德那里,通过先验自由的概念才得到更好的理解。即人的意志具有一种摆脱外在的规定而自行开启一个现象的能力,它应当遵守理性的法则,但是也为它违背理性的法则提供了必要条件。

康德在"获奖论文"中对责任概念的理解直接来源于克鲁修斯。责任是行动的必然性,这种必要性分为两种——手段的必然性和目的的必然性。前者只是为了达到某个目的的必然性,因而它的必然性依赖于这个目的。与克鲁修斯有点区别的是,康德更明确地否认了手段的必要性能够建立起责任根据的可能性。他通过例子进一步说明了这点:"谁规定了另一个人如果想促成自己的幸福就必须采取或者放弃某种行动,他虽然可以把某种道德说教纳入其中,但它们已经不再是责任了,而是某种就像我在想把一条直线分为相等的两部分时画两个交叉弧的责任的那样的东西,也就是说它根本不是责任了,而只是对人们在想达到一个目的时要采取的精明举动的指示。"[1]只有我应当促成自己的完善,或者我应当遵照上帝的意志来行动,它们直接规定了我们的行动,这才可以建立起责任的根据来。在论文最后,康德认为:虽然在道德的最高规定

---

① 《康德著作全集》第 2 卷,李秋零主编,中国人民大学出版社 2005 年版,第 298 页。

根据中达到最高程度的自明性是可能的,但是,责任的最高基本概念还没有获得清晰的规定,我们首先要确定是理性还是情感规定着责任的最初原则。可以看出,康德前批判哲学时期已经在思考批判哲学时期的一些问题了,虽然没有得出确定的答案。

康德在批判哲学以及之后背离克鲁修斯最大的地方在于,他不认同克鲁修斯的神学立场。克鲁修斯把真正的义务法则,即德性的法则建立在上帝的基础上,在康德看来,这是一种他律。真正的义务和责任的法则应该是无条件的,只能以理性的自我立法为基础。但是康德非常重视的至善学说,可以放在克鲁修斯的语境中得到理解。克鲁修斯强调创造的终极目的即至善需要以上帝作为前提。不过,康德解决至善的问题的方式有区别,他不是如克鲁修斯那样直接通过上帝的概念来解决这个问题,而是通过自由的概念来解决。自由的后果是至善,它的可能性只有在预设上帝的存在的条件下才得以可能,所以上帝是一个必要的悬设。神学以道德为前提,而不是相反。

第二章　康德后期伦理学的基础和体系

康德后期伦理学的基础可以分为两个方面：第一个是先验的基础，确立了自由的概念及其原则；第二个是经验的基础，展示了康德对人性的理解，体现在康德批判哲学之外的著作中。学界对这两个方面，尤其第一个方面做了大量的研究，笔者将结合学界已有的一些研究成果，系统地论述这两个方面。

第一节　康德后期伦理学的先验基础

康德的伦理学是以他的先验哲学为基础的。先验哲学可以看作是一种既清理地基又建构学说基础的工作。康德伦理学的先验部分的主要任务是确立他的自由概念，涉及的概念包括义务、道德价值和定言命令等基础概念。这些内容主要呈现在《奠基》以及《实践理性批判》等文本中。正如康德的批判哲学的展开是一个逐步的过程，他的伦理学诸多概念的确立也是一个逐步深入的过程。

（一）义务与道德价值

在《奠基》中，康德是从善良意志（ein Guter Wille）的概念引入义务概念的。在康德看来,善良意志属于普通的道德理性知识(常识道德),是人们只要反思就会意识到的。普通的道德理性都承认,无论是知性、机智或者判断力等精神上的善的才能的东西,还是人的品格方面,如勇敢、果断等都只是相对的善。具有精神才能的人,如果没有一个善良意志,可能会做出更大的恶。勇敢、节制等类似被古希腊哲学家们所称道的德性,是具有内在善的,但是它不是绝对善的,只是有条件的善。因为它如果被引入一个恶的心灵,就会导致更大的恶。康德对这些古希腊哲学所提倡的德性的理解和批判无疑是值得商榷的。因为古希腊德性伦理学把德性和理性结合起来。德性不仅能够实现目的,而且具有善的目的。康德也提到幸福这种自然的善。他认为,幸福不能说是绝对的善。一个幸福的人如果没有善良意志,会产生傲慢等。他甚至提到一个"冷血的恶棍"(das kalte Blut eines Bösewichts),他有着审慎的头脑,能够非常冷静地作恶,这样的人比一个激情的罪犯具有更大的破坏性。因为他完全不具有善的意志,其他的有条件的价值在恶的心灵的支配下,反而做出更大的恶。

善良意志的善是无条件的,绝对的善,它可以限制上述相对善的东西对人的心灵的影响,同时也可以纠正行动的整个原则。因而只有在善良意志的条件下,它们才是善的。善良意志的善不是因为它所带来的目的才是善的,而只是因为它的意愿(das Wolle)是善的,也就是说它本身就是善的。它比所有的偏好(Neigungen)以及偏好的对象带给我们的好处在价值上都要高。它们的价值是不同种类的。

康德对善良意志的概念的论证说明,他的学说与后果论是完全不同的。后果论把行动的结果当作行动的道德价值的根据。善先于正当,一个行动是善的就在于,它具有好的结果,这种好的结果可以是实际的好的结果,也可以是预期的好的结果。善良意志与此完全不同,它不在于行动的结果,只在于行动的意愿。这样规范性的论断不禁会让人产生疑问,认为它"只不过是不着边际的幻想,而大自然为什么要把理性赋予我们的意志来做主宰,它在这种意图中也有可能会被误解"①。康德从自然目的论的角度来论证这一点。

他引入了传统目的论(严格来说,是古希腊哲学的目的论)的原理:自然不做无用功。如果自然的设计都是有目的的,那么它为什么会赋予我们理性呢?在康德那里,有两个选择答案:幸福或者善良意志。如果理性以实现幸福为目的,那么它只是一种工具理性。工具理性表现在科学和文明的发展历程之中。康德接受了卢梭的看法,认为科学和文明与人的幸福是对立的。在卢梭看来:在自然状态中,人本来是自由和平等的,只是随着科学和文明的进步,私有制和财产的出现,人与人之间出现了不平等,道德堕落了,人才变得不幸福。康德并不否认理性具有工具性的维度,只是说,这不是理性的全部能力。康德给二者的对立以一种目的论的解释:自然如果希望人仅仅过一种幸福的舒适的生活,那么本能是其更好的选择。在《关于一种世界公民观点的普遍历史的理念》中,康德也有类似的看法。他认为,自然所赋予人的,既不是公牛的角,也不是狮子的爪,也不是狗的牙,人的一切都是由自己来创造的,而不是由本能所决定的。自然并不关心人的生活的舒适,而是希望人通过理性来配享幸福。

既然自然赋予人以理性不在于实现人的幸福,康德就得出了结论:"理性就必定具有其真正的使命,这绝不是产生一个作为其他意图的手段的意志,而是产生一种自在的本身就善良的意志"②。对善良意志概念的定义,说明了康德的义务论与我们通常所理解的后果论是完全不同的理论。然而,自然目的论在这个论证中起了基础的作用。这个假设引起了一些学者的质疑,比如蒂默曼就认为:"康德把他的结论,即道德命令作为理性的诫命是可以辩护的,建立在世界的一个明智统治和自然的普遍合目的性的假设上,这点在康德批判哲学的总体框架之内看起来是有问题的。这样的假设可能在道德信念的基础之上是可辩护的,但是它们

①　康德:《道德形而上学奠基》,杨云飞译,邓晓芒校,人民出版社 2013 年版,第 13 页。
②　康德:《道德形而上学奠基》,杨云飞译,邓晓芒校,人民出版社 2013 年版,第 16 页。

在道德性作为理性反对享乐主义的规范性力量中是没有作用的。"①他认为，自然目的论在至善论是有位置的，在道德学中是没有地位的。因为道德学体现的是行动与理性的立法的关系，与自然目的论无关。为了说明这个论证不是康德一贯的立场，他给出了一个解释："这段话基于'普通的道德理性知识'，而不是严格的哲学，并且其后在第三章更广的辩护计划中，被纯粹实践理性更哲学化的一个论述所取代。"②蒂默曼的看法有一定的道理。善良意志的概念没有进入"哲学的道德理性知识"，康德马上从善良意志的概念进入了对义务概念的分析，从而得到道德性的最高原则。但是这并不能够说明，自然目的论的这个预设在道德学中没有地位。③ 后面会提到，在《奠基》第二章，康德通过对意志概念的分析，得出了定言命令的几个表达式。为了在直观上说明定言命令的运用，康德举了几个例子。在自杀的例子中，如果一个人的生活很绝望，他想自杀，幸好他还拥有理性，他可以问问他的准则是否可以普遍化。他的准则就是，在生命的痛苦大于快乐的条件下，把出于自爱而自杀当作我的原则。康德在论证时指出，"一个自然，如果其法则竟是通过具有促进生命的使命的同一种情感来破坏生命本身，这将是自相矛盾的，因而不会作为自然而存在了，所以那条准则就不可能成为普遍的自然法则。"④很显然，康德用了自然目的论的假设——自爱的使命（Bestimmung）是促进人的生命。如果这个准则普遍化的话，那么自爱

---

① Jens Timmermann, *Kant's Groundwork Metaphysics of Morals : A Commentary*, Cambridge: Cambridge University Press，2007，p. 22.

② Jens Timmermann, *Kant's Groundwork Metaphysics of Morals : A Commentary*, Cambridge: Cambridge University Press，2007，p. 23.

③ 舒远招教授提醒我，在《纯粹理性批判》方法论第二章"纯粹理性的法规"的第一节"我们理性的纯粹运用的最后目的"中，康德有这样一段话："既然这涉及我们与最高目的相关的行动，那么，明智地为我们着想的大自然在安排我们的理性时，其最后意图本文就只是放在道德上的。"［康德：《三大批判合集》（上），邓晓芒译、杨祖陶校，人民出版社2009年版，第531页］康德从自然目的论的角度说明，大自然赋予我们理性是以道德为目的的。我赞同舒教授把它做比喻式的理解的看法，因为康德在撰写《纯粹理性批判》时，还没有反思性的判断力的概念。

④ 康德：《道德形而上学奠基》，杨云飞译、邓晓芒校，人民出版社2013年版，第53页。

就同时在破坏人的生命,这违背了自爱的使命。可见,这个准则不能够成为一条普遍的自然法则,因而它是不道德的。

普通的人类理性都有对善良意志的意识,它是健全的知性本来就有的,所以它不需要被教导,只需要被启蒙,亦即清楚地指出它所包含的内容。对于人的意志来说,清楚地说明善良意志只能通过义务的概念才是可能的。由于人的有限性,义务和责任是适合人的概念。人所处的位置就是义务以及努力实现自身自由的德性。人的有限性涉及康德对人性的理解,这在本章第二节会详细涉及。义务的概念包含着善良意志的概念,我们通过出于义务的行动来彰显善良意志。① 理解善良意志的概念就要从分析义务概念入手,而获得义务的概念及其原则只能从出于义务的行动中才能得到。

由此,康德认为:一个行动有道德价值当且仅当行动是出于义务的,只有出于义务的行动才有道德价值,并且有道德价值的行动是出于义务的。我们可以把它看作是康德在寻求义务的概念的第一个命题。② 由

---

① 康德在文本中认为:义务的概念"obzwar unter gewissen subjectiven Einschränkungen und Hindernissen,enthält"(AA4:398)。很显然,这里的"subjectiven"指的是人类的有限的意志,所以应当把这种主观的限制和障碍看作是人的这些有限性对善良意志的影响,而不是善良意志概念本身具有限制和制约。(也可以参见 Jens Timmermann, *Kant's Groundwork Metaphysics of Morals:A Commentary*, Cambridge:Cambridge University Press,2007, p. 25)按照上节对康德伦理学的人性论基础的解释,这种限制可以看作是人的根本恶倾向的体现。

② 康德没有在原文中直接给出第一个命题是什么。但是根据文本的分析,我们可以得出上面的结论。正如贝克在他翻译的《奠基》中,在康德对行动的道德价值进行了分析之后,总结道:"因而,道德性的第一个命题是一个有道德价值的行动必须是出于义务的。"(Kant, *Critique of Practical Reason*, Ed. and trans. Lewis White Beck, Beijing:Western classics,1999, p. 16)
当然由于康德并没有明确地给出这个命题,所以学界对之是有争议的。比如蒂默曼认为第一个命题应该表述为:"一个与义务一致的行动有道德价值仅当行动的准则必然地产生,即使没有偏好或者与之相反"(参见 Jens Timmermann, *Kant's Groundwork Metaphysics of Morals:A Commentary*, Cambridge:Cambridge University Press,2007, p. 26)。这个命题与我在正文中所列举的命题的区别就在于他对符合义务的行动加了一个限制条件"行动的准则必然地产生,即使没有偏好或者与之相反"。但是,义务的概念在普通的道德意识那里已经带有必然性。在近代自然法那里,义务和必然性以及强制是紧密联系在一起的。康德无疑是受到近代自然法的影响的,所以出于义务的行动就是一个行动不仅符合义务,而且其"行动的准则必然地产生,即使没有偏好或者与之相反",因而这两个命题是一致的。

此,我们可以对行动进行如下的分类:① 违背义务的行动,如伤害他人;② 行动虽然符合义务,但是行动者对之并无直接的偏好,它只是作为实现别的偏好的目的的手段而已;③ 行动符合义务,但是行动者对它也有直接的偏好;④ 行动是出于义务的或者说是为了义务而做的,其中,行动者并没有任何偏好作为其行动的规定根据。行动①被康德直接排除了,因为从违背义务的行动中,我们得不出义务的概念以及其原则。行动②也可以排除,因为对没有直接偏好的行动,普通的知性就可以判断其是否出于义务,比如一个聪明商人"童叟无欺"的明智原则。康德举出这个例子可能会遭到读者的误解,因为康德似乎是说,所有的商人都不是出于义务而行动的,实际上,康德在行文中,做出了特别的限制,即这是一个明智的商人(der kluge Kaufmann)。但是,我们一般情况下难以判断行动③和④。因为有些符合义务的行动,我们同时对之也有直接的偏好,所以我们很难判断行动是出于义务还是出于偏好。为了区分二者,康德举了三个例子:保存自己的生命、帮助他人以及关注自己的幸福。这些例子受到很多批评,尤其第二个例子。比较典型的是席勒,他在一首诗里讽刺康德,指出康德在帮助他人的例子中完全否定了情感,违背了道德常识。康德在《宗教》中进行了回应。首先,康德认为他们两人"在最重要的原则上是一致的,只要我们能够相互理解,我也看不出在这点上有什么不一致"①。接着,康德进一步解释他没把优美等类似的情感放入义务的概念的原因。因为义务的概念包含着无条件的强制,由之所产生的是敬重,而敬重的情感与优美是完全不同的。但是康德认为,当一种坚定地履行自己的义务的意向一旦被建立起来,那么它必然会产生善的结果。善的结果必然伴随着一种愉悦的情感,通过这种情感,人们发现把善纳入了自己的准则之中。因而,康德认为他和席勒之间在原则

①《康德著作全集》第6卷,李秋零主编,中国人民大学出版社2007年版,第21页。

上是一致的。① 但是,正如蒂默曼所认为的:"直接和间接被偏好所激发的行动可能与道德法则是一致的(在这个阶段,我们仍然是无知的);但是它是被工具理性的法则所规定(这是我们所熟悉的)……它不是被道德法则所规定;它与义务无关;符合道德性只是偶然的。"② 康德试图通过分析的方法得出义务的概念及其法则,由于偏好与义务之间是不同质的,它们从属于不同的原则。所以,只有通过完全排除了偏好的行动才能够达到目的。

我们甚至可以说,康德在这里实际上是在说明,自由是道德法则(义务的法则)的存在理由。由于偏好与道德法则是完全不同的来源,排除偏好的影响,就排除了感性的因素,确立了自由。只有确立了自由,才可以说明有道德价值的行动,由此才存在着真正的道德法则。

通过分析有道德价值的行动,康德获得第二个命题:出于义务的行动的道德价值不在于它所意图达到的目的,而在于它所依据的准则;因而不在于所实现了的对象的现实性,而仅仅在于意欲的原则。康德在这里提出了准则(Maxime)的概念,准则是"意愿的主观原则"③,是行动者实际的行动原则,包含着具体的行动及其目的。对于不同的人来说,即使行动及其目的是相同的,其准则也可能是不同的,如准则 A"帮助他

---

① 对于这个问题,可以参看 Christine M. Korsgaard, *Creating the Kingdom of Ends*, Cambridge: Cambridge University Press, 1999, pp. 43 - 77, 以及 Marcia Baron 的论文《论出于义务》。在这篇论文中, Marcia Baron 回应了对康德这几个例子的质疑, 并论证了出于义务的行动和偏好以及伴随着愉快是相容的(Kant, *Groundwork for the Metaphysics of Morals*, Ed. and trans. Allen W. Wood, London: Yale University Press, 2002, pp. 92 - 111)。也可以参看 Jens Timmermann, *Kant's Groundwork Metaphysics of Morals: A Commentary*, Cambridge: Cambridge University Press, 2007, pp. 152 - 154。对于理性和情感的问题, 也可以参见 Korsgaard 的《自我的建构》, 其中她特地强调情感(emtion)作为动机向我们直接呈现出一种规范性的力量, 比如感觉到害怕是危险的呈现, 感到悲伤是死亡的无限丧失的呈现。动物也具有这样的能力, 区别在于, 动物不具有选择的能力, 而这正是人具有理性特殊的地方。参见 Christine M. Korsgaard, *Self-Constitution*, New York: Oxford University Press, 2009, p. 112。

② Jens Timmermann, *Kant's Groundwork Metaphysics of Morals: A Commentary*, Cambridge: Cambridge University Press, 2007, p. 46.

③ 康德:《道德形而上学奠基》,杨云飞译,邓晓芒校,人民出版社 2013 年版,第 22 页。

人,是为了获得他人的回报",准则 B"出于我的同情心,我帮助他人"以及准则 C"帮助他人是出于这是一个义务"。这三条具体的准则都表现为相同的行动,同时 B 和 C 的目的是相同的,但是只有 C 有道德价值。要注意的是,当康德说,某个行动不具有道德价值时,不是否认它,而只是说它不具有某种特殊的价值,即道德价值。它也可能具有其他的价值,比如审美的价值。对于这种特殊的道德价值而言,其价值不在于其所产生的行动或者结果,而是在于行动的准则具有把义务当作自己的行动根据的形式。这种意志的原则是什么呢? 康德认为,意志作为一种具有产生因果性的能力,需要有规定自己的原则,没有原则的规定的因果性是自相矛盾的。按照形式和质料的区分,规定意志的原则要么是后天的质料原则,要么是先天的形式原则。既然一个出于义务的行动的道德价值不在于其所意图达到的目的或者其所实现了的结果,那么,其意志的规定根据就不可能是后天的质料的原则,只有先天的形式原则才能够充当意志的原则,也就是说一个出于义务的行动的道德价值在于它的意志被一条先天的实践原则所规定。

　　综合前两个命题,康德得出结论,义务是出自对法则敬重的行动的必然性。在第一个命题中,即使在没有偏好甚至偏好与之对立的情况下,我们也要出于义务而行动,这正说明了义务的概念是一种行动的必然性。义务概念的必然性体现了他与其他哲学家的区别。如前所述,沃尔夫把义务概念建立在他的心理学上,他把欲求、快乐等与完善联系起来,我们的义务在于提高我们的完善,从而满足我们的欲求和增进我们的快乐。克鲁修斯区分了两种不同的责任,义务在明智的责任中所表现出来的是一种实现目的的手段的相对的必然性;义务在德性的责任中表现为实现上帝的目的的必然性,这种必然性是绝对的,但是是以上帝为基础的。在康德的批判哲学中,义务的概念的基础是理性,而不是上帝,上帝本身是一个建立在道德性之上的理念。因而,沃尔夫和克鲁修斯的义务概念都没有无条件的必然性,只是一个"空洞的妄念和荒诞的概念"。在第二个命题中,康德提出了行动的道德价值在于其意志是由先天的形式原则即法则所规定的。把两个命题结合起来,康德得出了义务是一种出自对法则敬重的行动的必然性。① 敬重这个概念是康德在第三个命题中提出来的。对我们的偏好或者我们偏好的对象而言,我们只能是喜欢它或者是认可它,而不可能敬重它。敬重的对象只能是法则,当意志被理性的法则所规定时,我们就会产生一种敬重的情感。

由此,义务概念包含两个要素:客观上是法则以及主观上是对法则的敬重。二者缺一不可,法则是义务的客观的规定根据,通过敬重的概念,义务的概念表现为法则对人的意志主观上的强制。人有敬重,意味着他意识到法则的强制。敬重的情感意味着对法则的强制的意识。我们可以接着追问,法则是什么呢? 由前面可知,法则是排除了一切后天质料的先天的形式法则。在康德那里,先天和形式的具有同等的范围,后天和经验也具有同等的范围。虽然严格来说,前者是哲学的概念,后者是逻辑学的概念。这点受到舍勒的批判,舍勒认为康德混淆了二者,质料的也可以是先天的。如果我们接受康德对概念的定义,那么这个法则就只能是一般行动的普遍合法则性了,所以康德得出了定言命令的第一个表达式"我绝不应当以其他方式行事,除非我也能够愿意我的准则

---

① 对于前面两个命题是如何得出第三个命题的,盖耶认为第三个命题是"从前面两个命题推论 (inference)出来的",因为第一个命题已经确立了道德上有价值的动因(motivation)不是纯然的偏好,而只能是敬重,第二个命题已经推出道德上有价值的行动不可能是纯然偏好的对象,而只能是意志的某种内在的法则;把这两点考虑进来,结果就是在道德上有价值的动因必须是对意愿的某种法则,而不是对日常欲求的对象的敬重。(Paul Guyer, *Kant's Groundwork for the Metaphysics of Morals : A Reader's Guide*, New York: Continuum, 2007, p. 41)需要注意的是,敬重这种情感在第一个命题中尚未出现,只是在第二个命题中提出了法则的概念之后才提出来的,因为敬重的对象是法则。
蒂默曼认为从康德在第三个命题的开始用"我将表述如下"说明康德并没有把这个推论看作是由两个前提到一个结论的严格的三段论。他认为这几个命题的关系是这样的:第三个命题通过在第二个命题中提出的形式性的标准来回应第一个命题的必然性的要求。(Jens Timmermann, *Kant's Groundwork Metaphysics of Morals : A Commentary*, Cambridge: Cambridge University Press, 2007, p. 40)

果真成为一个普遍的法则"①。因而义务的原则是准则要能够成为普遍的法则。

(二) 义务的原则和规定根据

通过分析三个命题,康德虽然得出了义务的概念及其原则,但是它们还处于普通的道德理性知识的阶段。在这个阶段,虽然义务及其法则是自明的,但是,由于人有一种"针对义务的严格法则进行玄想、对其有效性至少是其纯洁性和严格性加以怀疑、并且尽可能使义务更加适合我们的愿望和偏好这样一种偏好(Hang),也就是说,从根本上败坏它,取消它的全部尊严"②,会产生一种"自然辩证法"。这种辩证法使得人怀疑义务的纯粹性,在义务和偏好之间摇摆不定,不愿意出于义务而行动。它与后面说的人的根本恶倾向有关,我们需要在道德形而上学的范围内寻求和确立义务的概念和原则,清楚地理解义务的纯洁性,以避免这种"自然辩证法"。这个过程可以这样理解:康德继承康德之前尤其是克鲁修斯对两种责任的区分,但是他经过批判得出结论——如果义务是一个无条件的必然性的概念,那么只有定言命令才能是其原则,义务表现为无条件的定言命令的形式;定言命令作为义务的原则,虽然只有一个,即普遍法则公式,但是由于准则具有不同的方面,所以在

---

① 康德:《道德形而上学奠基》,杨云飞译,邓晓芒校,人民出版社 2013 年版,第 22 页。对于从"一般行动的合法则性"如何推出了定言命令的表达式,有些学者如奥纳(Aune)和伍德认为存在着"跳跃"。对这个问题进行了反驳的有克尔斯坦(Samuel J. Kerstein),她指出:在康德看来,道德性的最高原则必须满足如下四个条件:(1) 只有出于义务的行动具有道德价值;(2) 出于义务的行动的道德价值源于它的动机,而不是它的结果;(3) 行动者把这个原则表象为一个普遍性和必然性的法则,这个法则给予他履行义务的足够动机;(4) 一系列可能的义务(与普通的道德理性知识相关)能够从这个原则都得来。克尔斯坦做出了一系列详细的论证,证明了只有定言命令符合这些标准,因而康德在论证中并没有"跳跃"。(Samuel J. Kirstein, *Kant's Search for the Supreme Principle of Morality*, Cambridge: Cambridge University Press, 2002, p. 94)

② 康德:《道德形而上学奠基》,杨云飞译,邓晓芒校,人民出版社 2013 年版,第 29 页。

形式、质料和完备规定上有不同的表达方式,在形式上要求成为普遍法则,在质料上还要求保存和促进理性的本性,理性的本性体现为设定目的的能力,它包括康德在《宗教》里面提到的人性与人格性这两个禀赋;结合定言命令的形式性和质料性,义务的根据就是意志的自律,意志的自律是义务的根据,这个根据也说明义务的概念具有无条件的必然性的原因。从而道德性的责任的概念表现为对自律原则的依赖,义务就是出于对自律原则的依赖的行动的必然性,康德揭示人的意志具有自律的属性,真正的义务是建立在意志的基础之上的。它也是康德的伦理学和他之前的伦理学的根本区别。以此为基础,康德批判过去的伦理学,认为它们把伦理学或者说其核心概念——义务的基础搞错了,导致出现诸多矛盾。

1. 假言命令和定言命令

前面一节,通过对两个命题的分析,康德第一次得出了义务的概念。虽然它是从实践理性的通常的运用中得出来的,但是康德认为义务概念不是经验的概念而是先天的概念。因而,康德批判了与他同时代的通俗哲学家的做法,他们把伦理学的基本概念从经验中推导出来,以满足通俗性的需要。这些在康德看来完全破坏了义务概念的普遍性和必然性。但是,康德对通俗哲学的这种做法并不是完全的否定,而是认为从通俗哲学到道德形而上学是"自然的阶段",只有通俗哲学的尝试遇到了困境,即无法解释义务概念的普遍性和必然性,才可以彰显道德形而上学的必要性。以此,康德认为应当把义务概念放在以纯粹意志为考察对象的道德形而上学中,作为科学的道德形而上学要考察纯粹的意志,不能一开始就迎合通俗性的要求,而应该首先打好地基,建立起科学的体系,然后才可以下降到经验的层面,以满足通俗性。以此,他基于意志的概念进一步分析了义务的概念及其原则。

人因其理性而与动物不同,这体现在人的意志虽然受到外在(准确地说是外在的因素)的影响,但是不会受到它规定。理性是原则的能力,因而,人的意志是一种"按照对规律[法则]的表象,即按照原则去行动的能力"①。动物是由本能所决定。本能是一种自然本性,动物可以感知到外界的刺激,但是无法按照对自己的感知的认识来选择和行动。人也会受到内在的和外在的刺激,从而获得对某些事物的感知,但是人不是被这些感知所直接决定,从而立即做出反应,而是形成对这些感知的认识,从而做出相应的行动。因而人具有按照对原则的认识来进行选择的能力。从历史上来看,康德的意志的概念包含着法则的概念,这体现他直接继承了克鲁修斯。正如蒂默曼所指出的,这里的意志是指一般的意志,包括除了动物性的意选之外的类似于人的有限存在者的意志和神圣的意志。对于神圣的意志而言,不存在准则的概念,因为他的意志的主观原则和道德法则是为一的,或者说,在任何时候,他的行动的原则都是法则。因而不能把这里的法则理解为准则,而应该理解为客观的法则。② 同时,"法则"和"原则"是复数"Gesetze"和"Principien",所以规定意志的原则不是单一的,我们可以认为它们既包括定言命令又包括假言命令。对于有限的理性存在者而言,这些法则在客观上是必然的,但是在主观上是偶然的,表现为对意志的强制。③

　　从意志的强制可以推导出诚命(Gebot)和命令的概念。对于作为有限存在者的意志而言,客观的法则被表象为强制性,可称作理性的诚命,其相应的表达式就是命令(Imperativ)(李秋零教授翻译为"命令式")。所有的命令都表现了一种实践的强制,以应当(Sollen)的形式表达出来。

---

① 康德:《道德形而上学奠基》,杨云飞译,邓晓芒校,人民出版社 2013 年版,第 40 页。

② Jens Timmermann, *Kant's Groundwork Metaphysics of Morals : A Commentary*, Cambridge: Cambridge University Press, 2007, p. 60.

③ 康德在其著作中,经常强调作为有限存在者的意志和神圣的意志之间的区别。如在《实践理性批判》中,康德认为意志的神圣性超越了一切起限制作用的法则,因而超越了责任和义务的概念,是充当一切有限存在者意志的榜样的实践的理念。对于有限存在者的意志而言,"确保德性法则的准则之进向无限的进程及这些准则在不断前进中的始终不渝,也就是确保德性,这是有限的实践理性所能做到的极限"。(康德:《实践理性批判》,邓晓芒译,杨祖陶校,人民出版 2004 年版,第 43 页)因而,有限存在者的意志和神圣的意志之间的区别是质的区别,这说明了康德继承了近代自然法认为人与上帝之间有着根本的区别的观点。但是不同的是,在康德这里,人和上帝都服从相同的法则,都处于一个"伦理共同体"的理念之中。只是对于上帝来说,其意志就是其法则本身。

这些命令要求意志做或者不做在实践上是善或者恶的某些行动。假言命令和定言命令以不同的方式表象了善。前者表现为"达成人们所想要的(或至少有可能这样愿望的)其他某物的手段",行动的善是以要实现的基于偏好的目的为条件的。后者把"某个行动自身独立地就表象为客观—必要的,与其他目的毫无关系"①。行动自身就是需要我们去做的,它的善不以任何之外的偏好的目的为基础。

这些不同善的表象也体现为目的的区别,由此假言命令可进一步分为熟巧的命令和明智的命令,分别基于偶然的目的和现实的目的。只有定言命令把行动本身看作是自身善的,不以任何感性的目的为基础,是必然的实践原则。对于熟巧的命令而言,其行动的目的是多样的。行动的善就是以实现这些目的作为前提的,而"至于这目的是否要是理性的和善的,这里完全不问,而只问为达到这一目的必须做什么"②,因而对于行动者来说,这些目的的价值没有绝对的标准,是中立的。明智命令是以自己的幸福(Glückseligkeit)作为行动的原则。在康德的哲学中,他比较一致性地认为幸福是所有偏好的总和,人无法形成一个明确的概念。在《纯粹理性批判》中,康德对幸福做出比较详细的论述。他认为,幸福是我们一切偏好的满足,这是从广度上的满足的多样性、深度上的程度以及绵延上的存续来说的。人们自然而然地有对偏好的欲求,因而追求幸福是一种自然的必然性。可以看出,康德并没有如一些人理解的那样,否认人对幸福追求的价值,只是在义务和幸福冲突时,康德要求人应该把义务放在首位。人们虽然对幸福不能形成一个明确的概念,但是人们总是会采用相应的手段来促进他所认定的幸福。所以,明智的命令也是假言命令。

定言命令与假言命令不同,它没有预设任何以偏好为基础的目的,而是把这个行动本身直接表象为善的。作为行动的原则,定言命令与行

---

① 康德:《道德形而上学奠基》,杨云飞译,邓晓芒校,人民出版社 2013 年版,第 44 页。
② 康德:《道德形而上学奠基》,杨云飞译,邓晓芒校,人民出版社 2013 年版,第 44 页。

动的质料以及行动由以产生的结果没有关系，只与行动的先天的形式原则有关，这就是道德性的命令。值得注意的是，康德在这里所说的"目的"一词是 Absicht，而不是 Zweck，伍德把它翻译为"aim"。有的学者会把 Absicht 与 Zweck 看作同义的，但是在笔者看来，前者主观性更强，后者具有客观性的含义。前者可以看作假言命令的基础，是行动者的主观目的，后者可以与定言命令有关，这在人性公式中更为明显。由此，康德说定言命令不以任何目的为基础，这里的目的是基于偏好的目的，而不是说定言命令本身没有目的。

受近代自然法的影响，康德也是通过区分建议和命令来说明责任和义务的概念。但是与之不同，近代自然法主要从形式上说明这种区分，因而二者可以表现同样的内容，比如促进社会性，它既可以是建议又可以是命令，区别在于后者因权威者的命令而具有规范性。比如普芬道夫对二者的区分。但是，康德更强调由于内容的差异导致它们对意志强制性的差异。① 熟巧的命令只是一种规则，明智的命令只是建议或者劝告。对于意图达到某个偶然的目的来说，前者才具有普遍性；幸福是想象力的理念，每个人有不同的幸福概念，没有普遍性，难以给出具有确定内容的命令，所以后者只是一种建议，其必然性只有当行动者把某个东西当作自己的幸福时才是有效的。因而它们都只是有条件的必然性。定言

---

① 强制性（Nötigung，necessitation）是一个心理学的术语，表达的是在出于义务而行动时，行动者必须克服与义务相违背的偏好而行动。必然性（Notwendigkeit，necessity）是一个表达客观性的术语，表示道德的应当。与之相应，违背义务的行动是道德上不可能的；一个既不被命令也不被禁止的行动在道德上是可能的。道德的必然性只能基于理性，而不是经验。通过前面一节道德价值的分析，我们第一次得出了义务的概念是"出于对法则的敬重的行动的必然性"，康德所要表达的是，义务是理性命令我们在道德上应当做的行动，没有我们通常所理解的出于义务就一定是痛苦等之类的心理学的意义。（参见 Jens Timmermann, *Kant's Groundwork Metaphysics of Morals: A Commentary*, Cambridge: Cambridge University Press, 2007, p. 181）康德对这对术语的区分来自于鲍姆加通，鲍姆加通认为责任的概念应该从道德的强制性来定义，而不仅仅是道德的必然性，强制性蕴含着把某种偶然的东西转变为某种严格的必然性。［参见 Karl Ameriks and Höffe, *Kant's Moral and Legal Philosophy*, Otfried(ed.), Trans. Nicholas Walker, Cambridge: Cambridge University Press，2009，pp. 69 - 70］

命令的规范性是无条件和普遍的,即使偏好与之相反,它也要求人们遵守,只有它才是道德性的诚命或者法则。

责任和义务的概念的必然性表现为客观上是法则,主观是对法则的敬重。通过康德的批判,如果责任和义务的概念是在实践上无条件性和客观性的概念,那么只有定言命令才是义务及其法则的表达形式。参考差不多同时期的《伦理学讲义》(1784—1785),康德在其中明确地表示:"所有的道德强制都是一个责任,并且出于明智的规则的行动的必然性或者实用的强制,都不是责任。因而责任是一个实践的,而且是道德的强制。"①在后期著作《道德形而上学》中,康德也有类似的表述。

2. 质料和人性公式

康德得出了义务的法则是定言命令之后,通过分析定言命令的定义,得出了定言命令的第一个表达式:"你要仅仅按照你同时也能够愿意它成为一条普遍法则的那个准则去行动"②。学界通常把它称为普遍法则公式或者一般公式,简写为 FUL,这个公式直接表达了理性的要求,即理性作为一种无条件的原则的能力,它对意志的要求就是其准则是一条普遍的法则。学界可能会认为,这个公式是从准则的形式的角度来表达定言命令的,这种表达就是把普遍法则公式与自然法则公式(必须这样来选择准则,就好像它们应当如同普遍的自然规律那样有效)等同(比如伍德、盖耶,后文有更加详细的论述)。笔者更倾向于认为,自然法则公式和人性公式分别从准则具有形式和质料的角度来论述定言命令。由于准则除了具有形式之外,还具有质料,所以接着康德从质料的角度来分析定言命令。准则是意志的产物,康德也是从意志的概念出发来分析质料的概念。质料与目的有关,准则具有为了实现目的而行动的结构,目的(Zweck)作为法则的表象充当了意志的规定根据。目的的不同造成了动机(Triebfedern)和动因(Bewegungsgrund,也可以翻译为驱动根

---

① Kant, *Lectures on Ethics*, Trans. Peter Heath, Cambridge: Cambridge University Press, 1997, p. 51.

② 康德:《道德形而上学奠基》,杨云飞译,邓晓芒校,人民出版社 2013 年版,第 52 页。

据)的区别。前者是主观的,是假言命令的根据;后者是客观的,对每个理性存在者都有效,是定言命令的根据。[①]

接着康德认为:"然而,假设有某种东西,其自在的存在本身就具有某种绝对的价值,它能作为自在的目的本身而成为确定的法则的根据,那么在它里面,并且唯一地只有在它里面,就包含某种可能的定言命令的,即实践法则的根据。"[②]康德在这段话里提到几个重要的概念。首先,自在的目的本身也可以称为客观的目的,与定言命令一样,它独立于任何偏好,其价值是无条件的,对所有的理性存在者都有效。与之相对的是相对的目的,相对的目的依赖于偏好,其价值在于实现偏好相应的对象。其次,康德有时候会提到存在着的目的,其存在自身就是一个目的,即它不以是否实现出来为依据,与之对比的是,偏好的对象的价值就在于它在经验中实现出来。而存在着的目的不是如此,它已经存在着,其存在的方式是在概念中,甚至在理念中。自在的目的是需要理性存在者维护和促进的东西,与之相对的是要产生的目的,即尚未存在,由偏好将要产生的事态。再次,在康德那里,绝对价值是指作为自在目的的价值,是客观的,不以任何偏好和欲望为依据的。与之相对的是与偏好相关的相对的目的的价值。绝对的价值与康德哲学中的尊严(Würde)的概念紧密相关。尊严在古希腊那里表示某些人在地位上高于其他人。在康德那里,尊严和价格(Preis)相对,价格是一种可以与它物相交换、能够被它物替代的东西。具有尊严的事物比其他事物都要高,这种高不是量上的,而是质上的,因而具有尊严的存在者无法用等值的价格交换,从而不

---

① 姆西尼克(Pablo Muschnik)在论文"On the alleged vacuity of Kant's concept of evil"中认为:人的意志具有偶然性,这种偶然性在于它具有不同来源的兴趣:感性的冲动和理性的要求。这两种兴趣本身不足以规定意志,但是都作为意志规定根据的候选根据,康德把它们称为动机。仅当意志实际上把它们作为意志的规定根据时,相应的动机才能够规定一个行动,康德把它称为动因。因而一个动因是实际上成为行动的规定根据的动机。(参见 Pablo Muschnik, "On the alleged vacuity of Kant's concept of evil," in *Kant-Studien*, 2006, p. 437)按照他的论述,自爱的动机也可以成为动因。他的理解比较符合康德在《宗教》中的论述,而不符合康德在《奠基》中把动机和动因看作是假言命令和定言命令的区别的论述。
② 康德:《道德形而上学奠基》,杨云飞译,邓晓芒校,人民出版社 2013 年版,第 62 页。

能被它物取代。康德认为作为自在的存在本身的理性存在者是存在的目的，具有尊严。自由的存在者具有尊严，无法被他物所取代。

康德分两个步骤引出具有质料的人性公式。第一步论证如果存在一个无条件的定言命令，那么必然存在着作为自在的目的，因为它是一个可能的定言命令的根据；第二步，康德进一步论证为什么只有理性本性才是目的自身。第一步相对来说是比较清楚的。由前可知，人的行动包含着动机和动因，前者是描述性的，后者具有规范性，如果所有的行动都仅仅依赖于动机，那么就不存在无条件的实践命令。因而康德认为："但是假如一切价值都是有条件的，因而是偶然的，那么对理性来说就将无论如何都找不到什么至上的实践原则了。"①如果存在定言命令，那么必然存在一个客观目的。② 定言命令是否存在呢？这里的存在可以有两种方式，一种是它是什么，一种是它是否确实有效。前一种存在通过普遍法则公式已经给予了。

在第二步论证中，康德使用了排除法。首先，偏好的对象只有有限的价值。它的价值是中立的，行动者选择它，不是因为它本身就是善的，而只是由于行动者的偏好赋予它以价值。当人不具有这样的偏好时，它就不可能存在任何价值了。由此，偏好的对象不能成为目的自身。其次，偏好也不可能具有无条件的价值。偏好作为"需要的源泉"，给予了我们选择做快适事情的理由。偏好和偏好的满足可以使得我们幸福，但是幸福本身不是最高目的。前面说过，康德在说明善良意志的概念时，

---

① 康德：《道德形而上学奠基》，杨云飞译，邓晓芒校，人民出版社 2013 年版，第 63 页。
② 科尔斯科德认为这一步可以基于下面任何一个方式来说明：如果存在一个必然的目的，那么就存在定言命令，因为这样的目的是"实践法则的根据"；如果存在一个定言命令，那么必然存在着某个或者某些必然的目的，因为如果存在着一个定言命令，那么就存在着必然的行动，由于每个行动都包含着一个目的，必然会存在一些必然的目的。（参见 Christine M. Korsgaard, *Creating the Kingdom of Ends*, Cambridge：Cambridge University Press, 1999, pp. 109－110）她所构建的论证的第二种方式涉及《道德形而上学》"同时是义务的目的"，本著下面会涉及。这个论证有循环论证的嫌疑，因为它把定言命令和目的的概念分别作为前提和结论。可能的辩护方式是，定言命令和目的的概念是紧密结合的，我们无法脱离目的的概念来理解定言命令。然而这似乎与我们通常对康德的理解不同。

认为归于幸福名下的权力、财富等都只有在善良意志的前提之下，才是善的。那么，它们只具有相对的价值，其价值是由善良意志所赋予的，因而善良意志本身具有无条件的价值。理性存在者就是善良意志的主体，就是目的自身。

学界对于这段话有不同的解读，比较典型的是科尔斯科德。她认为这是实践理性从有条件到无条件的追溯过程。她指出，首先，人性是"设定目的的能力"，不仅包含着道德目的，也包含着一般的目的，即不仅包含着定言命令也包含着假言命令。其次，由于我们在设定目的时，总是认为所设定的目的是善的，由于偏好的对象是由我们所设定的，所以它的善是由我们的意选所赋予的，这样意选作为赋予价值的主体，本身就是无条件善的。① 盖耶提出不同的意见，他认为科尔斯科德的解读只能得出"幻相"，因为理性从有条件者一直追求无条件者，并不能得出有效的知识。② 笔者觉得他们的解读很有启发性，不过康德的论述其实很清楚地表明，他使用的是排除法，而只有理性的存在者才具有无条件的价值。理性的存在者因为其本性（ihre Natur）具有绝对的价值，是目的自身。这种本性就是在后面的论述中所揭示的意志的自由。

康德进一步区分了诸事物（Sachen）和诸人格（Personen）。所有事物都只具有相对的价值，可以被人作为手段而使用，而作为人格的每一个理性存在者由于其本性（自由）不能只被当作手段，而应该同时被凸显为目的自身，它就是客观目的。康德认为，人性或者有理性的本性对每一个有理性的存在者来说都是目的，因而具有普遍性，"从而能够充当普遍的实践法则"。这种实践法则的根据就是：人性或者有理性的本性作为自在的目的或者说作为目的本身。康德指出"人必然这样设想他自己的存有；所以就此而言，这也是人类行动的一条主观原则"。问题是，人

---

① 参见 Christine M. Korsgaard, *Creating the Kingdom of Ends*, Cambridge: Cambridge University Press, 1999, pp. 106 - 133。

② 参见 Paul Guyer, *Kant's Groundwork for the Metaphysics of Morals: A Reader's Guide*, New York: Continuum, 2007, pp. 106 - 114。

类为什么会把人性或者理性的本性当作自己的普遍的原则？伍德在注里认为这点可以结合康德的 1786 年的论文《人类历史揣测的开端》。[①] 在这篇论文中，康德从自然合目的性的角度论述了人的道德原则得以确立的历史过程，本质上来说，它属于《判断力批判》的内容，是人的理性对人的历史发展的一种主观的描述，不是客观的知识。因而可以作为辅助性的理解，无法确立起确定的实践知识。比较早的帕通（Paton）认为人类是具有内在价值的主体，因而他必须把自己也把他人当作目的自身。[②] 比较新的解释是森森（Sensen）的，他认为，人类以及理性存在者把这种目的当作是自己的普遍原则，这是定言命令的要求。[③] 这种解释强调法则在先的观念，比较符合康德所处的近代自然法的背景。

道德原则对所有理性存在者都有效，因而"每一个其他的理性存在者，也正是这样按照对我也适用的同一个理性根据来设想其存有的"[④]，它也是一个客观的原则。我们依然可以追问：与帕通相似，科尔斯科德认为："如果由于你的理性的意选的能力，你把自己看作是具有赋予价值的位置，那么你必须也由于这种能力把他人也看作是具有这种赋予价值的位置。"[⑤]在《规范性来源》中，她利用维特根斯坦对"私人语言"的反驳进行了论证，说明不能存在只对自己有效的私人理由，理由都是公共的，都具有他人可以理解的共同性。[⑥] 如果从近代自然法强调法则的角度来说，所有理性存在者都如此设想自己的存在，这是定言命令的要求。实际上，定言命令作为理性的法则，对所有的理性存在者都是具有规范性

---

① 参见 Kant, *Groundwork for the Metaphysics of Morals*, Ed. and trans. Allen Wood, London：Yale University Press，2002，p. 46。

② 参见 H. Paton, *The Categorical Imperative：A Study in Kant's Moral Philosophy*, Philadelphia：University of Pennsylvania Press，1971，p. 189。

③ 参见 Oliver Sensen, "Dignity and the Formula of Humanity," Jens Timmermann（ed.）, *Kant's Groundwork of the Metaphysics of Morals：A Critical Guide*, Cambridge：Cambridge University Press，2009，pp. 102–119。

④ 康德：《道德形而上学奠基》，杨云飞译，邓晓芒校，人民出版社 2013 年版，第 63 页。

⑤ Ruth F. Chadwick, *Immanuel Kant Critical Assessments Ⅲ*, London；New York：Routledge，1992，pp. 172–173.

⑥ 参见科尔斯戈德《规范性的来源》，杨顺译，上海译文出版社 2010 年版，第 156—158 页。

的,因而这条原则可以突破主观性,而上升到客观的普遍原则的角度。
最后,康德得出结论,定言命令按照准则的质料的角度来表述为:"你要
这样行动,把不论是你的人格中的人性,还是任何其他人的人格中的人
性,任何时候都同时用做目的,而绝不只是用做手段。"①

在后期伦理学著作《道德形而上学》中,具体义务的获得与人性的概
念紧密相关,所以有必要具体考察人性的概念。值得注意的是,理性本
性和人性是可以互换的概念,但是我们需要把《奠基》中的人性与《宗教》
中的人性的禀赋区分开来。蒂默曼给出了一个语言学上的考察。他指
出:"这个陈述很容易受到误解。'有理性的本性'看起来指称人类存在
者拥有的一种性质或能力,但根据更切近的考察,这种解读不能成立。
首先,当康德说 die vernünftige Natur[有理性的本性]作为自在目的而
实存着时,Natur[本性]是与一定种类(或本性)的'存在者'同义的:有理
性创造物,人格。其次,定冠词(die)被用来表达一个一般陈述:任何有理
性的创造物本身都是自在目的。第一点对康德德文原著的当今读者来
说并不明显;然而由于翻译之幕,这两点都几乎完全被模糊。"②他接着认
为人性或者理性的本性就是指人类存在者的理性能力。在一个脚注中,
他认为结合康德在《宗教》中提出的三种禀赋,康德所指的也许是我们一
般的理性能力,而不只是道德能力。从定言命令中得出的义务的范围似
乎证实了这点。③ 我们可以继续追问,人的这种理性能力到底是什么?

康德在行文中明确地指出,人性就是设定目的的能力。在《奠基》
中,康德认为:"理性的自然区别于其余的本性,就在于它为自身设定了

---

① 康德:《道德形而上学奠基》,杨云飞译,邓晓芒校,人民出版社 2013 年版,第 64 页。伍德在
翻译中添加了"as much … as",又添加了限制条件"at the same time",更形象地表述了定
言命令的要求。参见 Kant, *Groundwork for the Metaphysics of Morals*, Ed. and
trans. Allen W. Wood, London: Yale University Press, 2002, p. 42。

② Jens Timmermann, *Kant's Groundwork Metaphysics of Morals : A Commentary*,
Cambridge: Cambridge University Press, 2007, pp. 95 – 96.

③ 参见 Jens Timmermann, *Kant's Groundwork Metaphysics of Morals : A Commentary*,
Cambridge: Cambridge University Press, 2007, pp. 95 – 96。

一个目的。"①为"为自身设定一个目的"这是理性的特有的能力,即把某种目前不存在的(以概念的形式)东西设定为自己行动的目的。这种目的是准则或者行动原则的质料。在《道德形而上学》中,康德指出:"一般而言为自己设定某个目的的能力,是人类的显著特征(与兽类有别)。"②因而我们可以认为,理性能力就是为自身设定目的的能力。我们可以被他人强迫做某个行动,但是无法被他人强迫设定某个目的。设定目的一定是意志自身的活动,不能被外在强制,所以理性的这种设定目的的能力是自由的。由于目的的多样性,理性设定目的的能力不仅包括与熟巧的实践原则对应的设定特殊目的的能力,也包括与实然的实践原则对应的实现幸福的目的的理性能力,而且还包括与定言命令对应的设定道德性的目的的理性能力(在《道德形而上学》中,康德提到了道德性的两种目的:自我的完善和他人的幸福)。前面两种设定目的的能力对应《宗教》的人性的禀赋,最后一种设定目的的能力对应《宗教》的人格性的禀赋。

进一步来说,理性的本性的这三种能力是分层次的,其中人格性是最高的。因为"现在,道德性就是一个理性存在者能成为自在目的本身的唯一条件,因为只有通过道德性,理性存在者才可能成为目的王国中的一个立法成员。所以,德性和具有德性能力的人性,就是那种独自就具有尊严的东西"③。德性和具有德性能力的人性是独立具有尊严的东西,对于人性来说,它的尊严是以德性为基础的。也就是说,只有在德性的基础之上,我们才可以说在《判断力批判》中:"对于作为一个道德的存在者的人(同样,对于世上任何有理性的存在者),我们就不能再问:他是为了什么(quem infinem)而实存。他的实存本身中就具有最高目的,他能够尽其所能地使全部自然界都从属于这个最高目的。"④在康德那里,

---

① 康德:《道德形而上学奠基》,杨云飞译,邓晓芒校,人民出版社 2013 年版,第 75 页。
② 康德:《道德形而上学》,张荣、李秋零译注,中国人民大学出版社 2013 年版,第 176 页。
③ 康德:《道德形而上学奠基》,杨云飞译,邓晓芒校,人民出版社 2013 年版,第 72 页。
④ 康德:《判断力批判》,邓晓芒译,杨祖陶校,人民出版社 2005 年版,第 293 页。

在有些场合,人格性和道德性是可以互换的术语,都表达意志的自我立法,是道德存在者的能力和属性,它是理性的本性能够成为目的自身的条件。我们无法进一步追问道德性是为了什么而存在的,因为它是以自身为目的的。如果它需要以其他的东西为基础,那么它就不是自我立法的。自我立法就是自由,自由以自身为目的,不需要其他条件。在康德那里,人格性可以看作人性的理念,理念是理性追求的目标,因而人性是以人格性作为其目标的。因而,我们可以认为,康德的伦理学的核心概念是自由,这一方面体现在,在先验的层次,自由是伦理学的坚实基础;在经验的层次,自由是人的意志所应当追求的目标。

学界对理性本性有不同的理解。伍德按照康德在《宗教》中提出的人的三种禀赋,把理性本性(人性)直接看作了人性的禀赋,并论证人格性禀赋何以不属于理性本性。他给出两个理由:第一,作为整体的理性本性构成自在的目的,而不仅仅是人格性;其二,由于自在的目的构成定言命令的根据,如果人格性是目的自身,那么只有在它们服从道德法则的条件下,它们才是目的自身,然而由于理性存在者是否以及在何种程度上服从道德法则是偶然的、乃至于是可疑的,因此如果把人格性看作目的自身,我们就会推出,事实上具有人性的行动者不是目的自身。① 在笔者看来,这两条理由只能说明理性的本性不只是人格性,但无法证明理性的本性不包含人格性。另外,人们事实上是否道德与他们是否具有人格性的禀赋是有区别的,一个人作恶,但是不能否认他依然具有人格性的禀赋,具有向善的可能性,他依然需要得到我们的敬重,即便事实上他的行动不值得我们敬重。我们依然相信他具有改恶向善的可能性。他具有理性的本性,值得我们尊敬,这是一个规范性的要求。如果我们因为他作恶,就认为不应当尊敬他,如此,我们已经认定他不具有改善的可能性。伍德的解读在于把《奠基》中的人性直接等同于《宗教》中人性

① Allen Wood, *Kant's Ethical Thought*, Cambridge: Cambridge University Press, 1999, pp. 118-121.

的禀赋。在《宗教》中,康德区分人格性的禀赋和人性的禀赋,是为了说明克服根本恶、人能够走向善的可能性。值得注意的是,康德在《宗教》中明确地指出人性的禀赋和人格性的禀赋都是理性,只是前者"虽然是实践的,但却只是隶属于其它动机的理性为根源"①。可见,作为整体的理性的能力,或者理性的本性包含着这两种能力。

迪恩(Richard Dean)在其论文《人性作为目的的公式》中提出了不同的解读。他认为理性是一种整体的能力,把理性本性看作是设定目的的能力,只是强调了自由的意选,而忽视了理性存在者自身的其他方面,比如立法的能力。因而他强调理性本性是指服从道德法则的条件下,一个理性存在者的全部本性。② 他的解读很有综合性,提醒我们理性是一种综合的全面的能力,不能忽视除了实践能力之外的其他能力,但是笔者认为把理性的本性当作设定目的的能力并没有忽视理性的其他能力。首先,它包含着理性的理论运用。在康德看来,理性的一切运用最后都指向实践,理性的理论运用最终还是指向理性的实践运用,也就是说,设定目的的能力要求我们有对对象认知的能力。我要把某个对象的观念实现出来,使得这种观念变为现实,这首先包含着对这个对象的认识。其次,设定目的的能力是作为整体的意志的能力,不仅仅是自由意选的能力,而且也包括意志立法的能力。目的是意志自我规定的客观基础,设定目的就是意选把实现某个目的的表象或者观念当作了自己的法则而纳入了准则之中,从而设定目的能力包括意志自我立法的能力。③

盖耶认为在康德的伦理学中,自由是目的,使自己的准则成为普遍

---

① 《康德著作全集》第 6 卷,李秋零主编,中国人民大学出版社 2007 年版,第 27 页。
② 参见 Thomas E. Hill(ed.), *The Blackwell Guide to Kant's Ethics*, New Jersey: Wiley-Blackwell, 2009, pp. 83 – 102。
③ 需要注意的是,迪恩(Richard Dean)的解读类似于黑尔(Hill)。黑尔在《康德道德理论中的尊严和实践理性》一文中认为人性包含如下几个方面:按照原则或者准则行动的能力和意向;按照假言命令行动的能力和意向;设定意选目的的能力;服从定言命令的能力和意向以及理论理性的能力。(参见 Thomas E. Hill, *Dignity and Practical Reason in Kant's Moral Theory*, Cornell University, 1992, pp. 40 – 41)如上面分析的,这几个方面都可以归结为设定目的的能力。

的法则是实现自由这个目的的唯一途径。他把人性当作设定目的的能力之后,进一步指出"很清楚的是,在人性作为自在的目的的概念与意选和行动的自由的概念之间具有紧密的关系"①。紧接着,他重构康德在《奠基》中所举的几个例子,认为把人性当作目的等价于保存自己和他人的意选的自由,以及在任何时候尽力采取一些措施使特殊的自由的意选有效的义务,比如不能自杀的义务就是要保存自己现在的和未来的意选的自由,信守承诺就是维护他人的意选的自由。接着,他提出了一个问题,自由首先是独立于感性的偏好,但是在康德那里,自律也包含着独立于他人的意选,二者是一致的吗?他认为二者是一致的,因为当我们违背道德法则、依附于他人的意选时,是出于试图获得奖赏或者逃避惩罚的动机,亦即行动者是出于偏好,而不是为了保存和促进自由。笔者认为盖耶的解读是很有道理的。正是由于人的非社会性,使他在荣誉欲、统治欲和占有欲等情欲(把偏好当作自己意志的原则)的控制下使得自己失去了独立性。但是,我认为这种解读,有忽视人格性具有最高价值的危险。

阿利森在他对《奠基》的解读中,提出把人性等同于关于道德性的能力(the capacity for morality)。他认为,康德在不同的语境中使用"人性"具有不同的含义。他重点考察了两个地方,一个是康德指出"道德性就是一个理性存在者能成为自在目的本身的唯一条件,因为只有通过道德性,理性存在者才可能成为目的王国中的一个立法成员"②。这是正面的论述,说明人性能够成为自在的目的自身的条件就是道德性。第二个地方是康德在《道德形而上学》中明确地否认仅仅设定目的的能力是人性的独特价值的来源,并且重述这个论题,即人性的独特的价值在于服从道德性。由此他认为应该把人性不仅仅理解为设定目的的能力,而应该理解为关于道德性的能力,以强调道德性的奠基性作用。③ 这种解读

---

① Paul Guyer, *Kant's Groundwork for the Metaphysics of Morals : A Reader's Guide*, New York: Continuum, 2007, p. 102.

② 康德:《道德形而上学奠基》,杨云飞译,邓晓芒校,人民出版社 2013 年版,第 72 页。

③ Henry Allison, *Kant's Groundwork for the Metaphysics of Morals : A Commentary*, New York: Oxford University Press, 2011, pp. 215 - 218.

很有意思,实际上,把人性看作设定目的的能力,如果这种能力能够具有有效性,那么它必须在使用中具有一致性,即它的法则是普遍的法则。这种普遍性正是定言命令的要求。所以阿利森的解读强调了人性的道德性维度,与把人性解读为设定目的的能力并没有本质的冲突。后者对理解特殊义务具有作用,尤其有助于理解康德的后期伦理学。

3. 意志的自律作为道德性的最高原则

由前可知,如果存在真正的义务,那么它就是一个无条件的必然性的概念,其行动的准则在形式上必然是普遍的法则,在质料上,行动的准则必须以理性的本性作为目的,或者说,要以理性的本性作为准则的质料的规范性要求。康德认为定言命令的形式公式和质料公式虽然相互独立,但是都表达了"同一个法则"。也就是说,作为道德法则的表达式,它们都是理性规定意志的法则,体现了理性对意志的准则的规范性要求。

如果形式公式和质料公式都是对我们准则的最高的实践立法,那么"一切实践立法的根据客观上就在于使这种立法能成为一条规律［法则］(尽可能是自然规律)的那种规则和普遍性的形式(按照第一个原则),主观上则在于目的;然而,全部目的的主体是作为自在的目的本身的每一个理性存在者(按照第二个原则):于是由此就得出了意志的第三条实践原则,作为意志与普遍的实践理性协调一致的至上条件,即作为普遍立法意志的每一个理性存在者的意志的理念"①。把对于所有理性存在者都普遍有效的法则的概念(自然法则公式)与每一个作为自在的目的本身的理性存在者(人性公式)结合起来,就得到了普遍立法的理性存在者意志的理念。需要注意的是,"理念"(idee)在柏拉图那里有渊源,康德有他自己的理解:"一个必然的理性概念,它在感官中是不能有任何与之重合的对象的。"②作为理念的普遍立法的理性存在者的意志不是随意的意志,而是一个在感官世界中没有与之相应的对象的意志,它对现实的意志有规范性的作用,

① 康德:《道德形而上学奠基》,杨云飞译,邓晓芒校,人民出版社 2013 年版,第 66—67 页。
② 康德:《纯粹理性批判》,邓晓芒译,杨祖陶校,人民出版社 2004 年版,第 278 页。

促使理性存在者按照这个理念来行动,作为一个理念,促使现实的存在者以之为目标而行动。

一个自律的意志就是"不是仅仅服从法则,而且是这样来服从法则,以至于它也必须被视为是自己立法的,并且正是由于这一点才被视为是服从法则的(对这一法则它可以把自己看作是创始者)"①。我们服从于法则,是因为它是我们所立的法,而不是诉诸习俗、习惯乃至于上帝等外在的权威。康德在这里提出了责任的"创作者"(author)和法则的"创作者"之间的区别,这种区别在《道德形而上学》中得到了明确的表述。② 前者是赋予责任的行动者,后者是创造法则的行动者,即法则内容的创造者。作为自律的意志,人只能是前者,而不是后者。在后者的视角那里,法则的内容是随意的,可以更改的。这一点体现了康德否定唯意志主义者的观点和立场,强调法则是从理性的角度入手,而不是基于外在的最高的存在者。

如果说义务是一种出于法则的行动的必然性,是无条件的,那么它不能基于任何偏好和兴趣。通过区分定言命令和假言命令,康德论证只有定言命令才能够作为无条件的义务法则。通过深入分析意志的概念,康德得出定言命令的普遍法则公式,从意志的准则所具有的形式和质料特征,他进一步得出形式公式和质料公式。这两个公式虽然表现了定言命令是一个无条件的、排除任何感性兴趣的法则,但是并没有解释何以如此的理由。当然,没有解释不意味着它们依赖于任何感性兴趣,只是从认识论的角度没有仔细挑明它们不依赖于任何感性兴趣。不过,康德还是认为它们只是为了解释义务的法则的概念而假定为无条件的,是否存在普遍有效的定言命令在这里尚未得到证明。读者依然可能会有误解,把这种无条件性的命令理解为依然还是有条件的。自律意志的理念能够说明定言命令何以是一种无条件的命令以及义务是一个无条件的必然性的概念的根据,从而真正区分了定言命令与假言命令。因为在自律的意志中,意志所服从的是自

---

① 康德:《道德形而上学奠基》,杨云飞译,邓晓芒校,人民出版社 2013 年版,第 67 页。
② 参见康德《道德形而上学》,张荣、李秋零译注,中国人民大学出版社 2013 年版,第 25 页。

己所立的法,那么它就不可能依赖于任何兴趣,从而它是无条件的。否则,它就服从自然的法则,而不是自身的自由的法则,从而它就依赖于某种兴趣,是有条件的。①

由意志的自律,康德进一步推出目的王国的公式与相应的概念。如果所有的人以定言命令作为自己的行动原则,那么这就构成了一个"不同的理性存在者通过共同的法则形成的系统联合"②。在这个目的王国中,每个人都因其普遍的立法而成为其中的一员。因而,自律的原则可以表达为:"不要按照任何别的准则去行动,除非它能够同时作为一条普遍法则而存在,所以只是这样去行动,这个意志能够通过其准则把自己同时看做普遍立法的。"③在目的王国中,人们可以追求自己的个人目的,可以有自己对幸福的追求,但是对这些目的的追求是在道德法则的规范和限制之下所做出的。这就要求人们相应的准则能够成为普遍法则,或者说,行动的目的以人性作为限制性条件。因而目的王国的理念并不排斥人对幸福的追求。康德在这里区分出了两种意志,一个是不服从另一个理性存在者的意志即元首,另外一种是具有某种依赖性的意志即成员。它们都遵循着相同的法则,只是元首不是以强制的方式来服从,因为它的意志与法则完全一致,不存在任何冲突。对于成员来说,由于其准则不是自动地与法则一致,那么"根据这原则行动的必然性就叫作实践的强制,即义务"④。责任、义务等伦理学的核心概念只适用于目的王国中的成员,而不适用于其元首(上帝的理念)。

通过对目的王国中元首和成员的区分,我们可以理清康德伦理学比如责任、义务等核心概念所针对的对象和范围。在目的王国中,义务体现有

---

① 正如邓晓芒教授所认为的:"形式公式和人性公式只是'假定'为定言命令,因而是优先于其它的原则,但是只有通过自律意志的理念说明了这些优先性的根据。"(邓晓芒:《康德哲学诸问题》,生活·读书·新知三联书店 2006 年版,第 85 页)无疑,形式公式和质料公式都是定言命令的表达式,但是它们对行动的无条件的规范性要求在自律的理念中被揭示出来。
② 康德:《道德形而上学奠基》,杨云飞译,邓晓芒校,人民出版社 2013 年版,第 69 页。
③ 康德:《道德形而上学奠基》,杨云飞译,邓晓芒校,人民出版社 2013 年版,第 71 页。
④ 康德:《道德形而上学奠基》,杨云飞译,邓晓芒校,人民出版社 2013 年版,第 71 页。

限的理性存在者之间的关系,那么,我们可以更好理解康德在《道德形而上学》中对法权(通常表述为"权利")和义务的承担者之间的区分的那个表格。在这个表中,康德区分了四种情况:第一种是人与既没有法权,也没有义务的无理性的存在者之间的法权关系;第二种是人与既有法权,又有义务的人之间的法权关系;第三种是人与只有义务而没有法权的人的法权关系;第四种就是人与只有法权而没有义务的上帝的法权关系。第一种存在者比如动物,它没有理性。第三种存在者比如奴隶,他不被看作自在的目的本身,只有义务,而没有受到他人尊重的权利(法权)。第四种是最高的存在者上帝,他只有权利,而不承担相应的义务。康德后期的伦理学的义务体系所着重考察的是第二种情况,即有限的理性存在者之间的关系,也只有第二种关系才表现为法权(权利)和义务的实在对应关系。① 在这种关系中,对自我的义务体现为理性存在者把自身当作自在的目的本身,对他人的义务体现了理性存在者把他人当作自在的目的本身。

在得出了定言命令的三种表达式之后,康德总结了定言命令表达式之间的关系。他认为这几个公式都表象着"同一法则",它们是这同一法则的不同公式,其中的一个公式是通过结合另外两个公式而得到的。由前文的分析可知,自律公式联结着另外两个公式,它是康德通过分析意志的概念而最终得到的原则,是分析方法的终点。② 以此,我们达到了对

_____

① 参见康德《道德形而上学》,张荣、李秋零译注,中国人民大学出版社 2013 年版,第 38 页。

② 伍德通过他对《奠基》准确的翻译,认为只有自律原则才是定言命令的真正表达式。他还对康德所说的三个公式都精确地表达同一个法则做出他自己的新的阐释。他认为定言命令作为公式的"体系"或者说"系统",并不表示这些公式是同质的。因为"一个其部分实际上是同质的或者是可以互换的整体不可能构成一个体系"(Allen W. Wood, *Kantian Ethics*, Cambridge:Cambridge University Press, 2008, p. 80),所以这几个公式是有区别的。经过对文本的细致研究,他认为这里的"等同"的意思是这些公式并不相互矛盾,而且在运用它们时,我们需要相互参照。(参见 Allen W. Wood, *Kantian Ethics*, Cambridge:Cambridge University Press, 2008, pp. 80 - 82)然而,伍德把普遍法则公式和自然法则看作一组,把后者看作前者的变式,认为它们只是道德判断的法规,无法给出实际上的义务,从而贬低了普遍公式和自然法则公式的重要性。需要注意的是,在《道德形而上学》中,康德几处提到的定言命令都可以看作是普遍公式。可以确定的是,自律原则是康德所确立的道德法则。也就是说:如果存在着无条件的道德法则,那么它就是自我立法的。服从道德法则就是服从自我所立的法,而不是服从上帝或者他人的命令。这是人的尊严所在。

道德法则的真正认识。通过自律原则,康德确立了最终的义务概念。他认为:"所以,道德性就是行动者与意志自律的关系,这就是通过意志的准则而对可能的普遍立法的关系。能与意志自律共存的行动,是不允许的。其准则必然与自律法则协调一致的意志,是神圣的、绝对善良的意志。一个并不绝对善良的意志对自律原则(道德强制)的依赖就是责任。所以,责任是不能被归于一个神圣的存在者的。一种出于责任的行动的客观必然性,称为义务。"①责任的基础是自律原则,它表达了自律原则对有限意志的强制,这种强制的行动的客观必然性就是义务,义务在客观上是按照自律原则来行动的必然性,在主观上是对自律原则的敬重。敬重感体现了自律的原则对有限意志的影响。

康德把责任和义务的概念建立在意志的自律上,这可以看作是康德的"发明"(施尼温德),类似于康德在形而上学上所进行的"哥白尼式的革命"。近代自然法也强调责任和义务的概念,通过这些概念说明道德性,但是他们把责任和义务的根据建立在上帝那里。人服从义务是出于偏好或者恐惧,而不是出于义务,或者如亚里士多德所说,出于高贵来行动。这样的行动无法体现出人的尊严。在康德那里,人虽然也服从义务,但是义务的必然性来源于自身的纯粹实践理性。人服从义务证实了人的自由,也说明了人是有尊严的存在者。康德确立起自律原则之后,接着对他律的义务学说进行了批判。

4. 对他律原则的批判

以义务概念为基础,康德在批判他律原则时,把他律原则分为两种类型。第一种类型是否认责任和义务是必然性的概念,把道德性建立在某种偶然性的存在的基础之上,比如道德感学说;第二种是承认责任和义务概念的必然性,但是把责任和义务的概念建立在内在的完善或者外在的神圣存在者上帝的身上。康德批判了这些道德学说,不过他从他的立场出发对这些学说有不同的定位。在这里,我将主要依据《道德形而

①　康德:《道德形而上学奠基》,杨云飞译,邓晓芒校,人民出版社2013年版,第79页。

上学的奠基》、不同时期的《伦理学讲义》以及《实践理性批判》考察康德对第二种类型的批判。

我在前面分别详细地考察了沃尔大以及克鲁修斯的义务学说。他们都承认道德性的义务和责任概念，并且把这些概念建立在理性的基础之上（在《实践理性批判》中，康德把他们放在对意志客观的、质料的规定根据的范围内）。① 但是由于他们把义务的概念建立在他律的基础之上，他们把义务的原则看作是假言的，把义务的原则建立在某种外在的客体的基础上，义务成为有限的，所以康德认为："在这里和在任何其他地方一样，人类理性在其纯粹运用中，只要它还未经过批判，在成功地找到那条唯一真实的道路之前，都曾尝试过所有可能的歧途。"②康德把之前的伦理学寻求道德性的最高原则称为"歧途"。其中，克鲁修斯的学说代表了唯意志论的类型，沃尔夫的义务学说代表了完善主义者（理智主义者）的类型。因而，康德对他们的批判，也体现了康德伦理学与这两种学说的区别。

首先，康德批判了克鲁修斯把义务和责任的概念的根据建立在上帝身上的做法。康德在文本中也提到，当我们做道德性所要求的事情时，我们把自己看作是服从上帝的命令的。在《实践理性批判》中，康德认为，道德必然导致宗教，即"导致了一切义务是神的诫命的知识"③。在《学科之争》中"宗教不过是某些作为神的诫命的一般义务之总和（而且主观上是把这些义务当做诫命来遵循的准则之总和）"④。在生前未公开出版的《遗著》中，康德多次提到要把道德性的命令看作是上帝的命令，如"上帝的概念不是一个技术实践的概念、而是一个道德实践的概念：即按照同一性原则，它包含着一个定言命令［以及］作为神圣命令的所有人类义务

---

① 参见康德《实践理性批判》，邓晓芒译，杨祖陶校，人民出版社 2004 年版，第 53 页。
② 康德：《道德形而上学奠基》，杨云飞译，邓晓芒校，人民出版社 2013 年版，第 82 页。
③ 《康德著作全集》第 5 卷，李秋零主编，中国人民大学出版社 2007 年版，第 137 页。
④ 《康德著作全集》第 4 卷，李秋零主编，中国人民大学出版社 2008 年版，第 32 页。

的复合体"①。要注意的是,康德这里的上帝是我们的理性所制造出来的概念,而不是传统基督教所理解的上帝,因而他否认把上帝的命令看作是我们责任的根据。如果责任和义务的根据是由上帝创立的,那么我们服从道德法则只是希望得到上帝的奖赏或者回避上帝的惩罚,从而"行动就不是基于义务,履行它们的原因必定是一个君主的权威;然而这不是道德的,而仅仅是合法的"②。这就否定了意志的自律和道德性,否认了无条件的义务概念。

其次,神学道德学说也不能够解释我们如何认识责任和义务的概念。因为上帝是一个先验的理念,我们对它不可能有任何经验性的直观,我们无法认识它,所以,我们不能够理解义务和责任的根据。此时,我们只能把上帝的意志理解为最完善的意志,我们就不得不诉诸完善的概念。

康德对完善论评价比较高,认为在诸他律的学说中,沃尔夫的完善论更接近于他的自律原则的学说。不过他也指出完善论所面临的问题,即如何理解"完善"的概念。如果把完善理解为"使你更加完善,或者寻求你的人格中作为实现各种被给予的目的的可能手段的完善"③,那么义务概念就不是无条件的,而只是实现其他目的的手段。这样,完善论就只是技术实践的、而不是道德实践的学说。

再次,另外一种可能性是把完善理解为作为目的自身的无限制的善,此时道德的行动就是追求绝对的道德的善。康德认为这样完善只是一个空的概念,当我们追问完善的根据是什么时,其可能的回答就是追求完善就是完善的根据,这是一种同义反复。在康德看来,完善不是一个独立的概念,而是由理性的本性(人性)作为自在的目的自身来规定的。我们也可以认为,理性的本性充实了完善的概念。所以,康德认为

---

① Kant,*Opus postumum*,Ed. Eckart Förster,Cambridge:Cambridge University Press,1995,p. 212.

② Kant,*Lectures on Ethics*,Trans. Peter Heath,Cambridge:Cambridge University Press,1997,p. 245.

③ Kant,*Lectures on Ethics*,Trans. Peter Heath,Cambridge:Cambridge University Press,1997,p. 246.

完善论把完善理解为道德的完善时,实际上是把完善的根据建立在理性的本性或者人性的概念的基础之上,追求完善也就是保存和完善人的理性的本性,亦即实现人的意志的自由。因而,完善论中的完善的概念只有通过理性的本性的概念才可以具有实质性的内容。

(三) 形式的就一定是空洞的吗?

如前所说,定言命令是康德伦理学的最高原则,在康德伦理学中具有举足轻重的位置。然而,正如夏立克(Dieter Schönecker)所说:"在康德那里,这个(所谓的)准则的普遍化的程序是否以及如何应当起作用(并且它是否起作用),一直是有争议的。同样有争议的是,定言命令与权利和伦理这两个领域如何联系起来。到目前为止,黑格尔和舍勒对康德伦理学(所谓的)形式主义的批判以及席勒和其后叔本华批判康德没有合适地理解与道德相关的情感,比如人类之爱、友爱或者嫉妒,而只承认出于义务的严格的行动,这些是值得注意的。"[1]我们可以把这段话理解为针对定言命令的两个质疑,即定言命令是否只是没有内容的形式以及定言命令是否忽视了情感在道德中的作用。如果定言命令是没有内容的,那么定言命令就无法给后期的伦理学的具体内容提供先验的基础。因为空洞的东西无法提供有内容的东西。笔者在这里结合一些文献主要讨论第一个问题并且论证:从定言命令的概念出发,定言命令是形式的;定言命令的不同公式是为了解决不同的问题,但是它们都是形式的;形式不等同于空洞,定言命令是有内容的,这种内容就是维护和发展人的理性和自由。因而,定言命令以及相应的自由等概念,是康德后期伦理学包括义务体系、教育学的先验基础。

1. 定言命令是形式的法则

如前所说,康德在《奠基》的第一章和第二章都讨论了定言命令。第

---

① Willaschek M. and Stolzenberg J (eds.), *Kant-Lexikon*, Berlin: De Gruyter, 2015, p. 1158.

一章,他从普通的道德意识都承认的善良意志的概念出发,转到义务的概念。在他看来,义务的概念可以澄清善良意志的概念。为了说明义务的概念,他提出了三个命题。第二个命题和第三个命题的意思都很明显,唯独第一个命题康德没有明确地表达出来。蒂默曼认为,第一个命题应该表述为"一个与义务一致的行动具有道德价值,当且仅当它的准则必然地产生它,即使没有偏好或者与偏好相反"①。他给出的理由是,在康德那里,第三个命题借助于第二个命题中形式性的标准来回答第一个命题中的必然性的要求。② 他的这种理解有一定道理,因为康德指出,第三个命题是前面两个命题的结论,即 Folgerung。第三个命题是从前面两个命题推出来的。第二个命题说明了法则的形式性的标准,第三个命题得出义务的概念是"由敬重法则而来的行动必然性"③。第一个命题会是什么呢? 把第一个命题看作带有"必然性"的表述,可以更直接地与第三个命题中的"必然性"对应起来。不过,康德在这部分的行文中,并没有直接提出"必然性",即使出于义务的行动带有必然性。另外其他的解释,比较典型的是伍德,他认为前面两个命题分别表达义务的主观方面和客观方面,第一个命题应该表述为:"出于义务的行动是一种出于对法则敬重的行动。"④这种解释缺乏足够的文本根据,因为康德在论述第一个命题时,并没有提到敬重感。敬重感是在第三个命题中才提到的。

笔者在前面提到过,把第一个命题表述为"一个行动有道德价值,当且仅当它出于义务而行动",更合适。这基于两个理由:第一,康德在第一个命题中重要的是要区分合乎义务的行动和出于义务的行动,它举出三个例子。在每个例子的结尾,康德都要强调,只有出于义务,而不是出

---

① Jens Timmemann, *Kant's Groundwork of the Metaphysics of Morals : A Commentary*, Cambridge: Cambridge University Press, 2007, p. 26.

② 参见 Jens Timmemann, *Kant's Groundwork of the Metaphysics of Morals : A Commentary*, Cambridge: Cambridge University Press, 2007, p. 36。

③ 康德:《道德形而上学奠基》,杨云飞译,邓晓芒校,人民出版社 2013 年版,第 22 页。

④ Dieter Schönecker und Allen Wood. *Immanuel Kant Grundlegung zur Metaphysik der Sitten : ein einführender Kommentar*, Paderborn: Ferdinand Schöningh, 2007, S. 62.

于偏好的行动才具有道德价值。这些表述提供直接的文本根据。第二，康德在"前言"中强调，第一章和第二章是"分析地从普通的知识进到对这种知识的至上原则的规定"①。在第二章的结尾，康德再次指出："这一章正如第一章那样，仅仅是分析的"②。学界通常把这里的方法理解为分析的方法，也就说康德在《奠基》的第一章和第二章使用的是分析的方法。严格说来，这种看法是存在问题的，因为康德并没有直接说这里所使用的是分析的方法，而是说"分析地从……到……的规定"。笔者赞同克勒梅教授对这种方法的解读："分析方法从原则上来说具有认识论（epistemische）的作用：它使得我们相信应归于一个概念或者一个原则的诸谓词。确切地说，这意味着'规定'这个词。"③这三个命题是逐步深入地揭示出义务的概念。第一个命题指出，只有出于义务的行动才具有道德价值，这是分析义务概念的第一步，它提出分析的对象，即出于义务的行动。第二个命题进一步说明这种行动的道德价值在于何处，即不在于其要实现的意图，而是在于其准则。它的准则的特点是形式性，而不是以某种质料的东西为根据。第三个命题，就以第二个命题为基础得出义务的概念。所以，按照康德对他的方法论的论述，这三个命题是一种层层递进的关系，而不是并列的关系。

可以说，第三个命题表述了康德对义务的规定。义务在客观上要符合法则，在主观上要对法则敬重。那么这种法则到底是什么呢？出于义务的行动的准则摆脱了质料的规定，那么它就只能是形式的，它符合法则就不是符合某种具体的法则，比如说，按照功利主义的看法，每个人都在追求最大的幸福，那么最大的幸福就是值得追求的。且不说这种推理被批判犯了自然主义的谬误，它和康德很大的区别在于，康德不认同把幸福这样的对象看作是意志的规定根据的观点，因为幸福对于每个人来

---

① 康德：《道德形而上学奠基》，杨云飞译，邓晓芒校，人民出版社 2013 年版，第 9 页。
② 康德：《道德形而上学奠基》，杨云飞译，邓晓芒校，人民出版社 2013 年版，第 67 页。
③ Heiner Klemme, *Kants Grundlegung zur Metaphysik der Sitten: ein Systematischer Kommentar*, Leipzig：Reclam，2017, S. 54.

说都是不一样的,幸福具有经验性的内容,不具有普遍性和必然性。即便所追求的对象是一样的,正如康德在《实践理性批判》中所举的弗兰西一世和查理五世的例子,二者都想要得到同样的对象即米兰。这看起来很和谐,似乎具有一致性,但是康德的解释是:把某个经验对象当作意志规定根据的准则,之所以不能成为法则,是"因为人们有权偶尔所做的那些例外是无穷的,而根本不能被确定地包括进一个普遍的规则中去"①。康德并没有明确地解释这样的准则为何不能成为法则,为何存在例外。在笔者看来,康德要表达的是,一个把得到米兰当作自己的准则的规定根据的人,无法把这条准则普遍化,因为普遍化之后,这条准则无法保持一致性,毕竟对象只有一个。弗兰西一世和查理五世无法同时持有得到米兰这样的准则,为了达到目的,他们都希望自己遵守原有的准则而对方放弃他原有的准则。

由此义务的法则就是"一般行动的普遍的合法则性",意志的原则就是合法则性,意志的准则要能够成为一条法则。这是从义务的概念中得出义务的法则。康德在《奠基》第一章没有直接提到定言命令这样的表述。但是结合《奠基》第二章的论述,我们可以看出,这个法则就是定言命令的一种表述。康德在《奠基》第二章提出了定言命令的几种公式,这也是学术界存在争议的地方。在这一章,康德是从意志的概念出发来推导定言命令的。意志是一种按照法则的表象来行动的能力。这种法则包括定言命令和假言命令两种。从二者的对比中,定言命令从字面的意思来说就是一种"无条件的命令"。它与假言命令相对,后者是一种有条件的命令。二者的区别在于对意志的规范性上,即这种规范性是否与某种经验性的条件相关。定言命令的规范性不以任何外在的经验性的条件为根据,所命令的行动是无条件的。相反,假言命令的规范性取决于某种外在的经验性条件。

基于二者在规范性上的区别,康德认为,只有我们知道我们需要追

---

① 康德:《三大批判合集》(下),邓晓芒译,杨祖陶校,人民出版社 2009 年版,第 41 页。

求何种目的时,我们才知道假言命令包含着什么内容,但是我们思考定言命令的概念,就可以知道它包含着什么,因为"定言命令除法则外,只包含这条法则的那个准则的必然性,但这法则却不包含限制自己的条件,所以除了行动准则所应与之符合的那个一般法则的普遍性之外,便什么也没有剩下来"①。这段话可以理解为康德对定言命令概念的详细解释。定言命令所针对的是有限的理性存在者,所以它除了包含法则之外,还包含着对准则的规定。对于神圣的存在者来说,它不存在任何违背理性的可能性,所以它的意志具有法则的规定性。对于有限的存在者来说,定言命令包含着法则和准则的合乎法则的必然性这两个内容。接着康德通过一个转折"但"(aber)来解释这个法则是什么。如前所述,康德在第一章已经解释这个法则不是某种具体的法则,而是一般的合法则性。所以定言命令的概念就是准则必然要符合法则,以及所符合的法则是一般合法则性的普遍性。从定言命令的概念就可以直接推出它的表达式,即"你要仅仅按照你同时也能够愿意它成为一条普遍法则的那个准则去行动。"这就是学术界通常所说的普遍法则公式。这个表达式说明定言命令要求准则不仅能够而且也愿意它成为法则。前一个标准是分析的,因为它涉及的是,一个准则如何成为普遍法则,会不会产生矛盾。后面一个标准是综合的,因为"愿意"(wollen)一个准则成为法则,不仅仅要求这个准则在概念上没有矛盾,而且需要引入人自身的一些特性,比如对幸福的追求、对尊严的需要等。

2. 定言命令诸公式都是形式的

定言命令并不是直接要求行动怎么样,而是要求准则具有合法则性。那么理解定言命令的内容,就要从准则的概念入手。康德在《奠基》的第一章和第二章的脚注中分别对准则做出说明。准则与法则有别。准则是行动的主观原则,而法则是行动的客观原则。人具有感性和偏好,追求经验性的目的,准则作为行动的实际原则具有经验性的成分,所

---

① 康德:《三大批判合集》(下),邓晓芒译,杨祖陶校,人民出版社2009年版,第52页。

以康德说:"准则包括被理性规定为与主体的条件(经常是主体的无知甚至偏好)相符合的实践规则,从而是主体据此而行动的原理。"①准则包括行动者与偏好相关的目的。康德在《奠基》中提到几个准则的例子,比如虚假承诺的准则,"如果我认为自己急需用钱,我就去借钱并承诺偿还,哪怕我只知道这永远也不会兑现"②。这个准则包含着行动,即借钱并承诺偿还,也包含了行动的目的,即需要钱来摆脱困境。由此,我们可以认为行动的准则包括行动以及行动要达到的目的。作为一个有限的理性存在者,目的很大程度上来源于感性偏好。我们需要追求感性的目的,满足自己的欲望,为此采取相应的行动。定言命令要求我们能够愿意我们的准则成为普遍的法则,这样的准则是允许的,否则就是禁止的。

学界争议的很多问题在于,康德在普遍法则公式之后,提出了其他几种公式,这些公式的关系是什么。康德在《奠基》中明确提出:"但上述表现道德原则的三种方式,从根本上说只是同一法则的多个公式而已,其中的一种在自身中结合其他两种。"③什么是公式(Formeln)?在《实践理性批判》的一个脚注中,康德回应了通俗学派的某位评论家批评他的《奠基》只是提出一个新的公式,而没有提出任何新的道德原则的观点。康德的辩护是:大家都知道什么是义务,"但谁要是知道一个极其严格地规定依照题目应该做什么而不许出错的公式对于数学家意味着什么,他就不会把一个对所有的一般义务而言都做着同一件事的公式看做某种无意义的和多余的了"④。对于数学家而言,公式严格表达了为了达到某种目的,我们需要做什么。比如为了画出一个直角三角形,我们应

---

① 康德:《三大批判合集》(下),邓晓芒译,杨祖陶校,人民出版社 2009 年版,第 52 页。
② 康德:《道德形而上学奠基》,杨云飞译,邓晓芒校,人民出版社 2013 年版,第 54 页。
③ 杨云飞把"deren die eine die anderen zwei von selbst in sich vereinigt"翻译为"其中任何一种自身中结合着其中两种"。参见康德《道德形而上学奠基》,杨云飞译,邓晓芒校,人民出版社 2013 年版,第 52 页。
　　李秋零的翻译类似。(参见《康德著作全集》第 4 卷,李秋零主编,中国人民大学出版社 2005 年版,第 444 页)如前所说,应该把它翻译为"其他的一种在自身中结合其他两种",也就是说自律原则或者说目的王国公式结合了前面两个公式。
④ 康德:《三大批判合集》(下),邓晓芒译,杨祖陶校,人民出版社 2009 年版,第 20 页。

该做什么。定言命令的不同公式也具有此种功能,不同的公式让我们更好地认识义务和履行义务。

这些不同的方面是什么?准则具有形式、质料和完备的规定。形式是行动和目的之间的一致性,质料是行动的目的,完备规定可以看作是对准则的形式和质料总的规定。从形式上来说,定言命令要求准则具有合法则性,即具有普遍性的形式。自然法则具有普遍性,而且自然法则为普遍的知性所熟悉,具有正常理智的人们都能够从自然法则的角度理解这种普遍性,所以自然法则可以作为类比来表述道德法则。这是从认识论的角度来阐述定言命令,目的是为了让人们更好地理解定言命令。从质料上来说,人性本身或者说理性的本性就是自在的目的自身,是我们行动的目的的限制性条件。康德并没有论证人性为什么是这样的目的,而是从意志的概念出发,区分意志的主观规定根据和客观规定根据,从而推出,如果存在着定言命令,那么必然存在着一个客观目的。这个客观目的就是人性本身。人性公式表达了定言命令对准则的目的的规定。我们的主观目要以人性当作目的,不能违背人性,甚至能够促进人性的完善和发展。从准则的完备规定来说,人应该以自己作为一个可能的目的王国的成员的身份来选取自己的准则并以之行动。目的王国的身份就是自由存在者的身份。人从这个身份出发,不仅把自我看作目的自身,也把他人看作目的自身。目的王国公式揭示定言命令具有他者的维度。

这三种公式都从不同的方面说明了定言命令的内容,所以它们是"同一个法则",表达了理性对意志的规范性要求。它们所得到的结果是一样的,也就是说一个行动是否是合乎义务的,这三个公式得出的结果是一致的。这一点从康德在《奠基》中举的四个义务的例子那里得到证实。然而,康德强调,人们在道德评判时:"总是遵循严格的方法来处理,并把定言命令的这条普遍性公式作为基础:你要按照同时能使自身成为普遍法则的那条准则去行动,那就会做得更好。"①这是康德在《奠基》中

---

① 康德:《三大批判合集》(下),邓晓芒译,杨祖陶校,人民出版社 2009 年版,第 75 页。

第一次明确地把普遍法则公式称为"公式",这个公式更直接地表达出道德评判的要求,即一个准则只有具有合法则性,才是道德的,否则就不是道德的。其他的三个公式从不同的方面进一步阐述了定言命令。它们都表达了一个自由的存在者如何行动的原则,只是它们的角度不同而已。自然法则公式告诉我们如何判断一个准则是否能够成为普遍法则,人性公式告诉我们准则的质料应当具有何种限制条件,目的王国公式要求我们以何种身份设想自己的行动。

如果定言命令这几种公式都是"同一个法则"的表达,那么它们在实质上是没有区别的。普遍法则公式是形式的,人性公式也应该看作是形式的。[①] 如何理解这种形式? 定言命令是理性规定有限的理性存在者的意志的原则。人的有限性体现在,他除了理性之外,还有感性欲望和情感。感性的内容包含在准则之中,道德法则压制人的自大,敬重感呈现出来,准则、敬重感等都是人的有限性的体现。理性是一种追求无条件者的能力,无条件者独立于感性。由于理性在认识领域中的对象没有经验的内容,所以理性对这些对象的规定产生二律背反。但是,理性在实践领域恰好不需要考虑经验而直接规定意志。理性在规定意志时,不可能把自己限定在某个具体的对象中,它不可能把欲望的某个对象看作规定意志的根据,否则,这与理性的本性矛盾。这也就是康德在《实践理性批判》的"纯粹实践理性的诸原理"中一直强调为什么质料的实践原则不可能充当理性规定意志的法则的原因。因为质料的原则都是经验性的,是有条件的,无法作为无条件的实践法则。因而,在康德那里,质料和形式有着特定的理解,质料对应的是感性的具体对象,形式对应的是理性的能力,理性的自我立法也属于理性的能力。定言命令是形式的,是因为它不以任何感性的具体对象为根据,然而这并不意味着它就没有内容。问题是,我们如何理解这种内容。

---

① 刘凤娟认为康德的人性概念是一种设定目的的能力,这种能力与行动以及行动的结果无关。参见刘凤娟《再论康德人性概念》,载《道德与文明》2015 年第 5 期。康德的人性概念是否与行动无关,值得商榷。然而可以确定的是,人性概念不是感性的质料,而是作为能力的形式。

3. 形式的是否就是空洞的?

黑格尔在不同的著作中批判了康德的定言命令的形式性,比如在《逻辑学》的第 54 节,黑格尔批判康德"除了在这种规定活动中不应当发生任何矛盾这个同样抽象的知性同一性以外,再也没有任何其他原则可供使用;因此实践理性并未超出那种必将构成理论理性的最后结论的形式主义"①。他认为康德的定言命令只是说明意志的准则不能自相矛盾,而没有指出意志的内容是什么。在《法哲学原理》中,黑格尔更详细地指出他对康德的定言命令的批判。他认为,从意志的准则的自身一致性中,我们无法推出特殊的义务。定言命令的形式性导致它是空洞的。要使得这种自身的一致具有内容,必须有某种确定的东西。要先确立起某种东西是道德的,然后考察这个准则是否与这种东西相矛盾。否则,不道德的行动也可以得到辩护。黑格尔举例说明,为什么说偷窃和杀人是一种矛盾? 只有确定了所有权和人的生命是值得尊重的,偷窃和杀人才是矛盾的。如果不存在所有权和没有人生活,那么偷窃和杀人就没有任何矛盾,这是因为"一种矛盾只能跟某种现存着的东西,即跟预先被建立为确定的原则的一种内容发生矛盾"②。只有一个行动的准则跟这个确立起来的原则相关,我们才可以判断它是否和这个原则一致或者不一致。

无疑,康德的定言命令是形式的,它不以任何感性的质料为前提和根据。因为任何感性的质料都是有条件的,不具有普遍性和必然性。但是定言命令也是有内容的,这个内容就是理性本身。如果意志按照普遍法则的准则来行动,那么意志就是服从理性的命令。理性具有绝对的自发性,是一种以无条件者为对象的能力,它在实践领域以无条件的法则来规定意志,只有如此,它才能维护和发展自身。否则它就是自相矛盾的。在自然法则公式中,准则普遍化后可以被设想为自然法则,这体现

---

① 黑格尔:《逻辑学》,梁志学译,人民出版社 2009 年版,第 125 页。
② 黑格尔:《法哲学原理》,邓安庆译,人民出版社 2016 年版,第 45 页。

了对准则的普遍性的要求。同时,自然法则只是道德法则的类比,自然法则的普遍性让我们认识到道德法则的普遍性,有利于我们做道德评判,但是自然法则不是道德法则。因为自然法则和幸福相关,我们通过认识自然事物的运行规律来为自己或者他人谋取幸福,而道德的原则与幸福的原则是截然相反的。如果把自然法则看作道德法则本身,会把理性的实践运用看作有条件的,即为了获得幸福而使用理性。以能够成为法则的准则来行动,这就是维护了理性的绝对自发性的自由。

在定言命令的普遍法则公式中,康德提出区分义务的两个标准,一个是"能够",一个是"愿意"。它们分别对应着消极的义务和积极的义务。结合康德所举的例子,消极的义务可以理解为维护理性的自身一致性,积极的义务可以理解为理性的自身的发展。不能自杀是对自我的消极义务。如果违背它,理性就无法保持自身的一致性。因为在一个自然中,同样一个情感既延长自己的生命,又缩短自己的生命,是矛盾的。虚假承诺是对他人的消极义务,康德的论证是,如果虚假承诺成为普遍的法则,那么承诺本身和承诺要达成的目的就成为不可能。虚假承诺破坏了理性基本的实践功能,即理性设定目的以及为达成此目的而选取相应的手段的功能,也就是通常所说的"手段—目的"的实践推理模式。[①] 发展自己的才能是对自我的积极的义务,康德提到南太平洋居民的例子,那里的人们生活舒适,不愿意发展自己的才能。他们疏懒的准则普遍化之后没有矛盾,但是康德指出,作为理性存在者,人不愿意荒废自己的才能,"因为这些能力毕竟是为了各种可能的意图为他服务和被赋予他的"[②]。这个理由似乎是假言命令的,然而它不是假言命令,假言命令是以感性的目的为根据的,而这里所谈到的不是为了达到某个感性目的。

---

① 伍德把这个义务的矛盾解释为逻辑的矛盾和实践的矛盾两种。这个准则普遍化之后,承诺的不可能对应着逻辑的矛盾,承诺所达到的目的不可能对应着实践的矛盾。他接着认为,这两个矛盾是相互独立的,都说明这个准则无法成为普遍的法则。参见 Allen Wood, *Formulas of the Moral Law*, Cambridge:Cambridge Press,2017,p. 41。不管是逻辑的矛盾还是实践的矛盾,都与理性的能力不一致。

② 康德:《道德形而上学奠基》,杨云飞译,邓晓芒校,人民出版社 2013 年版,第 55 页。

它所强调的是,理性具有的设定目的的能力,是能力而不是某个具体的感性目的成为履行这个义务的根据。我们不仅有维护理性能力的义务,而且有发展理性能力的义务。至于发展何种能力,这取决于个人的生活计划。对他人的不完全义务,康德举出不帮助他人的例子。如果每个人都相互冷漠,既不侵犯他人的权利,也不期望得到他人的帮助,那么这种不帮助他人的准则是否可以成为普遍法则? 很显然,它能够成为一条普遍法则,因为这样的准则没有伤害理性的能力。但是,理性存在者不愿意它成为一条普遍的法则。因为人是有限的存在者,他的理性的能力的发展需要与他人协作。注意,这不是说,我帮助他人的根据在于我希望得到别人的帮助,而是说,帮助他人有助于发展他人的理性能力。

人性公式是对准则的质料的规定,给定言命令带来了质料的规定,但是它并不是感性的质料。如果从康德对质料和形式的区分来看,人性公式也是一种形式的规定。它并没有把某种感性的质料当作要实现的目的,而是要求行动的目的以人性作为限制条件,即不违背甚至可以促进人性的发展。人性就是理性的本性,可以把它理解为理性本身。维护和促进理性的发展,也就是在维护和促进人的自由。康德在说明人性公式的一个脚注里批判金规则"己所不欲勿施于人",认为这个规则不能作为普遍的法则,而是必须从人性公式中推导出来。因为"它既不包含对自己的义务的根据,也不包含对他人的爱的义务(……),最后,也不包含相互之间应尽的义务之根据;因为罪犯会从这一根据出发对要惩罚他的法官提出争辩,等等"①。金规则无法解释,当一个人生活很舒适时,他为什么还需要发展自己的才能。它不能解释,当一个人不愿意接受他人的帮助时,他为什么还有义务帮助他人。它也不能解释,罪犯为什么不能以这条规则为理由来反驳法官给予他的惩罚。当康德说,金规则只是从人性公式中推导出来,而且有各种限制时,他并没有明确地说,这些限制是什么。我们可以把这些限制理解为,在人性公式的前提下,金规则可

---

① 康德:《道德形而上学奠基》,杨云飞译,邓晓芒校,人民出版社 2013 年版,第 65 页。

以让我们理解对他人的消极义务。一个尊重自己和他人的理性的人,才可以从这个规则中得出不可以虚假承诺的结论。因为他不愿意被他人仅仅当作手段来使用,他也不应当把别人仅仅当作手段来使用。可以看出,人性公式并不是空无内容,从它里面可以推导出一些具体的规则,然后应用到一些具体的情况中。

黑格尔批判康德的定言命令是形式的,这没有误解康德的意思。但是这并不意味着形式就是没有内容的。由于理性在实践领域的自发性体现在它所颁布的普遍法则之上,所以普遍法则公式所表达的准则普遍化后具有一致性,就是在维护和发展人的理性能力,亦即对自由的维护和发展。如果一个意志总是按照普遍法则来行动,那么它就是尊重自己以及他人的理性能力。否则,这个行动者就没有尊重自己以及他人的理性能力。所以康德明确地指出,人性公式和普遍法则公式"在根本上是一样的"。[1] 盖耶认为,人性公式说明了服从普遍法则公式的原因,即这种服从是实现人性作为客观目的的必然手段。[2] 在笔者看来,更准确地说,无论是普遍法则公式还是人性公式,都表达了对维护和发展理性能力的要求,但是二者的角度不同,前者从准则的形式出发,后者从准则的质料出发。克勒梅教授把不能自相矛盾的要求也放入人性公式的运用中。在他看来,康德为人性公式预设了一个前提,即人总是把自己以及他人看作目的自身,比如在不能自杀的例子中"我做出了一个在思维中的矛盾,因为我不能把自己同时思考为自在的目的自身和仅仅作为我的主观目的的手段"[3]。按照这种理解,黑格尔把康德的定言命令理解为准则的不自相矛盾,也适合于人性公式。偷窃和杀人在康德那里之所以不正确,是因为它们的准则是自相矛盾的。这种矛盾违背了理性的一致性。尊重所有权和人的生命是维护和发展理性能力的要求。康德所确

① 参见康德《道德形而上学奠基》,杨云飞译,邓晓芒校,人民出版社2013年版,第65页。

② 参见 Paul Guyer, *Kant's Groundwork for the Metaphysics of Morals : A Reader's Guide*, New York: Continuum, 2007, p. 87。

③ Heiner Klemme, *Kants Grundlegung zur Metaphysik der Sitten : ein Systematischer Kommentar*, Leipzig: Reclam, 2017, S. 163.

立起来的是理性和自由,行动的准则是否是道德的,判断的标准是它是否与维护和发展人的理性能力相矛盾。所以黑格尔批判康德无法有效地说明类似于盗窃和杀人这样的不道德的行动,是有失偏颇的。

综上所述,定言命令是形式的,是因为它不以任何感性的质料为根据。但是它不是空洞的,因为它以维护人的理性和自由为旨趣,它的不同公式都从不同的角度来表达它的这个旨趣。如果我们抛开这个旨趣,那么我们对定言命令,甚至对整个康德伦理学的理解都会出现偏差,误以为定言命令是空洞的、没有内容的形式。现代社会强调对话和差异性,重视特殊性,但是在这种特殊性背后,我们依然要坚持某种普遍性的东西。如果没有这种普遍性,特殊性和差异性就无法持续地存在。如何理解这种普遍性,研究康德的定言命令会给予我们很多启发。

第二节　康德后期伦理学的经验人类学基础

在康德的伦理学中,义务和责任等概念预设了人的有限性,有限性是人的特点。在展示具体义务时,涉及人的具体特点,这就是经验人类学的范围,因而康德在《实践理性批判》中指出:"因为把义务特殊地规定为人类的义务以便对它们进行划分,这只有当这一规定的主体(人)按照他借以现实存在的性状尽管只是在关系到一般义务而必要的范围内预先被认识以后,才有可能;但这种规定不属于一般实践理性批判,后者只应当完备指出一般实践理性的可能性、它的范围和界限的诸原则,而不与人的自然本性发生特殊的关系。"[①]伍德对人性的理论与理解康德的伦理学的关系有独到的见解:"研究康德伦理思想的正当方法应当开始于在《奠基》中对其基础的阐释,以《实践理性批判》加以补充,但是也以《道

---

① 康德:《三大批判合集》(下),邓晓芒译,杨祖陶校,人民出版社 2009 年版,第 20 页。

德形而上学》和其他的著作来作为它们解释的线索。然后我们必须试图理解康德的人性的理论以及这些基础性的原则应用的结果。只有这样，我们才能够提供对作为康德的实践哲学确定性形式的《道德形而上学》进行系统详细地阐释。"①

康德的人性学说主要体现于《关于一种世界公民的普遍历史的理念》(1784)、《人类历史揣测的开端》(1786)、《判断力批判》(1790)、《纯然理性界限内的宗教》(1794)以及《实用人类学》(1798)。笔者将以如下的思路展示康德义务学说的人性论基础：首先，展示康德接受近代自然法提出的人的非社会性问题，在论文《关于一种世界公民的普遍历史的理念》中提出了人的非社会的社会性的概念(简称"非社会性")，指出大自然意图通过人的非社会的社会性构建一个合乎法权的社会，但是与近代自然法不同，他提出了合乎法权的社会之上的更高阶段——道德整体，这预示了康德伦理学尤其后期伦理学对义务的划分，不仅是伦理义务还有法权义务。其次，考察《纯然理性界限内的宗教》的根本恶的观点，能够更好地理解康德后期伦理学一些著作的基本概念，说明它们的指向是为了克服人的根本恶。再次，系统地分析非社会性和根本恶的关系。笔者倾向于把二者看作是有关的，但是二者也有区别，前者更多地表现为外在的行动，后者则涉及了行动准则的主观根据，可以说前者是后者的外在表现方式。针对学界对它们尤其根本恶做社会性的解读，笔者做出评论，认为根本恶是根本的，无法解释，不能说它们植根于社会性，人只

---

① Allen Wood，*Kant's Ethical Thought*，Cambridge：Cambridge University Press，1999，p. 13. 值得注意的是，伍德在近年出版的《奠基》再译本的"译者介绍"中，批判学界对康德的伦理学有诸多误解，这些误解的来源之一是学界总是仅仅只从《奠基》来理解康德的伦理学，甚至认为这是康德伦理学的全部，事实上"你必须小心地得出与这部著作有限的目标相适应的结论。如果你以这种方式限制自身，那么你应当得出，你所阅读的仅仅是对康德伦理学一种抽象的和乏味的印象。"(Kant，*Groundwork for the Metaphysics of Morals*，Ed. and trans. Allen Wood，London：Yale University Press，2018，p. xv)笔者认同他的看法，对康德伦理学的理解除了阅读《奠基》和《实践理性批判》之外，还需要关注康德哲学的其他方面。这样才可以综合地理解康德哲学。

是在社会使得他们表现出来。① 我们可以说,康德处于以格劳秀斯开始的自然法领域中,然而他把格劳秀斯问题放在了自由的领域,康德的后期伦理学体现为一个实现公民社会和伦理共同体的由外到内的逻辑过程。

(一) 人的非社会的社会性

康德在论文《关于一种世界公民的普遍历史的理念》的开始部分说明了考察人类行动的历史的立足点:"既然宏观上根本不能在人及其活动中预设任何理性的自有意图,他便尝试看能不能在人类事务的这种荒诞进程中揭示一个自然意图;从这个自然意图出发,行事没有自己的计划的造物却仍然可能有一个遵从自然的某个计划的。"②"揭示"这个词说明了康德考察人类历史的立足点。人不是动物,只是按照自然本能而行动,也不是纯粹的世界公民,纯粹地按照自由的法则来行动,而是介于二者之间,人有自由,但是并不完全遵照自由的法则来行动,违背法则的行动总是会发生。从人类的历史的角度来看,人类历史大的方面出现过合乎理性发展的事件,但是整个历史又是由人的偏好、冲动等恶的事件所构成的,因而充满了偶然性。从这些事件中,我们无法预设人类历史目的的普遍概念,然而我们可以尝试为人类历史揭示一个自然的意图。这种揭示是人的一种寻求目的和意义的活动,是反思判断力的能力。反思判断力是判断力的一种,与规定性判断力相对,前者是从特殊中寻求普遍的能力,后者是用普遍归摄特殊

---

① 在 Notes and Fragments 中,康德认为:"然而,自由的合法则性,是所有善的最高条件,并且自由的无法则性是真正的和绝对的恶,恶的创造者。因而,后者绝对和没有限制地违背了理性,而且这种违背必然比疾病和灾祸更加严重"(Kant, *Notes and Fragments*, Ed. Paul Guyer, Cambridge: Cambridge University Press, 2005, p. 461)。无法则的自由,与康德在其他地方所使用的"无拘无束的自由"以及"放任的自由"是一致的,都是指违背理性的法则而做出的行动的根据,类似于根本恶。非社会性还属于自然的现象,而无法则性和根本恶则可以看作是内在的根据。

② 《康德著作全集》第 8 卷,李秋零主编,中国人民大学出版社 2010 年版,第 25 页。

的能力。① 在反思判断力那里,普遍并没有被给予,被给予的只是特殊,此时人需要给这些特殊寻求一个普遍,揭示这些特殊的某种秩序,使得人可以理解这些看似没有秩序的特殊。这种普遍就是目的的概念,然而康德强调,这里的概念只是主观的,而不是事物本身的,也就是说,并不是说这些特殊实际上就是具有了某种目的,只是有助于我们理解。无疑,康德的历史哲学属于第三批判的范围,是反思判断力的作用。②

这篇论文一共有九个命题。前三个命题都是从自然目的论的角度说明人类历史的发展。第一个命题:"一种造物的所有自然禀赋都注定有朝一日完全地并且合乎目的地展开。"③"禀赋"(Anlage,predisposition,杨祖陶和邓晓芒两位教授翻译为"素质",李秋零教授翻译为"禀赋",笔者认为禀赋这个词更好)是"既理解为它所必需的成分,也理解为这些成分要成为这样的一个存在者的结合形式"④,是一个目的论的概念。它是表达某种存在者要成为怎么样的存在者的概念。在康德看来,自然不会做无用的工作,它对事物的安排都是有目的的,是合乎法则的。如果自然的安排没有目的或者出现了多余的部分,那么这样的自然只是偶然的,让人无法理解。康德对自然的这种理解继承了亚里士

① 在《判断力批判》中,康德认为:"如果普遍的东西(规则、原则、规律)被给予了,那么把特殊归摄于它们之下的那个判断力(即使它作为先验的判断力先天地指定了惟有依次才能归摄到那个普遍之下的那些条件)就是规定性的。但如果只有特殊被给予了,判断力必须为此去寻求普遍,那么这种判断力就只是反思性的。"(康德:《判断力批判》,邓晓芒译,杨祖陶校,人民出版社 2005 年版,第 14—15 页)反思性判断力只是调节性的能力,不是产生实际知识的能力。康德在《逻辑学讲义》中也做出了类似的区分。

② 克斯汀(Kersting)指出:除了奠基性的部分和纯粹理性在法权和伦理学的立法之外,康德的实践哲学还包括人类学和历史哲学。人性和历史构成道德性和法权原则运用的领域的部分。它们包含着纯粹实践理性实现其目的的条件。[参看 Paul Guyer(ed.), *The Cambridge Companion to Kant*, Beijing: Joint Publishing, 2006, p. 343]笔者认同他的看法,理解了人性和历史,才可以更好地把纯粹理性的原则运用到法权和伦理学的领域。其中,这两个领域是目的论的范围,目的论构成了从自然到自由的过渡环节。在这种过渡中,自由的原则可以运用到自然,并且有产生自由的效果即至善的希望。

③ 《康德著作全集》第 8 卷,李秋零主编,中国人民大学出版社 2010 年版,第 25 页。

④ 《康德著作全集》第 8 卷,李秋零主编,中国人民大学出版社 2010 年版,第 27 页。

多德,不过二者有很大的区别。亚里士多德对自然的这种理解是一种实然的理解,而康德不是,康德只是把它看作"我们"理解自然的一种方式,并不断定自然本身就是如此。康德进一步指出,通过对自然界中的动物无论外在的观察还是内在的分析都可以证实自然是合乎目的性的。第二个命题:"在人(作为尘世间惟一有理性的造物)身上,那些旨在运用其理性的自然禀赋,只应当在类中,但不是在个体中完全得到发展。"①康德认为理性是一种把运用自己力量的规则和意图超出自然本能之外的能力,它能够突破本能的局限,没有任何特定的界限。我们无法事先知道理性的发展能够达到何种确定的程度,它的发展需要不断地尝试、练习和传授,才能从一个阶段上升到另一个阶段。这个过程不是一帆风顺的,里面有很多种艰难困苦等着人,甚至在某个时期会出现倒退。因而人的理性的自然禀赋要想完善,就需要不断地试错,需要长生不死。但是这很显然是不可能的。从而,个体无法实现禀赋的完善,这种完善只能通过一代代的努力,在类中才有可能。在人性的理念中,这种完善是人努力达到的目标,规范着人的行动。

康德由前面两个命题得出了第三个命题:"自然期望:人完全从自身出发来产生超出其动物性存在的机械安排的一切,而且仅仅分享他不用本能,通过自己的理性为自己带来的幸福或者完善。"②人与动物不同,动物有本能,人却没有动物那样可以很好地生存的本能。比如人没有狮子强大的力量,没有老鹰敏锐的视力等,他在自然中没有这样足以让他生存下去的本能。然而他有理性,而且他是造物中唯一有理性的,如果说自然不会做多余的事情,那么自然就要求人通过理性给自己带来幸福或者完善。所以康德在一个脚注中指出"人的角色是非常人为的"③,他的一切(包括文化和道德性)都无法按照本能、而应当是依靠理性自己产生出来的。如果幸福是指生活得舒适,那么本能比理性更适合达到幸福,

---

① 《康德著作全集》第8卷,李秋零主编,中国人民大学出版社2010年版,第25页。
② 《康德著作全集》第8卷,李秋零主编. 中国人民大学出版社2010年版,第26页。
③ 《康德著作全集》第8卷,李秋零主编. 中国人民大学出版社2010年版,第30页。

人的很多不幸在于理性的算计或者理性不满足于现状而要追求理想的存在,因而自然的目的不是使人幸福和生活舒适,而是使人配享幸福。在这一过程中,人会承受大量的艰辛,先前世代的努力似乎只是为了给后世的配享幸福做准备性的工作的。只有到了最后的世代才**有可能**使得禀赋完善起来,从而享有幸福。① 康德认为这虽然令人困惑不解,但是如果假定了前两个命题,这样的结论就是必然的。

第四个命题提出了很关键的概念:"自然用来实现其所有禀赋之发展的手段,就是这些禀赋在社会中的对立,只要这种对立毕竟最终成为一种合乎法则的社会秩序的原因。"②这个命题是最重要的。在康德看来,自然不是为了使人幸福,而是完善人的禀赋,也就是实现人的自由。在这一过程中,个体的人会承受大量的艰辛,这些艰辛正是自然达到其目的的手段,是由人的对抗所造成的。对抗(antagonism)康德称之为非社会的社会性(unsociable sociability),简称"非社会性"。它表达了人既有进入社会的倾向,又与试图不断分离这个社会的普遍对抗结合起来。人性的这种倾向使他有别于其他存在者,如果只是前者,那么人与蜜蜂没有区别,蜜蜂只有合作,没有对抗;只是后者,那么人就只是个体化的,不能发展其禀赋。因为只有在社会中,在人与人的交往中,人感觉到自己作为人而存在,他的禀赋才可以得到发展和完善。同时人有一种个体化的倾向,这种倾向来自其非社会性的属性,即他想按照自己的心意随意地处理一切,也就是总是试图把他人只是当作手段,而不是目的本身,但是这种倾向由于他人也有个体化的倾向,会遭到他人的对抗。这种普遍的对抗能够唤醒人的力量,促使人发展和完善自己。在这个过程中,自然通过人的相互竞争和相互对抗,通过人试图使自己高于他人的傲慢、专横以及贪欲来完善自己。从而,人从摆脱粗野的状态,首先进入到文化的状态,在这种状态中,艺术和科学等都得到发展,甚至会出现奢侈,而后才有可能进入到道

---

① 笔者把"有可能"打着重号,是为了说明,这种在最后的世代中配享幸福只是一种希望。它不意味着一定会实现,但是它给予人们在这个世界中忍受艰辛,并努力前行以某种勇气。

② 《康德著作全集》第8卷,李秋零主编,中国人民大学出版社2010年版,第30页。

德的状态。当然,如何从文化的状态进入道德的状态,是一个需要讨论的问题,不过在这里这个问题倒不是那么关键。相反,在一种田园式的环境中,人和人只是和平的相处,就会变得懒散,从而阻塞其禀赋的发展和完善。康德对这种倾向进行了总结:"人想要和睦一致;但自然更知道什么对人的类有益:它想要不和。人想生活得舒适惬意、轻松愉快;但自然却让人超出懒惰和无所作为的心意满足,投身于工作和辛劳之中,以便反过来也找到办法,机智地重新摆脱工作和辛劳。"①

　　人之间,甚至国家之间存在普遍对抗,这是一个事实。自格劳秀斯已经明确提出来了,但是以目的论的方式来看待它,并认为这是自然促进人类进步的手段,是康德的独创。康德进一步指出,人的非社会性能够促进人的禀赋的发展和完善是有条件的,这个条件"只要这种对立毕竟最终成为一种合乎法则的社会秩序的原因"②。因为人的相互对抗会产生很多灾难,甚至战争,使得人类进入会毁灭人类的困境中(比如可能的核战争)。所以只有这种相互对抗使得人们构建一个合法的秩序来限制这种对抗,才可以发展和完善人的禀赋。康德在第五个命题中给出明确的说明:"自然迫使人去解决的人类最大问题,就是达成一个普遍管理法权的公民社会。"③这样的社会限制人的无法则的自由,规定了人的自由的界限,把人们之间的普遍对抗放在一个合乎法则的限度之内,使得人之间的自由可以相互共存。只有在这样的社会中,自然才可以实现它发展人的文化的目的。另外,人的非社会性使他们的感性偏好无法在放任的自由中共存的困境之下要求他们构建这样的社会,在这个社会中,人之间的自由可以彼此共存。如何构建这样的社会,正是康德在《道德形而上学》中的"法权论的形而上学的初始根据"中所解决的问题。

　　康德进一步认为:达成这样的社会"对于人类来说必然是自然的最高任务,因为惟有凭借这个任务的解决和完成,自然才能以我们的类来达成

---

① 《康德著作全集》第 8 卷,李秋零主编,中国人民大学出版社 2010 年版,第 28 页。
② 《康德著作全集》第 8 卷,李秋零主编,中国人民大学出版社 2010 年版,第 29 页。
③ 《康德著作全集》第 8 卷,李秋零主编,中国人民大学出版社 2010 年版,第 29 页。

它的其他意图"①。这个"其他意图"是什么？在第四个命题中,康德认为,
通过这种对抗,人从野蛮上升到文化,进而通过逐步的启蒙方式,确立起实
践原则,并且"就这样使形成一个社会的那种病理学上被迫的协调最终转
变成一个道德的整体"②。合乎法权的社会所涉及的是人的外在自由,是
对人的外在行动的相互强制。人的行动是可见的,在自然的范围之内,因
而这一阶段所达成的目的还无法成为一个自由的道德整体。但是,很明显
康德认为,只有实现这个阶段之后,它才能实现"其他意图",即构建一个目
的王国。③ 这正是康德在《道德形而上学》的第二部分"德性论的形而上
学的初始根据"中所需要解决的问题。因而,康德的人性学说和历史哲
学预告了后期著作尤其是《道德形而上学》对义务体系的划分。④

---

① 《康德著作全集》第8卷,李秋零主编,中国人民大学出版社2010年版,第29页。

② 《康德著作全集》第8卷,李秋零主编,中国人民大学出版社2010年版,第28页。

③ 在《实用人类学》中,康德认为:"在人类中人为地把善的禀赋提高为其规定性的最终目的,其
最高程度就是一种公民宪政……因为大自然在他身上致力于从文化引导到道德性,而不是
致力于(像理性所规定的那样)从道德性及其法则开始,引导到一种着眼于此的合目的的陶
冶;这不可避免地造成一种颠倒的、反目的的倾向"(《康德著作全集》第7卷,李秋零主编,中
国人民大学出版社2008年版,第323页)。从这段话可以看出两点:第一,自然的目的是从
文化到道德性,而不是相反,因而是从外在自由的公民社会到实现内在自由的目的王国。但
是只有前者是可以"人为地"强制建立起来,这点在下面一节会具体说明。第二,在这个过程
中,文化的进步会产生违背道德性的灾祸。

④ 康德提出了以下几个概念:"最大的自由""无拘无束的自由"以及"放任的自由",它们都是无
法则的自由,是人的非社会性的表现。米特(Corinna Mieth)和罗森塔尔(Jacob Rosenthal)
在论文《自由被预设为所有理性存在者意志的属性》中,对康德的自由的概念作了很详细的
分类。他们把第五种自由称为"在一个存在者行动的任性、其意志不被任何在先的因素所规
定的意义上,如果它有真正的选择的可能性,那么这个存在者是自由的。这也许可以被正当
地称为'作为非决定的自由'"(Christoph Horn, *Groundwork for the Metaphysics of
Morals*, Berlin: Walter de Gruyter, 2006, p. 257)。然后,他们认为康德在《道德形而上学》
中,康德事实上承认了存在这种自由,只是我们不能理解这种自由的可能性,即"一个无法则
的自由实际上是不可理解的"(Christoph Horn, *Groundwork for the Metaphysics of
Morals*, Berlin: Walter de Gruyter, 2006, p. 272)。最后他们得出结论:"重要的是,当康德
在《奠基》或者《道德形而上学》中运用自由的概念时,他没有考虑到有这种无法则的自由"
(Horn, Christoph, *Groundwork for the Metaphysics of Morals*, Berlin: Walter de Gruyter,
2006, p. 272)。确如他们所说,在康德的实践哲学中,并不存在这种无法则的自由。但是,
从这篇论文可以看出,康德很认真地思考过这种自由,只是他认为,这种无法则的自由不是
真正的自由。相反,它是康德所需要批判的,在《道德形而上学》中,无论人的法权义务还是
德性义务都是对这种自由的强制,通过这种强制,人才能够成为真正自由的主体。

康德在第六个命题中说明了解决这个问题的现实性:"这个问题是最难的问题,同时也是人类最后解决的问题"。为什么这是最难的任务?因为建立这样的社会需要一个"自身公正的正义元首",而这个元首只能在人类中寻求。由于人的非社会性使他需要一个主人来管理自己,主人也是人,所以这个元首也需要一个主人来管理自己,否则他会使自己成为自由法则的例外。因而,不论这个元首是一个人的意志还是一个团体的意志,都只能接近于而无法彻底满足自身公正的理念。柏拉图在《理想国》中,试图通过各种教育来实现哲学王的理念,然而康德非常强调人性的有限性,所以在康德那里不存在哲学王的现实可能性。构建这样的社会也是最后才能解决的问题,因为在康德看来,要构建这样的社会,必须要"对一种可能宪政的本性有着正确的概念,需要见多识广、经验丰富,以及在这一切之上,需要一个为接受这种宪政做好准备的善良意志"①。构建这样的社会,首先需要有对它的概念的正确认识,这是从理想的角度来说的。这样的认识是必要条件,还需要有对实现它的经验性的认识。这就需要实践的判断力,能够把普遍和特殊结合起来。康德具体说了三个要求:见多识广、经验丰富以及善良意志。这三个要求既需要对现实有清晰的认识,也需要有一种善的价值观。为了具备它们,人类只有在经历了很多尝试之后才是可能的。

值得注意的是,在这个命题的脚注中,康德提出了对于我们理解他的伦理学赋有启发性的看法:"因此,人的角色是非常人为的,我们并不知道其它行星上的居民及其本性是什么性状;但是,如果我们很好地实现了自然的这个委托,那么,我们也许能够自夸,因为我们在我们世界大厦的邻居中间可以保有一个并非微不足道的地位。"②何为"世界大厦的邻居"? 康德也许想象的是那些"有限的神圣的存在者"(在德性学说中会涉及这个概念)。它们具有感性偏好,但是它们不会违背道德法则。

① 《康德著作全集》第8卷,李秋零主编,中国人民大学出版社2010年版,第31页。
② 《康德著作全集》第8卷,李秋零主编,中国人民大学出版社2010年版,第30页。

因而对于它们而言,不存在责任和义务等诸概念。人与这样的存在者相似,都有理性。但是与它们不同,人的非社会性和根本恶这样的倾向使他经常会违背道德法则。康德通过"世界大厦的邻居"把人的生存不只是局限在我们所知的这个空间之内,而是放在诸多可能的世界之中。在其中,人与其他可能的存在者所共有的是理性的能力,人的价值就在于他能够发展和完善自己的理性能力,而不是把自己局限在他的感性的本能之上。理性能力的发展和完善无法依靠他人完成,只能靠我们自己。理性的能力如何发展,发展到何种程度,这都取决于我们自己,所以我们能够成为何种人,这是人为的。这种理解有现代存在主义者"存在先于本质"的意思。

国家也是处于与其他国家的关系之中,因而为了实现一个合乎法权的社会,还需要一个合法的外部的国际关系。这是康德在第七个命题所提到的论题。与人类似,国家相互之间也有对抗性,其极端的表现形式就是战争。在康德看来,自然也是以它们的对抗性作为实现自己目的的手段,当然前提是这种对抗性能够成为产生一个合法则性的国际联盟。在康德的后期著作《论永久和平》中和《道德形而上学》"法权论"部分集中探讨了这些问题。

由以上的分析可见,康德的伦理学有近代自然法的背景,把如何限制人的非社会性看作他的一个核心的主题之一。然而康德有他自己特有的角度:首先,与近代自然法不同的是,依照康德,人的这种本性虽然可以在经验中观察到,但是在反思判断力中有它的位置,即它作为手段来实现自然的目的。从另一个角度来说,这种视角给人以对未来的希望,即便过去和现在总是存在着因人的非社会性所引起的灾祸。这种灾祸的可能性在《道德形而上学》中有相应的说明:"在达到一个公共的法律状态之前,个人的人、民族和国家永远不可能在彼此之间的暴力行动面前是安全的,确切地说,是根据每个人自己的法权做他觉得正当和好的事,而在这方面并不受他人意见的左右;因此,如果他不想放弃所有的法权概念,那么,他必须决定的第一件事就是如下原理'必须走出每个人都按自己的想法行事的自然状态'。"①

如何理解非社会性的作用？劳登（Robert B. Louden）对非社会性的作用做出了深入的解读：我们的非社会性"是在文化、科学、政治以及艺术等人的所有分支背后的驱动力；实际上，它甚至也是从人性转化为一个所期望的道德整体的驱动力"。他结合《判断力批判》的有关论述进一步认为："艺术和科学自身的发展，如我前面所说，有助于形成这道德的整体……然而，在康德的历史论文中，很明显的是，这种艺术和科学的发展不是对美和真理的爱而是人的自私——虽然为了促进道德目的，一个自私的人最终克服自己"②。笔者的想法与他类似。需要强调的是，艺术和科学的良好的发展只能在一个具有好的秩序的社会中才是可能的，这正是实践理性的作用。所以非社会是一个动力，而真正在背后起作用的还是实践理性。实践理性要求人们走出这种相互对抗的无法的状态，而进入到一个合法的状态，使得人与人之间的自由能够共存。

人的非社会性可以看作无法则的自由的表现，法权原则要求对这种自由进行交互的强制。康德有时把这种非社会性看作是"自然的机械作用"。③因而，人的非社会性表现为外在的行动，却没有涉及这种行动的根据，即准则。同时，人的非社会性虽然有助于道德性的发展，但是它也会产生出诸多恶习，因而人的理性和自由的完善必须限制这种非社会性，克服由它所产生的诸恶习。这样，就必须涉及非社会性的内在根据——"根本恶"。与有些学者把非社会性等同于根本恶不同，笔者认为，前者只是后者的表现而已，而后者的根据不可知。

（二）根本恶

康德的"根本恶"的学说在《纯然理性界限内的宗教》中被正式提出

---

① 康德：《道德形而上学》，张荣、李秋零译注，中国人民大学出版社 2013 年版，第 102—103 页。
② Robert B. Louden, *Kant's Impure Ethics : From Rational Beings to Human Beings*, New York：Oxford University Press，2000，p. 154.
③ 参见《康德著作全集》第 8 卷，李秋零主编，中国人民大学出版社 2010 年版，第 372 页。

来,然而在《纯然理性界限内的宗教》之前的一些文本里已经包含着这个学说,比如在《奠基》的第一章结尾,康德认为人有一种强烈的反对道德法则的倾向,他称之为"自然辩证法";在第二章,康德认为人总是希望自己成为普遍法则的例外;在《实践理性批判》中,康德提出了人有自负的倾向。这些说法都与根本恶有关。

根本恶的学说是一个有争议的学说,甚至遭到诸多批评。比较典型的是,席勒在一封写给科尔纳(Gottfried Korner)的信中认为:"在康德的著作[康德的宗教]中的第一原则使我感到反感,并且也许你也会这样。他认为,人的心灵存在着向恶的倾向,他称为根本恶,并且这不能与感性的挑衅相混乱"。歌德在 1793 年写给赫尔德的信中指责康德:"康德,一个要求终生把他的哲学从所有散漫的偏见中解放出来的人,已经放纵地被根本恶的污点所败坏了,以致基督徒也可能被吸引过来。"巴特认为:"我们了解康德早期伦理学的著作的人……在这里遇见一个详细的恶的问题的学说……事实上,这是我们最不期望的。"[1]伍德指出,康德提出根本恶的学说之后,遭到了很多人的谴责,因为他们认为康德回到了"为启蒙的遁世的基督教的原罪学说"。[2] 其实,这些都是对康德的误解。虽然根本恶这个学说来源于基督教,但是康德并不是从基督教的立场来解释,而是从人的自由的角度来理解的。在康德那里,根本恶是人性的倾向,归咎于人的意选的自由的运用,而不是人的始祖遗留给我们的。

法肯海姆(Fackenheim)在其论文"Kant and Radical Evil"中对康德的根本恶的学说有着非常深入的研究。他否定了通过基督教的背景来解读根本恶。在他看来,根本恶主要是为了说明我们违背道德法则何以是可能的,它并没有对"我们希望什么?"这个问题给予答案,而是为了解决一个哲学上的理论的困难。因为在《奠基》中,康德将自由意志等同于

---

① 转引自 Robert B. Louden, *Kant's Impure Ethics : From Rational Beings to Human Beings*, New York: Oxford University Press, 2000, pp. 133 – 134。

② 参见 Allen Wood, *Kant's Ethical Thought*, Cambridge: Cambridge University Press, 1999, p. 284。

服从道德法则的意志,即自由等同于服从道德法则,这种等同否定了人有在道德上作恶的自由的能力,所以引起了很多批评。康德通过根本恶的学说,改变了对自由的理解;那么自由变成了人在善或者恶之间进行选择的能力。不过,法肯海姆认为根本恶的学说产生出一个新的问题,既然所有人都有向恶的倾向,那么就很难理解他们如何选择善,而康德用了"智性的革命"这样的术语表达从恶到善的自我转变的行动。但是,这个行动在康德那里是模糊的。[①] 可见,理解根本恶,对研究康德的伦理学有重要作用。

1. 根本恶的概念

从和历史记载相似的"世界一片糟糕"的抱怨与对人性充满乐观主义的英雄史诗的对比出发,康德提出了问题:是否有可能出现一种中间的状态? 也就是说"人就其族类而言可能既不是善的也不是恶的,或者也许既是善的也是恶的,部分是善的部分是恶的"[②]? 在康德看来,对一个人善恶的评价,不是因为他的行动和道德法则的关系,而是其行动的准则和道德法则之间的关系。这个观点在《奠基》中就有体现。但是,从体现在自然的经验行动中,我们是无法推出他的内在准则的,所以,依靠经验观察推断出人性的善与恶是不可取的。因而,康德认为,只能以"先天的方式"来推断人的善恶,具体来说,从一些行动,甚至从一个有意作恶的行动中推出其作恶的准则,从这个准则出发又推出所有特殊恶的准则的普遍存在的根据,而这种根据自身又是一个准则。

准则源于人的自由的意选(Willkür,邓晓芒教授翻译为"任意",李秋零教授翻译为"任性",李明辉教授翻译为"意念",本文翻译为"意选",突出意志的选择作用),道德上的善与恶只能出自人的自由的本性,与自然的本性或者本能无关。因而康德指出:"这里把人的本性仅仅理解为(遵从客观的道德法则)一般地运用人的自由的、先行于一切被察觉到的行动的主观根

---

① 参见 Heiner F. Klemme and Manfred Kuehn(ed.), *Kant Practical Philosophy*, London: Ashgate, 1999, pp. 435 - 453。
② 《康德著作全集》第 6 卷,李秋零主编,中国人民大学出版社 2007 年版,第 18 页。

据,而不论这个主观根据存在于什么地方。"①这个主观根据自身又是一个自由的行动,否则,我们就不能为自己的善和恶负责。从而,恶的根据不可能存在于偏好所规定了的对象,也不存在于偏好本身之中,因为偏好的对象和偏好本身都不是自由的,无法规定道德的善恶。道德的善恶只能存在于"任性为了运用自己的自由而为自己制定的规则中,即存在于一个准则中"②。我们无法继续追问这个准则的根据是什么。因为这个准则的根据自身依然是一个准则,而不能是自然冲动,否则就不是自由的,而是自然的冲动。同时,它不只是某个具体恶的准则的根据,而是人的准则违背道德法则的普遍根据,所以它可以被认为是人的族类的本性,是人的普遍特性。这种特性把人与其他存在者,甚至"世界大厦的邻居"区分开来。

康德对人性的看法是一种严峻主义的立场。在他看来,人的意选的自由有一种特性:"它能够不为任何导致一种行动的动机所规定,除非人把这种动机采纳入自己的准则(使它成为自己愿意遵循的普遍规则);只有这样,一种动机,不管它是什么样的动机,才能与任性的绝对自发性(即自由)共存。"③(阿利森称之为"结合论")人的意选具有一种绝对的自发性的能力,这种能力可以突破自然的因果性的先在决定,而自行开启一个现象的序列。这就是康德在第一批判所提到的先验自由。人的意选具有这样的能力,无论他把道德法则还是把感性偏好作为自己的意选的动机纳入准则中,这都是他理性反思的结果,他都能够为此负责。如果意选选择了道德法则作为自己准则的规定根据,那么,他就是善的,否则就是恶的。既然人的意选总是处于上述两种情况之一,那么人性就不存在道德上中间的状态。康德在当页的一个脚注里,区分了非善和积极的恶。他指出道德上的善就是人的意选以道德法则为行动的充分动机,而恶与之相反,是意选违背了道德法则。前者是善,后者是真实的恶,而非善作为缺乏道德法则作为意选的动机只是实在恶的一个后果而已,不

---

① 《康德著作全集》第 6 卷,李秋零主编,中国人民大学出版社 2007 年版,第 19 页。
② 《康德著作全集》第 6 卷,李秋零主编,中国人民大学出版社 2007 年版,第 19 页。
③ 《康德著作全集》第 6 卷,李秋零主编,中国人民大学出版社 2007 年版,第 22 页。

存在与善在逻辑上相对的中间物。无所谓善恶的行动只是产生自自然法则的行动,与道德上的善和恶无关。①

人的意选有趋恶的倾向,倾向(Hang,propensity)是"一种偏好(经常性的欲望)的可能性的主观根据,这是就偏好对于一般人性完全是偶然的而言的"②。这种倾向是对自由的意选的规定,善和恶在于自由意选的准则和法则之间的关系,那么,人性的恶就体现在准则背离普遍法则的主观根据之中。同时,这种趋恶的倾向也是人普遍地具有的,因而称为趋恶的自然倾向。

有三种趋恶的自然倾向:第一种,人本性的脆弱,人在客观上把道德法则作为意选的准则的动机,而在主观上道德法则并不足以规定意选的行动;第二种,人本性的不纯正,人虽然做了合乎义务的事情,但是这个行动本身不是以道德法则作为他的充分的动机,而是必须掺杂有其他的动机作为其规定根据;第三种,人本性的恶劣,人的意选颠倒了道德的秩序,把非道德的动机放在了道德的动机之前。虽然这三种倾向可以产生合法的行动,但是尤其是第三种倾向,"思维方式却毕竟由此从根本上(就道德意念而言)败坏了,人也因此而被称作是恶的"③。人普遍存在着这三种自然倾向。它们有共同之处,都是对法则作为动机的倒置,但是在层次上又存在着区别。在第一种和第二种自然倾向中,人只是偶尔没有经过反思把非道德的动机采纳进准则之中,使得道德的动机无法足

---

① 读者可以结合前批判时期的论文《将负值概念引入世俗智慧的尝试》来理解这个脚注。在这篇论文中,康德将相互对立区分为两种:"逻辑的对立"和"实际的对立"。"逻辑的对立"的结果是"什么也不是",即无,正如康德在脚注里提到的"=0";"实际的对立"的结果是"某种东西",即"=-a"。康德认为这种实际的对立在善和恶中也是有其运用的:"缺德不仅仅是一种否定,而且是一种负的德性。因为缺德只有当在一个存在物里面有一种内在的法则(要么单纯是良知,要么是对一种实证法律的意识)被违背的时候才成立。这个内在的法则是一个善的行动的肯定性的理由,只是由于仅仅出自法则的意识的行动被取消,结果才可能是零。"(《康德著作全集》第 6 卷,李秋零主编,中国人民大学出版社 2005 年版,第 183 页)结合康德在《宗教》中对人性的看法,人性要么善,要么恶,非善要么是一种恶,要么无所谓善恶,后者不是自由的行动,不在人性的范围内考虑。

② 《康德著作全集》第 6 卷,李秋零主编,中国人民大学出版社 2007 年版,第 27—28 页。

③ 《康德著作全集》第 6 卷,李秋零主编,中国人民大学出版社 2007 年版,第 29 页。

以成为行动的动机,所以,康德认为它们是一种"无意的罪";属于第三种的人是在自我的反思之中存在着这种恶的准则,所以康德批评它为"蓄意的罪"。在这种蓄意的罪中,假如恶的准则很侥幸,没有出现本来应该出现的恶的后果,那么人会感到心安理得。前两种自然倾向低估了自身中的道德力量,导致动机不纯;后者更严重,由于行动没有产生恶的后果,所以就误以为自己是道德的,也就是说,他把自爱的动机看作道德的,高估自身的道德价值,从而导致自欺。人只要具有这种自欺的倾向,误以为自己就是道德的,不愿意认识自己和改善自己,导致"妨碍着善的幼芽",因而德性义务首要地在于认识你自己,消除这种自欺。

这种恶的性质和根据是什么呢? 人具有感性偏好的同时也具有理性能力,二者缺一不可,在人的准则中都存在着,那么人的善和恶就不在于准则的内容,而只能在于准则的形式,也就是说人的意选"把二者中的哪一方作为另一个的条件"①。因而,恶就在于意选忽略了道德法则,却同时把感性偏好当作足以规定自身的动机而纳入自己的准则,从而把自爱的原则看作自己的行动的准则。这种恶的倾向的根据是自由,是自由的意选自身所导致的,不能为这种倾向寻求自由之外的其他根据,否则就不是自由的行动,而是自然。康德把这种倾向称为根本恶,说它是根本的,因为它"败坏了一切准则的根据,同时它作为自然倾向也是不能借助于人力铲除的"②。它不是某种具体的特殊的恶的准则,而是这些准则的内在根据,甚至先于这些准则而存在。准则的根据应当是道德法则,人应当把道德法则作为最高的动机纳入他的准则中。但是他的根本恶的倾向使他颠倒了准则的道德秩序,把服从道德法则当作实现我们自爱的目的的手段。这是我们自由意选的自发性的行动,这种倾向也只能由出自自由意选的善的准则来克服,自然或者他人等外力无法克服这种倾向。

根本恶的来源是什么? 通过把它与基督教"原罪"学说的比较,我们

① 《康德著作全集》第6卷,李秋零主编,中国人民大学出版社2007年版,第36页。
② 《康德著作全集》第6卷,李秋零主编,中国人民大学出版社2007年版,第37页。

可以进一步理解它。康德受到"原罪"学说的影响，但是他重新解释了"原罪"学说。在这种学说中，由于人的远祖犯了罪，人是有罪的。耶稣的出现使得人摆脱了这种"原罪"的束缚，但是人的改善需要依靠上帝的恩典。康德认为，人的"原罪"其实反映了人性的作恶的倾向，这种倾向在任何人那里都是存在着的，因为它来源于人的意选的自由。人可以为之负责，同时也可以改变它，走上向善的道路。

2. 从恶到善的转变

人可以转变这种自然倾向，走向善吗？康德认为是可能的。在重释基督教的"原罪"学说时，他特地强调，在基督教中，人是受到某种恶的精灵的诱惑而犯罪的。这就说明，人不是内在地本身就是恶的，他与那种恶的精灵完全不同，只是受到诱惑才变恶的，因而他也存在改善的希望。具体来说，这种改善的可能性在于人有向善的原初禀赋。这些禀赋属于人的本性的可能性的东西。说它们是原初的，是说它们构成人的最基本的存在形式，也是潜在的形式。在康德看来，人有三种原初禀赋：第一，人作为有生命的存在，具有动物性的禀赋。这种禀赋是一种机械性的自爱，包括：保存自己、通过性本能繁衍种族以及与他人交往的社会性的本能。第二，人性的禀赋，是一种自然的、比较性的自爱，通过在他人的看法中获得自身的价值，有助于文化的发展。第三，人格性的禀赋，即"一种易于接受对道德法则的敬重、把道德法则当做任性的自身充分的动机的素质"。① 人格性就是道德法则的理念以及对它的敬重，是人性的理念，人格性的禀赋表达人之中人格性的可能性。

与前文所说的人的非社会的社会性类似，这三种人的原初向善的禀赋有自然目的论的因素。自然赋予人这些禀赋是为了使得人自我完善，因而人有向善的潜质。不过它们之间有区别，前两种禀赋被称为自然禀赋，会嫁接相应的恶习。在动物性的禀赋中，运用得不当会产生如饕餮无厌、荒淫放荡等恶习；同样在人性的禀赋中，因为相互的比较会出现文

----

① 参见《康德著作全集》第 6 卷，李秋零主编，中国人民大学出版社 2007 年版，第 26 页。

化的恶习。只有人格性的禀赋完全是善的。如何克服这些具体的恶习在康德的伦理学著作中有具体的说明。

这些原初的禀赋,特别是人格性的禀赋使人从恶向善的转变成为可能的。由于根本恶是准则的道德秩序的颠倒,那么这种转变也必然表现在准则的转变之上。准则是自由的意选的主观原则,在善恶之前不存在中间的状态,所以这种转变就是一种重建,即"仅仅是建立道德法则作为我们所有准则的最高根据的纯粹性"①。也就是说要以人的人格性禀赋为基础,克服嫁接在动物性和人性禀赋上的恶习。这种纯粹性就是"道德法则不是仅仅与其他动机结合在一起,或者甚至把这些动机(偏好)当做条件来服从,而是应该以其全然的纯粹性,作为规定任性的自身充足的动机,而被纳入准则"②。这次重建包含着两个步骤:第一步,通过思维方式的革命纯化准则的基础,使人成为接纳善的准则的主体,这是从本体的角度而言;第二步,基于思维方式的革命,不断践履道德的行动,走向一个从恶到善的逐步改善的道路,这是从现象而言的。这两个步骤不能颠倒,否则,行动就只是合乎义务,而不是出于义务。正如阿利森所认为的,只有理解了根本恶学说才能理解康德后期著作中的核心概念——德性。③ 整个德性

---

① 《康德著作全集》第 6 卷,李秋零主编,中国人民大学出版社 2007 年版,第 47 页。

② 《康德著作全集》第 6 卷,李秋零主编,中国人民大学出版社 2007 年版,第 47 页。

③ 阿利森对根本恶的解读值得商榷。他认为:"虽然康德倾向于把这种学说作为一种经验性的概括总结,但该理论最好被理解为道德上实践理性的一个公设,因而也是一个先天综合命题。因此,它必须有一个演绎,我们也努力代康德提供这一演绎。"(阿利森:《康德的自由理论》,陈虎平译,辽宁教育出版社 2001 年版,第 214 页)康德明确地强调了如果从经验事例来看待人性的话,那么人既是善的也可以是恶的,所以必须要从先天的方式推论出人的善和恶。善和恶是人的自由意选的性质,是智性的,所以在康德那里,根本恶绝对不是一种经验性的概括。阿利森把根本恶看作是纯粹实践理性的公设,即一种"理论的、但在其本身不可证明的命题,它不可分离地附属于无条件有效的先天实践法则。"(康德:《实践理性批判》,邓晓芒译、杨祖陶校,人民出版社 2004 年版,第 134 页)理由在于:"我们只是不情愿地服从法则这一事实不仅揭示出我们缺乏神圣性,而且也表明,我们实际上有一种促使道德考虑服从我们作为感性存在者需要的偏好"(阿利森:《康德的自由理论》,陈虎平译,辽宁教育出版社 2001 年版,第 232 页)。恰恰相反,我们不情愿地服从道德法则正是由于我们有根本恶的倾向,因为根本恶是我们恶的特殊准则的普遍根据。所以,在笔者看来,他有倒因为果的嫌疑,把我们在经验中可以观察到事实当作根本恶的论证理由。

学说可以看作克服人的这种根本恶的倾向,从而人实现从恶到善的转变。不过,康德的这种意向的变化作为思维方式的革命是比较含糊的,难以说清楚到底该如何做,这可能需要结合他的历史哲学和教育哲学来理解。

(三) 非社会性与根本恶的区分

有些研究者[如伍德,莎伦·安德森-金(Sharon Anderson-Gold)]认为康德的根本恶学说是一种社会性的产物。伍德认为应该从人类学的角度来解释根本恶,恶是社会性的产物。因为我们具有社会性,处于人与人交往的社会中,由于我们的自负(Eigendünkel),人们在遵守道德法则时总会"使我们成为我们希望别人应当遵守的责任的例外(违反普遍法则公式 FUL),使他人仅仅成为我们的手段而不把他人当做目的(违反人性公式 FH),并且设定不能与他人一致的目的(违反目的王国公式 FRE)"①。接着她进一步指出,根本恶与人的自负的倾向是等同的。康德在《实践理性批判》中集中谈到了自负:"这种自私要么是自爱的、即对自己本身超出一切之上地关爱的自私(Philautia),要么是对自己本身感到称意(Arrogantia)的自私。前者特别地称作自矜,后者特别称作自大。纯粹实践理性对自矜仅仅是中止而已,因为它把这样一种在我们心中自然地并且还是在道德律之先活动的自矜限制在与这一法则相一致的条件下;于是这是它就被称之为一种有理性的自爱。但纯粹实践理性完全消除自大,因为一切发生在与德性法则相协调之前的对自我尊重的要求都是不值一提的和没有任何资格的。"②康德在下面一段更明确地定义了自爱和自负:"我们可以把这种按照其意志的主观规定根据而使自己成为一般意志的客观规定根据的偏好称之为自爱,这种自爱如果把自己当

---

① Allen Wood,*Kant's Ethical Thought*,Cambridge:Cambridge University Press,1999,p. 288.
② 康德:《实践理性批判》,邓晓芒译,杨祖陶校,人民出版社 2004 年版,第 100 页。

作立法性的、当作无条件的实践原则,就可以叫作自大。"①自爱和自负不同,自爱可以是合理的,追求自身的利益,在道德上不一定是恶,然而自负把自爱的原则当作立法的实践原则,从而把道德法则当作实现自爱原则的条件,这与根本恶是一致的。对此,瑞思(Andrew Reath)有类似的看法,他认为二者的区别是:"自爱是使得自身成为意志的客观的规定根据,而当自爱使得自身成为立法性的时候,自爱就变为了自负……二者的区别取决于康德试图在意志的规定根据和法则之间做出区分,以及他在一个法则的背景下所指派的规范性的力量。"②他的看法与笔者是一致的,即自负是把自爱的原则当作了立法的原则。

那么根本恶和人的非社会性的关系是什么呢? 人性的禀赋所导致的恶习与非社会性紧密相关。康德认为,在这种禀赋中"由这种自爱产生这样一种偏好,即在其他人的看法中获得一种价值,而且最初仅仅是平等的价值,即不允许任何人对自己占有优势。最终产生一种不正当的欲求,要为自己谋求对其他人的优势"③。康德进一步分析了这种不正当的欲求是处于社会中的人对他人的敌意。康德对这种欲求给出了目的论的理解,认为这些恶习的根源并不在人的本性之中,因为大自然本来是希望利用这种竞争促进文化的发展,但是由于人"担心其他人对我们谋得一种令我们憎恶的优势而产生的偏好"④,由此产生一些文化的恶习,当其达到最高阶段时,会产生出嫉妒、忘恩负义等"魔鬼般的恶习"。从人性的禀赋的角度来看,根本恶和非社会性具有一致性。

但是,如果人性的恶习体现为人在自我与他人的相互关系中把他人仅仅当作手段而随意处理一切,这是一种非社会性,那么人在动物性的禀赋中所滋生的恶习很难说来源于非社会性。饕餮无厌和荒淫放荡源

---

① 康德:《实践理性批判》,邓晓芒译,杨祖陶校,人民出版社 2004 年版,第 102 页。

② Andrew Reath, *Agency and Autonomy in Kant's Moral Theory*, New York: Oxford University Press, 2006, p. 24.

③ 《康德著作全集》第 6 卷,李秋零主编,中国人民大学出版社 2007 年版,第 26 页。

④ 《康德著作全集》第 6 卷,李秋零主编,中国人民大学出版社 2007 年版,第 26 页。

于人与自身的关系中，他把自身仅仅当作了实现偏好的手段。这些恶习不处于人与人之间的关系之中，所以笔者认为根本恶有比非社会性更深刻的内容，非社会性只是根本恶的一种外在的，尤其运用于人与人之间的表现。

具体而言，根本恶主要体现在自由意选的准则与道德法则之间的关系，而人的非社会性的本质在于在人与他人的关系中。根本恶反映在人的社会性上，即运用到人与人的外在关系上，就是非社会性。自然的目的是想通过人的非社会性所造成的困境来构建一个公民社会，在这个社会中，非社会性又促进了人的禀赋的发展。但是，这个阶段只是涉及发生在自然界中人的外在行动，因为它还处于自然的阶段，并没有涉及非社会性的内在根据。只有在自由的阶段，通过意向的革命，重建准则的纯粹性，才能克服人的非社会性，完善人的禀赋。

当然，根本恶表象出来的诸多恶习具有非社会性，所以康德提出，克服这种倾向需要建立一种"伦理的共同体"，也就是说，根本恶的根源在于意选的自由，这种自由无法解释，人的非社会性不是它的原因，而是提供了诱因，但是真正地克服这种非社会性，只能在具有社会性的伦理共同体之中。这个概念对于理解康德的伦理学是很重要的，康德在《单纯理性界限内的》的第三卷有相关的论述。① 首先，关于建立伦理共同体的必要性，康德认为："如果找不到任何手段来建立一种目的完全是在人心中真正防止这种恶并促进善的联合体，即建立一个持久存在的、日益扩展的、纯粹为了维护道德性的、以联合起来的力量抵制恶的社会，那么，无论单个的人想要如何致力于摆脱恶的统治，恶都要不停地把他滞留在返回到这种统治之下的危险之中。"②表面上来看，从恶到善的重建似乎

---

① 邓安庆教授指出，康德伦理学的核心是人的自由和尊严何以可能，康德伦理学的关键问题是，如何从伦理的自然状态向伦理的共同体过渡。邓教授非常强调伦理共同体在康德伦理学中的重要作用，并且批评康德的伦理共同体只是一种"纯粹的应当"，无法成为现实。参见邓安庆《启蒙伦理与现代社会的公序良俗——德国古典哲学的道德视野之重审》，人民出版社 2014 年版，第 144—151 页。

② 《康德著作全集》第 6 卷，李秋零主编，中国人民大学出版社 2007 年版，第 93 页。

只需要个人的努力,但是,如果仅限于此,没有一种良好的共同体,由于人的社会性,他总是生活在与他人的交往中,人与人之间的非社会性仍然使他难以摆脱恶。因而构建一个伦理共同体对于善的重建来说是必要的。但是,非社会性只是根本恶的一种外在的表现,不是其本身。人的非社会性的诱因非常大,容易使人选择恶的准则,但是这种选择不是由非社会性决定,而是源于人的自由。

什么是伦理共同体呢?"我们可以根据这一理念的规定,把人仅仅遵从德性法则的联合称作一个伦理的社会,如果这些法则是公共的,则称作一个伦理的—公民的社会(与律法的—公民的社会相对立)或者一个伦理的共同体。"①在这样的共同体中,其成员所遵守的是道德法则,把自己和他人都当作目的而不仅仅是手段,从而不存在恶。康德区分了律法的自然状态和伦理的自然状态。前者学界一般比较熟悉,霍布斯、洛克等都描述和设想过类似的状态,后者是康德所强调的。一个社会可能处于律法的共同体的社会状态中,但是却不遵守道德法则,因而还是处于伦理的自然状态之中。然而,律法的共同体很重要,它是实现伦理共同体的前提,只有在律法的共同体的基础之上,伦理共同体才可能建立。因而后者可以处于前者之中,二者的公民可以是一样的。由于伦理共同体所服从的是道德法则,所以进入这样的共同体是不可以被外在强制的,而律法的共同体所服从的是"公共的律法法则",是可以被外在强制的。②

盖耶反对对解决根本恶的社会性的解读。他认为:"但是,由于康德把做出屈服于作恶的诱惑的选择和做出克服如此诱惑的选择必须总是放在个人的自由的行动之上,很明显的是,社会给予了选择恶的机会和

---

① 《康德著作全集》第 6 卷,李秋零主编,中国人民大学出版社 2007 年版,第 93—94 页。

② 班汉(Gary Banham)也把克服根本恶看作是一种社会性的解读,同时他也把公民社会看作实现伦理共同体的前提条件。他认为:"没有一个政治共同体,德性的共同体不可能出现(严格概念的有限性),但是它不能由政治家所产生。"(Gary Banham, *Kant's Practical Philosophy : From Critique to Doctrine*, New York: Palgrave Macmillan, 2003, p. 149)我的看法与他的类似。

诱惑,社会制度也教育和鼓励了选择善而不是恶。"①很显然,他把这里的"社会"看作了一个作为律法共同体的社会。在这样的社会里,人们对名誉、地位和权力的追求会导致出现一些不道德的行动。但是如果把这里的"社会"解读为伦理共同体,那么对解决根本恶的倾向的社会性的解读是合理的。盖耶正确地指出,康德强调个人的努力,是因为德性是一种内在自由,不能够通过外在的强制而获得。如果每个人都是自由的,都把道德性当作自己行动的规范,那么这就构建了一个伦理共同体。伦理共同体是社会性的,不过这种社会性针对的是人的内在的意向,而不仅仅是外在的行动。伦理共同体的成员的行动准则不仅是合乎义务的,而且是出于义务的。

如果克服人的根本恶需要经历两个阶段——构建律法的共同体和伦理共同体,前者可以看作限制人的非社会性,后者体现为克服人的根本恶。这两个共同体不可分,体现了实践理性分别对人的外在行动和内在意向的立法作用。它预示了康德的伦理学尤其后期伦理学有两个部分,即基于外在自由的法权论与基于内在自由的德性论。

第三节 作为义务学说的自由体系的后期伦理学

康德在后期著作《道德形而上学》中具体地呈现出他的义务学说,这包括法权义务和德性义务。这部著作是康德后期伦理学的主要著作之一,可以说,康德后期伦理学显著的特点是系统地展示了他的义务学说。与之相关的问题就是,康德的道德形而上学的概念是否具有一致性。在笔者看来,这个概念是一致的,批判哲学时期,康德提出的道德形而上学所确立的是自由的概念和原则,在正式出版的《道德形而上学》中,康德系统展示了他的义务学说,前者为后者奠基。② 法权义务是消极的完全

---

① Paul Guyer, *Kant*, New York: Routledge, 2006, p. 400.
② 具体的论证可参看刘作《康德的道德形而上学是一个一致的概念》,载《武汉科技大学学报》2011 年第 3 期。这篇论文被人大复印资料《外国哲学》2011 年第 7 期全文转载。

义务,德性义务是积极的不完全义务。消极的义务表现为禁令,即不允许做什么事情;积极的义务表现为肯定性的命令,即要求做什么事情。在康德那里,法权义务是消极的义务,德性义务是积极的义务。但是康德在具体展示他的义务学说时,把对自己的完全义务放入了德性学说中。这引起了学界的争议。比如剑桥版的译者格雷戈尔(Gregor)指出,对自我的完全义务不能在严格意义上,而只能在宽泛的意义上是德性义务,因为与之相关的命令是对行动的禁止,而不是要求采取某个目的。[①] 舒远招教授也有类似的看法,他指出:只有促进自己的完善的不完全义务和促进他人的幸福才是真正的德性义务,而对自我的完全义务难以简单归类,"作为与意志规定的目的或质料无关、只涉及纯粹形式的义务属于法权义务,但作为一种自我强制的义务又属于德性义务,它似乎既属于又不属于法权义务,既属于又不属于德性义务,但康德最终还是把它放在德性论中阐释"。[②] 两位学者都有这样的观点:对自我的完全义务是否是德性义务,是一个问题,同时他们一致认为,这个义务不是严格意义上的德性义务,而具有法权义务的某些特征,这种特征表现在,它与目的无关,而只是与意志的形式有关。如果把对自我的完全义务看作是具有法权义务的特征,那么康德为什么没有把这个义务放在法权论中详细论述? 这个问题实际上与康德对义务体系的划分有关。笔者认为:康德之前的义务学说对自我义务的强调,对完全义务和不完全义务的划分构成理解康德义务学说的语境。在 1793 年的《伦理学讲义——维格兰提伍斯》(*Kant's Lectures on Ethics—Vigilantius*,以下简称《讲义》)中,康德提出一些在《道德形而上学》中没有详述,但有助于理解他对义务体系划分的说法:理性的立法的关键是普遍法则,法权学说和德性学说分别是理性对外在行动和内在准则的规范性要求;对自我的完全义务如果涉及人性中人格的法权,就是对自我的法权义务,如果涉及人格中的人

---

① Mary J. Gregor, *Laws of Freedom*, Oxford: Blackwell, 1963, p. 113.
② 参见舒远招《论〈道德形而上学〉对法权义务和德性义务之划分》,载《德国哲学》2016 年第 2 期。

性的目的,就是对自我的德性义务;二者可能有相同的义务,但是承担责任的方式不同,因而它们各自存在,这也是维护义务学说完整性的要求。

(一) 康德义务体系划分的背景

康德在《奠基》中首次提到他对义务的划分。他指出,接下来他列举的义务是按照习惯的分类划分为对自己的义务和对他人的义务,以及完全义务和不完全义务。众所周知,康德在课堂中所使用的是鲍姆嘉通的伦理学教材。依据康德《伦理学讲义》的编译者之一施尼温德(Schneewind)的考证,在康德所处的时代,普鲁士政府要求教授使用教材,康德在伦理学的课堂上使用的是鲍姆嘉通的两本教材,一本是最早发表于 1740 年的《第一实践哲学导论》,另外一本是最早发表于 1751 年的《哲学伦理学》。作为一个沃尔夫主义者,鲍姆嘉通的伦理学系统地阐释了沃尔夫的道德性原则,即"做那些使得你和你的状况更完善的事情,并且不做那些使得你和你的条件更不完善的事情"。在沃尔夫看来,这是唯一的一条自然法,所有特殊法则都必须由此推出。根据施尼温德给出的材料,康德使用的鲍姆嘉通的教材的目录与沃尔夫的基本一致,鲍姆嘉通的义务学说详细阐释了沃尔夫的基本义务。[1]

正如施魏格尔(Clemens Schwaiger)所言:"沃尔夫的实践哲学体系仿照早期现代的《普遍数学》的计划,他试图发展一个为个体伦理学、自然法理论和政治学提供共同基础的基本道德性学说。难以否认他的计划本质上是康德'道德形而上学'的先导。"[2]虽然康德在《道德形而上学奠基》中批判沃尔夫的实践哲学混杂意志的先验的因素和经验性的因素,没有区分纯粹意志和经验性的意志,但是无疑沃尔夫哲学构成康德

---

① 参见 Kant, *Lectures on Ethics*, Eds. Peter Heath and J. B. Schneewind, Cambridge: Cambridge University Press, 1997, pp. xxiv - xxv.

② Heiner Klemme and Manfred Kuehn (eds.), *The Bloomsbury Dictionary of Eighteenth-Century German Philosophers*, London: Bloomsbury Academic, an imprint of Bloomsbury Publishing Plc, 2016, p. 864.

建构批判哲学的语境。

实际上,沃尔夫自己也是从这条自然法出发推导出他的义务学说体系的。沃尔夫把对自我的义务放在对他人的义务的前面。义务就是自然法强制我们做的。自然法要求我们做使得自己和自己的状况不断完善的事情,这不意味着自利。沃尔夫在他的《对促进人的幸福的行止的理性思考》一书中明确提出:我们不赞同那些把自我利益作为自然法基础的观点,"相反,谁寻求使他自身尽可能地完善,谁也在不损害他人的情况下寻求他人所寻求和欲求的东西"①。为什么这条自然法对自我完善的促进不会导致自利,反而要求尽力促进他人的完善呢? 沃尔夫有一个基本的论证:人有义务完善自己和自己的境况,这要求人认识自己,关注他人是提高自我认识的手段,因为通过关注他人和他人的行动,"我们可以知道人们正在丧失什么样的善,以及正在承受什么样的恶"②。关注他人有助于认识自我,是完善自我和自身状况的必要手段。在他看来,对自我的义务高于其他的义务,我们所有的行动都是为了完善自己和自身的境况,所有的行动是实现它们的手段,"因而,由于所有的自由行动都是以之为目的,所以它就是我们所有自由行动的最终目标以及我们整个生活的主要目标"③。沃尔夫的义务学说首要是对自我的义务,这包括对知性的义务以及对意志的义务。由于沃尔夫把人的知情意都看作是认识的能力,区别在于对事物的认识的完善性程度不同,所以知性和意志不是完全不同的能力,认识和行动具有直接的联系,意志的完善要通过知性的完善才可以实现。知性对事物的认识越清楚明白,意志的行动就越易于选择善的行动和避免恶的行动。清楚明白的认识本身可以促使意志采取相应的行动。

---

① J. B. Schneewind (ed.), *Moral Philosophy from Montaigne to Kant*, Cambridge: Cambridge University Press, 2003, p. 337.

② J. B. Schneewind (ed.), *Moral Philosophy from Montaigne to Kant*, Cambridge: Cambridge University Press, 2003, p. 343.

③ J. B. Schneewind (ed.), *Moral Philosophy from Montaigne to Kant*, Cambridge: Cambridge University Press, 2003, p. 337.

沃尔夫在论述对自我的义务之后,接着论述对上帝的义务以及对他人的义务。对上帝的义务实际上就是敬重作为最完善的存在者的上帝,这种敬重给我们提供了完善自我的动机。上帝的存在并没有给义务增添新的内容,即使上帝不存在,自然法要求的行动也具有有效性。他没有区分对自我的义务和对他人的义务,由于我与他人都服从同样的自然法,所以对他人的义务与对自我的义务在内容上是相同的。

康德对完全义务和不完全义务的划分可以追溯到普芬道夫。普芬道夫认为义务和权利都是由法则规定的。有些法则是维护人的社会性的,有些法则是促进人的社会性的,前者对应的是完全的义务和权利,后者对应的是不完全的义务和权利。前者比后者更加精确,是可以强制的。前者可以看作是一种契约,而后者和个人的内在的动机有关,因而后者无法依靠强制甚至暴力来获取。普芬道夫以承诺为例,说明二者的区别。可以强制履行的承诺是完全的义务,相应的是完全的权利。履行完全的承诺是人们能够相互信任、彼此交往的基础,不可以强制履行的承诺是基于人道的承诺,是不完全的义务,所对应的是不完全的权利。我做出一个完全的承诺,这意味着我把要求我履行承诺的权利给予他人,他人拥有强制我履行这个承诺的义务。我做出一个不完全的承诺,这意味着虽然我在事实上想履行承诺,但是我没有把这种要求履行的权利给予他人。他举出如下例子说明后者,我这样表达我的承诺:"我郑重地决定为你做这,做那,并且要求你相信我。"①按照他的说明,这句话表达了我想为对方做某件事情,但是这是出于我的善意,而不是出于依照法则的契约。比如,地位高的人答应要尽力提拔某人,尽管他的态度非常诚恳,真心想做成此事,但是对方不能强制他做这件事情。

普芬道夫在他的《人和公民的自然法义务》中没有详细讨论不完全的义务和权利,在他看来,自然法所处理的是与外在的行动相关的完全的义务和权利的问题,不完全的义务和权利涉及人的行动的意图和动机

---

① 塞缪尔·普芬道夫:《人和公民的自然法义务》,鞠成伟译,商务印书馆2014年版,第119页。

类的因素则放在了道德的领域,因而自然法和道德是分开的,前者是可以被强制的,后者是不可以被强制的。这一点对康德的法权(das Recht,也可以翻译为"权利")义务和德性义务的区分有显著的影响。

(二) 康德对义务学说的划分

康德的义务学说处在普芬道夫所代表的近代自然法的大背景下,这主要体现在康德也把是否可以被强制作为区分法权义务和德性义务的标准。但是康德做出一种创造性的改变,自然法也是道德法,法权义务和德性义务都是基于道德法则,履行义务的行动者是自由的,这两种义务的区分不仅是可否被强制,而且是可否被外在的强制。与沃尔夫不同,康德严格区分了理性的理论运用和实践运用,把理论和实践看作两个不同的领域,我们认识到行动是善的,并不意味着我们必然会以之行动。理论和实践的区分凸显动机的作用,这是康德区分法权义务和德性义务的一个重要方面。

在《道德形而上学》中,康德指出道德性的最高原理是:"按照一个同时可以被视为普遍法则的准则行动。"①在1793年的《讲义》中,康德把道德性的最高原则表述为:"如此行动,通过你的行动的准则使得你成为一个普遍的立法者。"②按照康德在《奠基》中对诸定言命令式的表述,前者属于普遍法则公式,后者属于自律的原则。它们都表达责任和义务的原则。按照这部讲义的说法,鲍姆嘉通提出多种表达义务的一般原则的公式,比如趋善避恶、尽力寻求完善以及按照自然生活等。康德逐一做出反驳,认为这三条原则要么是重复的,要么违背了义务的本性,要么存在着歧义,只有定言命令才可以作为义务的最高原则。康德论述了定言命令的六个特点,其中第一个和第二个特点是针对沃尔夫和鲍姆嘉通的完善原则。定言命令的第一个特点是,合目的性和完善的原则是隶属于行

---

① 康德:《道德形而上学》,张荣、李秋零译注,中国人民大学出版社2013年版,第24页。

② Kant, *Lectures on Ethics*, Eds. Peter Heath and J. B. Schneewind, Cambridge: Cambridge University Press, 1997, p. 281.

动的道德性的,完善原则不能作为道德性的最高原则,而只能作为次级原则,从定言命令中推导出来。第二个特点是,道德性仅仅基于理性的法则,鲍姆嘉通提出的按照自然的本性生活,如果把自然理解为动物性的自然,那就违背了义务;如果把它理解为理性,那么就指出于义务而行动,这恰好是重言的表达。另外四个特点体现了道德性的原则对行动的要求,即它是对行动的测试,要求行动具有合法性的形式,这种合法则性作为行动者的动机起作用。最后康德做了总结:"我们非常生动地从中感知到,义务的根据与自由紧密相连。"①

　　在《道德形而上学》中,康德没有详细说明如何从定言命令中推导出法权的原则,在《奠基》中,他在探求定言命令的过程中,关注的是出于义务的行动,因而学界对关于法权学说是否属于康德的伦理学有着诸多争议。康德在《讲义》中虽然没有详细地论述这个问题,但是在一些段落中给出了一些具有启发的说明。康德指出,所有的责任都是以自由本身为基础的,只要"自由被看作它能够作为普遍法则的条件下"②。与自然的法则表达发生的事情不同,自由的法则表达了应当发生的事情,所有的道德法则都是自由的法则。康德进一步说:自由的法则"包括法权的法则和诚实(伦理)的法则,虽然仅仅在它们给行动施加了适宜成为一个普遍法则的限制条件之下;以此,他建立起法权和伦理、法和德性的区分"③。与自然的其他存在者不同,人具有理性。人的行动不是如动物的刺激—反应模式,而是一种自由的活动。自由表达了一种独立于自然发生事情的应当,不管是仅仅涉及外在行动的法权,还是考虑内在动机的德性,都要以适宜成为普遍法则作为限制条件。

　　自由受到理性的规定,这种规定的核心是普遍法则。不管是外在的

① Kant, *Lectures on Ethics*, Eds. Peter Heath and J. B. Schneewind, Cambridge: Cambridge University Press, 1997, p. 282.
② Kant, *Lectures on Ethics*, Eds. Peter Heath and J. B. Schneewind, Cambridge: Cambridge University Press, 1997, p. 286.
③ Kant, *Lectures on Ethics*, Eds. Peter Heath and J. B. Schneewind, Cambridge: Cambridge University Press, 1997, p. 286.

行动还是内在的动机,都要与普遍的法则有关。这是理性对行动的一个形式的约束条件,它没有规定我们具体要做什么,只是要求我们的行动要么与普遍法则能够共存,要么我们的行动的准则能够成为普遍的法则。如果作为理性规定意志的法则,定言命令对行动者的规范性要求是其准则成为普遍法则,那么作为发生在自然界的外在行动,不可能成为普遍法则,因为它是发生在自然中的事件,而不是原则。因而理性对它的规范性要求可以不考虑它所涉及的原则,此时不要求它成为普遍的法则,而只要求它与普遍法则共存。

结合康德在这里的区分,我们可以探讨学界对定言命令的诸质疑中的"谜题准则",即定言命令的运用会导致一些违背直观的结果。蒂默曼举出一个典型的例子:每周一晚上在朋友那里吃晚餐的准则无法普遍化,但是我们经常这样做,并且不认为这是不道德的。他不同意学界通常区分准则和一般的意图的做法:由于准则是与人的整体生活有关的人生规则,而所举出的例子不是准则,只是一般的意图,无须通过定言命令的普遍化测试。他的解决方案是区分准则和行动,去朋友家吃饭是行动,它所对应的准则才是需要测试的,"一个准则推荐一定的行动,一个行动可以发源于多个不同的准则……在朋友那里吃晚餐的行动本身是完全可以接受的,甚至是道德上有价值的,倘若隐含的目的是培养友谊,而每周一与朋友一起吃晚餐证明是合适的手段的话"①。结合《讲义》,笔者认为,去朋友家吃饭是行动,它不需要成为普遍法则。作为行动,它不需要接受定言命令的普遍化测试,但是它需要与普遍法则相关,这种相关体现在,去朋友家吃饭这个行动是否可以与普遍法则共存。这就是后面谈到的它是否违背了法权的原则,无疑去朋友家吃饭这个行动没有侵犯他人的自由,是可以与普遍法则共存的。

我们可以从区分理性对行动和包括动机的准则的立法的角度来理

---

① Jens Timmermann, *Kant's Groundwork of the Metaphysics of Morals: A Commentary*, Cambridge: Cambridge University Press, 2007, p. 159.

解康德对义务体系的划分。行动是可以被外在强制的，由于人有随心所欲地使用自己的自由的倾向，因而理性对人的行动有规范性的要求。在《讲义》中康德把法权原则表述为："把每个人的自由限制在如下的条件上，即每个人的自由与任何人的自由按照普遍法则一致。"[①]这种表述与《道德形而上学》略有区别。虽然二者的意思是一致的，但是《讲义》的表述强调限制性条件，体现法权原则是对行动的一种消极的要求，《道德形而上学》的表述更肯定些。[②]法权原则表达的是强制的权限，你强制他人，"只要他人行动的自由会违背法权的原则，即他人的行动会侵犯你的自由"[③]。如果他人的行动侵犯了你的自由，那么你就可以采取强制的措施。康德经常举的例子是欠债还钱，如果债务人不按时还钱，那么债权人有强制债务人还钱的权限。因为债务人的失信侵犯了债权人的所有权。从这个角度来说，法权的义务都是消极的规定。只要我的行动不违反法权的原则，不违背普遍的自由，就是正当的。法权的原则不涉及行动的意图、目的等质料性的东西。

法权涉及的普遍自由是消极的，法权义务表达为禁令的形式。康德在《道德形而上学》中使用外在自由表达法权论的自由概念，在《讲义》中使用普遍自由表达法权论的自由概念。莎伦·伯德（Sharon Byrd）和约阿希姆·赫鲁施卡（Joachim Hruschka）在解读康德的法权学说时，看到作为外在自由的普遍自由的重要性，以单独一章来梳理康德的普遍自由的概念。他们在解读时，把普遍自由与内在自由进行类比，认为既然内在自由有消极和积极的区别，那么普遍自由也有消极和积极的区别。他们把普遍自由的积极含义理解为服从公共法权状态下的自由。[④]无疑，

---

① Kant, *Lectures on Ethics*, Eds. Peter Heath and J. B. Schneewind, Cambridge: Cambridge University Press, 1997, p.298.
② 参见康德《道德形而上学》，张荣、李秋零译注，中国人民大学出版社 2013 年版，第 28 页。
③ Kant, *Lectures on Ethics*, Eds. Peter Heath and J. B. Schneewind, Cambridge: Cambridge University Press, 1997, p.298.
④ 参见 B. Sharon Byrd and Joachim Hruschka, *Kant's Doctrine of Right: A Commentary*, Cambridge: Cambridge University Press, 2010, pp.87 - 90。

康德的整个法权学说都是建立在普遍自由的基础之上的,但是不管是私人法权还是公共法权,法权义务的内容是一致的,都是以"不要对任何人做不正当的事"为原则,因而都是以禁令的方式表达出来的。所以普遍自由作为规范人与人的外在关系的学说,只有消极的意义,没有积极的意义。把它做积极意义的解读,不符合法权是与强制的权限相结合的概念。在《讲义》中,康德也提到这一点:"就法权和义务而言,由于他把所有的行动仅仅以法权本身的消极规定为基础,所以得出结论,只要不违背这个原则,即只要我的行动(我的行动的自由)符合普遍的法则,因而不侵害普遍的自由,那么不需要进一步涉及行动的任何质料⋯⋯因而法权的最高原则不涉及行动的质料,而仅仅涉及行动的形式的规定。"①正是因为法权原则是对行动的消极规定,所以它不涉及行动的质料。如果它对行动有着积极的规定,比如人的幸福,那么它就不是形式的,而是具有质料的内容。

在《道德形而上学》中外在自由与内在自由相对,在《讲义》中,普遍自由与普遍意志相对。二者分别是法权学说和伦理学说的对象。伦理原则不仅是形式的,而且在这种形式上加上了对意志的质料的规定,因而伦理学说的对象是普遍的意志。可以把法权原则和伦理原则的区别表述为,前者的对象是普遍的自由,后者的对象是普遍的意志。康德对普遍意志进行阐释:"这种普遍的意志在于所有人的普遍的目的,并且被称为对他人的爱,导向幸福的普遍目的的善的意愿的原则。"②如果普遍的自由法则违背人的普遍目的,那么人就不愿意参与与他人的普遍合作,从而导致他被迫不运用自己的合法的自由。康德虽然没有解释普遍的意志为何导向普遍的幸福,但是结合他在一些地方把意志等同于设定目的的能力,笔者认为普遍的意志就会指向人作为理性的存在者都意愿

① Kant, *Lectures on Ethics*, Eds. Peter Heath and J. B. Schneewind, Cambridge: Cambridge University Press, 1997, p. 298.
② Kant, *Lectures on Ethics*, Eds. Peter Heath and J. B. Schneewind, Cambridge: Cambridge University Press, 1997, p. 299.

的某种目的,即完善,另外就人作为有限的存在者来说,人还意愿幸福。① 因而伦理法则的对象是普遍的意志,导向人的完善和幸福两个观念。康德特别说明普遍的幸福观念与严格的法权之间的区别,前者不能具有"无条件的责任性",促进幸福无法给出具体的规定,因而与之相关的诸道德法则(康德此时用的是复数)只是广义的规定,只能用作规则,而不能用作法则。② 康德把伦理的原则所表达的义务看作是不完全义务,这与《道德形而上学》中的结论是一致的。不过他在《讲义》中,按照不同的对象区分法权原则和伦理原则,由后者的普遍意志的对象导向同时是义务的目的,有助于理解《道德形而上学》中同时是义务的目的的概念。

通过《讲义》,笔者认为,康德是从理性分别对行动与行动的原则即准则的规定的角度来区分法权义务和德性义务的。如果从行动与普遍法则共存的法权的原则来看,伦理的原则扩大了自由,"因为自由受到按照法则的规定的限制,相反它在这里被质料或者目的扩大了,并且出现了必须被要求的某物"③。理性对行动的目的的规定扩大了形式的普遍自由,使得自由的概念有了质料的内容。《讲义》中对义务的划分与《道德形而上学》的表格类似。按照法则与义务的关系,把义务分为法权义务和德性义务。康德把法权分为对我们人格中的人性的法权和人的法权,前者是对自己来说的,后者是对自我与他人之间的关系来说的。他按照目的把德性义务分为我们人格中人性的目的和人的目的。

---

① 康德在《判断力批判》中把欲求能力与意志的概念联系起来:前者是后者的条件是"如果它只是通过概念,亦即按照一个目的的表象行动而是可规定的。"[《康德三大批判合集》(下),邓晓芒译,杨祖陶校,人民出版社 2009 年版,第 265 页]意志是以目的的概念为根据行动的欲求。不以目的的概念为依据行动的存在者是生命,但是不是具有实践理性能力的存在者。

② 参见 Kant, *Lectures on Ethics*, Eds. Peter Heath and J. B. Schneewind, Cambridge: Cambridge University Press, 1997, p. 300。

③ Kant, *Lectures on Ethics*, Eds. Peter Heath and J. B. Schneewind, Cambridge: Cambridge University Press, 1997, p. 301.

（三）对自我的完全义务的归属问题

康德的义务学说中，对自我的义务先于对他人的义务，同时完全义务先于不完全义务。这种划分体现普芬道夫和沃尔夫对他的影响。学界有争议的是，对自我的法权义务是否存在于法权学说中？对自我的完全义务是否属于德性学说？

舒远招教授很准确地把这两个问题归结为一个问题——对自我的完全义务的归属问题。他认为，不难理解康德把对他人的完全义务归于法权义务，但是"对自己的完全的义务，康德也将之归入法权义务的范畴，这有些难以理解"①。正如他指出，在《道德形而上学》的导论中，康德在说明伦理学说和法权学说的立法的区别时，把"例如对自己的义务"放入括号中说明伦理学说所具有的特别的义务。康德的说明让读者很容易理解为法权义务不具有对自我的义务，只有对自我的义务才是伦理的义务。舒远招教授用自杀的例子继续追问：在康德那里，自杀可以算是一种罪行，这是否意味着它是可以通过法律来强制的？但是康德又明确地把不能自杀看作是德性义务。接着舒远招教授细致地分析法权义务和德性义务的区别。前者是可被外在强制的，不涉及行动的目的，后者是只能内在的强制，与行动的目的有关。通过这种分析，他认为，类似于不能自杀这样的对自己的完全义务属于自我强制的义务，因而它们应该属于德性义务，不属于法权义务；但是康德又明确指出，德性义务与目的有关，是理性对目的的立法，而对自我的完全义务与目的无关，因而它们又不属于德性义务，属于法权义务。最后舒教授得出本文前面所引用的结论：对自我的完全义务难以确定地说属于哪一种义务，康德很可能是基于它们是自我强制的义务，才把它们放在德性义务中的。② 可见，舒教

---

① 舒远招：《论〈道德形而上学〉对法权义务和德性义务之划分》，载《德国哲学》2016 年第 2 期，第 65 页。

② 参见舒远招《论〈道德形而上学〉对法权义务和德性义务之划分》，载《德国哲学》2016 年第 2 期，第 70 页。

授和格雷戈尔都提出对自我的完全义务的归属问题,并给出类似的答案,即在德性论中这种义务不是严格的德性义务。有区别的是,舒教授还把对自我的法权义务放在这里考察,认为康德最终把它从法权义务中排除出去,只剩下德性学说中存在着有争议的对自我义务的完全义务。

然而康德为什么在《道德形而上学》中把对自我的法权义务列入表格之中,却没有在具体展开的法权义务体系中详细论述这种义务? 幸运的是,康德在《讲义》中用两页的篇幅集中分析了对自我的法权义务。在他看来,如果每一个法权都必然对应着一个义务,那么人性拥有对自我作为人的法权。这需要从双重本性解释这种法权。人一方面被设想为作为本体的理念,另一方面被设想为作为现象的感性状态的存在者。熟悉康德批判哲学的读者都知道这种区分,即人一方面作为本体的存在,另外一方面作为现象的存在。前者具有对后者的法权,后者受到前者的限制。然而,我们还是会有疑问,法权义务是对人与他人之间的关系的规范性要求,如何理解对自我的法权义务的关系? 康德也意识到这个问题,因而他做出说明:"我们在这里能够做出一个类比,通过这种方式,一个人与另外一个人处于某种关系中。"①对自我的法权义务只是通过类比的方式说明作为现象的人负有对作为本体的人的责任。这一部分与《道德形而上学》中"对自己的一般义务"的导论部分在内容上有相似之处。康德在后者中指出,对自己的义务的概念看起来包含着一个矛盾,因为义务的概念包含了被动的强制。对自己的义务字面上就是指,我既是主动的强制者,又是被动的强制者。沃尔夫也提到对自我的义务,由于他的义务的法则不是自律,而是他律,因而在他那里,不存在字面上的矛盾。康德解决矛盾的方式是,把同一个我区分为作为感官存在者的我与作为理性存在者的我,对自我的义务是前者对后者所应该承担的责任,或者是后者赋予前者的责任。在法权论中,对自我的义务涉及人格中的

---

① Kant, *Lectures on Ethics*, Eds. Peter Heath and J. B. Schneewind, Cambridge: Cambridge University Press, 1997, p. 341.

人性的法权。所以不管是对自我的义务还是人格中人性的法权,都是以人的双重本性为基础。康德在《讲义》中从关系的三个范畴具体说明对自我的法权义务的内容。从实体的范畴来说,人不能随意地处置自己的身体;从因果性的范畴来说,人在运用自己的自由时,不能为了达到自己的目的而自我奴役;从相互作用的范畴来说,人在社会中与他人交往时,要维护自己的荣誉。对于最后一点,康德举出一个例子:"鉴于一个人会由此成为不光彩的,他甚至没有权限使他自己代替他难辞其咎的父亲受惩罚,因而承担由他父亲所犯的错。"①维护自己的荣誉,是对自己人性的理念负责任的表现。这些内容与《道德形而上学》的法权义务的一般划分原则的第一条原则即"做一个正直的人"有对应之处。具体来说,这两个文本有一些区别,他在《道德形而上学》中把法权规定为人与人之间的外在关系,在具体论述这条原则时,康德倾向于从因果性和相互作用的范畴来展开论述,强调人在与他人交往中要坚持自己的价值,不能把自己仅仅当作手段。对于第一点,康德在德性论中的"不能自杀"的义务中做出了探讨,比如为了生活得更舒适,捐赠一颗牙齿属于局部的自我谋杀,违背了对自我的义务。但是他又谈到另外一种情况,如果为了更好地保存生命,必须截肢,那么这没有违背对自我的义务。可见,康德关于对自我的义务的思路有一些变化。

与之相关,康德把《讲义》中对自我的法权义务的双重本性的说明放在《道德形而上学》的德性论中,又把对自我的法权义务的部分内容放到了德性论中,这是否意味着康德放弃对自我的法权义务,而将之放到德性论中呢? 在笔者看来,康德的这些变化可以说明,一方面,对自我的法权义务的原则是伦理的原则,对自我的法权义务只能是一种内在的立法,而不能是外在的立法;另一方面,出于建筑术的考虑,康德需要把对自我的法权义务放在法权学说中,使得这个体系完整,如果缺少对自我

_____

① Kant, *Lectures on Ethics*, Eds. Peter Heath and J. B. Schneewind, Cambridge: Cambridge University Press, 1997, p. 342.

的法权义务,那么法权学说没有对应于德性学说的对自我的义务,这看起来不完整。如果说《讲义》是康德对学生讲课的笔记,可能具有随意性,需要参照正式的出版物才更合适,那么在正式出版的《道德形而上学》中,康德依然提到对自我的权利义务。因而舒远招教授持有康德放弃对自我的法权义务的观点,是值得商榷的。

如何理解对自我的法权义务和德性义务具有同样的行动?康德在《道德形而上学》的"导论"中区分责任(约束性)和义务的概念,责任是"服从理性的定言命令式的一个自由行动的必然性"①。义务是人有责任采取的行动。义务是责任的质料(Materie),作为行动,义务可能是同一个,但是责任不同,所体现的法则也有区别。同样的行动可以对应不同的责任。比如虚假承诺,如果它承担的是对他人的法权的责任,那么它就是对他人的法权义务,如果它承担的是对我们人格中的人性的目的的责任,那么它就是对自我的义务。前者是外在的立法,后者是内在的立法。如果它是外在的立法,那么他人有强制履行我履行承诺的法权;如果它是内在的立法,那么它违背对自我的义务,把自己的人格中的人性仅仅当作了手段。这体现了行动者对同一个行动或者义务所采取的反思的视角。就对自我的完全义务而言,如果它体现的是人格中的人性的法权,那么它就是法权义务,如果它体现的是人格中人性的目的,那么它就是德性义务。所以康德说:"正如每一个义务要么是完全的义务和法权义务,要么是爱的义务,所以对自我的义务也具有这双重性质,这取决于这些义务是涉及人格中的人性的法权,还是在它之中的目的。"②康德明确认为存在着对自我的法权义务,与放在德性论中的对自我的完全义务不同,它涉及人格中的人性的法权,是人格中的人性向我们所要求的法权。

对自我的法权义务有什么作用呢?康德在《道德形而上学》中把"做一个正派的人"看作划分法权义务的第一原则,同时它也是法权义务体

---

① 康德:《道德形而上学》,张荣、李秋零译注,中国人民大学出版社 2013 年版,第 20 页。
② Kant, *Lectures on Ethics*, Eds. Peter Heath and J. B. Schneewind, Cambridge: Cambridge University Press, 1997, p. 350.

系中的内在义务。但是，他没有对这个义务做出详细的论述。在《讲义》中，他指出这个义务的作用："简而言之，假如存在对自我的义务，那么对自我的法权义务是所有义务的最高义务。它们涉及与在我们人格中的人性对应的法权，由此是完全的义务，是一种在自身和为自身的义务。因而任何违背都是侵害在我们人格中的人性的法权；从而我们使得自身配不上拥有这种被托付给我们的人格，并且变得没有价值，因为维护我们的价值仅仅在于遵守我们人性的法权。"①康德用"假如"不是怀疑这种义务的可能性，而是说如果存在着对自我的义务，那么对自我的法权义务是所有义务中最高的义务。很显然存在对自我的义务。在康德之前的沃尔夫和鲍姆嘉通都论述了对自我义务，但是，康德认为他们只是罗列了这些义务，而没有从原则上系统地划分这些义务。在康德看来，对自我的义务本质上是人对自身的人格中的人性所承担的责任，按照不同的责任，可以区分为对自我的法权义务和对自我的德性义务。蒂默曼提出一个具有启发性的观点：康德对自我义务的概念的说明是在薄的概念意义上的，它是所有伦理义务的基础，接着康德转向对实质性的自我义务的划分。② 那么我们也可以认为，对自我的法权义务是法权义务的基础，因为它直接体现整个义务体系的基础，即维护自身的人格中的人性，也就是维护自身的尊严和价值。其他的义务包括外在的法权义务以及德性义务都可以看作间接地承担对自身人格中的人性的责任，与对自我的法权义务间接地相关。

在《讲义》中，康德谈到对自我的法权义务的重要性后，具体论述了与这种义务相关的行动，比如撒谎、阿谀奉承和吝啬等。同样的义务出现在《道德形而上学》中德性论的对自我的完全义务之中。但是这并不表明康德放弃了对自我的法权义务。因为前者涉及对自身的人格中的

---

① Kant, *Lectures on Ethics*, Eds. Peter Heath and J. B. Schneewind, Cambridge: Cambridge University Press, 1997, p. 350.

② 参见 Jens Timmermann et al. eds., *Kant's "Tugendlehre": A Comprehensive Commentary*, Berlin: De Gruyter, 2013, p. 218。

人性的法权,后者涉及自身的人格中的人性的目的。康德没有在《道德形而上学》中具体展开对内在法权义务的论述,也没有说明原因是什么。在笔者看来,这是因为法权义务是纯粹理性对行动的立法,是可以被外在强制的义务,把内在的法权义务放在法权论中是从类比的意义上来说的,它实际上无法被外在的强制,它的具体内容放在德性论中更合适。由于这些义务体现作为感官性的存在对作为本体的人格中的人性的责任,这种责任首先表现为前者不违背后者,因而是完全的义务。人作为感官性的存在不违背人作为本体的人格中的人性的存在和发展,不应当做某个行动是禁令的表达方式,它是内在自由的要求。康德在《道德形而上学》的德性论导论部分详细地分析内在自由的概念,认为德性义务是基于内在自由。内在自由不仅是纯粹实践理性的自律,而且是纯粹实践理性的自治。这种自治要求人控制自己和做自己的主人,前者包含着不受感性偏好统治的义务。因而,当对自我的完全义务涉及自我的完善的目的时,首先就体现为禁令。这些禁令(比如不能撒谎,不能自杀等)是纯粹实践理性的自治的要求,以这些禁令为基础,对自我的不完全义务得以逐步展开。毕竟没有摆脱感性偏好的统治,完善自己的肯定性要求无法得到满足。因而格雷戈尔从对自我的完全义务是禁令出发,认为它们严格来说不属于德性义务,这种观点忽略了自我完善的目的有消极的方面和积极的方面,消极的方面虽然没有把某个对象当作直接的目的,但是它禁止违背某个目的,涉及道德的自保,对应于内在自由的消极方面。没有这种禁令,不可能实现自我完善的积极方面。如果一个人习惯于撒谎,我们如何能够认定他在努力地完善自己?

当对自我的完全义务涉及对人格中的人性的法权时,它针对的不是准则,而是外在的行动,所以康德在《讲义》中关于这个义务所举的例子,都是禁止做某个行动,比如不能撒谎,不能自我贬低等。看似同样的义务在《道德形而上学》的德性论中则有所区别。由于它涉及自我完善的目的,是对行动的准则的立法,所以康德在每一个义务的后面都提出"决疑论"的问题。"决疑论"是德性论特有的内容,因为外在的行动可以像几何学一样被精确地规定,而实现目的则需要实践判断力把普遍与特殊结合起来,思考在现实情况中如何运用准则的问题。康德在"决疑论"中提出问题,却没有给出答案。这不是康德不愿意给出答案,而是现实情况非常复杂,有些情况需要不断反思,难以给出精确的答案。值得注意的是,康德在对自我的德性义务中讨论过许可法则的概念,学界一般认为它只是属于法权学说,因而从这一角度来看,对自我的德性义务和法权义务有着诸多相似之处。毕竟它们都属于禁令,只是一个针对外在的行动,一个针对某种作为义务的目的。① 但是由于它们涉及的对象不同,所承担的责任方式不同,因而它们有区别。另外承认它们的各自存在,也是义务学说完整性的要求。

---

① 后文有对许可法则的讨论。也可参看刘作《论许可法则的概念》,载《哲学研究》2019 年第 3 期第 108—116 页。

第三章　自由体系的外在方面——法权学说

第一节　法权学说的基本概念及其划分

在康德那里,法权(Recht,right)在很多时候可以翻译为权利,是以外在自由为基础,体现人之间的关系的外在的规范。从这个角度来说,法权所对应的法权义务就是关于外在自由的义务。法权学说有一些经验人类学方面的预设,比如人具有非社会性,他总是意图侵犯他人的权利来达到自己的意图。另外也有一些其他的事实性的预设,比如:地球是圆的,人们总是无法避免相互交往;资源是有限的,因而人们的交往总会导致冲突。① 不过康德的法权学说并没有很强调这些,读者大可以把这些事实性的假设看作是语境,这也说明了康德的诸多问题是承继了霍布斯、洛克的政治哲学的讨论的。对康德的法权学说的讨论,首先需要理解他的法权的概念,其次要注意康德提出了一个

---

① 弗利克舒赫(Katrin Flikschuh)在解读康德私人法权的二律背反时,也提到这些因素,他尤其提到地球是圆形的这一事实,认为这是人的一种客观限制,使得人与人不可避免地出现冲突:"地球的界限构成一种经验性实在的客观被给予的、不可避免的条件,在这个限制内,作为行动者的人被强制确立起法权的可能关系。"(Katrin Flikschu, *Kant and Modern Political Philosophy*, Cambridge: Cambridge University Press, 2004, p. 133)

唯一的内在法权——自由的法权(所对应的是前面提到的对自我的法权义务),这是理解他的权利学说的基础,最后康德继承了古罗马法学家乌尔比安对法权学说的划分,但是他从批判哲学的角度做了一些新的解读。

(一)康德的 Recht 概念

"Recht"本身是一个多义的概念。在词典中,Recht 包含:法则、权限(权利)和正义三种基本的意思。其中,第一种英译词为 Law,第二种英译词为 right,第三种英译词为 just。作为《道德形而上学》"法权论"的英译者,沙利文(Roger J. Sullivan)在"序言"中,对这个词做出详细的说明。他指出,Recht 这个词本身来源于拉丁文 ius,与 ius 一样,它也有四种含义。第一种,它指并非不正义的行动,正义在最狭义的意义上指不侵犯"他人"的东西,也就是不侵犯他人的财产;第二种,它指与行动相关的、与"爱的法则"相对的法则(law);第三种,它指一个人的能力(faculty),通过这种能力,他能够正义地拥有某个物品或者做某件事情;第四种,它指当法权之间有冲突时,诉诸法庭所获得的解决方式。他进一步指出,通过仔细考察,在德语中,表达第四种含义的一般是Rechtens,而第一种含义一般用 gerecht 表示,是形容词,不过,康德在行文中经常也是用 Recht 来代替。第二种和第三种含义分别指法则以及由法则所规定的道德能力,是名词。由于作为名词的 Recht 有两个含义,所以在翻译的时候,译者要进行相应的区分。因为英语没有直接对应于法则含义上的 Recht,所以有的学者如拉德(John Ladd)就直接把这个意义上的 Recht 翻译为"law",但是就存在这样的问题:在康德那里,法则包括法权的法则和德性的法则,将 Recht 翻译为 law 就无法区分这两种法则。还有另外一个选择,即把这意义上的 Recht 翻译为"justice",但是这也会造成麻烦。因为"justice"(正义)在康德那里用 Gerechtigkeit(justice)以及 austeilende Gerechtigkeit(distributive justice),而Rechtslehre 并不表示"社会正义"。即使可以避免这一点,用"justice"翻译 Recht(作为法则的含义),康德文本中的 Gerechtigkeit 使得"natural justice"和"legal justice"无法区分开。① 李明辉教授在一个脚注中认为:由于 Recht 这个词有权利、法律、正当等含义,"在中文里面很难找到相当或相近的词汇来翻译此字。但由于这些含义之间的关联构成康德法权哲学的基本特性,我们不得不特别为它创造一个中文词汇。因此笔者依大陆学界之习惯以'法权'一词来翻译此字,但是在含义明确的具体脉络中,笔者还是将它译为'权利'、'法律'、'正当'等"②。就汉语的其他译本而言,如果我们把"Recht"翻译为"权利",那么我们就没有把 Recht 对应的法则的含义表达出来。因而,李秋零教授和张荣教授的中译本把这个词统一翻译为"法权"(参见《康德著作全集》第 6 卷)。通过这个翻译,表达了 Recht 既有法则的含义又有权利的含义,但是又无法区分康德在原文中的具体运用。所以有的学者认为,这种统一的翻译导致读者无法区分在康德的论述中它到底是法则,还是权利,而且也忽视了康德处于自洛克以来的政治哲学的语境下的事实(北京大学的方博教授在会议上多次强调这一观点)。甚至有的学者提出尖锐的批评,译者把 Recht 不加区分地统一翻译为"法权",这是译者的懒惰。这样的争议需要进一步的探讨。在笔者目前看来,翻译还是尽量统一,具体的辨析可以留给读者。

康德认为:"可能有一种外在立法的那些法则的总和叫作法权论(ius)。"③如果这种立法是实际的,即确实存在着这种立法,那么这样的法权论就叫作实定法(positiven Recht,也翻译为实证法权)。需要注意的是,这里的 Recht 表达的是法则的含义,它可以既包括一个现实的外在立法,比如在一个现实社会中的立法,也包括作为外在立法的基础的自然权利,即自然法权(通常说的自然权利)。康德在划分法权学说时指

---

① 参见 Kant. *Metaphysical of Morals*, Ed. and trans. Mary Gregor, Cambridge: Cambridge University Press, 1999: xxxiv - xxxv。

② 康德:《道德底形上学》,李明辉译注,科技部经典译注,2015 年,第 3 页。

③ 康德:《道德形而上学》,张荣、李秋零译注,中国人民大学出版社 2013 年版,第 27 页。

出,作为系统的学说,法权既包括源于纯粹实践理性,仅仅以先天的原则为基础的自然法权(源于自然法),又包含了从一个立法者的意志而来的实定法。

　　法权(权利)首先是作为一种道德的能力,它包含着人具有某种行动的权限。格劳秀斯认为:"一个权利(right)变为一个人的道德属性,这种属性使得我们能够合法地拥有某物或者做某事。"①依据他对权利的这个定义,他把权利(right)分为了完全的权利和不完全的权利。完全的权利是与行动相对应的能力,不完全的权利是与德性相对应的倾向(aptitude)。康德把格劳秀斯的完全的权利放入了他的法权学说之中,而把不完全的权利放到了德性论之中。另外一种变化是,康德把权利的概念看作是一个源于理性的先天概念,而不是来自人的本性的经验性概念。康德具体地规定了权利的概念:法权的概念,就它与一个与自己相对应的责任有关而言(亦即法权的道德概念),首先,只涉及一个人格对另一个人的外在的,确切地说实践的关系,如果他们的行动作为行动能够(直接地或者间接地)互相影响的话。其次,法权概念并不意味着任性与他人愿望(因此也与纯然的需要)的关系,例如在行善或者冷酷的行动中,而仅仅意味着与他人的任性的关系。再次,在任性的这种交互关系中,也根本不考虑任性的质料,以及每个人以他所想要的客体而当作意图的目的,例如不问某人就他为了自己的生意从我这里购买的货物而言是否也能得到好处,而是只问双方任性的关系中的形式,只要这种任性被看作自由,以及通过行动,双方中的一方是否可以与领一份份的自由按照一个普遍的法则保持一致。②

　　康德的这段话对法权的解释很清楚。首先,法权是一个与义务对应

---

① J. B. Schneewind(ed.), *Moral Philosophy from Montaigne to Kant*, Cambridge: Cambridge University Press,2003,p. 97.

② 参见康德《道德形而上学》,张荣、李秋零译注,中国人民大学出版社 2013 年版,第 28 页。笔者在行文中将 Willkür 翻译为"意选"。

的道德的概念,这种意义上的法权就是我们通常理解的权利。① 康德在后面对这种含义的法权做了更清楚的说明,法权是"使他人承担义务的能力"②,我是某物的合法所有者,我可以随意地使用它,并且通过与对此物相关的法权,我使得他人承担不得侵犯我的所有权的义务。其次,法权所涉及的是人格和人格之间的外在的关系,只有它们的行动可以相互影响。与自然界的事件(events)不同,行动是人格的自由意选的行动,那么在法权概念中,行动必须是自由的。但是如果两个人格没有任何接触,他们的行动之间没有任何影响,那么他们之间就没有法权(权利)和义务的关系。假设地球是一个无止境的平面,人和人之间可以毫无影响地无限远地居住,那么,他们之间就可能没有法权关系。人格之间的法权关系必须是通过意选和意选之间的关系,而不是"不使用力量来创造客体"的愿望。也就说,法权的关系必须表现在体现外在的行动之间的关系。③ 比如:张三想侵占李四的物品,如果这只是一个想法,没有付诸实际的行动,那么他并没有侵犯对方的法权。最后,人的行动包含着目的,但是法权概念只涉及意选之间的关系的普遍形式,而不考虑意选的目的。

康德举了一个例子,我与他人交易物品,只要在这个交易中,人格之间的外在自由按照普遍的法则是一致的,这种交易就是合乎法权的。我与他人交易的目的以及在获得了物品之后,他人处理物品的方式,这些

---

① 法权(权利)对应着义务,这点康德继承了普芬道夫的观点。在普芬道夫看来,我有对某物的法权,那么他人就承担允许我保存和使用它的义务。(参见 J. B. Schneewind, *The Invention of Autonomy*, Cambridge: Cambridge University Press, 1998, p. 134)康德在《伦理学讲义》中具体地阐述了二者的关系:在法权义务中,"a. 所有的人都处于,在同一个行动者中,一个法权可以被设想仅当连同与其相应的义务";但是在德性义务中,"b. 义务,另外一方面,没有法权是可能的,比如行善的义务,没有人可以声称具有要求它的法权";但是不存在没有义务的法权,"c. 没有义务的法权,相反地,可以仅仅被看作一个有纯粹法权的存在者,即为所有人普遍法则的立法者,亦即一个上帝。前面两种情况属于内在的,然而,后面一种则属于先验的道德性"(参见 Kant, *Lectures on Ethics*, Trans. Peter Heath, Cambridge: Cambridge University Press, 1997, p. 336)。
② 康德:《道德形而上学》,张荣、李秋零译注,中国人民大学出版社,2013,第 37 页。
③ 《康德著作全集》第 7 卷,李秋零主编,中国人民大学出版社,2008,第 246 页。

都不包含在法权的概念之内。法权概念在康德那里是对意选的形式,而不是对其质料的规定。这也是其自由概念的题中之义:如果法权的概念包括目的,包含着意选的质料,那么法权概念就会使自己仅仅成为实现他人目的的手段,而不是目的自身。比如在交易中,如果我需要满足他人对物品的具体需要,在交易完成之后,我也需要满足对方使用该物品的具体要求和需要,从而失去自己的独立性。

从而康德得出了法权的定义:"所以,法权是一个人的任性能够在其下按照一个普遍的自由法则与另一方的任性保持一致的那些条件的总和。"①前面的一段话,其实可以看作意选的外在关系应当是什么,也就是对外在自由的详细阐释。因而法权的概念是从外在自由的概念中直接得出的。如前所说,意选的自由的消极概念就是具有不受感性束缚的能力,亦即独立于感性的规定。这种自由的独立性体现在人和人的外在关系上,此时自由就表现在独立于他人意选的强制,这恰好是外在自由的概念。在康德看来,人的根本恶和非社会性使他具有侵犯他人的自由的倾向,使得他自己总想任意地对待他人。外在自由要求每个人限制他的这种无法的自由,使得这种自由按照一个普遍的法则能够与他人的自由一致,这就是法权的概念。② 由于康德把法权的概念规定为"一个人的意选"和"另一个人的意选"的外在关系,所以在正式出版的著作中,在严格意义上,康德没有提到对自我的法权义务。不过如前所说,从类比的含义来说,对自我的法权义务是存在着的,并且很重要。

---

① Kant, *Metaphysical of Morals*, Ed. and trans. Mary Gregor, Cambridge: Cambridge University Press, 1999, p. 24.
② 赫费批评康德没有解释法权概念要求限制自由的原因。赫费的理由是:"由于人们在同一个环境中生存,两个事物可以在时间中的任何一个点发生,比如某人想移居到其他人已经居住的地方,或者某人与他人想要同样的事物、商品或者服务。从而在这个或者另一个事件发生的任何地方,存在着冲突。并且首要的是,行动的自由被限制,仅仅因为这种冲突的情况持续着,而不管任何特殊的冲突如何被解决——以暴力的方式还是以和平的方式,不管是否发现某人让步或者妥协。"[Lara Denis(ed.), *Kant's Metaphysics of Morals: A Critical Guide*, Cambridge: Cambridge University Press, 2010, p. 79]赫费认为限制自由的原因是人们所处的环境导致冲突。我认为除了这个因素之外,还应当加上人的非社会性。如果像蜜蜂一样,人只有社会性,那么人们虽然所处的是同一个环境,但是不需要被限制自由。

康德基于法权的概念规定了正当的行动："任何一个行动，如果它，或者按照其准则每一个人的任性的自由，都能够与任何人根据一个普遍法则的自由共存，就是正当的。"①如果我表现在外的行动能够与其他人的自由按照一个普遍的法则达成一致，它们能够共存，而不会彼此冲突，甚至取消，那么阻碍我的行动就是不正当的。

从外在自由的概念可以分析地得出普遍的法权原则："如此外在地行动，使你的任性的自由应用能够与任何人根据一个普遍法则的自由共存。"②依照外在自由的概念，我应当能够把我的自由按照一个普遍法则和他人的自由共存，即我的行动不应当侵害他人的自由，同时他人也有这样的限制。这种交互的限制使得我不仅没有失去我的自由，反而保障了我的自由。具体来说，法权的概念和强制的权限结合在一起。基于外在自由，如果某种外在强制清除了对按照一个普遍法则的外在自由的阻碍，那么这种强制保障了外在自由。因而，法权的概念与强制的权限是一致的。因而普遍的法权原则也要求有强制的权限，以使得它与外在自由保持一致。普遍的法权原则让我们承担一个责任，即它要求我们把自己意选的自由限制在与任何人的自由按照普遍法则能够共存的基础之上。康德指出，普遍的法权原则是一个公设（Postulat，postulate）。公设是一个在理论上不可证明，而在实践上是必然的命题。这个原则可以从外在自由的概念中直接推导出来，由于自由的概念无法在理论上得到证明，所以普遍的法权原则也无法做出理论上的证明。

法权以外在的立法为基础，不包括对行动的动机的规定。由于人的行动必然需要有动机，法权义务的动机就可以来自外在的强制，因而法权与强制的权限结合在一起。康德做出进一步的论证，清除对一个作用有阻碍的对抗就是对这个作用的促进，这种对抗和对这种作用的促进是一致的。如前所述，阻碍一个符合一个普遍法则的自由是不正当的。由

---

① 康德：《道德形而上学》，张荣、李秋零译注，中国人民大学出版社 2013 年版，第 28 页。
② 康德：《道德形而上学》，张荣、李秋零译注，中国人民大学出版社 2013 年版，第 28—29 页。

于人的非社会性,其"随意的自由"或者"最大的自由"必然会与他人的自由无法共存,会阻碍他人的自由,从而这种运用是不正当的。因而法权的概念中包含着限制这种"最大的自由"的权限。

法权的对象是外在的行动,因而严格的法权只是对于意选的外在的规定,而不掺杂任何出于义务的动机的因素。它基于可以被外在强制的原则,只要这种强制按照普遍法则与每个人的自由是可以共存的。我们承担法权的责任,履行法权的义务,不是因为我们意识到这是我们的义务和责任,而是因为它来自符合普遍自由的外在强制。当然如果我们能够意识到这是我们的义务和责任,从而具有康德所谈到的道德价值更好,但是从严格的法权的概念来说,它并不包含着这种要求。康德举了一个例子,债权人有法权(权利)要求债务人偿还债务,债务人有义务按照要求偿还债务,但是,这并不意味债务人需要把偿还债务当作自己行动的动机,如果他把这个行动当作自己的行动的动机,那么这个行动的立法就是伦理的,具有道德价值。然而法权只是要求对这个行动的强制和每个人按照一个普遍的法则的自由是能够共存的。不可否认,有的人会在没有外在强制的情况下履行法权义务,但是这样的情况不包含在严格法权义务的概念中。所以,康德认为:"法权和强制的权限是同一个意思。"①法权义务的道德必然性不是来自行动者对法权义务的意识或者对法权义务的敬重,而是来自维护他人外在自由的正当要求,这种要求源于外在的强制。法权义务的外在强制是由一个普遍意志执行的。

(二)自由作为唯一的生而具有的法权

法权学说是自由在人的意选之间的外在运用。它的核心是维护自由。人作为理性的存在者,其意志具有自律的属性。这是康德批判哲学揭示和确立的。因而自由是人的一种生而具有的法权,也是唯一具有的生而具有的法权。康德指出:"自由(对另一个人的强制任性的独立性),

---

① 康德:《道德形而上学》,张荣、李秋零译注,中国人民大学出版社 2013 年版,第 30 页。

就它能够与另一个人根据一个普遍法则的自由并存而言,就是这种唯一的、源始的、每个人凭借自己的人性应该具有的法权。"①凭借(kraft)又有"由于"的意思,人具有自由的法权,能够独立于他人的意选的强制,这是由于他的人性或者说理性的本性。如前所说,人性在康德那里是指设定目的的能力,人性的理念是人格性。康德在此处进一步说明了这个概念:"在义务论中,人按照其完全超感性的自由能力的属性,因而也仅仅按照其人性,可以并且应当被表现为独立于物理学规定的人格性(homo noumenon[作为本体的人])。"②最后一个分句可以看作是对人性的进一步解释。人格性是人性的理想层面,处于本体领域,体现为摆脱外在的束缚并且按照自律的原则规定自己。在人与人的外在关系的法权领域,定言命令要求我们尊重和维护自己的人格的价值,不能自我贬低,把自己的人格仅仅当作他人的手段,而不是目的自身。自由的法权是一切其他法权义务的基础。只有行动者具有摆脱他人外在强制的独立性,是自由的,能够为自己设定目的,才是具有法权的主体,从而才能使他人承担相应的义务。他人为什么要尊重我的财产权和契约,因为这是我的独立性的体现。如果一个人侵犯了我的财产权,那么他就侵犯了我的独立性,使得我不具有生而具有的自由法权。

外在自由的法权给予我们在与他人交往中的如下权限:(1)平等的自由。康德的表达是:"除了人们也能够相互赋予责任的事情之外、不在更多的事情上被他人赋予责任的独立性"③,强制是相互的,同时也是平等的。他人能够强制我,除非我也能够以同样和同等方式强制他。我的强制构成他强制我的理由,或者说我们形成一个共同的意志,可以交互强制。通俗地说,如果一个义务只对我有效,他人不用承担这个义务,那么这就意味着他人享有比我更多的权利(法权),这样我就仅仅是他人的手段,违背了我的外在自由的法权。(2)做自己的主人。康德用

---

① 康德:《道德形而上学》,张荣、李秋零译注,中国人民大学出版社 2013 年版,第 35 页。
② 康德:《道德形而上学》,张荣、李秋零译注,中国人民大学出版社 2013 年版,第 37 页。
③ 康德:《道德形而上学》,张荣、李秋零译注,中国人民大学出版社 2013 年版,第 35 页。

"mithin"紧接着第一个权限平等的自由展开说明这个权限,这说明"做自己的主人"是直接从内在的平等中得来的。[①] 这个原则主要表明,在与他人的交往中,我是自己的主人,我所服从的只是按照一个我的意志也包含在其中的一个普遍意志的立法,除此之外,我不服从其他任何人的意志。我的选择是自由的,由我自己决定。(3)无罪推定。这个原则也是现代司法的一个基本原则。在有确切证据证明一个人做出了违法的事情之前,他都被看作是拥有合法权利的无罪之人。任何人不能把某种随意的恶意的揣测加于他。比如,我在公共市场上买汽车,只要手续齐全,我没有权利责问原车主是否合法地拥有这辆车,因为这种责问预设了他不是清白的。(4)表达的自由。康德认为:"最后还有对他人做就自身而言无损于他们的事情的权限,哪怕他们不想关注这样的事情。"[②]这个权限有点含糊,让读者难以弄清到底是什么。康德所要表达的是,每个人都是自由的,有自由表达的权限,只要他相信他表达的是真的内容,并且这些东西没有损害其他人的权限就好。当然,诽谤他人、散播流言不属于这种自由的权限的范围。

这四个权限都包含在生而具有的自由的法权中。在法权论中,虽然法权对应着义务,但是康德在《道德形而上学》中并没有明确说存在着对自我的法权义务。康德引入自由的法权,是为了"一旦对获得的法权发生了争执,出现了问题,谁有责任作出证明,要么证明一个受到怀疑的事实,要么当这个事实被澄清时,证明一个受到怀疑的法权,否定自己具有这种责任的人,就可以在方法上像依据不同的法权条文那样缓引他生而具有的自由法权"[③]。因而它除了是我们法权义务的基础,也为法权关系

① 参见康德《道德形而上学》,张荣、李秋零译注,中国人民大学出版社 2013 年版,第 35 页。
  莎伦(B. Sharon Byrd)等认为康德受到阿亨瓦尔(Achenwall)的影响,在阿亨瓦尔看来"当每个人的决定是合适的时候,他都有独立于任何他人的意志而运用自己的自然的、物理的和精神的能力的权利",而且这个权利直接来自外在自由的公理,没有人可以强制我做任何不是我自愿选择去做的任何行动。(B. Sharon Byrd and Joachim Hruschka, *Kant's Doctrine of Right：A Commentary*, Cambridge：Cambridge University Press，2010，p. 82)
② 康德:《道德形而上学》,张荣、李秋零译注,中国人民大学出版社 2013 年版,第 35 页。
③ 康德:《道德形而上学》,张荣、李秋零译注,中国人民大学出版社 2013 年版,第 36 页。

设定了评判的标准。

(三) 法权义务的划分

在说明了法权概念之后,康德按照古罗马乌尔皮安(Ulpian)的方式对法权学说进行了划分。他提出了三条原则。第一个原则是做一个正直的人(honeste vive)。法律上的正直(honestas iuridica)在于在与他人的关系中维护自己作为一个人格的价值。这个原则康德用如下我们所熟悉的方式来表述:不要使你自己仅仅成为他人的手段而应当同时是他们的目的。这是对行动者自身的要求:在与他人交往中,行动者要保持自己的自由的权利和尊严。康德指出,这个义务源于我们的人格性。第二条原则涉及与他人交往的原则,亦即不要对任何人做不公正的事(neminem laede),为了维护这条原则,你甚至可以停止与他人的交往并且避开所有的社交。康德并不是说,我们需要避开与他人的交往,而是指出,在与他人交往时,一定要以不能伤害他人为底线,如果我们确实无法做到这一点,那么我们宁愿不与他人交往。独处总比伤害他人好。如果说第二条原则是一条否定的原则,那么第三条原则则是肯定性的。人总是不得不与他人交往,因而你要进入一个与他们共在的社会,在这个社会中,每个人都能保持属于他自己的东西(suum cuique tribue)。他进一步指出,如果按照通常的译法把 suum cuique tribue 翻译为"给予每个人属于他自己的东西",所对应的理解是荒谬的,因为人们无法给予任何人他已经拥有的东西。在康德看来,这个原则应该这样理解:进入一种状态,在这种状态中每个人能够针对每一个他人保护其所拥有的东西。第三个原则的关键词是"状态"。这条原则要求人们如果不得不交往,那么彼此有义务进入一个能够维护其所有物的状态中。这条原则预设了人们有义务从自然状态进入公共法权的状态。可以看出,康德是从关系范畴的实体、因果性和交互关系来划分这三条原则的,把法权义务分为内在的义务、外在的义务以及从前者的原则推出后者的义务,虽然这部著作并没有明确地提到内在的法权义务。

在《伦理学讲义》中,他也引用并解释了这三个公式。他认为第一个公式是伦理学的,表述为:如此行动,使你在你的行动中必然地要求尊敬自己,或者表述为:如此行动,使你在你的眼中是配享尊敬的。第二个公式是外在自由的原则,亦即你的自由要被限制在它能够与任何其他人的自由共存或者一致的条件下。它要求我们如果不能避免触犯(offend)他人,那么我们不能侵犯他人的权利(法权),因而法权法则所要求的是消极的义务。第三个原则的表述与《道德形而上学》是一致的,只是康德明确地指出人们有义务进入的状态是合乎法权的状态,并进一步解释进入这个状态的原因。康德对自然状态的理解受霍布斯的影响。在自然状态中,人具有非社会性,总是按照自己的意愿来判断和行动。虽然存在着尊敬自己和他人的内在法则,但是在实际行动中,由于没有外在的立法者,总是存在着诸多冲突。每个人的权利得不到保障,甚至陷入人与人之间的战争的混乱状态之中。为了维护人的权利,进入公共法权的状态是必要的。①

按照这三个原则,康德把法权义务分为内在义务、外在义务以及通过归摄从前者推导后者的义务。前面两个,尤其第二个是在自然状态中的义务,最后一个是公共状态的义务,二者的义务在内容上是相同的:"这种公共法权所包含的人的义务并不多于或者不同于在前一种状态中所能想到的;私人法权的质料在两种状态中是同一种质料。"②

康德认为第一个原则是内在义务的原则,它要求我们在和他人交往中,不能够自我贬低,把自己仅仅当作他人的手段。因为人的非社会性,在我与他人交往时,为了满足我自己的偏好,达到自己的目的,我会把自

---

① 参见 Kant, *Lectures on Ethics*, Trans. Peter Heath, Cambridge: Cambridge University Press, 1997, pp. 246 - 247。《伦理学讲义》和《道德形而上学》中的第一个公式的表述有差别。在《伦理学讲义》,人做道德的事情,才能配享尊敬,受到他人的敬重。这体现在,他人把我不是仅仅当作手段,而是也同时当作目的自身。在《道德形而上学》中,康德把受到他人的尊敬看作是基于人格中的人性的法权的责任,是人格性的法权对自身的要求。二者的内容是一致的,我对我的人性的责任就是做道德的事情,使得自己配享人格性的尊严,表现在与他人的关系中,它要求自己维护自身的尊严,不能自我贬低。

② 康德:《道德形而上学》,张荣、李秋零译注,中国人民大学出版社 2013 年版,第 85 页。

己仅仅当作他人的手段,也就是通过自我贬低来满足自己的欲望。同时他人在设定和选取自己的目的时,也试图把我仅仅当作他的手段,比如把我当作他的物品随意地处置,试图随意地摆布我。需要注意的是,这种自我贬低和德性论中的自我贬低是有区别的,前者体现在自我和他人的外在关系之中,后者体现在自我内部的关系之中,即我把自己仅仅当作满足自己的欲望的手段。按照康德的术语,这种自我内部的关系是感性的自我把自己的人格仅仅当作工具,而不是目的本身。这两种自我贬低有共同的起源——人的非社会性和根本恶倾向,它们都需要通过对自我的义务来克服。

如前所述,康德把法权的概念理解为人的意选之间的外在关系,因而严格来说不存在对自我的法权义务。那么康德为什么要把内在义务这条原则作为第一个原则提出来呢?这与前面所说的人具有自由的内在法权是一致的,即人在与他人的关系中,必须首先要坚持自身的人格价值,把自己当作一个独立的自由的人格来看待,使自己成为具有法权(权利)的行动者,这样才能使他人承担对自己的法权义务。所以,这一个原则虽然不产生具体的法权义务,但是它是一切法权义务的原则。

第二个原则是外在义务的原则。它要求我在与他人的交往中,应当做到不能伤害他人。第一个原则要求我不能使自己仅仅成为他人的手段,而不是目的自身,第二个原则有相互的含义,即我也应当同时把他人当作目的自身,而不仅仅是手段。我要把他人看作具有内在自由的行动者,拥有特定的法权。康德对这个原则做出非常严格的解释,即如果无法避免不伤害他人,那么就应当避免与他人的一切交往。这条原则的依据在于行动者的自由,同时,依据这条原则,我尊重他人的法权就是维护至少不伤害他人的自由和设定目的的能力,比如我不能侵犯他人的财产、我应该要信守承诺等。

但是,在交往中,人的非社会性使人们的冲突甚至爆发战争的危险时刻存在着,所以自然状态下人的自由得不到保障。为了维护人的自由尤其是涉及外在自由的权利,第三个原则要求我们进入一个合乎法权的社会(也可以理解为公共法权状态)中。康德在解释第三个原则时,强调不能把它理解为"给每个人他自己的东西"。因为公共法权的状态只是为了保护那些从自然状态下已经合法获得的东西,这些东西不是通过公共法权首次赋予的。康德这么说并不意味着,公共法权状态下没有外在东西的所得、交换等,康德意在强调,所有的合法的所得和交换等的规范性不是来源于公共法权,而是来源于人的外在自由。实证法不是这些法权(权利)的来源,而是将这些权利以公共性的方式表现出来,同时它们也需要保护这些基本的权利。在《伦理学讲义》中,康德把第二个原则和第三个原则放在了一起,认为就法则的精神而言,它们都意味着"拒绝把属于他的东西给任何人"①。这种表述与公开出版的《道德形而上学》的说法是一致的,这两个原则在法权的质料上是同样的,都涉及财产、契约等,与德性论相比,法权论只具有消极的内容。但是二者的关注点不同,第二个原则说明人与人外在关系的基本规范性原则,第三个原则说明如何维护这些基本原则,使得它们具有现实性。②

按照这三个原则,法权学说看起来可以分为三个部分,即内在的法权、外在的法权以及公共法权。但是,康德把法权学说实际上只是划分为两个部分:私人法权和公共法权,分别与第二个原则和第三个原则对应。这种划分符合康德对法权学说的理解,因为第一个原则涉及人的内在自由的法权,它很简洁,不需要作为一个法权学说的单独部分,而且它也构成一切法权学说的基础。

---

① Kant, *Lectures on Ethics*, Trans. Peter Heath, Cambridge: Cambridge University Press, 1997, p. 289.
② 赫费对这两个原则做了形象的区分:"为了更好地理解,我们能够指出在授予(granting)和保证(guaranteeing)某物之间的区别:按照第二个原则,一个社会的成员以并非不正当的方式彼此授予法权,按照第三个原则,这些法权被公开地保证"(参见 Otfried Höffe, *Kant's Cosmopolitan Theory of Law and Peace*, Trans. Alexandra Newton, Cambridge: Cambridge University Press, 2006, p. 125)。

第二节　私人法权下的义务学说

康德把法权学说划分为私人法权(私法)学说和公共法权(公法)学说。如前所述,法权义务的内容主要在私人法权部分。在公共法权学说部分也包含相应的义务,但是这些义务是为了维护和保障私人法权部分所论述的法权。法权与义务是相对的,在法权学说中,康德是以法权作为主线论述他的法权学说,与之相对的义务就是以间接的方式表现出来的。依照康德先验哲学的构想,康德首先讨论占有的概念以及其可能性,以之为前提,论述具体的私人法权义务,然后论述为了真正地维护这些私人法权义务,必须要进入公共法权的状态,因为只有在这样的状态中,私人法权才可以得到有效的保障。从具体章节安排来看,《道德形而上学》第 1 节到第 9 节讨论占有的概念,第 10 节到第 30 节论述具体的法权学说,第 41 节到第 42 节论述进入公共法权状态的必要性。从篇幅来看,第一部分是基础性的,第二部分是私人法权学说的主体,第三部分构成向公共法权的过渡。

(一) 对占有概念的演绎

人性具有设定目的的能力,这种能力的实现需要把外在对象当作达到它所设定的目的的手段,但是作为内在法权的自由并没有给予我们获得这些手段的权限。然而,这种能力的发展必须获得这些手段,这些手段正是外在的"我的"和"你的"所涉及的内容,获得外在的对象就是对它们的占有。所以,康德首先要阐明占有概念以及说明这个概念的可能性。笔者从如下方面讨论相关问题:一、阐明占有概念,通过这种阐明,康德说明了对占有概念进行演绎的必要性;二、对占有概念进行演绎,为了从先天的角度说明占有概念的可能性,康德提出了"许可法则"的概念,通过"许可法则",实践理性在人与人的外在关系的运用中,超出了内在法权的限制,扩展了自身,进一步保障和维护了人的自由;三、康德说明了只有在法权状态中占有概念才有现实性。

1. 占有的概念是什么？

康德行文一开始就指出法权上"我的"是什么含义："法权上'我的'（meum iuris）是这样的东西，我与它如此结合在一起以至于一个他人未经我的许可而使用它就会伤害我。使用的可能性的一般主观条件就是占有。"①占有（der Besitz）是人的意选使用一个外在的对象的可能性的主观条件，只有占有了对象，行动者才可以利用它以达到他的意选所设定的目的。② 如何理解我"占有"一个对象？当我说，某个外在对象是"我的"时，这意味着，我虽然不现实地占有它，比如我虽然没有骑我的自行车，把它放在车库里，但是他人未经我的同意使用这辆自行车，仍然会伤害我。这样就似乎出现了某种矛盾，我虽然不占有某个物品，但是他人仍然不能未经我的同意而使用它，也就是说，我依然占有它。所以康德指出，我们应该区分出不同的占有概念，也就是要区分出感性的占有和理知的占有。

康德在第 3 节进一步说明了区分不同的占有概念的必要性。在第 3 节中，他认为："一个人想声称一个物品是自己的，就必须处在对一个对象的占有中；因为如果他不处在这种占有中，那么，他就不可能因为另一个人未经他的许可就使用这个对象而受到损害。"③如果与这个行动者没有任何法权关系的某种东西侵袭了这个对象，由于这种行动并没有伤害到行动者本身，即没有侵害到他的内在自由，因而理解这种占有就必须是一种理知上的占有，要从理性的角度理解占有概念。

结合康德在文本不同地方的论述，我们可以把占有的概念区分为三

① 康德：《道德形而上学》，张荣、李秋零译注，中国人民大学出版社 2013 年版，第 40 页。
② 康德的占有概念以罗马法为背景。与习惯法（common law）不同，罗马法中的占有和财产是有区别的。财产在罗马法中包含着人对物的绝对关系。这意味着，财产的所有者可以随意地使用他的财产，可以买卖、丢弃，甚至毁坏所有物等。所以康德否认人能够成为另一个人的财产。占有包括实际的控制和占有的意志，因而占有本身不是一种法权，而是基于占有的类型，成为法权的结果。（参见 Kant, *Metaphysical Elements of Justice*, Trans. John Ladd, Indianapolis: Hacktt Publishing Company, 1999, p. xxxiii）
③ 康德：《道德形而上学》，张荣、李秋零译注，中国人民大学出版社 2013 年版，第 41 页。

种：① 经验性的占有："经验性的占有（持有）就只是显像中的占有
（possessio phaenomenon［作为现象的占有]）"①，比如我对我手中的苹
果的占有，它处于时间和空间之中的，并且我与之有直接的接触；② 知性
的占有——拥有："不是作为占有的一个经验性表象的持有（detentio），
而是不考虑一切空间和时间条件的拥有的概念，而且只是对象在我控制
之中（in potestate meapositum esse）这一点"②，康德把它称为纯粹知性
的占有概念。当我离开时，我把我的物品放在了房间。我对这个物品的
占有就是抽象掉了它实际存在于其中的时间和空间。③ 理知的占有：
"理知的占有（如果这样一种占有是可能的）是一种无须持有（detentio
［占用]）的占有。"③康德把前两种占有又称为有形的占有，它们与经验相
关。第二种占有虽然看似没有经验性的因素，但是实际上是预设了经验
性的占有，只是我们可以抽象掉经验性的成分，而从纯粹概念的角度来
设想它。理知的占有则是一个理性的概念，是非有形的占有，它不依赖
于感性的条件，而在于人和人之间的法权和义务的关系。康德提出知性
的占有的概念似乎有点累赘的嫌疑，实际上这是出于概念运用的需要。
理知的占有是理性的概念，不具有任何经验性的因素，因而需要一个作
为知性概念的占有为中介来使得它可以运用到经验性的占有上面。知
性的占有的功能类似于《实践理性批判》中的道德法则的"范型"的作用。
在那里，康德也是把知性的普遍规律作为道德法则运用到感性行动的中
介来使用的。

　　在第 5 节，通过外在的"我的"和"你的"的定义，康德说明预设知性
占有的必要性。他认为，外在的"我的"的名义定义就是"外在的'我的'
就是在我之外的东西，妨碍我随意地使用它，就会是伤害（对我的可以与
每个人根据一个普遍法则的自由并存的自由的损害）"④。这个定义区分

① 康德：《道德形而上学》，张荣、李秋零译注，中国人民大学出版社 2013 年版，第 43 页。
② 康德：《道德形而上学》，张荣、李秋零译注，中国人民大学出版社 2013 年版，第 47 页。
③ 康德：《道德形而上学》，张荣、李秋零译注，中国人民大学出版社 2013 年版，第 40 页。
④ 康德：《道德形而上学》，张荣、李秋零译注，中国人民大学出版社 2013 年版，第 43 页。

了外在的"我的"与其他事物。一个外在对象是我的,这就意味着我可以把它当作达成我的任意的意选目的的手段,并且不会受到他人的妨碍,只要我对它的使用没有妨碍其他人的自由,符合普遍的法权原则。但是,事物的名义定义没有说明外在的"我的"何以是可能的。为了说明它的可能性,康德提出了外在的"我的"的实在的定义:"外在的'我的'就是这样的东西:干扰我使用它就会是伤害,尽管并没有占有它(不是它的持有人)。"①这个定义说明了外在的"我的"的本质特征:即使我实际上并没有持有它,比如我并没有把一个手机放在我的手中,而是把它放在其他地方,其他人未经我的允许使用它,都是对我的伤害。如果对象被称为是"我的",那么我必须对它有某种方式的占有即理知的占有,理知的占有是一个理性的概念。否则,当我并不持有这个对象时,他人妨碍我对它的使用就不可能伤害到我。因而理知的占有是外在的"我的"的可能性条件。康德把它和《纯粹理性批判》的"先验分析论"进行了对比,他认为,"先验分析论"涉及的是对存在的事物的认识,而这里理性关注的只是按照自由的法则对意选的规定根据,不涉及关于对象的理论知识。因而,理知的占有是一种在自由的法则之下的理性概念,它所考虑的不是描述现象世界中的存在,而是说明表现于现象世界中的自由行动的内在可能性。

2. 对占有概念的演绎

由前面可知,如果外在的"我的"是可能的,那么必须预设理知的占有。这就意味着,如果外在的"我的"是可能的,那么理知的占有就必须是可能的。所有关于法权的命题都是自由的法则,由理性所规定,因而都是先天的,一个经验性占有的法权命题似乎也是先天的。不过康德指

---

① 康德:《道德形而上学》,张荣、李秋零译注,中国人民大学出版社 2013 年版,第 43 页。康德在《逻辑学讲义》中区分了名义定义和实在定义。他认为:名义定义即"包含着人们随意地想着给予某个名称的意义,因而仅仅标出其对象的逻辑本质,或者仅仅用作把该对象与其他客体区分开来。"实在定义即"足以按照客体的内在规定来认识它,因为它们是从内在特征来阐述对象的可能性的。"(《康德著作全集》第 9 卷,李秋零主编,中国人民大学出版社 2010 年版,第 142 页)实在定义说明了事物的本质特征,我们应当寻求道德概念的实在定义,说明它的可能性。

出，经验性占有的法权命题是分析的。因为，它的可能性可以直接从矛盾律中推出来。如果我持有一个事物(有形的占有，比如我拿在手中的手机)，某人在未经我的同意下使用它，那么他的行动就直接侵犯了我的外在自由的法权，这与外在自由的概念是不一致的。因而经验性占有的法权命题包含在外在自由的概念里面，它的可能性不需要特别的演绎。

但是，关于理知的占有的命题的可能性需要演绎吗？这样的命题不考虑或者抽象掉了经验性占有的时间和空间条件，而预设了一种作为理性概念的本体的占有。理知的占有超出了外在自由的概念，因为对某物的本体占有就是说即使我没有持有(在时间和空间中)它，他人妨碍我使用仍然会造成对我的伤害。然而，外在自由只是要求我的意选独立于他人意选的强制，这种强制与我所发生在时空中的行动直接相关。当我和一个物体保持一定距离，没有持有物体时，他人妨碍我的使用并没有侵犯我的独立性。比如，我把口袋里的手机放在房间的桌子上，然后离开房间。他人趁我不在，拿走了我的手机，他人并没有对我造成直接的伤害，没有直接强制我做或者不做某事，也就是说并没有违背我的外在自由。这就意味着，仅仅从外在自由的法权推不出理知的占有的可能性。因而，理知的占有扩展了外在自由的概念，关于它的命题是一个先天综合的命题，它需要一个演绎来说明它的可能性。

我们可以重构康德对理知占有的演绎。这种重构从他所提出的实践理性的法权公设开始："把我的任性的任何一个外在对象作为我的来拥有，这是可能的"，紧接着康德对它进一步的解释："按照一个准则，如果它是法则的话，任性的一个对象就自身而言(客观上)必然会是无主的(res nullius[无主之物])，那么，这个准则就是有悖法权的。"①值

---

① 康德:《道德形而上学》，张荣、李秋零译注，中国人民大学出版社 2013 年版，第 40 页。需要说明的是，英译本对演绎章节进行了调整，把第 2 节的"实践理性的法权公设"放在了第六节对理知占有演绎的那一节。这种排列方式更集中体现了康德是如何演绎理知占有的。参见 Kant, *Metaphysical of Morals*, Ed. and trans. Mary Gregor, Cambridge: Cambridge University Press, 1999, pp. 40 – 41。

得注意的是:普遍的法权原则只是要求我们的行动和每个人的自由按照普遍法则能够共存,如果一个意选的对象是无主的,无主的意味着任何人都不能使用它,不能使用它没有违背法权原则。问题是,这样的准则能够成为一个普遍法则吗?为了解决这个问题,康德从规定"我的意选的对象"的概念开始。他认为:"我的意选的对象"就是"我有物理的力量(Macht)使用它的对象",它也包含着我有排除他人使用的能力。为了获得实现我所设定的目的,我必须使用某物作为手段,这需要我占有它。占有它意味着我有能力排除他人阻止我使用它。

在康德那里,公设是一种在理论上无法认识,但是在实践上认其为真的命题。明显的是,康德在第二批判提出上帝、自由和灵魂不朽作为至善的公设。这种公设是至善的可能性的条件。如果至善是可能的,那么我们必须假定这些在理论上无法肯定、当然也无法否定的命题。在法权领域,为什么需要公设呢?如果需要的话,如何对之辩护呢?这两个问题是联系在一起的。我们需要公设的理由也是对之辩护的理由,因为它不是一个在理论上可以认识的命题,而是我们为了某个目的而假定的东西。笔者认为康德是从两个方面进行捍卫的:第一,它与普遍的法权原则是一致的,并不违背普遍的法权原则;第二,它扩展了人的外在自由,增强了人的理性设定目的的能力。康德对第一个方面的论证,使用的是反证法,可以做如下重构:① 如果实践理性的法权公设不成立,那么我就绝对被禁止使用任何我的意选的对象;② 依据普遍的法权原则,行动是合法的(正当的)当且仅当我的行动按照一个普遍的法则与每个人的自由一致;因而③ 使用我意选的对象就违背了普遍的法权原则,即这种使用按照普遍法则无法与每个人的自由共存。如果上述推理是正确的,那么外在的自由就禁止了我这样的自由的行动者使用其意选的任何外在的对象,使外在的对象都成为不能使用的,也就是说:"它将在实践上废除这些对象,并且使得他们成为无主的,即便在对这些对象的使用中,意选在形式上与任何人的外在自由按照普遍的法则是一致的。"①

　　如果上述推论成立的话,实践理性禁止任何一个行动者使用其意选的外在对象,那么这意味着,行动者不能使用无主的土地,不能吃一个无主的苹果。正如莎伦等所说:"如此禁令会使我们成为世界中的旁观者,虽然这个世界充满了可使用的意选的对象,但是我们却不能够使用。由于这个法则,整个土地以及在它上面的事物我们都不能使用。我们不能把这样一个法则设想为理性的法则,因而是一个自由的法则。"②但是,普遍的法权原则只是一个形式的法则,它没有规定意选的质料,并没有规定意选如何使用它的对象,更不会包含着意选使用其对象的禁令。

　　更重要的是,假如普遍的法权原则包括这样的禁令,我们就无法使用意选的对象,无法使用这些对象达到所设定的目的。实践运用中理性的重要特点是工具和手段的推理和运用。由于我们的理性能力的发展需要一定的外在条件,比如上课需要教室、课桌等,因此如果我们无法使

---

① Kant, *Metaphysical of Morals*, Ed. and trans. Mary Gregor, Cambridge: Cambridge University Press, 1999, p. 41. 莎伦·伯德和约阿希姆·赫鲁施卡指出了格雷戈尔翻译的一个小错误。康德的原文是:"obgleich die Willkür formaliter im Gebrauche der Sachen mit jedermanns äußerer Freiheit nach allgemeinen Gesetzen zusammenstimmte."(Kant, *Die Metaphysik der Sitten*, Hambugr: Verlag von Felix Meiner, 1966, S. 52)格雷戈尔译为: "even though in the use of things choice was formally consistent with everyone's outer freedom in accordance with universal laws."(Kant, *Metaphysical of Morals*, Ed. and trans. Mary Gregor, Cambridge: Cambridge University Press, 1999, p. 41)后面一个从句使得读者觉得康德已经预设了他想要证明的东西:使用意选的外在的对象与他人的外在自由是一致的。但是 zusammenstimmte 可以作为 zusammenstimmen 的过去式,也可以作为虚拟式出现。格雷戈尔是以前面一种方式来翻译和理解的,但是如果把它翻译为虚拟式,即 "even if ... choice were formally consistent with everyone"就不会出现误解了。(参看 Lara Denis(ed.), *Kant's Metaphysics of Morals: A Critical Guide*, Cambridge: Cambridge University Press, 2010, p. 99)张荣教授的翻译是"虽然从形式上看,任性在使用物品时与每个人根据普遍法则的外在自由是一致的。"(康德:《道德形而上学》,张荣、李秋零译注,中国人民大学出版社 2013 年版,第 40 页)李明辉教授翻译为:"纵使就形式而言,意念在使用这些事物时,根据普遍法则而与每个人的外在自由协调一致。"(康德:《道德底形上学》,台北:联经出版事业股份有限公司 2015 年版,第 69 页)对比而言,把这个句子翻译为虚拟语气要更符合上下文意。
② B. Sharon Byrd and Joachim Hruschk, *Kant's Doctrine of Right: A Commentary*, Cambridge: Cambridge University Press, 2010, p. 114.

用这些对象,那么我们理性的能力就无法得到发展,甚至会受到伤害。如前所说,人性与自由的概念相关,自由体现为人具有设定目的的能力。我可以被他人强制去做某件事情,但是我无法被他人强制设定或者认同某个目的。因而这个禁令是对自由的伤害,与外在自由是不一致的。从而,康德得到他的结论——"纯粹实践理性就不可能包含使用该对象的任何绝对禁令,因为这种禁令将会是外在的自由与自身的一个矛盾"[①],可见所假定的命题1不成立。

康德在《纯粹理性批判》的方法论中提到,哲学的方法不能使用反证法,这是它与数学的区别。数学可以使用反证法,因为它是对概念进行先天的直观的构造,数学尤其是几何学有确定性,但是哲学的概念没有经验的基础,无法用经验来证实。使用反证法来获得确定的结论的前提是,把前提的每一个可能的结果都考虑到,这对于有限的理性存在者来说是不可能的。然而康德对普遍的法权原则使用了反证法进行证明,这与康德对法权论的规定有关。他认为,法权论不存在决疑论,因为它可以像几何学很精确地得到规定。法权论里的核心概念比如法权等是人的行动按照普遍法则的和谐一致,具有空间的含义,因而从这个角度来说,它是可以使用几何学的反证法的。

第二个方面的重构如下:康德解释了这个公设的作用:"人们可以把这个公设成为实践理性的许可法则(lex permissiva),它给予我们一个权限,这个权限是我们无法从一般法权的纯然概念中得出来的:这就是把一个责任强加给所有其他人的权限,这些人本来并没有这个责任,即放弃使用我们的任性的某些对象,因为是我们最先把这些对象纳入了我们的占有。理性希望:这个法则作为原理生效,更确切地说,作为实践理性生效,实践理性就是凭借这个先天公设来扩展自己的。"[②]之所以长篇引用这段话,是因为它很重要。康德在这里提出了"许可法则"的概念。许

---

① 康德:《道德形而上学》,张荣、李秋零译注,中国人民大学出版社 2013 年版,第 41 页。
② 康德:《道德形而上学》,张荣、李秋零译注,中国人民大学出版社 2013 年版,第 41 页。

可法则涉及法权原则的现实性问题,是一个很重要的概念,之后会详细讨论。就这里的占有概念的演绎而言,康德提出许可法则是为了扩展实践理性在外在行动中的运用,也就是扩展外在自由的概念。

康德在此处的许可法则起到演绎占有概念的作用。普遍的法权原则只是要求我们的自由与每个人的自由按照普遍法则能够共存,并没有给予我们占有外物的法权,同时也没有给予他人不侵犯我们的占有的义务。那么,这个原则并没有命令也没有禁止我们占有外物,因而,占有外物是一个仅仅许可的行动,处于通常我们所说的那种法则之外。从而,这个公设就是一个仅仅许可行动的法则,是"不允许使用意选的任何对象"的例外。它给予了我们能够做那些没有这个原则就不可能做某种事情的道德能力,通过这种能力,我可以把外物、他人的意选当作我的意选的对象。① 莎伦等很贴切地把它称为"赋予力量的规范"(power-conferring norm),认为它是"给予一个人做某事的合法力量"。②

实践理性的法权公设扩展了人的外在自由,使人具有占有其意选对象的能力。独立于他人意选的外在自由并没有赋予我使他人承担不能妨碍我的占有的义务的能力。因而,通过这个公设,我的自由不仅包含独立性,而且还包括获得我的意选的对象的能力。人的理性的本性具有设定目的的能力,尊重这种理性的本性要求我们尊重这种设定目的的能力。如果我的自由只是一种独立性,那么在获取外物时,我就可能被他人所阻碍或者依附于他人。由此我要么不能达到我选取的目的,要么为了达到目的,我就仅仅成为他人的手段,二者都会使我失去独立性与自

① 布兰特(Brant)认为这个许可法则区分了两组不同的意选的对象:(1)事物以及(2)他人的意选或者身份(status)。那么只有事物可以是无主的,因而许可法则只能运用到事物上。但是意选的对象包括这三者,不仅事物是可以无主的,而且他人的意选和人身也可以是无主的。比如没有人接受我的承诺,那么我的承诺就是无主的。在"采用物的方式的人身法权"中,在他人与之进入婚姻的关系之前,某人作为丈夫的身份是无主的。(参见 Lara Denis (ed.), *Kant's Metaphysics of Morals: A Critical Guide*, Cambridge: Cambridge University Press, 2010, p. 100)

② 参见 B. Sharon Byrd and Joachim Hruschka, *Kant's Doctrine of Right: A Commentary*, Cambridge: Cambridge University Press, 2010, p. 100。

由。设定一个目的必须拥有相应的手段,但是外在自由并没有直接给予我获得外在对象的权限,所以这个公设通过扩展人的自由为保障和促进人的理性能力提供了条件。

在理论理性领域中,概念加上经验性的直观才是可能的,而实践理性的法权公设恰好相反,经验性的条件必须被抽象掉,才能说明智性占有的可能性。由实践理性的法权公设可以直接得到一个义务:"要这样对待他人,使得外在的(可使用的)东西也能够成为任何一个人的'他的',这是一项法权义务。"①这个义务要求他人承认我有把我的外在的意选的对象当作是"我的"的法权。这个义务所反对的是,某人阻止我占有一个无主的对象,仅仅是为了使它成为无主之物。这个法权义务不涉及他人对我占有的阻碍,这是具体权利的问题,而涉及的是占有的可能性问题,即人的理性能力是否合法地具有占有外在对象的能力。

正如康德在《纯粹理性批判》中说明范畴在一般经验中运用的有效性后,接着说明范畴如何运用于经验。康德在第七节试图解决智性占有概念的运用问题。实践理性的法权公设的演绎说明了理知占有的可能性,理知占有是一个理性的概念,作为理性概念,它是完全独立于经验的。它与作为持有的经验性占有的概念是不同的,因而理知占有不能直接运用于经验性的持有概念。就像知性范畴运用于感性直观,必须借助时间图型一样,理知占有只能直接运用于知性占有的概念即拥有上,因为二者都抽象掉了时间和空间的经验性条件(可参照康德在《实践理性批判》中的纯粹实践理性的"模型论")。因而,说一个外在的对象是我的,不是从这个对象在时间和空间上不同于我的角度来说的,而是说虽然它区别于(unterschiedenen,distinct from)我,不属于我的身体的范围,但是它仍然属于我。

实践理性涉及按照自由的法则理性对意选的规定,那么法权法则只能运用到抽掉了经验性条件下的对象。由于只有知性的概念可以归摄到法权的概念之下,那么我们对外在对象的占有只能是以理知占有的方

① 康德:《道德形而上学》,张荣、李秋零译注,中国人民大学出版社 2013 年版,第 41 页。

式来思考。比如我占有一块土地,它意味着即使我离开了这块土地,我也拥有这块土地,任何人在未经我的同意下使用它都侵犯了我的法权,因为他人侵犯了我的理知的占有,我的理知的占有是我的自由的延伸。知性的占有表现了理知的占有,后者包括经验性占有概念的可能性,因为我合法地控制了一个东西蕴含着我持有它也是合法的。因而康德认为:占有概念"这样一种立法就包含在'这个外在的对象是我的'这一表述之中,这是由于在这种情况下,所有其他人就被强加上一种他们本来不具有的责任,即放弃对这个对象的使用"①。

　　外在的对象是"我的"在于,根据理知的占有,我的意志与这个对象的法权关系,而不是因为我的身体占据了一块土地,这个土地就是我的。如果只是后者,那么我占有的只是我自己的身体,而不是这块土地,占有我的身体属于我的内在法权。如果按照通常的看法,我的持续占有是占有的可能性条件,那么这种持续占有要么使我只是具有内在的法权,因为我只对我的身体才具有持续的占有,从而使外在的占有不可能,这违背了实践理性的法权公设,要么当我离开我的某个外在对象时,为了依然占有这个对象,需要我在同一个时间在两个不同的地方,它违背了同一律。因而,占有的关系只是建立在非感性的占有的基础之上。这同样也适用于我接受一个承诺的情况。我占有承诺者的意选的法权,不能因他在不同的时间做出了相反的承诺而被取消。因为这种占有是一种非感性的占有,不依于经验性条件,承诺者不能在同一时间做出相反的承诺。

　　理知的占有基于法权和义务的关系。通过它,我使他人承担了相应的义务,而义务来自普遍的法权原则,即"如此外在地行动,使你的任性的自由应用能够与任何人根据一个普遍法则的自由共存"(上引)。它要求责任具有普遍性和交互性,我要求他人承担不侵犯我的占有的义务与我同时能够侵犯他人的占有是不一致的。因而,我使他人承担放弃我的

---

① 康德:《道德形而上学》,张荣、李秋零译注,中国人民大学出版社 2013 年版,第 48 页。

意选的对象的义务的同时,他人也要求我承担同样的义务。否则,这就违背了普遍的法权原则。法权义务以外在的立法为基础,其动机来自外在的强制,因而需要一个立法者。但是这个立法者不能是单个意志,因为单个意志的非社会性,其会侵犯他人的自由,使占有不具有稳定性,而成为随意的。这个立法者的意志只能是一个普遍的意志,只有通过这个普遍意志的强制,才能使每个人都处于交互的强制之中,占有才得以可能。因而,只有在一个合乎法权的状态之下,才能有外在的"我的"和"你的"。

  洛克从自然法的角度说明所有权。在《论政府》第五章"论财产"的开头,他指出,从我们的自然理性来说,"人类一出生就享有生存权利,因而可以享用肉食和饮料以及自然所供应的以维持他们的生存的其他物品"[1]。人是有理性的存在者,它可以为了生活的便利和舒适来使用世界上所存在的任何事物。这种使用是一种一般意义上的占有,即人可以使用世界上的任何一个事物。通常说的财产权是对具体事物的占有,即只有我可以使用这个事物,未经我的允许,他人不得使用。洛克诉诸人的劳动来说明这种具体的占有。在他看来,"既然劳动是劳动者的无可争议的所有物,那么对于这一有所增益的东西,除他之外就没有人能够享有权利"[2]。我是自由的,是自己的主人。当我对一个无主之物施加劳动时,由于劳动是我的理性能力的延伸,因而这个物品就属于我。劳动无疑是理性能力的一种表现方式,对事物施加了劳动,正是人的理性能力的体现。然而,为什么我的劳动可以让他人承担承认我的财产的义务?这个问题等同于,我的劳动为什么是我的理性能力和自由的延伸?无疑,洛克只是从自然法推出人具有财产权,而没有给自然法的这个观点提供一个合理的基础。康德批判了以洛克为代表的古典的劳动价值学说,认为这只是一种"归于暗中起作用的欺骗,亦即使物品人格化"[3]。康德的批判点在于,劳动价值论把权利(法权)和义务的关系实际上看作人

① 洛克:《政府论》(下篇),瞿菊农、叶启芳译,商务印书馆 2017 年版,第 17 页。
② 洛克:《政府论》(下篇),瞿菊农、叶启芳译,商务印书馆 2017 年版,第 18 页。
③ 康德:《道德形而上学》,张荣、李秋零译注,中国人民大学出版社 2013 年版,第 62 页。

与事物的关系,而忽略了它们的关系实质上是人与人的关系。如果财产权是人与事物的关系,那么我对事物施加劳动,事物就承担了对我的责任。然而财产权实质上是人和人的关系,当我们占有某物时,我们实际上是在宣称,他人承担不侵犯我的这种占有的义务。不过,康德并没有说,劳动不能使得行动者获得一个对象,而是强调它无法说明这种占有的可能性。

从前面康德对占有的演绎可以看出,经验性的占有在时间和空间之中,但是它的有效性以理知的占有为基础,后者的可能性在于实践理性的法权公设。这种公设扩展了人的理性和自由能力,使得我们能够占有一个对象。我对一个无主之物施加劳动,我能够把它看作是我的,是因为它可以作为我的意选的对象,我的劳动虽然是处于经验世界之中,但是劳动所体现的理性的能力却是超越经验的,不受时空条件的限制。因而,当我耕种一块无主之地,这块土地可以看作是我的。因为按照实践理性的法权公设,我可以使用我的意选的对象,并且使得他人承担不侵犯我的对象的义务。从这个角度来说,康德对占有概念的演绎为洛克的自然法奠定了一个理性的基础。洛克从自然法的角度出发,认为人生来就具有生命、财产和自由的权利。他没有对这个观点做出进一步论证。康德提出实践理性的法权公设,论证了自然法所强调的财产权如何是人的一种基本的权利。[①]

康德对占有概念的演绎,可以看作从意志的形式性方面转向到质料性方面。因为意志的自我立法是形式的,亦即对意志的准则的普遍性要求。这种形式性如何具有质料,这是康德的占有概念所解决的问题。通

[①] 瑞波斯坦(Arthur Ripstein)对洛克作出这样的批判:通过劳动,你对某物施加了影响,但是这并没有建立起你对此物的法权。比如,你美化你的庭院,增加周边地区的财产价值,你的邻人可以利用这些影响,但是他们没有必要为此付费,因为"他们并没有剥夺你对某物已有的财产权"。(Arthur Ripstein, *Force and Freedom : Kant's Legal and Political Philosophy*, Cambridge : Harvard University Press, 2009 : 102)他误解了洛克,洛克强调通过劳动所建立的财产权是以一个无主之物为对象。康德并不是说劳动就无法确立起所有权,而是在探讨劳动为什么可以确立起所有权。从这个角度来说,康德给古典的劳动价值论奠定了理性的基础。

过这个演绎,他把自由和意志对外在对象的使用结合起来,即自由的存在者具有使用外在对象的法权。黑格尔在说明占有概念时,没有采用康德的这种演绎方式,而是通过分析人格的概念来推理的。在黑格尔看来,人格本身就是自由的,这种自由体现在两个方面:第一,它具有一种自然的实存,即它与自己身体的关系;第二,它与外部世界的关系。第一个方面是确定无疑的,即人格拥有自己的身体。就第二个方面而言,人格本身有利用外在对象的法权,因而"人格有权把他的意志置入任何事物中,凭此物是我的,达到其实体的目的,因为物在自己本身之中不具有这样一种目的以及包含我的意志的它的规定与灵魂,——人对一切事物[有]绝对的据为己有的权利"①。人格有使用外在对象的法权,这是人格概念的自由的体现。因为自由意味着它不仅能够使用它的身体,而且也能够使用外在的对象。"为了取得所有权即达到人格的定在,光有某物应该是我的这个我的内在观念或意志是不够的,此外还须取得对物的占有。"②仅仅停留在我拥有使用外在对象的观念是不够的,必须上升到占有。占有是这种观念的客观化,即我确实具有使用某种事物的权限,同时他人承担不干扰我使用它的义务。这是人格的自由的现实化和客观化。也就是说,人格的自由如果不具有占有外在对象的法权,那么它就只是抽象的。占有使得人格变得更加具体。

可见,康德和黑格尔对所有权的解释体现了不同的路向,黑格尔的理解可以看作是一种解释学的方式,即对人格的自由的综合性理解需要有占有这个必然性的环节。康德的是一种先验论证的方式。前者回答,人格的自由包含着什么? 后者回答,人格的自由为什么需要有占有? 从某个方面来说,黑格尔对所有权的理解是以康德对占有的演绎为开端的。康德把理性和自由与占有联系起来,理性的存在者具有自由的能力,这种能力的维护和发展需要他占有外在的对象。这为黑格尔从人格

---

① 黑格尔:《法哲学原理》,邓安庆译,人民出版社 2016 年版,第 96 页。
② 黑格尔:《法哲学原理》,邓安庆译,人民出版社 2016 年版,第 106 页。

的自由内在地发展出自由奠定了基础。

（二）具体的私人法权

实践理性的法权公设赋予我把我的意选的外在对象当作"我的"的能力，从而我可以占有一个外在的对象，即使不持有它。我占有这个对象，就能把它当作达到我的意选目的的手段，这是维护和发展我的理性的能力的必要条件。但是它还需要进一步说明这种占有如何与具体的外在对象相关，这就涉及具体的外在对象，因而仅仅对占有的演绎还不是获得外在对象的充分条件。康德规定了获得的方式，然后进入了具体的法权义务。

康德指出："如果我使得某种东西成为'我的'，我就获得了它。"存在两种基本的获得方式，其中一种是不需要任何的法权行动就可以获得的，即"源始的'我的'"，它"是即便没有一个法权行动也是'我的'的那种外在的东西。但是一种获得源始地就是那种并非从一个他人的'他的'中派生出来的获得"①。不需要我的任何行动我就可以获得的东西是我的外在的自由，即我的自由的法权，因而，只有自由才是源始的"我的"。那些并非源始的"我的"需要行动者的行动，但是也可以源始地获得，也就是说它不需要从一个他人那里获得某物。这种并非源始的获得是指必须在一个共同体（communio）中才能获得，这个共同体的状态只能通过相应的法权行动才能获得，因而外在的"我的"不能是源始的"我的"，虽然可以源始地获得，即它不是来源于他人的占有。

在康德之前，格劳秀斯已经提出共同体的概念。格劳秀斯的共同体类似于自然状态。在他看来，存在着一个原初的共同体（primitive community）。上帝创造了世界后，赋予人以支配低等生物的权利，"结果，每个人都能够立刻获得他希望得到的任何东西，并且能够使用他有

---

① 康德：《道德形而上学》，张荣、李秋零译注，中国人民大学出版社 2013 年版，第 52 页。

能力使用的东西"①。在这种共同体中,人可以做想做的任何事情,可以获得自己想获得的任何东西,同时任何人都不能非法地拿走他人已经获得的东西,除非通过不正义的行动,这种普遍的法权有利于保护人的财产所有权。如果人一直坚持这种极其简单(great simplicity)的生活方式,那么这种原初的状态会一直持续下去。但是在人吃了善恶果,明白了善恶以及知道更多的知识之后,他不愿意继续这样的生活方式,由此以往的和谐被打破,人们相互斗争,进入一种战争状态,"由于缺乏正义和仁慈,真正的分配正义无法被遵守"②。在战争状态中,人们的所有物都难以得到有效的保存,因而我们知道,要使得事物成为我们的所有物,这个过程不是通过一个意志的行动。因为任何人都不知道别人想获得什么,而是需要通过大家相互的同意,"实际上,一旦共同体的关系被抛弃,分配还没有建立起来,那么一个人所占有的任何东西都应当是他的财产,这必须假定为所有人同意了的"③。只有大家都承认其他人已经获得的东西,自己已经获得的东西才可以得到更好地保存。

康德在大学讲解自然法(Naturrechte 或者自然权利)的课程时,使用的就是阿亨瓦尔的教材。阿亨瓦尔批评了格劳秀斯的原初共同体的学说。在阿亨瓦尔看来,所有的人都同意一个人通过强占一个未被使用的物品,那个人就拥有这个物品的所有权,是一个虚构。因为这种获得财产的同意的方式在现实中不可能发生。行动者带着得到某个未被使用的物品的意图,占有了它,这就足以获得一个未被使用的物品的所有权。④ 康德继承了他对格劳秀斯的批判,"即使人们(或然地)设想一种源

---

① J. B. Schneewind (ed.) , *Moral Philosophy from Montaigne to Kant* , Cambridge: Cambridge University Press,2003, p. 104.

② J. B. Schneewind (ed.) , *Moral Philosophy from Montaigne to Kant* , Cambridge: Cambridge University Press,2003, p. 105.

③ J. B. Schneewind (ed.) , *Moral Philosophy from Montaigne to Kant* , Cambridge: Cambridge University Press,2003, p. 105.

④ 参见 B. Sharon Byrd and Joachim Hruschka, *Kant's Doctrine of Right : A Commentary* , Cambridge: Cambridge University Press,2010, p. 126。

始的共联性(communio mei et tui originaria)['我的'与'你的'源始的共联性],它也毕竟必须与初始的共联性(communio primaeva)区别开来,后者被假定为在人们中间有法权关系的最初时间建立起来的,并且不像前者那样能够建立在原则上面,而是只能建立在历史上面,此时,后者毕竟总是被设想为获得的和派生的[communion derivative(派生的共联性)]"①。即使要设想某种原初的共同体,也不能把它想象为在最初的时间里所建立的共同体,而应该理解为原则上的共同体。另外他也批判了阿亨瓦尔认为一个单一的意志可以建立起对物品的所有权的观点。因为所有权表达的是法权和义务的关系,这种关系只能够存在于人和人之间,在人和物之间不存在法权和义务的关系。一个单一的意志占有了一个意选的对象,这不可能使他人承担相应的责任。要使得他人承担起责任和义务,就需要加入某种其他的因素,比如共同体的同意之类的。同样,类似的问题也存在于原初的共同体中。如果这种共同体是出现在历史中的事件,那么这个在先的行动如何能够使得后代承担遵从它的义务的问题,与单一的意志如何使其他人承担责任的问题是一样的。因而康德用源始的共同体的理性概念取代了原初的共同体概念,前者必然会产生一个"普遍的和强有力的意志",这种意志使得外在的获得成为可能。

如何获得外在的对象呢? 获得外在的对象的原则包括:① 依据外在自由的原则,我把某物置于我的控制之中;② 按照实践理性的法权公设,我能够使某个对象成为我意选的对象,我可以使用它;③ 不违背一个可能的共同的普遍意志的理念,我下决心使它成为我的。因而,源始获得就包括:① 占据(die Apprehension)一个不属于任何人的对象,强调"不属于任何人"是因为假如占据一个有主的对象,就违背了他人的外在自由。这种占据对象的行动发生在时间和空间中,因而它是一种现象的占有;② 标明(die Bezeichnung),我把我对这个对象的占有公之于众,向他人宣布我的占有,以此让他人承担起尊重我的占有的责任;③ 归己(die

---

① 康德:《道德形而上学》,张荣、李秋零译注,中国人民大学出版社 2013 年版,第 52 页。

Zueignung)，通过一个普遍立法的共同意志，每个人有责任同意我的占有，这是一种具有现实立法意义的占有。从以上三个要素可以看出，"这个外在对象是我的"体现了从经验性占有一直上升到理知的占有的过程。康德认为：这是因为获得外在的对象是人与人之间的法权的关系，法权是纯粹理性的概念，因而，我们可以排除经验性要素说明占有的有效性。

对外在的意选的对象的源始获得称为强占（Bemachtigung），这只能发生在有形体的事物上，即只有占有外在的对象才可以在时间上先于他人占有该对象。对外在对象源始的占有是单方面意选的后果，而契约需要双方的意选的结合，因而它不能是源始的获得，否则就违背了他人的外在自由。按照不同的方式，康德对获得外在对象进行了划分：① 从质料来看，按照关系的范畴，我所获得的是一个有形的事物（对应于实体和属性），或者他人的行动（对应于因果性）（die Leistung）以及对一个人格的占有（对应于交互性）。这三种对象体现了人在设定目的时获得手段的三种方式：把外物当作达到自己所设定的目的的手段、把他人的行动当作达到自己的目的的手段以及占有他人的人格，康德对这几种方式提出一些规范性的要求；② 从形式来看，分为物品法权、人身法权以及采用物的方式的人身法权；③ 从获得的法权的基础来看，这种获得要么是通过单一意选的行动，要么是双方的意选的行动以及全面的意选的行动。这些划分也是康德划分具体的私人法权下的义务的标准。通过前面对法权的义务划分原则的探讨，法权的义务是以不伤害他人为原则的，因而它们是以否定的方式表述出来的。

1. 物品法权

按照对获得外在对象的划分，康德首先探讨的是关于物品的法权，或者说在一个物品中的法权。在法权论中，法权（权利）和义务是对应的，他人有对物品的法权，我就承担不侵犯他人物品的法权的义务。责任具有普遍性和交互性，他人也有不侵犯我的物品的义务。基于《道德形而上学》相关部分，笔者对康德的论证做出如下重构：由于法权在于人格之间的外在关系，因而康德批评了传统的物品法权的定义，确立起他对物品法权的定义；康德把获得土地看作是物品法权的首要因素，并从人的外在自由和地球的形状推出获得土地是一种源始的法权；以之为基础，康德说明为了维护人的理性能力，必须要获得具体土地，需要一个先天的普遍的意志；对土地的源始的获得是一个先天综合命题，其可能性在于它是一种理知的占有。从而，物品法权是建立在外在自由的基础之上的，与之相对应的法权义务正是为了维护我们的理性能力，即设定目的的能力。

（1）物品法权（Sachenrecht）通常被定义为"它是反对该物的任何占有者的法权"①。康德认为这只是一个名义定义，并不能说明物品法权的本质。从这个定义出发，康德进一步质疑：是什么使我能够重新获得我失去的物品，尽管他人已经持有了它？在这个法权中，我的意选是与一个有形的物体有直接的法权关系吗？如果按照传统对物品法权的定义，那么即使第一个占有者不再占有这个物品，这个物品依然反对其他的占有者，对第一个占有者承担义务。因而，他可以重获这个物品的法权。康德讽刺地说："我的法权就像是一个陪伴着物品、保护它不受任何外在侵袭的守护神一样，总是把外来的占有者指引向我。"②在康德看来，义务和法权体现的是理性存在者之间的关系，那么按照传统的定义，物品法权是人与物之间的法权和义务关系，在康德看来，这是荒谬的，在人对物品的占有中，人和物只具有一种间接的关系。③

由此，康德提出了物品法权的实在定义："在一个物品中的法权就是对我和所有别人都处于其（源始的或者建立起来的）共同占有之中的一

---

① 康德：《道德形而上学》，张荣、李秋零译注，中国人民大学出版社 2013 年版，第 54 页。
② 康德：《道德形而上学》，张荣、李秋零译注，中国人民大学出版社 2013 年版，第 55 页。
③ 如前所说，洛克把财产的获得看作是人格的延伸。在洛克看来，人对自己具有所有权，那么其劳动的产品就是这种所有权的延伸。但是在康德那里，人作为自己的主人，并没有使他具有直接地获得财产的能力，这种能力需要实践理性的法权公设（许可法则）来获得。更重要的是，物品法权体现为人与人之间的法权和义务的关系，是一种理性的关系。我对外在物付出了劳动，并不一定使他人承担起不侵犯我的劳动产品的义务，因而洛克的定义并没有建立起财产权。

个物品的私人使用的法权。"①康德说的这种共同占有,是承认自己和他人的权利的前提。只有我们对物品处于共同占有之下,私人的占有才是被大家承认的,所以只有在这种共同占有中,他人才有不侵犯我的物品法权的义务。具体来说,物品法权体现的是人和人之间的外在的关系,需要人们形成一个共同体。否则当我不占有这个物品时,他人占有和使用这个物品将不会伤害到我。原因在于:我作为单个意志无法使他人承担起放弃使用这个物品的责任,除非在一个所有人的意选结合起来的共同意志中,这种责任才是可能的。因而,物品法权必须在共同占有的条件下才是可能的,它表现为我和其他占有者之间的法权和义务的关系。

上面对物品法权的定义和论述是从 Recht 作为权利的角度来说的,从 Recht 作为法则而言,物品法权被看作"涉及物的'我的'和'你的'一切法则的总和"②。如果这个世界上只存在着一个人,那么他只有内在的"他的",即他有内在的自由,而不具备把物品看作"他的"的条件。因为他作为人格与物之间不存在法权和义务的关系。比较显著的例子就是《鲁滨孙漂流记》,鲁滨孙独自在一个荒岛上,他可以随意地使用岛上的物品,这些物品都是他的,但是他并没有对这些物品的法权(权利),同时这些物品也不可能对他承担责任。只有在星期五加入了这个荒岛之后,他才有可能建立起对物品的法权,即他具有使星期五承担起放弃使用这些物品的法权(权利),同时星期五也承担相应的义务。这样他与星期五之间就产生了法权和义务的关系。因而,康德认为:"在本真的和字面的意义上来理解,在一个物品中也就不存在任何(直接的)法权,而只有反对一个与所有其他人(在公民状态下)处于共同占有中的人格而应当归于某个人的东西,才能这样被称谓。"③

第 17 节康德对财产的说明可以让我们进一步理解物品法权。康德认为,财产(Eigentum,property)即"外在对象在实体上是某人的'他的',

---

① 康德:《道德形而上学》,张荣、李秋零译注,中国人民大学出版社 2013 年版,第 55 页。
② 康德:《道德形而上学》,张荣、李秋零译注,中国人民大学出版社 2013 年版,第 55 页。
③ 康德:《道德形而上学》,张荣、李秋零译注,中国人民大学出版社 2013 年版,第 55 页。

它就是这个人的财产"①。Eigentum 的主干是 Eigen，是自我的意思，词尾的 tum 是名词后缀。从这个词的构造来看，财产所表达的就是自我的名词化。按照黑格尔的说法，财产是自由的定在，即财产是自由实现出来的方式，使自由具有客观性。回到康德对财产的定义，实体与属性是结合在一起的概念，占有实体，也就拥有依附于实体的属性，因而我把某物当作我的财产，意味着我无需他人的同意就可以随意地使用它，把它当作达到我所设定的目的的手段，他人对它的侵犯阻碍了我设定目的的能力，侵犯了我的外在自由。这就引出了另外一个问题：我可以把自己仅仅当作达到我所设定的目的的手段吗？康德给出否定的回答，因为人具有人格性的禀赋，他有对自己的义务，不能把自己当物一样随意地使用。因而我们是自己的主人，自己立法，但不是自己的所有者，自己不能随意地放弃自我立法的资格。这是康德打破传统对外物的占有的划分，而加上了"采用物的方式的人身法权"的原因。

（2）康德把物品法权看作是在一个共同体之下，人与人之间的法权和义务的关系。他继承了传统的看法，认为物品法权最重要的是获得土地。与理论哲学相似，在实践哲学中，土地之上可活动的东西可以看作依存于作为实体的土地的属性。因而，如果没有正当地获得土地，那么也就不能正当地占有土地上活动的东西。

外在自由是所有具体法权的限制性条件。由于地球是类似球形的，不是无限扩展的，因而土地资源是稀缺的，人的外在自由需要人占有一片土地。这里对土地的占有是一种先于任何法权行动之前的源始占有，不是"获得的、持续的占有的那种驻地"，而是"自然或者偶然（无须他们的意志）把他们置于的地方"。② 当我站在一片土地上时，如果我没有占有这片土地的权利，那么他人就可以随意处理我。比如把我推向别的土地上，以此类推，直到把我推到海洋为止。很显然，这种行动违背了我的

① 康德：《道德形而上学》，张荣、李秋零译注，中国人民大学出版社 2013 年版，第 56 页。
② 参见康德《道德形而上学》，张荣、李秋零译注，中国人民大学出版社 2013 年版，第 56 页。

自由的内在法权。因而,任何人都有对不是具体的,而是一般的土地的法权,这是他的外在自由的内在法权和地球的形状所必然要求的。康德认为,假如地球不是一个球形,而是一个无限制的平面,人们可以老死不相往来,这种对一般土地的法权就可以不存在。人们生活在封闭的球形的地球上,不得不交往,人的非社会性使得他们总是处于某种敌对的状态之中,因而人的外在自由需要他具有对一般土地的法权。比如我站在这里,他人不能把我推到其他地方。康德在此提出的所占有的土地不是某块具体的土地,而是一般的土地,具有随意性,甚至偶然性。比如我恰好在某地,即使这块土地是他人所合法占有的,我也拥有对它的法权。这个法权也可以看作目前国际法权中的宾客法权的基础。

地球是球形的不仅使人有先于任何法权行动而对某片土地的源始法权,而且也使我们组成一个源始的共同体。依照康德,地球的形状使它的表面是统一的,人们之间的相互交往总是可能的甚至是必要的。因而上述人对土地的占有是一种共同的占有,这种占有使得人们进入一个共同体之中。如果地球是一个无界限的平面,人们之间分散得如此远以致他们能够不交往,那么人们就不会形成一个共同体。这种源始的法权是直接由人的外在自由的内在法权获得的,因而这种共同体是一种先行于任何法权行动的源始的共同体。需要注意的是,它不同于作为历史假设的原初的共同体,而是一个理性的概念。① 前面说过,获得物品法权的条件是在一个共同体中,那么这个源始的共同体为物品法权提供了基础。

---

① 克里斯蒂安·屈尔(Kristian Kühl)提出了一个问题:"我们能够认为财产以及一般的法权不仅来源于保存外在自由的必然性,而且也来自'事物的本性',即人类作为地球居民的给定的条件以及环境这样的事实吗?"(Karl Ameriks and Höffe, *Kant's Moral and Legal Philosophy*, Ed. Otfried, Trans. Nicholas Walker, Cambridge: Cambridge University Press, 2009: 237)他在文中没有回答这个问题。在笔者看来,基于康德的立场,我们可以回答如下:维护外在自由的现实性和必然性正是来自人居住在作为封闭的球形的地球上。因为人们的处境使得他们相互交往,然而人的非社会的社会性使他们在交往中相互对抗,破坏自己和他人的外在自由。所以,保存外在自由在现实上是具有必然性的。假使如康德所设想的那样,人所居住的是一个无限制的平面,人与人可以避开交往,那么人虽然有非社会性,但是这种非社会性无法表现出来,就不存在对抗,也就没有保存外在自由的现实的必要性了。

　　但是,这种对一般土地的源始的共同占有可以真正维护人的外在自由和促进人的理性能力吗? 康德给出了否定的答案。他认为:"所有的人都源始地处在对整个地球上的土地的共同占有之中,具有天生应归于他们的意志(每一个人的意志)来使用这土地,由于一个人的任性与另一个人的任性天然不可避免地对立,如果不是这意志同时包含着任性的法则,按照这法则能够给每一个人规定在共同的土地上的一种特殊的占有的话,这意志就会取消对这土地的一切使用。"①在源始的共同占有中,土地属于所有人,人们为了达到自己的目的可以无需他人的同意来使用它们。由于人的非社会性,人们在使用一般土地时必然会出现对抗和冲突,这些对抗和冲突甚至使使用土地成为不可能,使他人和自己都不能达到其所选择和设定的目的,从而破坏了自己和他人的自由。因而,必须存在着对具体土地占有的法权,存在着划分土地以及规定获得具体土地的使用的法则。由于这种法则以基本的法权原则为基础,因而它就只能出于一个"先天地联合起来的、绝对颁布命令的意志"。只有这个意志才能依照普遍的法权原则来规定对土地的具体占有,使人们在占有具体土地,获得我们通常所理解的财产权时,不会违背他人的法权。这样的意志只能在一个合乎法权的社会中产生,因而进入一个合乎法权的社会是一个义务。②

---

① 康德:《道德形而上学》,张荣、李秋零译注,中国人民大学出版社 2013 年版,第 60 页。

② 康德在这里提到包含着意志的法则的"这个意志",它指的是一个共同体的意志。莎伦·伯德和约阿希姆·赫鲁施卡给我们提示了一些历史背景。他们指出康德受到阿亨瓦尔的影响,在阿亨瓦尔看来,社会与人格相似,二者具有一个意志,这个意志就是社会的目标。(参见 Byrd B. Sharon and Joachim Hruschka, *Kant's Doctrine of Right : A Commentary*, Cambridge: Cambridge University Press, 2010, pp. 132 - 133)上面提到的源始共同体就具有一个意志。由上引文得知,人具有非社会性,为了维护人的自由,这个意志的目标就是划分具体的土地。由此,我们可以把接下来的一句话理解为确定这个意志的类型:"aber das austeilende Gesetz des Mein und Dein eines jeden am Boden kann nach dem Axiom der äußeren Freiheit nicht anders als aus einem ursprünglich und a priori vereinigten Willen." (Kant, *Die Metaphysik der Sitten*, Hambugr: Verlag von Felix Meiner, 1966, S. 79)如果划分具体土地的法则符合法权的原则的话,那么这个意志只能是一个"源始地和先天地联合起来的意志"。

（3）在说明了获得具体的土地的原则之后，他指出对土地源始地获得只能是强占（Bemachtigung，take control of）。按照前面对获得外物的原则的说明，可以分为三步：① 强占这个对象，发生在时间和空间之中，即占领（Besitznehmung，take possession），按照康德的说法，持有一个空间中的外在有形对象是占领，只有在时间在先的条件下，占领才符合法权的普遍原则。因为把一个对象看作是"我的"，把它归为自己的东西，这种源始获得只能是单个的意志。单个的意志在时间在先的前提下所获得的东西就是强占，因而"通过单方面的意志对任性的一个外在对象的获得就是强占"①。② 实践理性的法权公设直接保证了这种获得方式的可能性。按照实践理性的法权公设，我能够把我的意选的对象看作是"我的"，强占这个对象，只要不违背他人的法权，这个对象就能够是我的。③ 前面两个都处于自然状态中，只有通过一个先天的普遍的联合意志，这种强占才能够真正成为"我的"。通过这个意志的立法，使得对土地的源始获得成为可能。②说明的是可能性，③说明的是现实性。

源始的获得是在一个源始的共同体中对外在对象的强占。这种占有服从经验性条件，我占有的是一个在时空中的经验的对象。然而问题依然存在，当我离开这个对象时，他人为什么有不占有这个对象从而侵犯我的法权的义务呢？因而，康德认为，占有某个外在于我的对象，是一个先天综合命题，其有效性仍然需要演绎。通过说明这种源始占有是一种智性占有，康德证明了它的可能性的。

由于外在的"我的"和"你的"的法权概念是一个理性概念，那么其中的"外在于我"就不是经验性的，不是指与我不同的地方。由于理性的概念无法直接运用于经验，需要纯粹知性的概念作为中介，据此后者才能够直接归摄到它之下，那么"外在于我"就只是表示与我不同的某物，即异于我的某物。因而外在的"我的"和"你的"并不意味着一个经验性的占有，而是使外在对象处于我的控制之中的知性占有。在物品法权中，

---

① 康德：《道德形而上学》，张荣、李秋零译注，中国人民大学出版社 2013 年版，第 57 页。

如果抽象掉占有的经验性条件,即人和物在时空中的关系,那么剩下的就是在一个共同体中人与人之间的法权和义务的关系。这种关系体现在:所有人都承担着对占有这个物的人的义务,只要他的意志符合法权的普遍原则,没有侵犯他人的法权。因而,我对外物的占有尽管是一个经验的对象,但是在这种经验的关系背后却是对这个对象的理知的占有。所以当我离开这个对象时,尽管在经验上我并没有占有这个对象,但是他人依然承担不能侵犯它的义务。因为他人的这种行动是对我的法权的侵犯。

2. 关于契约的法权

物品法权涉及的是人使用外在的事物,人与人的交往还包括人把他人的行动当作自己的意选的对象,比如承诺。从理性的概念来说,理性的能力不仅包含着使用外物的能力和权限,而且还需要有把他人的意选当作达到自己目的的手段的能力。因而维护和发展自己的理性能力,不仅需要获得外物,还必须能够通过契约对他人的行动拥有法权,从而获得他人的"他的"。这与现代社会的分工有关,也是理性的要求。康德的人身法权(Vom personlichen Recht)就是讨论这个问题。[1] 在康德那里,基本的论证重构如下:首先,通过实践理性的法权公设,人身法权是可能的,同时它也是一种普遍的法权,即不仅使对方承担不得违背契约的责任,而且也要求其他人有不妨碍契约的义务;其次,人身法权的现实性,即通过签订契约产生,这就要求在一个共同的意志中;最后,这个法权的必然性在于它维护人的外在自由和设定目的的能力。

人身法权是指:"对他人任性的占有,作为通过我的任性规定他人的任性去采取某种行动的能力(就一个他人的因果性而言的外在的'我的'和'你的'),是一种法权(我对同一个人格或者对他人可能拥有多种这样

---

[1] 在英文中是"contract right"(契约法权),李秋零和张荣教授翻译为"人身法权"(康德:《道德形而上学》,张荣、李秋零译注,中国人民大学出版社 2013 年版,第 64 页)李明辉教授翻译为"人格权"。在康德那里,人身法权对应的是传统的"契约法权"。但是,它被赋予了新的含义,即这种法权是对他人意选的占有,因而,翻译为"人身法权"更合适些。当然,如李明辉教授那样翻译为人格性也可以。

的法权);但我据以能够处在这种占有之中的法则的总和(系统),则是人身法权,它只是一种独一无二的法权。"①作为一种与责任对应的道德能力,人身法权是我对他人意选的占有,即我具有能够规定他人意选的能力。如果 A 承诺在将来的某个时间通过交换给予 B 某个物品,那么,B 就占有了 A 的意选。问题是:这种占有如何是可能的?

按照实践理性的法权公设,我的的任何对象,我都可以把它看作"我的"。通过它,我被赋予了占有外在对象的正当的法权。在契约中,当 A 向 B 作出了承诺时,那么 A 的意选(而不是某种外在的对象)就是 B 的意选的对象,从而,B 可以把 A 的意选看作是"他的",这是一种理知的占有。与物品法权相似,这个公设也赋予了任何他人不妨碍 A 和 B 之间的契约的义务。因而,人身法权是一个普遍的法权,与之对应的义务既包含着承诺者履行契约的法权义务,又包含着他人不得妨碍契约的法权义务。如果只有参与契约的双方遵守契约,其他人却破坏它,那么这种情况也会导致契约的不可履行。

源始地获得外在物品能够是单个方面意志的强占,但是,契约的签订是双方意选的行动,它必须在双方的共同意志中才是可能的,否则就违背了他人的外在自由。同时,在契约中,我按照普遍的法权原则规定他人的意选,通过这种规定,我所获得的是他人的"他的"。这种获得不能通过对方放弃"他的"(所有物)而得到,因为如果放弃了"他的"(所有物),这个所有物就不处于对方的控制下,从而对方放弃了对这个物品的占有。它可能导致两种情况:要么这个物品是无主的,这将会违背实践理性的法权公设,要么第三者可以源始地获得这个物品,而不会侵犯他人的法权,这使契约变为不可能。因而契约不能是源始的获得,而只能在一个共同意志中。

在共同意志中的这种获得只能通过转移(Übertragung),因而物品总是处于契约双方中的一个人的控制之下。当一个人放弃相应的物品,

---

① 康德:《道德形而上学》,张荣、李秋零译注,中国人民大学出版社 2013 年版,第 64 页。

对方接受了这个物品，那么，这个物品成了另一个人的"他的"。康德认为："自己的所有物转移给一个他人就叫转让。一般而言一个人的'他的'通过两个人格联合起来的任性的行动而过渡给他人，这种行动就是契约。"①在这个定义中，转让要求承诺者和接受者的意志结合起来，形成一个共同的意志，双方的法权和义务才能得以确立起来。但是这面临着困难：在现实中，契约的签订和履行总是在不同的时间，承诺者做出承诺和履行承诺在前后不同的时间，这就导致在这段时间内，履行承诺者似乎有理由改变主意，认为不受契约的约束。

为了解决这个问题，康德诉诸"先验演绎"。通过"先验演绎"，我获得了他人做某种行动的意选。虽然签订契约的行动是在时间中进行的，是经验性的，但是它所表现的是法权和义务的关系，这种关系是智性的，因而它是超越时间的。这种智性的关系通过一个理性的普遍立法的意志体现为一种抽象掉了任何经验性条件的智性的占有。那么，在契约中，承诺和接受虽然是发生在不同时间的行动，但它们是被一个共同的意志所规定了的法权和义务的关系。因而，它是可能的。这个先验演绎说明契约如何是一种智性的关系，康德指出它是说明契约的可能性的唯一方式。另外一个问题是，我们为何要遵守契约？遵守契约是一个定言命令，它的规范性是无条件的，是一个不需要进一步论证的"理性的事实"。

遵守契约的法权义务对维护和促进人的自由是必要的吗？前面说过，维护和促进人的自由的能力需要物品法权的有效性。然而人的生活方式是多样的，只有物品法权，还不足以保障人的自由能力。正如康德在《奠基》中所认为的："一切行当、手工业、技艺都由于劳动分工而获益，亦即不是一个人什么都做，而是每个人把自己限定在某件在操作方式上与别的工作有明显不同的工作上，以便能最完善和更轻松地完成这项工

---

① 康德：《道德形而上学》，张荣、李秋零译注，中国人民大学出版社2013年版，第65页。

作。"①近代斯密提出社会分工理论之后,社会分工已经成为思想家们思考问题的一个重要的语境。如果只有物品法权,每个人在设定和选择目的时就都只能使用他已经占有的物品,而不能获得他人的物品。由于社会的分工,人所需要的物品不能仅仅局限于他已经占有的物品,而需要获得他人所占有的物品。否则,人的理性能力的发展会受到限制。②

因而,为了维护人的外在自由和人性,一个先天的普遍的意志不仅要求人有获得外物的法权,而且人也有通过契约获得他人意选的人身法权。由此得到的是,契约双方有不能违背契约的义务以及任何人都有尊重契约的义务。

3. 采用物的方式的人身法权

这个法权在康德之前的法权体系中是没有的,它可以说是康德的发明。康德提出这个法权,除了按照范畴的三分法划分法权之外,更重要的是,他针对当时存在的一些人身依附关系,提出一些规范性的要求,通过这个法权维护人的自由,要求不能把人仅仅当作手段,而是同时看作目的自身。因而康德认为:"因此,这里显而易见的是,在法权论中除物品法权和人身法权之外还必须加上一种采用物的方式的人身法权的条款,所以迄今那种划分是不完备的。"③"完备"一方面是说范畴的三分的方式,另外一方面指现实所存在的人身依附关系。如果不单独提出这个法权,法权学说就存在着缺陷。

康德在开头定义了这个法权:它是"占有作为一个物品的外在对象,并使用作为一个人格的该对象的法权"④。这个法权的占有首先是

---

① 康德:《道德形而上学奠基》,杨云飞译,邓晓芒校,人民出版社2013年版,第3页。
② 莎伦等举出一个容易理解的例子:如果交换和契约是不合法的,那么"有马的农民不能卖马来买衣服。制衣商不能用衣服来交换食物。如果某人需要一匹马,他可以盗窃一匹马或者抢劫农民而得到它,但是他不能进入一个契约派生地获得它。"(Byrd B. Sharon and Joachim Hruschka, *Kant's Doctrine of Right：A Commentary*, Cambridge：Cambridge University Press, 2010, p. 241)
③ 康德:《道德形而上学》,张荣、李秋零译注,中国人民大学出版社2013年版,第75页。
④ 康德:《道德形而上学》,张荣、李秋零译注,中国人民大学出版社2013年版,第69页。

家庭的占有,在这个条件下,按照外在自由的法权,人格之间的关系通过相互的影响构成了一个家庭共同体。虽然这个法权不是物品法权,因为物品法权是占有并且可以任意地使用该物品,但是这个法权要求把占有之物当作人格看待;同时它也不是人身法权,因为人身法权所占有的对象是他人的意选,而它要求占有这个人格。然而,它与二者又有相同之处,它是以契约的方式对人格的占有。因而,家庭共同体地位的获得既不能通过强占也不能通过契约,而只能通过法则(Gesetz, leg)才是可能的。法则要求我们尊重每个人的人格中的人性,因而,这是一个属于每个人的人格中的人性的法权。它要求我们把自己当作目的自身,而不能仅仅当作他人的手段,同时也要求我们把他人当作目的自身。从这个法权中产生出一个许可法则,即我们可以把他人当作物一样占有,但是要保存他人的人格性,不能把他人当物一样使用。这种许可法则是"不能占有人格"的禁令的例外。康德使用这个例外是为了给现实的人身依附关系提供规范性。按照不同的对象,这种获得可以分为三种:在婚姻中,男人获得妻子、夫妻获得孩子以及家庭获得仆人。

(1)婚姻首先是一种性关系。性关系是一个人对另外一个人的性器官的使用,在这种使用中存在着交互关系。康德区分了两种性器官的使用:一种是自然的使用,这种使用是一种合目的的使用方式,即性关系是以生育为目的;一种是非自然的使用,主要体现在同性,甚至人与动物之间的性关系。康德反对后者,因为性器官的使用的自然目的是保存种族,而非自然的使用无法体现人所具有的生育后代的能力,违背了自然目的。康德为什么如此强调生育后代的道德意义呢? 人性的完善只能体现在类中,非自然的使用阻碍了类的繁衍,阻碍了人类的自我完善和道德的进步。所以,康德对同性恋的指责表面上是建立在自然目的之上,实质上是建立在实践理性之上。

在自然的性关系中,分为仅仅按照动物的本能或者按照法则这两种情况。前者是很随意的,后者是按照法则固定下来的性关系,即婚姻。

它是"两个不同性别的人格的结合,以便终生彼此占有其性属性"①。人有性的欲求,这是人的一种自然倾向。自然的目的是通过人的这种自然倾向来繁衍种族,婚姻作为实践理性的法则,不只是满足人的自然需求,更是为了维护和发展人的人格性。

康德肯定人有性的欲求,不过他更强调婚姻的作用。他甚至用带有一些不情愿的口气说:"即便为了彼此使用其性属性而以快乐为前提,婚姻也不是任意的契约,而是通过人性的法则而必然的契约,亦即如果男人和女人愿意按照其性属性而彼此享受,那么,他们就必须不可避免地结婚,而且这是按照纯粹理性的法权法则而必然的。"②康德在"男人"这里打了着重号,也许是为了强调现实中男性要以婚姻的方式,而不能以随便的方式来满足自己的欲望。这种要求体现了纯粹理性的法权法则的要求,它的目的是保持人的自由和维护人的尊严。

康德之所以这么强调性关系要以婚姻来作为条件和保障,可能是由于他认识到现实的不平等使男人比女人更强大,男人易于把女人仅仅当作手段,贬低女人的自由和尊严。正如伍德所指出的:"康德对性关系主要是从男人对女人的欲求而言的(贬低女人)。这并不是因为他否认女人体验到性欲和性的快乐,而是因为他认识到在性别之间的社会力量关系总是使男人,而不是女人满足或者挫败,这是他关注的主要问题。"③在两性关系中人把自己当作了一个物品,失去了人格性的尊严。康德意识到了这个现实,为了尽可能改变这个现状,他设想了一种解决方案,他甚至认为这是唯一的解决方案:"当一个人格被另一个人格同时当作物品而获得时,这个人格又反过来获得了那个人格;因为这样一来,这个人格就重获自身并且重建了自己的人格性。"④当男人把女人当作满足自己性欲的手段时,女人同样也把男人当作了满足性欲的手段,二者彼此平等

① 康德:《道德形而上学》,张荣、李秋零译注,中国人民大学出版社 2013 年版,第 71 页。
② 康德:《道德形而上学》,张荣、李秋零译注,中国人民大学出版社 2013 年版,第 71 页。
③ Allen Wood, *Kant's Ethical Thought*, Cambridge: Cambridge University Press, 1999, p. 258.
④ 康德:《道德形而上学》,张荣、李秋零译注,中国人民大学出版社 2013 年版,第 71 页。

地占有对方的人格。这种情况只有在婚姻中才可能得到实现。

　　值得注意的是,在康德那里,婚姻中双方的平等占有还表现在对财产的平等占有。财产是一个人能够保存自己的自由的手段。只有双方都平等地占有财产,他们才可以不依存对方,能够维护自己的自由。康德对婚姻的一些想法也许与人们现代的想法有区别,比如对同性恋的问题、对自慰的问题等等。前者是一个有争议的问题,即到底同性恋是不是合法的,是有争议的。后者在目前医学来看是一种满足性欲的正当的方式。康德对二者的反驳基于自然目的论的立场,而自然目的论在康德的体系中,是以道德目的论为基础的,亦即以维护人的自由和尊严为目的。对于我们来说,理解康德的核心是最重要的,一些细节方面会随着时代的变化而做出相应的改变。

　　(2) 婚姻虽然不是以生育作为目的,但是它可能有这样的结果。在一个家庭共同体内,父母有保护和抚养子女的义务,即"子女作为人格由此同时拥有一种源始的和与生俱来的(不是继承来的)要求其父母抚养,直至他们能够养活自己为止的法权;更确切地说,是通过法律(leg)直接拥有的,也就是说,为此不需要一个特殊的法权行动"①。这个义务产生出父母管理孩子,养育和培养孩子的法权和义务。这包括父母不仅要抚养和看护他,而且还要教育他,使他完善自己的理性,发展自己的自由的禀赋。在这个法权义务中,父母对子女的占有是对人格的一种占有,人格具有自由的能力和禀赋,与物品不同,因而对于人格不能像占有物品那样,可以随意地使用甚至丢弃。这个法权与物有相似的地方,因为孩子尚未成熟,他的理性并未得到完善的发展,即他还不具有自由的能力,所以如果子女逃跑了,那么父母可以像在物品法权中一样把他当作物品一样抓回来。父母抚养和教育子女是一个法权义务,法权义务是完全的义务,不允许有例外,而子女对父母的回报是一个感激的义务,是德性义务,在具体的实践生活中具有一定的自由空间。

---

① 康德:《道德形而上学》,张荣、李秋零译注,中国人民大学出版社 2013 年版,第 73 页。

（3）当子女成年了，成了自己的主人时，父母就没有抚养他的义务了，而他也在法权上不承担对父母的责任，二者都是自由的。他们虽然也维持了一个共同体，但是是以家长制的社会形式组成的共同体，其中还包括其他人，比如仆人。康德认为他们之间是一种契约的关系，但是它与人身法权（契约法权）不一样，因为在契约中双方地位是平等的，而主人和仆人之间是不平等的。同时，由于仆人是自由的，没有丧失他的自由，所以主人和仆人之间的关系也与物品法权不同。

在这个法权中，康德强调，不能把仆人当作奴隶看待。他的基本论证如下：① 只有通过契约，主人才能把仆人纳入自己的控制之下；② 如果通过这个契约，仆人完全失去了自身的自由，即他变为了主人的奴隶；③ 签订和遵守契约的双方必须是自由的主体；如果②成立，依据③，那么我们可以推出④，仆人没有必要遵守契约。这就导致了自相矛盾，因而，②不成立，亦即主人不能是仆人的所有者，不能把他当作物品一样使用。

3. 进入公共法权状态的义务

为了从私人法权过渡到公共法权，康德提出了公共法权的公设："由自然状态中的私人法权产生出的公共法权的公设：你在和所有其他无法避免的彼此共存的关系中，应当从自然状态走出并进入一种法权状态，亦即一种具有分配正义的状态。"①它与康德在划分法权义务时的第三个原则即"进入一种状态，在其中能够针对每一个他人来保证每个人他自己的东西"（上引）是一致的。首先，笔者要说明几个概念。接着，结合库恩（Kristian Kühl）提出的两个问题，笔者具体地说明这个义务以及论证这个义务的必要性。

康德认为法权状态是"人们相互之间的一种关系，这种关系包含着一些条件，惟有在这些条件下，每个人才能分享他自己的法权"②。这个状态是一种具有分配公正的状态，在其中，每个人的法权都可以得到保护。康

———————————

① 康德：《道德形而上学》，张荣、李秋零译注，中国人民大学出版社 2013 年版，第 100 页。
② 康德：《道德形而上学》，张荣、李秋零译注，中国人民大学出版社 2013 年版，第 99 页。

德把公共的正义分为保护的正义、交换的正义和分配的正义。康德更重视分配的正义,它是法权得到保护的必然状态。与之对比的就是自然状态,自然状态缺乏分配公正。与自然状态对立的不是社会状态,因为自然状态也会有合乎法权的社会,但是它没有分配公正。产生法权状态的就是公共法权(offentlich Recht,public right),它是"为产生一个法权状态而需要公之于众的那些法律的总和"①。它的特点是法则要"公之于众",这些法则既包括私人法权的法则,又包括维护法权状态所必需的法则。

康德认为这个公设的根据来自与暴力相对立的法权概念的外在关系。由于地球是球形,人和人总是在一个共同体内,人的非社会性使得人们总是易于相互破坏彼此的法权。这种破坏既有现实存在的冲突,又有潜在的威胁。由于自然状态中没有分配公正,那么获得的法权得不到保障。如前所述,法权是一种强制的权限,这种权限就是可以对抗一个对普遍自由的阻碍,因而法权的概念可以分析地推出从自然状态强制每个人进入公民状态的权限。这是实践理性赋予我们的一个无条件的义务。进一步理解这个义务可以结合库恩提出的如下两个问题。

库恩认为有两个问题是值得特别关注的:第一个问题,如果康德认为在合乎法权的社会中,一个先天的普遍的意志规定什么是正当的,什么是合乎法权的,那么,"这是否意味着政治立法者的任务是组织一个适当的物品法权的体系?或者它的唯一任务仅仅是保护自然状态财产特征的暂时的体系?一个国家应当仅仅保证前政治的财产限度还是应当积极地努力保障实现财产法权的条件或者当它们消失时,重新获得这些条件……似乎清楚的是,一个福利国家体系不是仅仅符合一个以自由为基础的财产理论,因为它必须总是试图对在这个领域内自由的实际运行的结果进行'再分配'。另一方面,康德的财产理论似乎蕴含着就自由和财产而言,国家有促进更公平机会的分配的作用"。第二个问题,进入合乎法权的社会的义务"来自这样的事实,即在人们分享共同的空间中自

---

① 康德:《道德形而上学》,张荣、李秋零译注,中国人民大学出版社 2013 年版,第 101 页。

由被'相互冲突的持续危险的状态'所威胁(Höffe,1979,p. 209),还是暂时的财产创造了进入公民状态的义务,因为就法权的原则而言,前者要求积极的调节"①。也就是说这个义务是由私人法权所要求的还是由人的外在自由所要求的。对于第二个问题,他认为不仅仅是私人法权,而且外在自由也要求这个义务。对于第一个问题,他认为合乎法权的社会有促进自由以及提高公正的机会分配的作用。

首先,我试图回答第二个问题。康德在几处从不同的角度分别说明了进入公共法权状态的必要性,这些不同的角度预示了公共法权状态下的国家形式:① 自然状态的单一判断问题:"现在,就一个外在的,因而偶然的占有而言的单方面的意志不能用作对每一个人的强制法则,因为这样的强制法则会损害根据普遍法则的自由。"②② 自然状态的不确定性(indeterminacy):"可外在地获得的对象无论在量方面还是在质方面的不确定性,使得这个课题(惟一源始的外在获得的课题)成为所有课题中最难解决的。但尽管如此,毕竟必然存在着外在东西的某种源始的获得;因为不可能所有的获得都是派生的。"③③ 自然状态的获得没有保障:"我并没有责任不动用他人外在的'他的',如果不是每个他人也都向我保证,就我的东西而言他将会遵守同样的原则来行事的话"④。

以上都说明了保障私人法权要求我们进入一个合乎法权的状态,第一点说明了合乎法权的状态下一个普遍立法意志的必要性,第二点说明了制定规则的强有力的执政者的必要性,第三点说明了审判者的重要性。因而,维护和保障在自然状态中的私人法权的暂时获得是进入合乎法权的状态的充分条件,那么它是必要条件吗?康德认为:"如果人们在进入公民状态之前根本不愿意承认任何获得是有法权的,甚至连暂时承认都不愿意,那么那种公民状态本身就会是不可能的。因为在形式上,

---

① Karl Ameriks and Höffe, *Kant's Moral and Legal philosophy*, Ed. Otfried, Trans. Nicholas Walker, Cambridge University Press, 2009:239.

② 康德:《道德形而上学》,张荣、李秋零译注,中国人民大学出版社 2013 年版,第 50 页。

③ 康德:《道德形而上学》,张荣、李秋零译注,中国人民大学出版社 2013 年版,第 60 页。

④ 康德:《道德形而上学》,张荣、李秋零译注,中国人民大学出版社 2013 年版,第 50 页。

关于自然状态转给你的‘我的’和‘你的’的法律保护沿着公民状态中的法律所规定的同样的东西，只要这种公民状态是根据纯粹理性概念来思考的。"①如果没有在自然状态中获得的私人法权，那么合乎法权的状态是不可能的，因而它也是这个义务的必要条件。

针对库恩的问题，如果没有外在的获得，单独的外在自由的法权足以导致这个义务吗？人的外在自由受到威胁是因为人们必然地生活在一起，这是由于地球的形状和土地的稀缺所造成的，因而源始地占有土地是为了保护人的外在自由。当然可以设想在没有获得的法权的情况下，人们相互伤害。但是正如莎伦等所认为的："然而要能够完全忽视划分土地的义务，我们必须预设来自土地的缺乏的问题不存在。因而，我们不得不预设地球是一个无限的平面。如果是这样，那么偏好和平的人们能够避免战争；人们的交往将不再是不可避免的；离开自然状态以及进入法权状态将不再是必要的，从而公共法权的公设将不会有任何基础。"②因而，我们可以合理地认为私人法权的外在获得是进入法权状态义务的充分和必要的条件。③

对于第一个问题，康德在一处指出："因为只有公民宪政才是这样一种法权状态，通过它，每个人的‘他的’都得到了保障，但真正说来并没有得到澄清和规定。——所以，一切担保都已经在预设某人的‘他的’（某

---

① 康德：《道德形而上学》，张荣、李秋零译注，中国人民大学出版社 2013 年版，第 103 页。

② B. Sharon Byrd and Joachim Hruschka, *Kant's Doctrine of Right: A Commentary*, Cambridge: Cambridge University Press, 2010, p. 140.

③ 这个问题其实可以归结到侵犯人的私人法权是否是侵犯外在自由的唯一方式。瑞波斯坦对这个问题给出了很好的解答方式。首先，他提出问题并给出了答案："侵犯财产、契约和身份（status）是侵犯外在自由的唯一的可能方式吗？我认为它们是的"。接着，他给出了理由：首先，他把外在自由定义为"一个存在者设定和追求它自身的目的的能力"，那么侵犯外在自由的可能方式就只能是要么侵犯它设定目的的能力，要么侵犯它追求目的的能力；其他人能够侵犯他人追求目的的方式只能是两种：要么不提供给他人手段，要么霸占他人已有的手段。侵犯财产和契约的法权分别属于后者和前者。

他接着认为：侵犯他人设定目的的能力，只能通过使某人追求他并没有为自身所设定的目的，这具有两种情况：第一，未经他人的同意使用其物品，这侵犯他人的财产权；第二，为了达到自己的目的而利用你和他的关系，这涉及第三个法权义务（参见 Arthur Ripstein, *Force and Freedom: Kant's Legal and Political Philosophy*, Cambridge, MA: Harvard University Press, 2009: 77）。

人的'他的'得到了保障)。"①在这段话里,法权状态只是保护每个人已有的占有。在另一处:"无论他们所赞同的实证法律是什么方式的,它们都必须不违背自由和所有人在人民中与这种自由相适应的平等的自然法则,亦即使自身从消极状态提升到积极状态。"②从消极状态到积极状态就是从没有财产到获得财产的状态。在谈到国家的法权时,康德认为国家有为了维持那些穷困人的基本生活而向富人收税的法权。那么,在法权状态,立法的意志有重新分配占有的法权,前后似乎有矛盾。

但是这种表面的矛盾在于错误地理解了自然状态和法权状态之间的关系。正如拉德所认为的:"总之,康德所介绍的自然状态的学说,不是为了解释法权状态的起源,而是为了给个人不同的法权和义务提供一个逻辑基础。特别是,它把康德的政治理论的两个中心主题变得清楚起来:① 法则的规则的无条件要求是和平和自由的先决条件;② 个人的基本法权不是由国家创造,而是仅仅由它保护。"③因而,当康德说法权状态只是保护每个人的"他的",并不是说在现实中就存在着一个前政治的自然状态的占有,而只是说明自然状态的私人法权独立于法权状态,并为后者的可能性提供了基础。正如康德在《论俗语:这在理论上可能是正确的,但不适用于实践》中所认为的:"共同体的每个成员都必须可以达到共同体中他的才能、他的勤奋和他的幸运能够使他达到的一个等级的每一个级别(这个级别是能够归于一个臣民的);而他那些也是臣民的同胞则不可以通过一种世袭的特权(对某一个等级享受特别优惠)来妨碍他,将他及其后代永远压制在这种特权之下。"④法权状态的目的是为了保护人的外在自由以及其他法权。人的自由体现在他有设定目的的能力,因而保护人的自由,就需要保护这种设定目的的能力。为这种能力

---

① 康德:《道德形而上学》,张荣、李秋零译注,中国人民大学出版社 2013 年版,第 50 页。

② 康德:《道德形而上学》,张荣、李秋零译注,中国人民大学出版社 2013 年版,第 105 页。

③ Kant, *Metaphysical of Morals*, Ed. and trans. Mary Gregor, Cambridge: Cambridge University Press, 1999, p. xxviii - xxxix.

④《康德著作全集》第 8 卷,李秋零主编,中国人民大学出版社 2010 年版,第 295 页。

的发展提供更多的条件,也是法权状态应该具有的作用。所以笔者认同库恩的结论,不过需要注意的是,创造自由和公正的机会分配的条件是保护外在自由的应有之义,二者是结合在一起的,而不是如他所设想的那样是分开的。

第三节　公共法权

按照康德对法权义务的划分原则,在公共法权状态,法权(权利)和义务的具体内容与私人法权义务是相同的。进入法权状态的主要目的是使这些义务具有强制性,保障人的法权。为了维护法权状态,它也有相应的法权和义务。这部分内容涉及的范围很广,包括康德后期的很多著作,比如《论俗语:这在理论上可能是正确的,但不适用于实践》(1793)、《论永久和平》(1795)以及《道德形而上学》的法权学说(1797)。这些主题主要涉及康德的政治哲学。

(一) 与国家法权相关的义务

法权状态是一种具有公正分配的状态,即能够有效地分配权利和义务的状态。从 Recht 的另外一个含义,亦即"法则"的含义来说,公共法权就是为了使法权状态得以可能,而必须公之于众的法则的总和。同时,康德定义了合乎法权的状态:"所以,公共法权是对于一个民族亦即一群人而言,或者对于一群民族而言的一个法律体系,这些民族处在彼此之间的交互影响之中,为了分享正当的东西而需要在一个把他们联合起来的意志之下的法权状态"①。在民族中,个体处于有法权的状态就是符合法权的状态,这些个体组成的整体就是国家(der Staat)。同时,由于地球是一个有限的球形,把国家看作与个人类似的个体,国家也处在一个相互交往和影响的源始共同体之中。因而,在法权状态下,不仅有国

---

① 康德:《道德形而上学》,张荣、李秋零译注,中国人民大学出版社 2013 年版,第 101 页。

家法权,而且还有国家间的法权和世界公民法权。康德认为这三个法权都是必须的,三者缺一不可。

如前所述,自然状态下的单一判断、不确定性以及获得没有保障的缺点,预示了法权状态下对权力的三分。康德是通过实践三段论的推理来说明国家的三种权力的区分的:立法者人格中的统治权、执政者人格中的执法权以及审判者人格中的司法权。在实践三段论中,大前提是一个普遍的法则,小前提把特殊归摄在这个普遍中,结论是小前提中的主词被归摄在大前提中的谓词上。比如:大前提:侵犯他人的财产是违背法权的;小前提:某人侵犯了他人的财产;结论:这个人违背了法权。正如"在一个理性的推理中,大前提的普遍者不能同时是在小前提中把特殊者置于普遍者之下的归摄一样"①。比如三段论"大前提:人是有死的;小前提:苏格拉底是人;结论:苏格拉底是有死的"。普遍者"有死的"不能够同时在小前提中,否则这个三段论没有意义。与之类比,在一个国家中,立法者和治理者不能是同一个人。从一个纯粹的法权概念出发,一个法权状态中的国家就是在其中的公民的外在自由按照一个普遍的法则能够与每一个人的自由相容,立法者就只能是全体人民的意志,否则每个人的自由就不能彼此保持一致。这样立法的国家的成员就是国家公民。

由于每个公民都是立法者的一员,因而他有合法的自由。他只服从他的理性同意了的法则;他也有公民的平等,权利(法权)和义务是相互的,不承认特权的存在;他也有公民的独立的属性,他不需要依赖于其他公民的意志来生活和行动。他的公民的人格性源于这种独立性,在法权中,他不能被别人所代表,是自律的。可以看出,这些属性是从外在自由的法权得来的。康德对公民的这些理解构成当代政治哲学的重要语境。

国家的这三种权力作为道德人格是相互补充的,当然执政者和审判者都要服从立法者的意志。但是作为完整的法权国家来说,这三者就像

①《康德著作全集》第 8 卷,李秋零主编,中国人民大学出版社 2010 年版,第 357 页。

理性的推理一样,缺一不可。同时它们是相互隶属的,每个都有自己的原则,因而一方不能篡夺另一方的职权(可以结合柏拉图在《理想国》中对正义具有"各司其职"的论述)。执政者和审判者不能立法,立法者和治理者不能行使审判者的判决职能。最后,执政者和审判者在服从立法者的意志的条件下,赋予每个公民相应的法权。康德认为这三者来自国家的理念。这三者对于这样的国家来说是必不可少的。因而,它们都具有国家的尊严(Würden,不可取代的特权)。就公民的外在的法权而言,立法者的意志是不容非议的(untadelig, irreprehensible),最高执政者的执行的力量是不可违背的(unwiderstehlich, irresistible),最高法官的判决是不可变更的(unabanderlich, irreversible)。

执政者是具有执行权力的道德人格,他给公民制定诸规则(die Regeln)。这些规则类似于理性推理的小前提,所起到的作用是把特殊归摄到普遍之下。通过这些规则,人们可以获得和维护他的私人法权。按照三段论的推理模式,康德强调,执政者不能是立法者,同时立法者也不能是执政者。因为,在一个三段论中,执政者所制定的规定必须服从法则,也就是说,执政者服从立法者的法则,并通过这种服从对立法者负有责任。那么立法者具有能够罢免他的权力,但是不能惩罚他。因为惩罚是执政者所具有的独特能力,后者具有使用强制的最高能力,因而他不能被惩罚。

最后,值得注意的是,康德强调,无论是立法者还是执政者都只能任命法官,而不能自行充当审判者的角色。法权状态是一个有分配公正的状态,通过审判,保障每个人的法权。但是,相对于立法者和执政者来说,人民是消极的,因而如果立法者和执政者也同时作为审判者,那么人民受到伤害的可能性会增大。因而,法官作为另外一个独立的公民,具备并使用这种权力,为审判负责。当做出审判结果之后,在执政者的协助下,审判被强制执行。但是,法官也是一个有限的存在者,他具有权力之后,也有可能犯错。这一方面是为他的知识所限,另外是他也会受到感性偏好等的影响。因而,为了克服这两个缺陷,康德强调在评判中,具体的事实应当由人民指派的代表作为陪审团来确定,法官只是把这些事实归摄到规则之中,从而产生相应的结果。

与人的意志概念包含着立法的意志和意选一样,这三种权力使国家是自律的(Autonomie),即它服从自己所立的法。这种自律是从人的意志的类比来说的,实际上,它更符合卢梭的公意(普遍意志)。国家的福祉(Heil,在英语中翻译为 well-being)在于它们的联合。这种福祉是什么呢?康德指出不能理解为幸福,因为专制的国家可能更容易达到幸福。福祉应该理解为"宪政与法权原则最大一致的状态"①,即能够更好地维护和保障人的自由的状态。实现这样的状态是一个无条件的义务,是理性要求我们必须追求的状态。

只有在法权状态中,人的自由和权利才能够得到保障。因而,人民有服从统治者,而不能探求其合法性的义务,康德甚至认为,"最高权力的起源,对于处在它之下的人民来说,在实践意图上是无法探究的,也就是说,臣民不应当为这种起源而劳神玄想"②。臣民只能服从统治者,而不能对统治者提出其他的要求。这似乎与霍布斯的专制体制有点类似,不过二者有很大的区别。其中一个重要的区别体现在,霍布斯的社会状态要保障的是人的生命,而康德关注的是人的自由和权利。前面说过,土地所有权是财产权最重要的方面,也是保障人的自由的最重要的方面。康德提出问题:统治者能够作为土地的所有者,还是只能作为人民的管辖者?康德做出区分,作为土地所有者的统治者只是一个"理念",体现了按照法权原则划分土地的形式原则。在现实中,他只是处于最高管辖者的位置。由于土地是外在获得的根本条件,因而统治者不能是拥有土地的私人,否则容易造成对人民的伤害,从而违背法权原则。由此,政府没有给予任何团体、任何等级等把土地的所有权无止境地传给后代的法权,相反政府能够在任何时候取缔这种所有权。否则这种特权阻碍

---

① 康德:《道德形而上学》,张荣、李秋零译注,中国人民大学出版社 2013 年版,第 108 页。
② 康德:《道德形而上学》,张荣、李秋零译注,中国人民大学出版社 2013 年版,第 50 页。

了他人的人性和自由的发展,因为"出生并不是被生育者的一个行动,因而并不由此为他招致法权状态的不平等和对强制性法律的服从……所以,共同体的一个成员同为臣民,就不可能对另一个成员拥有生而具有的特权;而且没有人能够把他在共同体中占有的等级特权传给其后代,从而仿佛是出生使他有资格跻身统治者等级似的"①。从这里可以看出,康德非常强调人和人之间的平等,反对因为出生等一些偶然的因素导致的不公平,这一点在罗尔斯的《正义论》中有更明显的论述。

为了维持共同体,统治者有征税的权力,人民有纳税的义务。统治者体现的是人民联合起来的普遍意志,是人民意志的表达。因而,为了维持自己的存在,人民特别是富人有纳税的义务。在法权状态中,统治者需要维护和促进一个法权的状态,这个状态是为了维护公民的平等自由,即公民的独立性。统治者使私人状态下的财产和契约等有了规范性,从而使得诸占有者能够随意地使用自己的财产。那么,那些没有能力拥有财富的人为了能够更好地生活,甚至为了维持自己的生计,不得不委身于富人,从而丧失了自身独立性。康德把现实的不平等也看作是社会财富不平等的原因之一。在他看来,社会的不平等导致了财富的不平等、阶层的不平等……所以富人所取得的财富不是天经地义的,政府向富人纳税资助穷人,是公平的体现。

如前所述,在法权状态中,一个普遍的意志必须符合普遍的法权原则,使每个公民能够"做一个正直的人(honeste vive)"。这要求每个成员都具有一定的财富,拥有维持自己生存的手段,这类似于中国传统思想的"仓廪实而知礼节,衣食足而知荣辱",因而统治者有强制富人交税的法权。与之对应,富人有向国家缴税的义务,由此政府可以更多地资助穷人,让他们过上好点的生活。这些富人履行纳税的义务与其自由是一致的,因为"他们的生存归功于服从它的保护和照料"②。富人所拥有的

---

① 《康德著作全集》第 8 卷,李秋零主编,中国人民大学出版社 2010 年版,第 296 页。
② 康德:《道德形而上学》,张荣、李秋零译注,中国人民大学出版社 2013 年版,第 108—109 页。

财富只有在法权状态中才能获得有效的保障,而一个法权状态只有保障平等的自由才能更好地维持下去,因而这个义务与富人的法权和自由是能够共存的。当然,富人缴纳更多的税收以维护共同体,尤其是穷人的生存,是否可以得到辩护。这个问题依然是现代政治哲学争论的焦点。罗尔斯和诺齐克就此问题产生了争议。

富人的纳税的义务是法权状态下的国家所强制的行动,与后面德性学说中的德性义务不同。因而,富人纳税并不是履行了帮助他人的德性义务,穷人并没有感激的义务。正如瑞波斯坦(Arthur Ripstein)指出:"如果所有的合目的性(purposiveness)都依赖于他人的恩惠,那么这个依赖的人处于一个奴隶的法学位置……康德的论证显示:即使为了满足一个人'最必要的自然需要',依赖于私人的慈善无异于某种奴役。"①如果把富人纳税的义务看作是一个私人的行动,亦即富人以私人的身份做慈善,那么穷人将依附于富人,失去自己的独立和自由,从而违背平等自由的理念。

(二) 国际法权

国家也可以看作是个体,国家与国家的关系可以看作个体与个体的关系,维护法权状态还需要有合法的国际关系,这就涉及国际法权问题。作为道德人格,国家也具有非社会的社会性,国家与国家容易处于一种无法权的从而持续战争的状态。国家之间的法权状态类似于个体之前的法权状态,在这样的状态中,每个国家的独立性都可以得到保障,与之相反的是自然状态,其中每个人的自由和权利都得不到保障,单个国家也是如此,正如个体有进入法权状态的义务,国家也有进入一个法权状态、达到永久和平的义务。

在进入法权状态之前,国家之间即使没有发生实际的战争,仍然处

---

① Arthur Ripstein,*Force and Freedom : Kant's Legal and Political philosophy*,Harvard University Press,2009:281.

于潜在战争威胁的状态中。因而为了保卫自己,国家有发动战争的法权。发动战争需要人民的参与,由此康德提出了一个问题:国家有什么法权使他的臣民进入一场战争? 康德批判了当时一些法学家的演绎。这些法学家们做出如下的演绎:① 国内的自然产品应当看作是人工的,因为如果没有政府的存在,它们不会如此丰富;② 人口也是如此,国家的存在增加了人口的数量;③ 在①中的产品是国家的财产,国家可以随意地使用,这对于②也成立;因而可以推出:④ 国家也可以把人民当作自己的财产,可以随意地驱使他们进入一场战争。康德批判了这种推理。这个推理的关键步骤是,这些法学家把人看作自然产品。但是人因其自由与自然产品不同。这体现在,在一个法权国家中,人民是立法者,他们不能被仅仅当作手段,而应当同时被看作和被尊敬为目的自身,所以他们不能与自然产品类比,被看作国家的财产。由于人民是立法者,所以是否发动战争应当以人民的普遍同意为条件。

　　但需要注意的是,由于战争本身是违背法权的,战争中的法权在概念上甚至是自相矛盾的,实行起来也存在着诸多困难。因而,康德认为战争中的法权只能够是"遵循这样一些原理进行战争,遵循它们就总是还有可能从各国(在彼此的外部关系中)的那种自然状态中走出并进入一种法权状态"①。战争是实现一个正义的国家秩序的必要手段,而不是导致持续更长时间的自然状态。这些原则包括:独立国家之间的战争不能是惩罚战,因而后者只能发生在上级和下级之间;也不能是灭绝战和奴役战,灭绝战试图消灭独立的国家,很明显违背了法权的原则,奴役战违背了国家法权的理念,因为国家法权的理念只是要求在外在自由的原则之下,保存自己的占有,而不能把战争当作获得占有的方式;被攻打的国家允许使用任何手段保卫自己,但是必须不能使自己的臣民失去公民的身份,即公民依然保持自由的人格,否则被攻击的国家在国际关系中也不能作为一个独立的人格存在;在战争中允许战败的国家纳贡,但是

---

① 康德:《道德形而上学》,张荣、李秋零译注,中国人民大学出版社 2013 年版,第 108—109 页。

不能劫掠平民。尤其重要的是,在战争结束后,战胜国不能剥夺对方臣民作为公民的自由。所以,康德指出,在自然状态中,国家反对一个不正义的敌人的法权虽然在量上是无限制的,但是在质上是有限的。也就是说,国家可以使用多种手段来维护自己的独立性,但是这些手段有一个基本的限制,即它们有助于国家之间进入法权状态。

康德是如何定义不正义的敌人的呢?在自然状态中,每个人都不考虑对方,从自己的立场出发考虑问题和行动,同样国家也是如此,每个国家也是按照自己的立场来行动,而不考虑其他国家。有区别的是,个人在一个国家里面可以有实定法来规定正义或者不正义,也能够实施相应的惩处措施。但是国家之间没有类似于实定法的约束,因而对国家来说,一个不正义的敌人只能这样来定义:它的准则如果成为一个普遍的法则,就会使国家之间的和平变为不可能,一个缺少正义的自然状态将会持久存在下去,从而战争状态依然不可避免地存在着。

由于人们不能在战争中寻求和保存自己的法权,因而"道德实践理性在我们心中宣布了其不可抗拒的否决:不应当有任何战争。不仅在自然状态中的我和你之间,而且在作为虽然内部处于法律状态,但外部(在彼此关系中)却处于自然状态中的国家的我们之间,都不应当有战争;——因为这不是每个人应当寻求其法权的方式"①。只有在国家的法权状态中,在和平的状态中才可以维护自由和法权,因而进入一个国家法权状态,从而达到永久和平是一个义务。

如何实现永久和平呢?如果所有国家都成为一个国家,这样只会导致更大的专制,但是如果国家之间没有可以约束的法则,那么他们就无法达到永久和平的状态。因而康德提出了国家联盟的设想,这种国际联盟"并不旨在获取国家的某种权力,而是仅仅旨在维持和保障一个国家连同其他结盟国家的自由,但这些国家可以不因此(像自然状态中的人

---

① 康德:《道德形而上学》,张荣、李秋零译注,中国人民大学出版社 2013 年版,第 135 页。

一样)而服从公共法律及其下的一种强制"①。这个联盟所遵循的法则并不是如国内实定法那样具有很强的约束力,而只是具有调节性的作用。这种法毕竟比无法的状态好些,所以当国家之间出现了冲突和争端时,它们不是诉诸战争,而是诉诸国际法,以合法的方式解决这些争端。但是实现这样的联盟是很困难的,因为"由于在这样一个多民族国家扩展得太过庞大而越过宽阔的疆界时,它的管理,从而还有对每个成员的保护就必然最终成为不可能的事情"②。如果这个联盟所包含的国家过多,那么出现好的统治不可能;如果过少,又会导致无法的战争状态。所以,康德悲观地指出:从现实性的角度来说,永久和平是一个无法实现的目标,但是不断接近这个目标是我们的义务。

在《论永久和平》中,康德对永久和平做出更详细的论述。在第一章,他提出了六条达到永久和平的禁止法则。这些禁止法则是实现永久和平的必要手段:第一,缔结和约不是为了敌对行动的延迟,而是一切敌对行动的终结,因而"永久的"修饰语加在"和平"上是一种重复;第二,任何独立的国家都应当被看作一个独立的人格,不应当通过继承、交换、购买等被获取;第三,常备军是侵略战争的原因,设立常备军违背了和平的理念,应当逐渐地完全废除;第四,任何国家不应当在涉及与外部国家的纠纷时举债,因为可以轻易举债使战争更容易爆发,是永久和平的障碍;第五,任何国家都不应当以武力干涉另一个国家的主权和政府,否则违背了其作为人格的独立性;第六,国家之间交战时,不能使用那些使实现永久和平所必需的相互信任成为不可能的手段,比如撕毁条约等。当然,这些禁止法则也有一些区分,有的是必须实行的,有的可以延缓实行。这些在许可法则中可以做进一步探讨。

接着,他提出了永久和平的三个确定条款,分别涉及国家法权、国际法权以及世界公民法权:第一,每个国家的法权状态都应当是共和制的。

---

① 《康德著作全集》第8卷,李秋零主编,中国人民大学出版社2010年版,第361页。
② 康德:《道德形而上学》,张荣、李秋零译注,中国人民大学出版社2013年版,第141页。

法权国家不仅其起源是纯正的,即来自法权概念,而且也会达到永久和平的必然结果。因为,如果是否开战应当由人民来决定,那么他们会思虑再三。相反在非法权状态中,元首是国家的所有者,他们可以把公民当作实现其随意的目的之手段而使用,那么,发动战争就是很随意的事情。第二,国际法权应当建立在一种联盟制之上,而不是很大的大一统的国家,否则容易造成新的侵权的可能性。第三,世界公民法权应当建立在普遍友善的条件之上,即外地人不应当受到敌视,只要他不对当地人造成伤害。这个法权(宾客法权)源于人的外在自由的法权,这是先天的,另外也有地球是球形的导致人们存在着必然的交往的因素。它要求每个人到了一个陌生地都具有占有某块土地的法权,不过这不是固定的占有,而是一般的占有。通过这个法权,全球的和平交往成为可能。

永久和平是实践理性对人的外在行动的立法,人的行动在自然之中,因而它涉及自由和自然的关系问题。康德从自然目的论的角度认为自然为永久和平提供了保障,这些保障包括:第一,自然利用人的非社会性,使人相互竞争,这种竞争和冲突如果不加以限制就会导致大家都会受到侵犯,甚至会被毁灭,为了更好地保存自己的自由和法权,大家不得不进入相互强制性的法权状态,这为理性的法权规范创造了条件。第二,国际法权的前提是存在着许多分散的独立自主的国家,相反,一个大一统的国家更容易造成强权的专制,从而失去实现永久和平的可能性。自然通过语言和宗教等的不同使得这种大一统成为不可能。第三,自然通过商贸精神为实现永久和平建立了基础,因为商贸的维持需要国家和国家保持和平共处的状态,在商业的交往中需要平等的精神。这些都为永久和平的实现创造了良好的条件。

自然目的是人的理性运用自然的合目的性原则对自然所做的反思,康德把这种能力看作反思性的判断力。这种合目的性原则为在自然中实现道德目的奠基了基础。如果没有自然的这些保障,自然只是纯粹的机械作用,那么实践理性也无法实现其在自然中的目的。因而自然为实现永久和平提供了必要条件,自然目的论实现了从自然到自由的过渡。

本质上来讲,自然目的论是从道德性的角度来看待整个自然的结果,实现永久和平的要求源于实践理性。道德法则无条件地命令人实现永久和平,或者说实现永久和平是一个无条件的义务。①

在康德看来,能够保障法权的唯一条件就是和平,因而永久和平是整个法权学说的最终目的,是政治的最高的善,从而实现永久和平成了作为目的的义务。从这个角度来说,法权学说中的义务也可以看作是伦理的内在立法。

第四节　法权是否存在例外:许可法则

康德法权学说里面有一个重要概念,即许可的概念。道德法则规定某个行动或者行动的准则是善或者恶的,在道德法则的规定的范围之外,行动就是许可的,许可的行动所对应的法则就是许可法则。康德在《道德形而上学奠基》中提到过"许可"(erlaubt),在《实践理性批判》的"自由范畴表"里在"质"中提到"例外"的范畴,在"模态"中提到"许可和不许可"的范畴,但是这两部著作没有对这个概念做详细的讨论,更没有提到许可法则。康德在 1793 年的《伦理学讲义——维格兰提伍斯》(*Kant's Lectures on Ethics—Vigilantius*)(以下简称《讲义》)中详细讨论了许可法则的概念,差不多同时期的《论永久和平》(1795)有两处提到这个概念,三年后(1798)康德在《道德形而上学》的"法权论的形而上学

---

① 黑尔提出了与我相似的看法。在论文"Kant's Tugendlehre as Normative Ethics"中他谈到康德的自然目的论与伦理学的关系。黑尔认为:在古希腊和中世纪,自然目的论占据了统治地位,但是在近代哲学中,自然目的论受到了霍布斯、休谟等的批判,那么康德在义务学说中诉诸自然目的论似乎是一种倒退。但是,在康德那里,宣称一个目的是"自然的",不是基本的道德要求。康德所有的主要伦理著作都表明了第一原则是实践理性的必然的原则,不需要经验的证实。这些自然目的能够当作义务的目的,是因为实践理性认可这些目的,而不是自然目的本身就是义务。"相反,把一个目的思考为作为自然的目的的深层次的原理大部分是这个在先的支撑的信念,即强制性的理性要求作为人类的我们追求它。"[Lara Denis(ed.), *Kant's Metaphysics of Morals: A Critical Guide*, Cambridge: Cambridge University Press, 2010, pp. 241 – 242]从他的解读中,我们甚至可以得出结论:康德在思考自然目的论时,是以事先计划好的道德性作为基础的。

的初始根据"部分也有两处集中讨论许可和许可法则的概念。可以看出,康德主要是在法权学说的著作中涉及许可和许可法则的概念。费希特很早就看到许可法则在康德法权学说中的重要性,他在《自然法权基础》中指出,由于他的法权学说不同于康德的注重内在动机的伦理学,因而看起来他的法权学说与康德的法权学说不同,但是康德在演绎法权学说时使用了许可法则的概念,这个概念无法从康德的定言命令中推导出来,所以康德的法权学说不属于伦理学的一部分,从这个角度来说,他的法权学说与康德的法权学说是一致的。[1] 费希特强调法权学说与伦理学的区别,前者不考虑动机,后者对动机有要求。在他看来,康德的法权学说使用了无法用定言命令推导的许可法则,因而法权学说不属于伦理学。

学界也很重视许可法则,在近期的论著中,莎伦在其论文"康德许可法则的难以解释的故事"中指出,目前学界达成共识的是,许可法则只存在于法权学说中,不存在于德性学说中;有争议的是康德的许可法则到底是什么,与之相关的是,在康德著作中,到底是否存在着超过一种许可法则,康德是否为了其中的一种许可法则而放弃其他的许可法则,以及人们何时需要一种许可法则。莎伦梳理了不同的文本,得出在康德的著作中存在着三种不同的许可法则的结论,并且强调所有其他的解释都超出了责任和许可之间的逻辑关系。[2] 但是,赫鲁施卡(Joachim Hruschka)的解释不同于莎伦。他指出,康德所使用的是两种不同意义的许可法则,第一种是对禁止法则的例外,第二种是赋予我们法权的法则。他所提到的文本主要是《论永久和平》和《道德形而上学》的法权学

---

[1] 费希特:《自然法权基础》,谢地坤、程志民译,商务印书馆 2006 年版,第 12—13 页。

[2] Lara Denis and Oliver Sensen,*Kant's Lectures on Ethics : A Critical Guide*,Cambridge: Cambridge University Press,2015,p. 157. 李明辉教授在翻译康德的《道德形而上学》时,在 "许可法则"的译文中做了一个很长的注解,他参考了一些文献指出,康德是在自然法,而不是在伦理学中承认"许可法则"。(参见康德《道德底形上学》,李明辉译注,台北:科技部经典译注 2015 年版,第 32—35 页)

说部分。①

　　两位学者解读的分歧在于,在康德的哲学中到底有几种许可法则。在笔者看来,除此之外,我们还需要思考康德为什么只是在后期的著作、而不是在批判哲学中详细论述许可法则,以及德性学说是否真的不存在许可法则这三个问题。这些问题与许可法则的概念联系起来。通过考察不同文本,笔者认为:康德在《讲义》把许可法则规定为某个禁令的例外,涉及普遍法则如何运用于具体情境的问题,它尚未成为批判哲学所关注的问题,这一规定成为理解其他文本中的许可法则的基础,因而不存在莎伦所认为的三种许可法则;正如赫鲁施卡所说的存在着两种许可法则,但需要注意的是,《道德形而上学》中作为赋予法权的法则也可以看作禁令的例外,只是这种禁令不是道德法则;在下一章我们将看到德性学说没有规定具体的行动,但是有对如何实现目的的反思,这些反思构成"决疑论"的主题,因而"决疑论"充当了法权学说许可法则的作用。

(一) 许可法则的概念

　　在康德之前,克鲁修斯也提出过许可法则的概念。克鲁修斯把法则分为肯定性的和禁令,前者要求我们做什么事情,后者禁止我们做什么事情。接着他指出:"既不被命令又不被禁止的行动就是许可的行动。"②一个行动是许可的,就是说,它处在法则规定的范围之外,在道德上是中立的。康德继承了克鲁修斯的概念,并且做出更详细的区分。在《讲义》中,康德指出,自由的行动与道德法则相关,在与道德法则的关联中,它们被评价为善与恶的。接着他指出:如果从逻辑学的角度来说,更自然的划分是三分的。一个行动可以被评价为善的和并非善的两个大类,其中后者可以进一步划分为消极的善和实在的恶。第一种是＋a,第

---

① Marcus Willaschek and Jürgen Stolzenberg (eds.), *Kant-Lexikon*, Berlin: De Gruyter, 2015, S. 561 - 562.

② J. B. Schneewind (ed.), *Moral Philosophy from Montaigne to Kant*, Cambridge: Cambridge University Press, 2003, p. 580.

二种是 0,第三种是－a。积极的善是符合道德法则的,消极的善是既不符合也不违背道德法则,实在的恶是违背道德法则的。所以所有的行动都可以归结为三种不同的法则,即肯定性的法则和禁令以及许可的法则。

在这部讲义之前,康德在《道德形而上学奠基》中提到了许可的概念:道德性是行动与意志自律,也即是意志的准则与可能的普遍立法的关系,"能与意志自律共存的行动,是允许的(erlaubt),不合乎意志自律的行动,是不允许的"①。"共存"康德的原文是 zusammen bestehen,而不是如定言命令普遍法则公式所表达的 werden(成为)。不违背普遍的法则的意志的准则就是允许的,它包含着除违背道德法则之外的所有行动,也就是积极的善和消极的善这两种行动。康德在这里没有进一步提出许可法则的概念。这与《道德形而上学奠基》的目的是为了寻求和辩护最高的道德原则有关。而在之后的《伦理学讲义——维格兰提伍斯》中,康德明确按照对行动的道德评价指出存在着许可法则。

为什么要承认许可法则的存在? 康德指出:如果我们否定许可法则,"那么整个划分就会崩溃,因为如果没有例外,那么所有的行动要么符合法则,要么不符合法则,并且许可的行动将不是行动,既然它们在任何时候都必须符合法则"②。没有许可法则及其行动,在逻辑上是一个缺陷,而且不符合我们的日常的道德直观。我们通常认为,午饭吃什么,这是与道德无关的事情,道德法则不会对类似的行动进行规定。它属于许可的行动,做什么和如何做,是由行动者自身来决定的,这也是他自由的体现。无疑存在着许可的行动,但这不意味着也存在着许可法则。因为法则规定着我们如何行动,而刚才所举的例子的行动恰好是不能够被规定的。这就存在着一个问题:在伦理学中,是否存在着许可法则?

---

① 康德:《道德形而上学奠基》,杨云飞译,邓晓芒校,人民出版社 2013 年版,第 79 页。
② Kant, *Lectures on Ethics*, Cambridge:Cambridge University Press, 1997, p. 277.

在法权状态中,存在着许可法则,因为实定法只是一种通常的规定,在具体的情景中,存在着例外,比如伤害他人是禁止的,但是自卫是对这个禁令的例外。问题在于,在自然状态中,即在一种不存在正义,没有人们都服从的以普遍意志为依据的立法者,也没有相应的执行机构和司法机构的状态中,是否存在着许可法则?康德认为:"我们不能马上否认,从某种程度上来说,许可法则可能产生于自然状态中。"自然状态的法权义务是最基本的义务,是实定法的基础。在康德那里,法权义务是以禁令的形式表达出来的,康德以乌尔皮安的三个原则划分自己的法权义务体系,其中第二个原则就是"不要对任何人做不正当的事"。这个原则包含着不要侵犯他人的财产,不要违背契约等命令。自然状态本来不应当存在着许可法则,因为许可法则是对禁令的例外,如果自然状态存在着许可法则,那么许可法则就是对法权义务的例外,而法权义务是完全的义务,具体地规定了我们应当不做什么,是不允许有例外的。

在法权状态中,法权是先于强力的,这种"先于"是指对强力的使用以法权为依据。比如债权人强制债务人还钱是基于债权人对债务人的法权。康德强调法权义务是以禁令的方式表达,那么法权和强力的关系就表达为"强力禁止取代法权"的禁令。如果强力能够取代法权,那么相应的状态就是霍布斯式的自然状态。是否存在着强力取代法权这样的许可法则呢?在正义的状态是不存在的,但是在自然状态是否存在,康德认为不能马上做出否定的回答。康德用虚拟语气指出坚持这个禁令的后果,即如果这个禁令在自然状态中也是必须被坚持的,那么"这会继续保持这种无法的状态,因而将会保持在没有法则以及没有对法则的承认的条件之中。"这是一种无法维护人的自由,从而违背了道德法则的困境,走出这种困境进入正义的状态是必要的。康德这一点与洛克相似,他们都认为,只有在一个以普遍意志为立法者的法权状态中,人的自由和其他法权才可以得到有效的保障,由此进入法权状态是一个义务。接着,他指出走出这种困境的方法:"所以在这里,有一个允许使用强力的自然法在起作用。"①允许使用强力的这条自然法是"强力禁止取代法权"的例外,它作为实现法权社会的手段起作用。

康德提出这个许可的法则的意图很明显。人们在自然状态中相互敌对,看似很自由,实际上这种自由很容易会走向反面,使得自己和他人失去自由。与洛克认为人们会自愿地走出自然状态相反,康德认为人们不会自愿走出这种状态。因为人具有一种向往随意的自由的倾向。所以,强力是必要的,它强制人们放弃随意的自由,进入正义的法权状态,使得每个人的自由都得到保障。康德举出另外一个具有代表性的例子来说明这个许可法则。两个人落在水中,只有一块木板可以救命,而这块木板只可以承载一个人的重量。在这种情况下,最多只有一个人可以获救。康德区分了两种情况,第一种情况是,其中一个人已经占有了木板,此时另外一个人不能再从对方那里抢走木板,否则便侵犯了他人的财产权;第二种情况是,木板是无主的,此时谁的力量强,谁就可以占有木板,从而获救。第二种情况没有确立起受到承认的法权(这里指财产权),类似于自然状态,他们彼此敌对,冲突总是存在着。如果两个人无法达成一致,又禁止使用强力,那么他们都会失去生命。但是康德强调,保存其中至少一条生命是一个义务,而此时双方都不可能按照道德法则来使用这块木板来达到保存生命的目的,因而只能使用强力。使用强力的目的是为了确立法权,此时行动所隐含的原则就是"为了确立一个法权,按照许可法则,强力先于法权"②。

使用强力本身不是合法的方式,但是在某种特定的情境中,为了保障自由和权利,不得不采取这种方式。所以,这种使用带有诸多限制。康德并没有明确地说明这种限制是什么,不过结合一些论述,我们可以知道,这些限制在于使用强力是一个合法的秩序成为可能的必要条件。《讲义》提道:如果不允许使用强力,那么会导致这种无法的状态持续下

① Kant, *Lectures on Ethics*, Cambridge:Cambridge University Press, 1997, p. 279.
② Kant, *Lectures on Ethics*, Cambridge:Cambridge University Press, 1997, p. 280.

去,因而"自然允许我们以这种方式使得人们的自由的任性按照普遍法则与一般的自由一致"①。康德在这里是自然目的论的视角,"自然"不是机械论的自然,而是合目的性的自然。它表达了为了达到自由而需要采取的某种手段,因而"这种方式"就是使用强力的方式,使用强力仅仅是达到一个合法目的的手段,达成目的后,它就不能单独使用。在法权状态中,法权是先于强力的,强力的使用要以法权为基础,强力先于法权是被严格禁止的。

康德对许可法则的使用有着清晰的认识。在《论永久和平》中,康德坚决反对如"雇佣刺客(percussores)和放毒者(venefici)、撕毁条约、在敌国煽动叛乱(perduellio)等"②,这些行动在任何时候都不能作为许可法则,因为它们会使得国家之间的信任成为不可能,自然状态一直会持续下去,未来的真正的和平无法成为可能。在《道德形而上学》中,康德再次提到第一种情况,并把它称作"紧急法权"(Nottecht)。在危机时刻,一个人为了活命不得不抢走他人已经占有的木板,导致他人丧命。虽然这种抢夺可能不会受到法庭的制裁,但是康德指出,他的行动是对他人的生命权和财产权的侵犯,依然是不正当的,必然受到指责。这种抢夺行动不可能作为许可法则,也不可能作为某个合法状态的必然手段。这些行动也是禁令的例外,但是无法作为许可法则,因为它们不能使法权状态成为可能。

(二) 存在着几种许可法则?

从《讲义》中,我们可以看出,康德所讨论的许可法则存在于自然状态向合法状态的过渡中,是自然状态过渡到合法状态的一种"不得已"的手段。由于法权义务表达为禁令,所以康德指出:"如果存在着诸许可法则,它们必然与禁令一起存在着。"③他在此把许可法则规定为禁令的例

---

① Kant,*Lectures on Ethics*,Cambridge:Cambridge University Press,1997,p. 279.

② 《康德著作全集》第 8 卷,李秋零主编,中国人民大学出版社 2010 年版,第 351 页。

③ Kant,*Lectures on Ethics*,Cambridge:Cambridge University Press,1997,p. 278.

外。学界有争议的是,康德是否扩大了许可法则的概念？如果答案是肯定的,那么到底有几种许可法则？

　　与赫鲁施卡不同,莎伦认为《论永久和平》中的"许可法则"是肯定性命令的例外。康德在这部著作中有两处提到许可法则,一处是"国家间的永久和平的临时条款",另外一处是"附录"的"一、就永久和平论道德与政治之间的不和"。前者提到要达成永和和平的六个先决条件,其中第一、第五和第六条是要严厉执行的,而第二、第三和第四条允许有许可法则,视情境延缓执行。违反前面三条会使得真正的和平成为不可能,后面三条虽然也是实现真正和平的必要条件,但是在特殊情境下可以允许有例外。需要说明的是,法则本身是普遍的,这种例外不可以看作是法则本身的例外,而只是考虑到特殊的情境有所扩展。康德举了第二条条款,即任何独立自存的国家都不可以像物品一样被转让等。这是一条严格的禁令,它要求尊重每个国家的独立自主性。但是由于一些历史原因,有的国家可能被其他国家侵占部分土地,甚至通过交换等方式被其他国家获取部分领土。如果贸然要求恢复本应该具有的独立性,可能会引发新的冲突甚至战争,所以康德主张"只为了这种恢复不仓促行事而与意图本身南辕北辙,才容许拖延"①。接着康德解释把这种例外看作许可法则的原因:"因为禁制在这里只涉及今后不应当有效的获取方式,但不涉及占有状态,这种占有状态虽然不具备必要的法权含义,但毕竟在其(被错认为有效地获取的)时代,按照当时的公共舆论,被所有国家视为符合法权的。"②"当时"和"今后"分别对应于从自然状态过渡到占有状态和法权状态,在这种过渡中,这些获得方式虽然不正当,但是在强力的作用下,所占有的对象具有持续性,而且当时获得其他国家的认可。进入法权状态后,这样的获取方式被严格禁止,相应的占有状态无法获得认可。

---

① 《康德著作全集》第 8 卷,李秋零主编,中国人民大学出版社 2010 年版,第 352 页。
② 《康德著作全集》第 8 卷,李秋零主编,中国人民大学出版社 2010 年版,第 352 页。

在这部著作的"附录"的一个脚注中,康德指出,让一个不义以及不完善的法权状态依然维持下去,直到它要么自行成熟变革,要么通过和平的方式成熟起来,这是理性的许可法则。康德反对不义,更反对仓促行事,因为这很有可能导致无政府状态,造成一种与意图完全相反的结果。所以道德的政治家要把实现公共法权和正义的国家间的秩序看作自己的义务,但是如何实现这个义务,他需要考虑具体的现实情况,这种考虑需要实践智慧。让不义的状态继续存在下去本身不是义务,但是如果它是实现法权状态的必要条件,那么它就成为许可法则。

康德在《论永久和平》中提到的两处许可法则都可以看作是对禁令的例外。莎伦主要分析了第一处许可法则,她认为:"这条规则允许例外。这条规则是以'A 是被要求'的形式出现的(A 是恢复被获取的国家的独立性),这个许可法则允许不执行(至少暂时)一个在其他场合被要求的行动。"①从上面的分析可知,这里的许可法则依然是禁令,即"任何独立的国家都不能通过继承、交换、购买或者馈赠而被获取"的例外。这条禁令是达到永久和平的必要条件,是需要严格执行的。但在公共法权状态建立之前,违背这条禁令的行动虽然不正当,但是不宜马上取消,否则可能导致永久和平进一步被延缓。因而这些例外只能在进入公共法权状态的过程中,逐步地取消。莎伦的观点基于他对行动的逻辑学的分析。在莎伦看来,从法则与行动的关系来看,行动要么是被禁止的,要么是被要求的,要么是中立的。作为例外的许可法则,一方面是对禁令的例外,另外一方面是对被要求的行动的例外。康德明确提到第一种情况,第二种情况是莎伦解读的。除了《伦理学讲义——维格兰提伍斯》,康德在《论永久和平》的脚注中也指出:许可法则是禁令的例外,"在许可法则中,所预设的禁制仅仅关涉一种法权的未来获取方式(例如通过遗产)"②。因而,康德对许可法则的规定在这两部著作中是一致的。

---

① Lara Denis and Oliver Sensen, *Kant's Lectures on Ethics : A Critical Guide*, Cambridge: Cambridge University Press, 2015, p. 164.

② 《康德著作全集》第 8 卷,李秋零主编,中国人民大学出版社 2010 年版,第 353 页。

在《道德形而上学》中，康德在两处提出看似矛盾的许可法则的概念。第一处是在"导言"部分，康德认为，一个行动只要不违背责任就是许可的。责任是由定言命令所赋予的一种行动的必然性，规定了我们要做或者不做某种行动。前者是被要求的行动，后者是被禁止的行动。在这二者之外，还有一种既不被要求又不被肯定的行动。这样的行动是仅仅许可的（bloβ erlaubt）。仅仅许可的行动比许可的行动的范围要小，它不包括被要求的行动。接着康德提出一个对法权学说很关键的问题：为了说明这种仅仅许可的行动，是否需要许可法则？康德以虚拟语气给出了一个看似否定的回答："如果是这样，那么，权限就会不总是涉及一个无关紧要的行动（adiaphoron[中性物]）；因为对于这样一种行动来说，如果人们按照道德法则来看它，将会不需要任何特殊的法则"①。康德在《论永久和平》的一个脚注中详细说明这种担忧的原因。他指出：许可的行动是中立的，不被法则所强制，而法则本身是对行动的强制性，因而许可法则的概念看起来存在着某种矛盾。康德通过区分过去的占有状态与未来的占有方式解决这种矛盾。接下来的一段中，康德表明了他的立场："我就此只是想顺便让自然法权的教师们注意一种 lex permissive[许可法则]的概念，这个概念自行呈现给进行系统划分的理性，尤其是因为在民法（有章程的民法）中，经常使用许可法则，区别仅仅在于，禁制法则独立成立，许可却不可被作为限制性条件（如其应当那样）一并纳入禁制法则，而是被归诸例外。"②许可法则在民法（前面所说的实定法）中是存在的，康德提醒当时的自然法权的学者们注意这个事实，探讨在自然状态中是否也存在着许可法则。无疑，他是站在肯定的立场的。

康德在《道德形而上学》的"导言"部分没有给出直接的回答，在"私人法权"中，康德把许可法则作为实践理性的法权公设提出来。它关涉私人法权如何可能的问题，亦即意选如何具有外在的对象的问题。我占

① 康德：《道德形而上学》，张荣、李秋零译注，中国人民大学出版社 2013 年版，第 21 页。
② 《康德著作全集》第 8 卷，李秋零主编，中国人民大学出版社 2010 年版，第 353 页。

有一个对象,这意味着即使我不占有一个对象,他人未经我的许可,对它的使用都是对我的侵犯。这里面出现了两个占有。康德把占有区分为感性的占有和理知的占有,前者是一种有形的占有,后者是无形的占有,体现的是法权关系上的占有。我把苹果放在手中,这是一种有形的占有,我把它放在桌子上,去往他处,此时我依然占有苹果。有形的占有的可能性在于我的自由的法权,如果他人抢我手中的苹果,那么他伤害了我的身体,侵犯了我的自由。问题是,如果我没有有形地占有一个物品,那么他人为何依然承担不侵犯我的占有的责任?诉诸自由的法权是无效的,因为他人没有侵犯我的身体。法权的普遍原则只是要求我们的行动与所有人的自由按照普遍法则能够共存,它与自由的法权是分析地相关,也无法解决这个问题。康德很显然不满足于像洛克那样诉诸人的劳动来解决问题。劳动无疑是获取财产权的一种方式,因为正如洛克所认为的,劳动是人的理性能力的体现,是自由的延伸。问题是,我施加劳动是我对这个物品的塑形,如何能够让其他人承担起不侵犯我的财产权的义务?康德认为洛克没有解决这个问题,甚至没有提出这个问题,因为洛克把财产权看作人与物的关系,我的劳动让物体对我承担责任。但是财产权所表达的是人之间的法权关系,其中他人未经我的许可不能使用我的物品。如果这个世界上只有一个人,那么就不存在财产权的问题。他可以任意地使用他能够使用的物品,不存在外在的限制。

为了解决占有的可能性问题,康德提出实践理性的许可法则,把它表述为:"把我的任性的任何一个外在对象作为我的来拥有,这是可能的。"这个许可法则说明,如果一个准则成为法则,意选的对象成为无主的,亦即没有任何人可以使用它,那么这个准则就是违背法权的。康德使用反证法来证明这个许可法则。如果实践理性包含着意选使用对象的禁令,意选不能够使用任何对象,那么意选使用任何对象就违背了法权的普遍原则。这意味着,自由会禁止我们使用外在的对象。然而,法权的普遍原则只是一个形式的原则,并没有具体规定意选对质料的使用,更不会包含意选使用对象的禁令,因而我的意选可以使用外在的对象,这个许可法则是成立的。

这个许可法则具有某种特殊性。前面两个许可法则是考虑到自然状态的特殊情况,对某些禁令的例外,在公共法权的状态下,它们是被禁止的。康德把它们看作许可法则,说明实践理性在运用到现实时需要有时间和历史的维度。而这个许可法则不同,它是实践理性对仅仅许可的行动所立的法,因而是实践理性自身的扩展。它赋予实践理性的形式法则以内容,这种内容就在于"它给予我们一个权限,这个权限是我们无法从一般法权的纯然概念中得出来的:这就是把一个责任强加给所有其他人的权限,这些人本来并没有这个责任,即放弃使用我们的任性的某些对象,因为是我们最先把这些对象纳入了我们的占有"①。最先占有某个物品,不管占有人是以劳动的方式还是其他方式,按照这个许可法则都使得他与其他人之间产生出新的法权和义务的关系。这种关系超出了法权的概念,因为法权的概念只是要求我们的行动与他人的自由按照普遍法则保持一致,并没有要求他人不侵犯我们的占有。这个许可法则使得在我占有外在物品后,他人要承担不侵犯我的占有的责任。它使得物品法权、人身法权等成为可能。

与其说费希特在《自然法权基础》中对康德的批评针对《永久和平论》,不如说针对《道德形而上学》更合适些,因为康德在《论永久和平》中没有使用许可法则推出法权的原则,许可法则是这些原则运用到特殊的情景才出现的。在《道德形而上学》中,物品法权、人身法权等需要许可法则才能够推出来。许可法则使得当我首次占有一个物品,即使我不把它放在身边,他人也不能随意使用我的物品,也使得他人不能以时间的流逝为借口否认他过去所做出的承诺。这也是剑桥版的《道德形而上学》译者格雷戈尔调整原文顺序的原因。她把第 2 节"实践理性的法权公设"放在第 6 节"对一个外在对象的纯然法权上的占有之概念演绎"的中间,第 6 节中间康德以占有土地为例子说明理知占有的几段放在脚注

---

① 康德:《道德形而上学》,张荣、李秋零译注,中国人民大学出版社 2013 年版,第 41 页。

中,这样的调整更清楚地表现了这个许可法则对演绎占有概念的作用。[①] 如果说法权学说是自由概念的外在运用,这种运用需要有外在的物品作为保障,那么占有外在的物品等这些方式是人的自由的延伸。因而在笔者看来,如果把《道德形而上学》看作外在自由和内在自由的体系,那么法权学说属于康德的伦理学,康德使用许可法则扩大了人的自由的范围,使得人的自由不再局限于自身而能够使用外在的物品。

赫鲁施卡和莎伦一致认为《道德形而上学》中的许可法则不是禁令的例外,而是一种赋予规范的法则。这种观点在康德的文本中是有依据的,康德明确提到这个许可法则"给予我们一个权限",Befugnis(权限)给予某人做某事的力量。这个许可法则给予我们能够占有外在对象的力量。如果我们结合前面对《伦理学讲义——维格兰提伍斯》的分析,许可法则是对某个禁令的例外,那么《道德形而上学》的许可法则是否也存在着对应的禁令呢?康德在论证这个许可法则时使用了一个重要的步骤:"纯粹实践理性就不可能包含使用该对象的任何绝对禁令,因为这种禁令将会是外在自由与自身的一个矛盾。"[②]因而从表述上来说,许可法则也对应着"禁止任性使用任何对象"这个禁令,不过这条禁令并不是纯粹实践理性的法则,因为这里的许可法则是实践理性对仅仅许可行动的立法,而不是实践理性法则的例外。

---

① 参见 Kant, *Metaphysical of Morals*, Ed. and trans. Mary Gregor, Cambridge: Cambridge University Press, 1999, pp. 39 - 42。

② 康德:《道德形而上学》,张荣、李秋零译注,中国人民大学出版社 2013 年版,第 41 页。

第四章　自由体系的内在方面——德性学说

第一节　德性义务的基本概念及其划分

康德伦理学的核心概念是责任和义务,它们都以自由为基础,在后期伦理学中的义务体系中,不同的义务是为了体现和维护不同方面的自由。法权义务是为了维护人的外在自由,促进科学和文化的发展。法权义务规范了人和人之间的外在关系,要求人们能够合法则性地行动。① 然而在康德的体系中这种合法则性的自由即外在自由还不是真正的自由,真正的自由只有在德性义务中,此时纯粹理性不仅对外在的行动立法,而且也要求行动的动机是出于义务的,这种对动机的规定体现在对目的的规范性上,它要求人追求一些同时是义务的目的。

---

① 丹尼斯(Lara Denis)有段很经典的表述,论述了义务和自由的关系:"不同的义务以不同的方式与自由联系起来——以不同的方式表现、敬重、限制、保护、尊敬以及促进自由。比如,法权义务禁止伤害他人合法的外在自由,然而自然和道德完善的不完全的义务要求(各自地)培养作为体现我们理性自由的手段的才能与努力达到这种理性自由的最纯粹的和最完全的实现。"(Lara Denis and Oliver Sensen, *Kant's Lectures on Ethics : A Critical Guide*, Cambridge: Cambridge University Press, 2015, p. 173)这段话说明康德后期伦理学关注的问题是人的自由的不同方面,以及人如何实现自由的这些不同方面。

　　近年来对康德的德性学说做出研究的文献比较多,比如邓晓芒教授发表在《清华西方哲学研究》的"康德'德性论'导读"系列,还有舒远招教授对"导论"中文本的某个关键段落的代词做出的详细讨论,深化了对文本的理解。[①] 笔者参考学界已有的成果,做出如下解读。康德意义上的德性是基于内在自由的概念,不仅是实践理性的自律,而且是实践理性的专制(autocracy),后者是人特有的概念,也说明德性义务是为了实现人的内在自由;德性概念与目的概念必然结合在一起,德性义务就在于实现这些同时是义务的目的;论证同时是义务的目的的概念的可能性在于纯粹实践理性是一种设定目的的能力,这些目的本身是定言命令所要求的;说明这些目的的基本内容。由此,康德划分了具体的德性义务。

(一) 德性的概念

　　在《实践理性批判》中,康德认为:"使人类有责任遵守道德律的那种意向就是:出于义务,而不是出于自愿的好感,也不是出于哪怕不用命令而自发乐意地从事的努力,而遵守道德律,使人一向都能够处于其中的那种道德状态就是德性,也就是在奋斗中的道德意向,而不是自以为具有了意志意向的某种完全的纯洁性的神圣性。"[②]康德强调人所处的道德性层次就是德性,与之对立的是神圣的意志。Tugend 英文翻译为"virtue",但是这个词有两个含义:一是德性,表达一种意志的品格;另外一种是德行,是有道德的行动。这个词在康德这里兼具二者,表达通过道德的行动体现出的意志的品格。有的译者比如邓晓芒教授翻译为"德行",李秋零教授翻译为"德性"。由于康德更强调这是意志的一种品格,

---

[①] 参见舒远招《"德性"抑或"理性"——〈道德形而上学〉德性论导论中的代词之谜》,载《中山大学学报(社会科学版)》2019 年第 5 期,第 177—186 页。

[②] 康德:《实践理性批判》,邓晓芒译,杨祖陶校,人民出版社 2004 年版,第 115—116 页。"德性"也翻译为"德性"。

笔者在这里翻译为"德性"。

人为什么不会自发乐意地出于义务而行动呢？这是由于其根本恶的倾向,这种倾向导致人服从道德法则必须不断地与自身的根本恶倾向作斗争,就人而言,道德性就表现为道德法则的强制以及由这种强制而来的对道德法则的敬重。具体来说,这种战斗的意向就体现为德性,战斗的主体是人的意志。在这种战斗的意向中,人产生了对法则的敬重,敬重的情感意味着人有对道德法则的意识,以及在道德法则面前的谦卑。与之相对的是道德狂热。康德在《实践理性批判》中提到道德狂热,指出:"如果最广泛意义上的狂热就是按照原理来进行的对人类理性界限的跨越,那么道德狂热就是对人类的实践的纯粹理性所建立的界限的这种跨越"①。康德所批判的道德狂热者把道德的意向不是放在纯粹实践理性上,而是放在纯粹理性之外的某个地方,甚至认为人本身就可以达到神圣性,而不仅仅是德性。在一些道德狂热者看来,人的某种本能(如同情或者自爱)而不是纯粹理性就可以自然地产生道德性。在康德看来,人所处的位置就是德性,而不是神圣性。追求德性是人所特有的目标,也是人在这个宇宙中能够达到的位置。在后期著作《道德形而上学》中,康德详细地论述了德性的概念。

由于德性表现为一种战斗意向,战斗需要力量,力量越强,战斗力越强,所以德性也表现为一种力量(Stärke)。康德把德性看作"道德上的勇气"②,他强调不能混淆人与神圣存在者的区别。神圣存在者(比如上帝)也有力量,但是由于在它自身不存在着阻碍法则的冲动,义务和责任等概念并不适于它。康德在这里提出了另外一个概念"有限的神圣存在者",这样的存在者也有偏好,但是它不具有违背义务的可能性,因为它

---

① 康德:《实践理性批判》,邓晓芒译,杨祖陶校,人民出版社 2004 年版,第 107 页。
② 康德:《道德形而上学》,张荣、李秋零译注,中国人民大学出版社 2013 年版,第 166 页。

的偏好自动地符合义务。所以它只是实践理性的自律,而对于像人这样的有限的理性存在者还需要实践理性的专制,即纯粹实践理性对易于违背义务的偏好的控制。有限的神圣存在者没有德性论,只有道德学。康德在德性论中提出"有限的神圣存在者"(有限的,endliche)这样的概念,笔者认为有如下原因:一方面是为了说明偏好不是恶的原因,具有偏好的意志也能够成为神圣的意志;另一方面强调人所处的道德性地位,即"人的道德性在其最高阶段上毕竟不比德性多任何东西;即便它完全是纯粹的(除了义务的动机之外,完全不受任何外来的动机影响),因为它在这种情况下通常作为一种理想(人们必须不断地迫近的理想)被诗意地以智者的名义人格化"[1]。需要注意的是,舒远招教授不认同学界把这里的"endliche"翻译为"有限的"解读,认为它应该翻译为"终极的"。他的基本论证是,康德在其他的著作中并没有涉及"有限的理性存在者"这个概念,而且"有限的"所对应的应该是 finite。如何理解这个概念,是有争议的,笔者认同目前学界的看法,"endliche"表达的是有限的含义,即这样的存在者因其偏好而是有限的,但是它还是可以成为神圣的。人只能达到德性的层次,是因为人的根本恶倾向,而不是偏好这样的因素。

　　可以看出,德性的概念假定了与它相对立的阻碍。既然偏好不是恶的原因,那么这种阻碍就在于人的根本恶的倾向。这种倾向把自爱的原

---

① 康德:《道德形而上学》,张荣、李秋零译注,中国人民大学出版社 2013 年版,第 169 页。在论文"专制与自律"中,巴克斯利(Anne Margaret Baxley)对这两个概念做出了非常详细的分析。通过对比有限的神圣存在者和人的意志,他认为自律与专制之间有内在的联系。道德的学说与纯粹实践理性的自律严格地结合在一起,而德性的学说"也"与纯粹实践理性的专制结合在一起。神圣的存在者与有限的神圣存在者不具有违背义务的偏好,它只有自律,没有专制。不过,自律是专制的必要条件,即使在偏好违背纯粹实践理性的情况下,一个按照纯粹实践理性自我立法的意志才有可能获得规定意志的力量,通过区分这两个概念,巴克斯利得出了一个富有启发的观点:在《纯粹实践理性批判》的"分析论"中,作为道德法则的基础的自由是自律,在"辩证论"中,作为纯粹实践理性的公设的自由是专制。由专制的概念,可以推出德性的真正敌人是根本恶。(参见 Anne Margaret Baxley, "Autocracy and Autonomy," in *Kant-Studien* 2003,pp. 1 - 23)

则当作立法的原则,使偏好和道德法则在很多情况下,无法一致,甚至相互冲突。① 从而,人实现德性就是人实现从恶到善的转变,人的三种原初禀赋都能够实现出来,尤其是实现人格性禀赋。由于根本恶不是外在的强加,而是人自身的倾向,因而,德性作为克服它的力量就是一种自我的强制。这种自我强制就是实践理性专制的内在自由,因而德性义务是基于内在自由的义务。内在的自由是理性的自我立法,其中意选服从理性所立的法,德性就不仅表现为服从法则的自由的外在行动,而且是"通过对法则的思维来规定自己",也就是意选把法则也同时作为行动的动机,行动不仅是合乎义务的,而且是出于义务的,从而德性是意志的完善。从这个角度来说,德性就与熟巧不同,熟巧是一种"行动的一种轻松和任性的一种主观完善","通过经常重复的行动成为必然性的行动的千篇一律"②,熟巧只是意选的完善,而不是作为整体的意志的完善。如果是作为整体的意志的完善,那么意选不仅知道如何做,而且知道为什么这么做,亦即能够认识法则,并且把法则作为自己的动机来行动。

由于人性包含着根本恶的倾向,人的意选在面对诱惑时,总有违背道德法则的可能性,所以理性对意志的规定人来说表现为纯粹实践理性

---

① 格伦伯格(Jeanine Grenberg)在其论文《德性的敌人是什么?》中提出了一个值得学界重视的问题:在康德的"德性论"中有几处认为德性的敌人是偏好,这种看法与他在《宗教》中的根本恶的观点看起来不一致。他进一步指出:"如果我们不理解德性克服了的是什么,那么我们就不能真正理解这种斗争而来的状态"[Lara Denis(ed.), *Kant's Metaphysics of Morals: A Critical Guide*, Cambridge:Cambridge University Press, 2010, p. 152]。他认为:德性的敌人不可能是偏好,因为德性和偏好分别属于自由和自然的领域;康德在"德性论"中隐含了根本恶,分析恶、偏好与自由诸概念,只有恶才是德性的敌人,恶的准则就是根本恶的体现。[参见 Lara Denis(ed.), *Kant's Metaphysics of Morals: A Critical Guide*, Cambridge:Cambridge University Press, 2010, pp. 152-169]不过,由此他得出理性是真正的敌人的结论:"因此,我们可以把恶的行动看作是内在自由的行动,即使当我们同意康德所认为的恶不是一种力量,而且自由并不是真正通过这些行动来定义……恶是一种自由的状态和存在方式;虽然它是自由的相反的和软弱的状态"[Lara Denis(ed.), *Kant's Metaphysics of Morals: A Critical Guide*, Cambridge:Cambridge University Press, 2010, p. 165]。我认为:在康德那里,内在自由体现为意选服从纯粹实践理性所立的法,是作为整体的意志(Wille)的特征,恶的行动基于人的根本恶的倾向,也是自由的,否则行动者就不需要为此负责,但是此时意选并不服从纯粹理性所立的法,因而此时的意选不是内在自由的。

② 康德:《实践理性批判》,邓晓芒译,杨祖陶校,人民出版社 2004 年版,第 190 页。

的专制,这种专制就是内在的自由。激情和情欲虽然有区别,前者属于情感,后者属于欲望,但是它们都使得人的意志摆脱理性的控制,从这个角度来说,它们都与根本恶有关,因而内在自由要求我们"在一个给定的情况下控制自己(animus sui compos[把握自己的灵魂])和做自己的主人,这就是说,驯服自己的激情、驾驭自己的情欲"①。仔细梳理激情和情欲有助于理解这里的表述,在康德那里,激情(Affekten)属于人的情感,它是"情感先于反思,使得反思不可能或者更困难"。比如勃然大怒,此时人的过于愤怒导致人无法进行理性的思考,无法计算自己的得失,从而易于做出不理智的事情。但是勃然大怒这样的激情是暂时的,激情过后,人会恢复理性的思考。因而,对于激情,理性是"驯服",亦即使得它与理性一致。由于激情与人的意志的软弱有关,虽然是德性的缺失,但是它可以与善的意志共存。一个有德性的人可以有激情,比如他有勇气去做有道德的事情。相反情欲(Leidenschaften)在本质上与激情是不同的。② 它是"变为了一个持续的偏好的感性的欲求"③,行动者把某种偏好的对象看作是自己的原理和目标,使得他放弃理性的反思。如果偏好是违背道德法则的,那么行动者的情欲就把恶的东西纳入自己的准则之

---

① 康德:《实践理性批判》,邓晓芒译,杨祖陶校,人民出版社2004年版,第190页。
② 在《实用人类学》中,康德在"论欲求能力"中对激情和情欲做了详细的论述。他指出,激情和情欲都排斥理性的统治,是心灵的疾病。虽然它们在程度上同样强烈,但是在性质上有别。激情是"由于使心灵失去自制的那种感觉而惊异……它迅速地达到一种使得思考不可能的情感的程度(是不审慎的)"(《康德著作全集》第7卷,李秋零主编,中国人民大学出版社2008年版,第246—247页)。与之相对的是心的淡泊,即在平静中的思考,这也是上面所说的不动心的原则。康德认为情欲是"阻碍理性在做某种选择时将之与一切偏好的总和做比较的那种偏好。"(《康德著作全集》第7卷,李秋零主编,中国人民大学出版社2008年版,第260页)情欲是把某种偏好看作是至上的,而忽视了所有其他偏好的重要性。激情只是对自由和自我控制的伤害,是瞬间的,而情欲自身中包含着破坏自由的持久性的原则,对自由的伤害是持续的。康德做了形象的比喻,认为激情就像喝醉了酒一样,酒醒就康复了;而情欲就像吞了毒药的疾病或者残疾,需要一个精神医生(可以把这里的精神医生理解为德性论)的治疗,但是它在大多数情况下得不到根治。康德对二者的态度是不同的,他在一定程度上肯定激情。比如他认为勇敢属于激情,值得肯定,同时有些激情(比如,善意的笑)能够促进健康。
③ 康德:《道德形而上学》,张荣、李秋零译注,中国人民大学出版社2013年版,第190页。

中。比如,复仇欲是一种情欲,行动者把复仇看作生活的原则,诸行动都以此为目标。另外还有守财奴,他把对金钱的获得看作自己的行动的原则。情欲所带来的恶是真正的恶。所以理性要求驾驭情欲,使得它无法成为意志的原则。总的来说,在德性论中,康德强调,行动者的所有能力和偏好都要置于理性的控制之下,不让自己的情感和偏好控制自己,这种摆脱激情和情欲的控制,就是不动情的义务。

康德强调,德性必须预设不动情(apathy),apathy 是来自斯多亚学派的一个术语,表达人不受情感主宰。与人们通常把不动情理解为冷漠不同,不动情不是说没有情感,而是说不能被激情和情欲所主宰。康德做了具体的论述:"不动情这个词,好像就是没有情感,因而就任性的对象而言意味着主观的漠然,就落了个坏名声;人们视其为弱点。这种误解可以这样来预防,即人们把这种与冷淡不同的无激情称为道德上的不动情。"道德上的不动情是指"此时出自感性印象的情感之所以失去了对道德情感的影响,只是由于对法则的敬重总的来说要比上述情感更强有力"①。不动情是指不受感性情感的主导,而只是由理性来决定。此时德性表现为一种以坚定的决心履行义务的平静心态。

与格劳秀斯类似,康德在确立了德性的概念之后,批判了亚里士多德的德性概念。康德指出:德性与恶习之间的区别不在于遵从原理的度,而在于准则与法则的关系的质,也就是说,准则是否服从法则,或者说准则是否可以成为法则。在康德看来,恶习之所以为恶习就在于意志的准则违背了法则,德性作为实现法则的力量,在本质上是与恶习不是在程度上,而是在本质上与它们不同,因而亚里士多德把德性看作中道是错误的。康德的这种批判体现近代哲学家的一种比较普遍的立场,近代哲学家确立起法则的概念,强调行动的原则与法则之间的本质区别。但是这种批判是否真正理解了亚里士多德的伦理学,是一个值得讨论的问题。亚里士多德的德性学说的核心概念在于中道,中道是一种服从逻

---

① 康德:《道德形而上学》,张荣、李秋零译注,中国人民大学出版社 2013 年版,第 191 页。

格斯(类似于近代的理性概念)的适度,也就是遵从理性的适度。中道是一种适度,但是这种适度与理性相关,不能仅仅把它理解为与恶程度上的区别,而应该理解为有质的区分。①

综上所述,康德伦理学强调的德性是一个基于内在自由(纯粹实践理性的专制)的概念,是人应当处于的道德层次,也是人所能够追求的目标。人的德性是意志通过其准则克服自身的阻碍遵从法则的力量。在康德看来:人的意志的行动是合目的性的,其准则都是有目的的,即行动是为了实现某个目的。因而具体履行德性的力量表现在实现理性所要求的目的上,德性义务体现为实现理性的目的的义务。

(二) 同时作为义务的目的

德性概念包含着我们根据内在自由的原则对自我进行强制,这种自我强制涉及目的的概念,也就是说理性通过它所赋予的目的来实现这种强制。由此,德性义务并不直接规定行动,行动的实施有一个自由度,是不完全的义务。理性所赋予的目的就是同时作为义务的目的,因而在德性论中我们需要阐明同时作为义务的目的的概念。这一节,笔者将从下面三个方面来说明这个概念:第一,为什么德性概念必须与同时作为义务的目的联系起来,从而德性义务就是以实现这些目的作为自己行动目的,并且把它们看作具有必然性的行动;第二,这样的目的的概念如何是可能的;第三,这样的目的是什么。

1. 在康德看来,目的是"自由任性的一个对象,其概念规定任性去采取一个行动(由此那个对象被产生出来)"②。需要注意的是,意图(Absicht,purpose)和目的(Zweck,end)有必要作出区分。很多时候,

---

① 舒远招教授批评了学界认为康德最终回到了亚里士多德德性论的看法。他认为,康德的德性学说依然是在义务论的框架里面讨论问题,不管是德性作为一种力量,还是作为一种实现某种目的的义务,都是以义务论为基础。参见舒远招《康德的伦理学不是义务论吗?》,载《清华大学西方哲学研究》2018 年第 2 期。笔者认同这个观点。
② 康德:《道德形而上学》,张荣、李秋零译注,中国人民大学出版社 2013 年版,第 170 页。

二者并未作出区分,但是严格来说,前者是人想做什么的主观表象,后者是意选所指向的对象,人的行动针对它,人为了它而行动,类似于射箭所指向的靶心。因而,目的可以看作行动的规定根据。① 结合康德在其他地方把意志规定为"按照法则的表象来行动的能力",那么我们可以认为,"目的"的概念就是"法则的表象",我们按照目的的概念来行动。因为人的行动都是有目的的,并且都是出于目的而行动的。在《宗教》中,康德提出一个很重要的观点:人的自由的意选具有绝对的自发性,这种自发性使得它能够不受外在强制而把动机纳入自己的准则中,选取某个动机亦即给予行动者为之行动的某种理由。选取一个动机就是设定某个目的当作自己行动的理由,因而自由的意选设定目的的能力是其自由的体现。虽然我们可以被他人强制要求做某个行动,以达成他人的目的,但是我们不能被他人强制设定和选择一个目的,"拥有行动的一个目的,这是行动主体的自由的一个行动,而不是自然的一个作用"②。

在这些目的中,有出于感性的目的,也有出于理性的目的。无论是何种目的,意选对这些目的的设立和选取都是自由的,即使是选取出于感性的目的,它也是意选把它作为根据而纳入自己行动的准则中。与休谟把理性仅仅充当实现出于感性的目的之手段不同,康德认为理性具有直接规定意志去行动的能力。休谟认为,理性是激情的奴隶,理性只是认识对象,这体现在观念的关系和实际的事情上,而行动与激情和欲望有关,理性无法给予充分的指导。但是理性在认识手段和目的之间的关系上有作用,向我们指明如何更好地实现激情和欲望所设定的目的。可见,休谟所理解的理性还是理论理性,没有意识到理性本身具有实践的能力。当然,他们都意识到行动是目的性的,不同的是,康德指出两点:第一,理性本身就会提供出需要实现的目的;第二,任何目的的选取,都是意志的自发性的作用,这种自发性是理性的功能。可以看出,即使是

---

① 参见 Jens Timmermann, *Kant's Groundwork Metaphysics of Morals : A Commentary*, Cambridge: Cambridge University Press, 2007: 175。
② 康德:《道德形而上学》,张荣、李秋零译注,中国人民大学出版社2013年版,第170页。

设定和实现感性的目的,也需要有理性的参与和作用。我把实现自己的幸福当作行动的准则之目的,按照休谟的看法,理性的作用仅仅在于思考如何实现自己的幸福,寻找实现幸福的手段。然而在康德看来,幸福作为我的行动目的也是我的意选自由的选择,这种自由是理性的作用,即我把实现自己的幸福看作我的行动的理由,这种理由是其他任何人都无法强制的。他人可以逼迫我去做实现他的幸福的行动,但是不能强制我把实现他的幸福看作我自身的目的。

总的来说,这点体现了理性主义者和情感主义者在实践理性上的区别。在后者看来,我们的激情、欲求等规定了我们的目的以及行动。当这些激情和欲望等发生变化时,目的及相应的行动也会随之发生变化。在理性主义者康德那里,虽然偏好等欲求是感性的,但是它们自身并不能规定行动,除非它们充当行动的动机,但是行动者对诸动机的选取是理性的功能。①

与法权的外在立法不同,德性只能是内在的立法。由于"不存在对任性的别的规定,任性由于其概念就已经适合于不受他人的任性甚至以物理的方式来强制,除非把它规定为一个目的"②,目的的规定是排除外在强制的方式,甚至是唯一的方式,因而德性学说与目的的概念有关,德性义务是一种实现某种目的的义务。德性的概念包含着意选在实现义务时准则的力量,力量由纯粹实践理性赋予,德性所涉及的目的是由纯粹实践理性所规定的目的,由此纯粹实践理性应该具有一种设定目的的能力。如果它不具有这种设定目的的能力,那么德性学说就缺乏具体的规定。如前所说,德性的阻碍是根本恶,根本恶就是人把易于违背道德法则的感性目的当作自己行动的原则,即当作行动的目的,纯粹实践理性就只能反过来通过设定道德的目的来消除这种根本恶的倾向。由此,

---

① 对这个主题有兴趣的读者,可以参看 Korsgaard, *The Constitution of Agency : Essays on Practical Reason and Moral Psychology*, New York: Oxford University Press, 2008, pp. 27 - 100。

② 康德:《道德形而上学》,张荣、李秋零译注,中国人民大学出版社 2013 年版,第 167 页。

康德的德性学说是一种纯粹实践理性的目的的体系,德性义务是把实现这些目的的行动看作具有客观必然性的。

从这里也可以进一步看出德性学说和法权学说的区别。康德认为,它们是从两种方式来看目的和义务之间的关系。第一种方式是从目的导向义务;第二种方式是从义务导向目的。法权义务作为外在的立法是第一种方式,意选所设定的目的是任意的,只要其行动在形式上与任何他人的准则保持一致就行。德性学说作为内在的立法,只能是第二种方式,因为如果德性义务从一个目的开始,目的可能是经验的,行动的准则就会基于经验性的根据,那么这样的义务就不是德性义务。

在法权学说中,每一个义务都与有权限做某事的法权相对应,但是并不是每一个义务都对应着他人可以强制某人的法权(比如在类比意义上的自我的人格中人性的法权)。在德性义务中,康德提出了伦理义务的概念。这个概念首先与立法相关,每一个伦理的立法都是内在的立法,对应着德性的概念,但并不是每一个伦理义务都是德性义务。伦理义务是从形式上强调行动不仅合乎义务而且出于义务,而没有从质料上说明它与目的相关。行动者履行伦理义务是有德性的,但是它不一定履行了德性义务。有德性的和德性义务是有区别的。前者是从立法的角度强调动机的内在性,后者是指特定的义务类型。只有把同时作为义务的目的当作自己准则的根据的义务才是德性义务。所以,德性只有一种,而按照不同的目的(比如自我不同能力的完善),相应的存在着不同的德性义务。①

既然德性义务是一种涉及同时是义务的目的的义务,德性义务就在义务的形式法则即"如此行动,使你行动的准则能够成为一个普遍的法则"上加入对目的的规定,要使某种目的成为你应当实现的目的。回到

---

① 舒远招教授把伦理义务看作是位于本真的法权义务和真正的德性义务之间,出于义务的动机的法权义务。接着他指出,真正的伦理义务不仅包括德性义务,也包括间接的法权义务,即从内在的动机出发来看待的法权义务。参见舒远招《康德的伦理学不是义务论吗?》,载《德国哲学》2016 年第 2 期第 55—74 页。

准则的概念,准则作为主观的原则,包含目的和达到此目的的行动。[①] 可以推出,德性学说不仅要求行动合乎义务,而且要求行动出于义务。这种出于义务是对动机的规定,是一种内在的立法,于人而言,通过目的的概念体现出来,因而德性学说的最高原则就是:"你要按照一个目的准则行动,拥有这些目的对任何人而言都可以是一个普遍法则"[②]。人的自由在于他具有设定目的的能力,通过为自己设定目的,他把自己表现为自由的存在者,在与他人的交往中把自己看作目的自身,在与自身的关系中,把自己尊为自由的存在者。如果意志所设定的目的是出于偏好的目的,那么他虽然在他人面前是目的自身,但是又仅仅成了偏好的手段。只有设定同时作为义务的目的才能够排除偏好的影响,使得自己真正地把自己看作是自由的,看作是目的自身。所以,康德富有深意地说:"按照这一原则,人无论对自己还是对他人都是目的,而且他既无权把自己也无权把他人仅仅当作手段来使用(这时他毕竟可能对他人也漠不关心),这还不够;相反,使一般而言的人成为自己的目的,这本身就是人的义务。"[③]履行德性义务,真正体现了人是目的本身,是自由的行动者。

德性学说的最高原则作为定言命令不能被以任何直观为基础的方式来证明,但是可以从概念的角度来演绎。这个最高原则的核心概念同时是义务的目的,所以演绎的关键就是说明是否存在同时是义务的目的。正如康德所指出的:事物的概念是可能的(不自相矛盾)只是形式的,是必要条件,却不足以解释一个事物自身的可能性,即这个概念的客观实在性。前面只是说明了这个概念与德性是紧密地联系在一起的,如果存在着德性义务,那么必然存在着同时是义务的目的。同时是义务的目的在概念上没有自相矛盾,但是并没有说明确实存在着这些目的。由

---

① 我在这里采纳了科尔斯科德的观点。她认为准则描述行动(an action),准则的基本内容是"为达到这目的要采取这个行动"(to do this act for the sake of this end)。因而准则不只是目的,而是也包含着达到这一目的的行动(act)。(Korsgaard, *Self-Constitution : Agency, Identity, and Integrity*, Oxford, New York: Oxford University Press, 2009: 10)

② 康德:《道德形而上学》,张荣、李秋零译注,中国人民大学出版社 2013 年版,第 179 页。

③ 康德:《道德形而上学》,张荣、李秋零译注,中国人民大学出版社 2013 年版,第 179 页。

于这些目的是由纯粹实践理性所赋予的,所以是否存在着这些目的的问题可以归结为纯粹实践理性是否是一种设定目的的能力的问题。如果纯粹实践理性是一种设定目的的能力,那么就必然存在着同时是义务的目的。

2. 在《道德形而上学》中,康德对同时是义务的目的的概念做出了相应的阐明。我们通过文本对康德的论证做出如下重构。

(1)定言命令作为人类的最高的道德性原则具有客观有效性。

这个命题是康德论证存在着同时是义务的目的的最基本的步骤。存在着定言命令,这是在《奠基》"第三章"和《实践理性批判》的"分析论"中所涉及的问题。如前所说,《奠基》前两章的主要任务是寻求道德性的最高原则,即寻求定言命令及其表达式,在第三章,康德试图说明定言命令的有效性。在《实践理性批判》中,康德强调定言命令的有效性是一个"理性的事实",是不需要演绎的。在通常的道德意识中,我们都有服从道德法则的意识。对这个问题,学界存在着诸多争议,有的学者认为,康德的这种转变说明康德意识到演绎的失败,转向"理性的事实",比较典型的是阿利森。即使对这个问题持有某种同情态度的,也认为康德的演绎是有限度的。目前,有一种新的解释,比较具有代表性的是克勒梅教授,他认为我们不能说康德的《奠基》的演绎是失败的,因为康德明确地说明对它的演绎是实践意义上的演绎,而不是理论理性意义上的演绎。①

(2)一个目的的概念是一个自由的意选的对象,是行动的规定根据,也就是说行动是实现某目的之手段。

这一步在前面已经得到比较清楚的说明。在康德看来,人的行动是合目的性的,同时设定和选择目的是人的意志的自由的体现。

---

① 参见刘作《人何以是自由的? ——评克勒梅教授的〈康德的《道德形而上学奠基》:一种系统注释〉》,载《清华西方哲学研究》2017 年第 2 期。

（3）存在着出于义务的行动。

这个命题是由第一个命题得到的。如果定言命令具有客观实在性，也就是说，它可以规定人的意志，那么这意味着，存在着出于义务的行动。如果这样的行动不存在，那么定言命令就是空的。

（4）出于义务的行动也是出于目的的行动。

这是由第二步和第三步结合起来推出来的。如果说人的所有行动都是出于目的的行动，那么出于义务的行动也与目的有关，亦即目的本身就是义务。

（5）在出于义务的行动中，行动的目的必然是直接由道德法则所规定的。

这个命题是从第四步推出来的。如果出于义务的行动与目的有关，那么这个目的就是义务。义务是什么？义务是出于理性必然性的行动，是由道德法则直接规定的某种必然性的行动。道德法则是纯粹实践理性规定意志的法则，我们可以得知，相应的目的就是由纯粹实践理性规定的。

（6）纯粹实践理性是一种设定目的的能力，同时是义务的目的是存在的。

这是由第五步直接推出来的。如果同时是义务的目的是由纯粹实践理性所规定的，纯粹实践理性是一种设定目的的能力，那么它所设定的目的就具有客观必然性。由于人受到感性的影响和刺激，他的自由的意选在选取准则时，倾向于把感性的目的当作自己行动准则的规定根据，从而纯粹实践理性所规定的目的并不是主观上必然的。那么这些目的对于人的意志来说就表现为在客观上必然的，在主观上是偶然的，因而表现为强制，是人的一种义务。

康德的整个论证的归结点是纯粹实践理性是一种设定目的的能力，它可以直接设定某些目的。在这个论证的过程中，第一个命题的作用是最基本的。如果定言命令不存在，或者不具有客观必然性，那么出于义务的行动就是不存在的，也就不能说明纯粹实践理性是一种设定目的的能力。如果否认了纯粹实践理性是一种设定目的的能力，即否认存在着同时是义务的目的，那么这就否定了定言命令的有效性。第二个命题表明一个人类学的事实，即人的行动是出于目的的，是以某个目的作为自己行动的原则的。

这个概念引起学界的重视，波特（Nelson Potter）在其经典的论文《康德关于同时是义务的目的》中，把康德的论证重构为八个步骤：① 人的所有的行动都是合目的性的，即出于一个目的的行动；② 存在着（对行动）的定言命令；③ 如果存在着定言命令，那么出于义务的行动是可能的；④ 出于义务的行动也是出于目的的行动；⑤ 出于义务的行动的目的不能是一个被感性规定了的目的；⑥ 纯粹实践理性规定出于义务的行动的目的；⑦ 但是一个被我们的纯粹实践理性所规定的目的是一个同时是义务的目的；⑧ 因而，存在着同时是义务的目的。① 实质上，笔者的论证与他的论证是一致的，只是笔者把步骤⑤、⑥和⑦归结为一个步骤，即出于义务的目的本身是一个义务，这是在我的论证第⑤步体现的。②

阿利森在论文《康德的义务的目的》中做出了批判性的回应：康德在文本中的论证是失败的，同样波特的论证也是失败的，因为"从存在着对行动的定言命令，以及每个行动是出于某种目的的没有问题的前提，并不能推出必然存在着（在积极的含义上）对目的的定言命令"③。阿利森的理由是，定言命令只是一个对我们选择和设定目的的消极的、限制性的条件，并没有积极地命令我们有义务追求任何目的。接着他从另外一

① Heiner F. Klemme and Manfred Kuehn (ed.), *Kant Practical Philosophy*, London: Ashgate, 1999, pp. 209-223.
② 我认同罗尔斯的解释。他持有如下观点：纯粹实践理性本身就是实践的，也就是说道德法则自身就足以规定意志，由于准则包含着行动和目的，道德法则就必然既规定行动又规定目的，而且它进一步"通过确定特定的同时是义务的目的并且要求我们促进这些目的，道德法则为规定意志提供了足够的根据……这里的要点是在康德那里行动有一个目的，如果道德法则不能确定特定的同时是义务的目的，它就不足以规定行动的本质特征。"（Ruth F. Chadwick, *Immanuel Kant Critical Assessments* Ⅲ, London and New York: Routledge, 1992, p. 36）罗尔斯的解释比较简洁，也具有说服力。
③ Heiner F. Klemme and Manfred Kuehn (ed.), *Kant Practical Philosophy*, London: Ashgate, 1999, p. 227.

个角度即先验自由的概念出发提供了相应的论证。他把这个论证分为六步，基本的前提是我们追求某个目的，都是有充足的理由的。接着他表明：这种充足理由是由偏好或者纯粹实践理性提供。其中后者是先验自由的功能，只有作为独立于感性偏好的先验自由才具有独立设定目的的能力。基于偏好的目的是在道德上许可的目的，而基于纯粹实践理性的目的是同时作为义务的目的。在这个论证中，先验自由具有独立设定目的的能力，是关键的步骤。

我认同阿利森认为定言命令对目的的选择只是一种消极的含义的理解。如前所说，康德对定言命令的表述是成系统且逐步深入的，不管是自然法则公式，还是人性公式，或是目的王国公式，都是从不同的角度来说明定言命令的概念，让行动者更好地理解定言命令，并且按照定言命令的要求来行动。不管是哪个公式，定言命令自身所表达出来的是消极的，或者说是形式的，并没有规定具体的内容。然而这种消极的和形式的含义放在人的意志的身上，使得自身具有了内容，即它以理性自身为目的和对象。理性作为原则的能力，在规定意志时，所提供的原则是形式的法则，并没有经验性的质料，但是它不以感性的东西为质料，而是以自身为目的。一个受到理性规定的意志必然以理性自身为目的，维护和发展自身的理性就是维护和发展自己的自由。这就使得形式的原则具有了质料的规定。这也体现在德性义务是基于内在自由的义务的观点之上。内在自由是纯粹实践理性对我们意志的强制，不仅是意志的自律，而且还包括对意志的专制。定言命令作为理性对意志的专制不仅表现在形式上，而且也需要有具体的内容，此时它不假外求，以自身为内容。

值得商榷的是，先验自由无疑在康德哲学中是非常重要的。它首先是在《纯粹理性批判》的第三个"二律背反"中出现的概念，在那里它只是一个具有逻辑可能性的先验理念。然而，康德强调，真正的实践自由以先验自由为基础，先验自由是实践自由的基础，真正的实践自由要具有先验的含义。在实践领域中，自由本身具有先验的含义，不具有先验含义的自由不是实践的自由。实践上的自由需要摆脱机械因果性的决定，而具有自身开启一个现象的序列的能力。如果没有这种先验的含义，所有的行动都是被机械的因果律规定，自由就成为不可能的。在《道德形而上学》中，康德在解释自由的概念时，指出自由在理论领域中是一个先验的调节性的概念，在实践领域中是通过实践法则所证实了的概念，①所以在《道德形而上学》中，康德所涉及的是实践的领域，讨论的也是实践的自由，而不是停留在理论领域的先验自由。因而阿利森用先验自由的概念来解释这里的论证，有一定道理，但是用实践自由具有先验的属性更合适些。

3. 在论证了存在着同时是义务的目的之后，康德就直接指出这些目的是什么，并没有给出详细的论证。结合康德的《奠基》和《实践理性批判》，我们可以重构康德相应的说法。

在《奠基》中，康德提出理性要求我们要把人性或者理性本性当作目的自身，而不仅仅是手段，也就是说，定言命令要求我们把人性或者理性本性当作我们行动准则的目的。人性或者理性的本性的显著特点是具有设定目的的能力。所以，维护和促进人性的这些设定目的的能力就是同时是义务的目的。按照前面所说，人性所对应的不同方面赋予这些义务具体内容。人性的完善包括一般人性的完善，它对应于完善人性的禀赋，人性完善的最高的阶段就是文化，即"一个有理性的存在者一般地（因而以其自由）对随便什么目的的这种适应性的产生过程"②。人能够按照自己的设想来实现自己所选择的目的，过自己想要过的生活。与《奠基》对应，它包括假言命令中的熟巧的命令和明智的命令，前者与技能有关，是具体的，后者与人的幸福即总体的生活有关。康德并没有忽视人们对生活具体目的的追求和幸福的向往，康德把它们也看作是义务的一部分，他只是强调，这不是全部，也不是最高的部分。最高的部分就

---

① 参见康德《道德形而上学》，张荣、李秋零译注，中国人民大学出版社 2013 年版，第 19 页。
② 康德：《判断力批判》，邓晓芒译，杨祖陶校，人民出版社 2005 年版，第 289 页。

是在人性的禀赋之上的人格性的禀赋,它是一种出于义务而行动的能力,也包含着敬重道德法则的情感。实现目的需要拥有相应的手段,维护和促进设定目的的能力需要保障或者给予实现目的的相应手段,获得了相应的手段能够更好地促进设定目的的能力。幸福使人拥有更多的实现目的的手段,因而促进幸福能够更好地培养设定目的的能力,幸福也是作为义务的目的。谁的幸福? 自己的幸福不需要作为义务被要求,因为人会自发地促进自身的幸福,只有他人的幸福才是可以作为同时是义务的目的。

从另外一个可能的角度来看,在《实践理性批判》中,康德提出了至善的概念,并且认为至善即德福一致是由道德法则所规定的必然的客体。人有义务追求在尘世中的至善,使得这个世界成为一个符合道德法则的世界。就诸义务和至善的关系,康德在《论俗语:这在理论上可能是正确的,但不适用于实践》中有过非常明确的论述。他批评了同时代人的误解,这些人批判康德的义务论忽视幸福。他指出,他并不反对人追求幸福,只是强调,幸福不是唯一的,也不是最高的善,当幸福与道德法则发生冲突时,人应当选择道德法则,而不是幸福。道德法则所规定的行动称为义务,它不以任何特殊的目的为根据,但是道德法则自身带来一个目的,那就是至善的概念。所有的义务都导向至善,行动者履行义务就是在尘世中创造至善。至善是由道德法则或者由纯粹实践理性所规定的同时是义务的目的,也是这些目的中最高的目的。它包括两个方面:德行和与德性相匹配的幸福。实现德性就是实现人的人格性禀赋,与德性相匹配的幸福在这里可以理解为在合理范围内的幸福。①

还有其他的理解,比较典型的是,波特(Nelson Potter)在论文《关于

---

① 克勒梅教授不认可这种解读模式。在一次上课中,他是直接从人性的概念出发推导出自我的完善和他人的幸福是同时是义务的目的。笔者当时提到以至善的概念出发来解读同时是义务的目的的概念,他把至善的概念看作从道德过渡到宗教,而不再停留在纯粹的道德哲学领域,因而他不认同这种做法。

康德同时是义务的目的的诸概念》（"Kant on ends that are at the same time duties"）中指出：目的这个概念在康德文本中出现过多次，但是同时是义务的目的不同于《奠基》中的客观目的，因为人性或者理性本性是行动的客观目的，而不是行动本身要实现的目的，即不是需要被实现的客体。第二批判中的至善概念"是被上帝能够达到的事态的一种描述，因而对上帝而言是一个目的，而不属于人的行动意识到的目的学说"。第三批判的核心概念是自然目的论，自然目的的主体是自然，而不是人意识到的目的。① 在笔者看来，人性作为目的自身是客观的目的，不是要实现出来的事态，这是在纯粹哲学的领域，当纯粹哲学下降到具有经验性内容的德性论时，完善人性就可以成为行动要实现的目的。道德法则要求我们把自己和他人的人性看作目的自身，而不仅仅是手段，道德法则也可以命令我们把自己和他人的人性当作行动要实现的目的。就波特涉及的至善概念而言，至善是由道德法则所规定的，实现它是一个义务。把实现至善理解为上帝的目的是一种误解，实现至善无疑是人的道德性的目的，不过至善的现实可能性需要预设上帝的存在。行动本身的目的与目的的现实可能性是有区别的。人需要以实现至善来作为自己的目的，但是这种目的是否可以实现，这非人力所能为，需要预设某种至高的存在者的存在。就波特所提到的第三批判而言，第三批判的目的是实现从自然到自由的过渡，与纯粹的道德哲学有区别，不过这部著作中的有些方面可以给我们带来诸多启发。比如康德提到自然的最高目的是文化，自然为人实现文化创造了很多有利的条件，例如地球的形状等，这也揭示出完善文化是人要实现的目的。不管是文化还是道德，都应该通过人自己的理性来实现，自然目的论的作用是为这些目的的实现提供某些可能性。

施密特（Claudia M. Schmid）在论文《康德的道德形而上学的人类学

---

① 参见 Ruth F. Chadwick，*Immanuel Kant Critical Assessments Ⅲ*，London and New York：Routledge，1992，pp. 100 - 101。

维度》（"The anthropological dimensions of Kant's Metaphysics of Morals"）中，做出这样的解读：作为理性存在者，我们的行动从道德性的原则中获得由纯粹实践理性所赋予的特定的目的，虽然行动的道德价值不是来源于行动的后果，而是其行动的准则——在出于义务的行动中所涉及的目的，这些德性义务在于提高我们自身人格中的人性和他人人格中的人性的目的。① 笔者的理解与他类似。

按照不同的行动者的区分，这些目的可以分为：自我和他人的完善以及自我和他人的幸福。但是他人的幸福不可以作为同时是义务的目的，因为他人是具有自律意志的主体，他自身的完善包含着他有按照道德法则来选取和设定自身准则的能力和属性，所以他人的完善只能通过他自身的意志来努力实现。否则，就会违背了他的自由。如果我把他人的完善作为自己的义务的目的，那么它不仅没有促进他人的自由，反而阻碍了他人的自由。

他人的幸福是作为同时是义务的目的，这意味着，我要保障和至少提供不破坏有助于促进他人幸福的东西。康德论证了这个义务，因为"每个身处困境的人都期望自己能得到其他人的身处困境时又向他们提供援助，声张出去，也就是说，不使它成为普遍的准许法则，那么当他本人身处困境时，每个人都同样会拒绝给他以自己的援助，或者至少有权拒绝他"②。我们以如下的方式重构他的论证：① 人具有社会性的倾向，亦即人都需要与他人在一起；② 人不是自足的，是具有某些匮乏的；③ 我们的幸福必须与他人结合起来，即我们使自己成为他人的目的，我们必须要得到他人的帮助才能够更好地获得自己的幸福；④ 这个准则能够有效必须具有普遍立法的资格，即它能够成为一条普遍的法则。对于这个论证，伍德认为，康德所使用的是自律原则，因为自律原则要求某个

---

① Claudia M. Schmid, "The anthropological dimensions of Kant's Metaphysics of Morals," in *Kant-Studien*, 2005.

② 康德：《道德形而上学》，张荣、李秋零译注，中国人民大学出版社 2013 年版，第 230 页。

准则因其具有普遍立法的形式而成为一条普遍的法则。① 在笔者看来，伍德的解读过分强调普遍法则公式和自律原则之间的差异，实际上不管是普遍法则公式还是自律原则强调的都是准则成为普遍法则。

自己的幸福也不可以作为同时是义务的目的。因为康德认为，人追求自己的幸福是一种自发的自然倾向，而义务的概念包含着法则对意志的强制，有义务追求自己的幸福在概念上是矛盾的。不过，康德也承认追求自身的幸福是一个间接的义务。因为，贫穷、痛苦等都是使人违反道德法则的巨大诱惑，幸福可以使我们拥有更多达成所设定目的的手段，从而消除这些诱惑的影响，促进自己的幸福是达到道德的手段，但其本身不是义务。笔者认同康德这里的思路，义务的概念包含着强制，德性义务包含着自我强制，追求自身的幸福不需要被强制，因而它不是一个义务。但是，促进自身的幸福有助于实现道德，毕竟一个人很穷困，难以做道德的事情，甚至会被引诱做不道德的事情。

因而，只有自我的完善和他人的幸福是作为同时是义务的目的。我们需要进一步解释完善和他人的幸福的概念。就完善的概念而言，康德认为这个概念会受到一些误解，因为它是多义词。就它属于先验哲学来说是指"构成一个事物的杂多之全体性"②。属于先验哲学的完善是量上的，事物的杂多构成一个整体，这种整体可以是唯一的。完善概念也可以属于实践哲学，此时它与目的有关，包含着事物的属性与特定目的之和谐，是质的完善，比如钟表的诸零件组合在一起能够很好地指示时间，此时这个钟表就具有完善性。德性义务的完善正是在此完善的意义上说的。如果事物的目的是多样的，那么完善也是多样的。德性义务的完善作为义务的目的应该是人的自由的行动（deed）的结果，也就是说人的完善应当是出自人的意选的自由，而不是自然的结果。因而康德明确指

---

① 参见 Allen W. Wood, *Kantian Ethics*, Cambridge：Cambridge University Press，2008，p. 167。

② 康德：《道德形而上学》，张荣、李秋零译注，中国人民大学出版社 2013 年版，第 171 页。

出,自我完善的义务是"人的能力(或者自然禀赋)的陶冶"①。康德在《纯然界限内的宗教》中对自然禀赋这个概念做出了具体论述,它们包含动物性、人性以及人格性的禀赋。康德在德性论里也是以这三种自然禀赋来论述德性义务的。具体而言,自我完善包括:(1)摆脱本性的粗野状态上升到人性,这里的人性是一般意义上的人性,并不包含人格性。人有义务完善自己的人性,通过人性,人能够为他自身设定目的。这种提升具有明智的含义,比如人需要学习本领才可以实现自己的目的,创建自己美好的生活,但是康德在这里强调的不是明智的建议或者劝告,而是无条件的定言命令。通过这种义务,人把自己与动物区别开来。(2)上升到人性,还不是自我完善的全部,还需要上升到人的人格性,完善人的人格性禀赋。所以自我的完善还包括:人有义务"把他的意志的陶冶一直提升到最纯粹的德性意向,亦即法则同时成为他的合乎义务的行动的东西,并且出自义务来服从法则,这就是最内在的道德实践的完善性,这种完善性由于是他自己心中的立法意志对据此行动的能力施加的作用的一种情感,因此是道德情感"②。这个义务的主体是人的意志,人要把自己的意志提升为出于义务而行动的纯粹性,由此产生相应的道德情感。康德并不是忽视情感,只是强调情感应该是在法则之后,而不能作为法则的基础。如果情感作为法则的基础,就很容易导致道德狂热。在德性论中康德详细论述了四种道德的先行概念,即道德情感(狭义上的道德情感与快乐和痛苦有关,由对我们的行动与义务一致或者不一致的意识而来的快乐和痛苦)、良知、对人类的爱以及敬重。

自我的完善作为德性义务是不完全的义务,在《奠基》中,康德提到完全的义务与不完全的义务之间的区别,前者是指对行动的具体规定,后者并没有直接规定行动者要做什么样的行动,而是对准则或者对目的的规定,行动者对具体的行动存在自由思考的空间。第一个阶段被认为

---

① 康德:《道德形而上学》,张荣、李秋零译注,中国人民大学出版社 2013 年版,第 172 页。

② 康德:《道德形而上学》,张荣、李秋零译注,中国人民大学出版社 2013 年版,第 172 页。

是自然的完善或者说是本性的完善,即"促成由理性提交的目的的所有一般能力的培养"①。从康德的论述中,我们可以看出他对自然的完善是一个义务作出如下论证:① 设定目的的能力是理性的本性区别于动物性的主要方面;② 这种完善最高的阶段是文化的完善;③ 文化的完善(包括科学和艺术等的完善)是完善人的人格性禀赋的必要条件,人格性具有最高的价值,是人有尊严的依据;④ 因而自然的完善是一个义务。自然的完善之所以是一个义务,是因为它是实现人的人格性禀赋的必要条件,后者赋予前者以一种绝对的价值。

自然的完善是一个不完全的义务,因为对于一个具体的人来说,他应该培养和完善哪方面的能力以及如何培养这些能力,把这些能力培养到何种程度,这是由他自己决定的。他是自由的个体,有自由选择完善自己某些能力的权利。因而,自然的完善作为义务是对准则,而不只是对行动的立法。比自然的完善更高的是培养道德性,这种义务以实现人的人格性禀赋为目的。它表现为行动不仅具有合法性,而且具有出于义务的动机,它看起来似乎是一个完全的义务。但是,康德指出,准则来自自由的意选,处于本体领域,人不能认识自己的准则。康德甚至认为,自我对于自身来说就是一个无底的深渊。因而,这个义务是不完全的义务:人只能尽可能地做到使得义务成为自己行动的准则。在任何时候都做到出于义务只是一个理念,无法完全实现,不断地接近这个理念才是我们能够做到的。

自我完善的两个阶段所对应的就是从动物性禀赋上升到人性禀赋以及实现和完善人格性禀赋,是一个逐步从文化的进步到道德性的完善的过程。在自我完善的诸具体义务中,康德经常基于人格中的人性来推出相应的义务,因而,这个义务也是把人格中的人性作为目的的义务。

康德接着解释了他人的幸福的概念。康德所理解的幸福与古希腊不同。古希腊哲学中的幸福除了欲望的满足,还有其他的方面,比如精

---

① 康德:《道德形而上学》,张荣、李秋零译注,中国人民大学出版社 2013 年版,第 176 页。

神方面的自足,但是康德把幸福规定为所有感性欲望的满足,因而他否定道德幸福的概念。在他看来,道德幸福作为对自己人格和道德性的满足属于自我完善的概念,而不属于幸福的概念。促进他人的幸福意味着,我要促进他人的目的,但是这些目的有着道德性的限制,以不违背道德性为条件。选取什么样的目的? 这对于行善者和接受者来说都是交互的,这需要他人能够接受行善者所提供的帮助,确实认为这些帮助能够促进他的幸福。同时,行善者也可以拒绝一些其无法接受的目的。比如接受者让他捐出全部家产。

帮助他人的幸福也是一个不完全的义务。与此相关,康德对善意(das Wohlwollen, benevolence)与善行(der Wohltätigkeit, beneficence)做出区分。善意可以只是一种愿望,而不一定会产生行善的举动;善行把他人的目的纳入自己的准则中,实际做出帮助他人的行动,因而,康德在此认为只有善行才是促进他人幸福的义务。在这个义务中,我放弃我的部分幸福给他人,而不应该要求回报。但是,我应当放弃自己多少幸福以及应当以何种方式促进他人的幸福,这些是由我自己来决定的。按照功利主义的原则,在某种程度上,我们有义务牺牲自己的幸福使得大多数人的幸福最大化。在康德这里,这个准则无法普遍化,因为任何人(包括我)都不意愿这个准则成为一个普遍的法则。因而,它与人的意愿有关,是一个不完全的义务。促进他人的幸福是一个不完全的义务,这使得我们在行善时,能够保留自己的自由度,而不是被强制做一些自己不愿意的事情,比如被逼着捐款之类的。

(三) 对德性义务的具体划分

德性义务是对行动准则的立法,因而它在形式上是只能通过自我强制的义务,是一种不完全的义务。这是它与法权义务的最大区别。德性义务在质料上是涉及目的的学说,它是把自我的完善和他人的幸福当作行动的目的的义务。出于义务而行动是合法则的,从形式上符合德性义务,但它不一定是德性义务。德性义务必须把某种目的(自我的完善和他人的幸福）当作自己行动的目的。我们可以出于义务而还钱，即意识到欠债还钱是我们的义务，但是这种行动可以被外在的强制，因而它不是德性义务。德性义务具有两个不可分的因素：从形式上来看，只有一种德性的意向，即法则同时是行动的动机；从质料上来，与目的相关，存在着多样的目的，就存在着多样的德性义务。履行法权义务也可以具有德性的意向，即也可以出于义务而行动，但是法权义务可以被外在强制，因而它依然是法权义务，而不是德性义务。履行义务可以具有德性的意向，但不一定就是德性义务。

按照不同的目的，德性义务可以做如下划分：第一，把自我的完善当作是目的的内在的德性义务；第二，把他人的幸福当作我的目的的外在的德性义务。康德以完全义务和不完全义务的概念对自我的和他人的德性义务做了进一步划分，因而有四种义务：① 对自我的完全义务，亦即保存自我的人格中的人性的义务；② 对自我的不完全义务，亦即促进自我的人格中的人性的义务；③ 对他人的不完全义务，亦即促进他人的幸福；④ 对他人的完全义务，亦即敬重他人。需要注意的是，道德形而上学作为自由的形而上学，是一种出自概念的先天知识，因而，康德在这部著作中并没有列举出所有的德性义务，而只把道德性的最高原则运用于人的一般的人性所推出的义务列举出来，不包括一些比较具体的义务。例如对自己职业的义务、对父母的义务等。

对于康德德性义务的划分，盖耶指出当代承认有对自我义务的伦理理论通常把它放在对他人的义务的后面，而康德颠倒这种秩序是有深层次的考虑的："既然我们只有在我们已经保存和发展自我的自然的以及道德的能力之后，才可以为他人服务，那么我们能够履行对他人的义务，仅当我们一方面努力克服身体和道德的放任的自我，以及另一方面我们努力消除身体和道德的自我发展的内在斗争。"[1]这种划分除了沃尔夫的影响之外，同时也反映在康德那里，义务的基础在于意志的自律，对他人

---

[1] Paul Guyer, *Kant*, New York: Routledge, 2006, p. 255.

的义务是以对自我的义务为前提和基础的。

第二节　对自我的德性义务

对自我的德性义务就是把自我的完善当作行动准则的规定根据的义务,它的目的是实现人的人性的禀赋,乃至最高的人格性禀赋。伍德指出,康德的义务的模式可以表达为:"一个作为对(gegen)S 的义务 D,当且仅当 S 是一个有限的理性存在者,而且服从义务 D 是基于敬重 S 人格中的人性的要求。"①这种理解的模式适合于康德的所有义务,即不仅适合于对自我的德性义务,也适合于对他人的德性义务。在对自我的义务中,我对我自己的义务,基于敬重我自身的人格性的禀赋,为了实现和完善我的人格性禀赋;在对他人的义务中,基于我敬重他人的人格性的禀赋,我把促进他人的幸福当作自己的义务。

康德继承近代自然法的立场,把义务概念看作具有强制性的规范性概念。具有突破性的是,他认为如果义务是一种无条件的立法的概念,那么它就只能基于意志的自律。这也引发一个值得思考的问题:如果义务的根据在于意志的自我立法,那么是否存在对自我的义务? 如果不存在对自我的义务,那么康德的德性学说是存在问题的。为了解决这个问题,康德首先仔细阐明了对自我义务的概念,并对之进行了辩护。接着,康德以完全义务和不完全义务划分了对自我的义务,笔者认为,这是从内在自由的消极意义和积极意义来做出区分的。考察这些义务,我们可以发现:德性论中对自我的义务是一个逐步摆脱人的动物性,上升到人的理性,乃至于完善人的人格性的禀赋的过程;这个过程就是人逐步克服人的根本恶的倾向,实现人的自由的过程。

(一) 对自我的义务的概念

义务的概念包括赋予义务者和承担义务者两个主体,它表现为赋予

---

① Allen W. Wood, *Kantian Ethics*, Cambridge: Cambridge University Press, 2008, p. 168.

义务者强制承担义务者做某个行动。从概念上来看,对自我的义务就是我既是赋予义务者又是承担义务者,即我强制我自己履行某种义务。在这个概念中,我作为承担义务者,受到被动的强制;我作为赋予义务者,实施主动的强制。因而,同一个行动者既是主动的强制者又是被动的承担者,看起来是一个矛盾。康德指出,这个矛盾可以通过人们以如下方式揭示出来:既然赋予义务者能够解除承担义务者的义务,我就可以解除对自己的义务,从而,对自我的义务是不存在的。在法权义务中,不存在这个矛盾,因为它的立法是外在于个体意志,赋予义务者即施与强制的是一个普遍立法的意志;与之不同,德性义务只能是内在的立法,赋予责任者是自我的意志。

在沃尔夫那里,存在着对自我的义务。如前所述,他的义务学说以他的经验的心理学为基础,对自我的义务在于促进自己和外在条件的完善,促进完善就能够增进自己的快乐。他的义务概念具有他律的因素,因为完善和快乐都属于外在于自我的东西,他的对自我的义务概念并不存在康德所认为的矛盾。康德的义务的概念只能以意志自律为基础,所以对自我的义务的概念似乎存在着矛盾。而且,更需要注意的是,由于义务基于意志的自律,一切义务都是自我强制,亦即一切义务都可以归结为对自我的义务,如果不存在对自我的义务,即不存在对自我的强制,就可以推出我能够不承担一切义务的结论。例如对他人的义务,是我的意选把他人的幸福当作了自己的行动准则,我使自己成为承担这个义务的主体,这个义务的根据在于意志的内在立法。这也是我的意选的自由的体现。从这个角度来说,对他人的义务也间接地是对自我的义务。因而,解决这个看起来的矛盾对于康德的德性学说很重要。

基于先验观念论对人的两重本性的区分,康德给出解决这个矛盾的方法。依康德,人可以从两个方面看待自己:从人属于感官世界的方面来看,人是一个感性的存在者,服从于自然的规律,是不自由的;从人属于知性世界的方面来看,人是一个具有理性能力的存在者,服从自由的法则,是自由的。这种自由属于本体领域,理论理性无法认识到它,但是它可以通过"理性的事实"向我们揭示出来。责任是"服从理性的定言命令的一个自由行动的必然性"①,责任概念要以后者即人具有自由为基础。这种自由以人格性为理念。人格性向人颁布道德法则,由于人的根本恶倾向,自由的法则以命令的形式表现出来,所以人对他自身的人格性承担责任。因而,一切义务包括对自我的义务都是人格性对自我的强制,必然存在着对自我的义务。比较典型的是,瑞思对康德的解决方式提出了质疑,他认为:"如果对自我的义务来自这样的事实,即我具有我应当承认的价值的某种能力,那么不清楚我如何通过意志的行动把自己约束在这些义务上,同时我使自己解除这些责任。"②在瑞思看来,既然我们具有使得我们承担义务的人格性,我们就不能解释我们如何能够解除这些责任。我认为,有两个方面需要重视,第一,他忽视康德的义务学说的人性论基础,即人的根本恶倾向,这种倾向使得我们产生一种试图摆脱义务的"自然辩证论",因而实现人格性的禀赋才是一种义务;第二,康德在行文中提到的矛盾是通常意识中关于对自我义务的误解,康德试图用他的先验观念论来进行澄清和说明。

康德进一步从客观上按照完全义务和不完全义务,从主观上按照一般的人性对自我义务做出划分。如前所述,康德以外在自由和内在自由划分法权义务和德性义务,在德性论中他以内在自由的消极意义和积极意义来划分对自我的义务。内在自由的消极意义包含着我们控制自己的激情和情欲的规范性要求,因而对自我的完全义务就是在形式上限制性的义务,它禁止"人违背这种目的而行动,因此只关涉道德的自保"③,这种义务的目的是为了保存人的人格性禀赋。内在自由的积极意义包含着我们按道德法则行动的规范性意义,对自我的不完全义务就体现在与质料相关的一种积极的义务。它命令他"使任性的某个对象成为自己

---

① 康德:《道德形而上学》,张荣、李秋零译注,中国人民大学出版社 2013 年版,第 20 页。

② Andrews Reath, *Agency and Autonomy in Kant's Moral Theory*, New York: Oxford University Press, 2006, p. 236.

③ 康德:《道德形而上学》,张荣、李秋零译注,中国人民大学出版社 2013 年版,第 198 页。

的目的,关涉人自己的完善化"①,行动的目的是为了促进和完善人的人格性禀赋。前者的原则在于"按照自然生活",即保存人性的完善和健康;后者的原则在于"使你自己比纯然的自然所造就的你更完善"。康德是从自然目的论的角度来看这里的自然的概念的,因而,康德在主观上即从人的禀赋的角度对自我的义务进行了划分。

从人的禀赋来说,义务的主体可以看作具有道德性的动物性的主体以及一个纯然道德性的主体。就前者而言,自然的目的在于:保存作为个体的自我、保存和繁衍物种以及保存与人的动物性相关的能力的冲动。与这些自然的目的相悖的行动有:自杀、淫欲以及饕餮无度。与之相关,人的义务就以禁令的形式表达出来:为了使人与自然的目的一致,人不能自杀、不能淫欲以及不能饕餮无度。就人作为一个纯然道德性的主体而言,在形式上,人应当与其人格性的尊严保持一致,不能放弃自己的人格性,使它仅仅成为满足自己感性偏好的手段。人的这种使得自己的道德性成为满足自己感性偏好的手段的是人的根本恶的倾向,与之相对应的义务也是以禁令的方式表达出来:不能撒谎、不能吝啬以及不能虚假的谦卑。在质料上,人应当把实现自己的人格性禀赋当作自己行动的目的,从而完善和实现自己的人格性禀赋。

在这些德性义务中,对自我的不完全义务很显然是德性义务,因为它直接把自我的完善当作行动要实现的目的。但是对自我的完全义务比如不能自杀、不能撒谎等,似乎更直接是对行动的立法、而不是对准则的立法。那么,它们从何种意义上来说是德性义务呢? 如前所说,格雷戈尔对这个问题做出了分析。她认为:对自我的完全义务不能在严格意义上而只能在宽泛的意义上是德性义务,因为与之相关的命令是对行动的禁止,而不是要求采取某个目的。她反对学界以如下的方式把这种义务看作是德性义务:把自我完善当作我们行动的目的之道德必然性蕴含着阻挠完善和实现这些目的的行动。因为既然在道德形而上学中,禁令

---

① 康德:《道德形而上学》,张荣、李秋零译注,中国人民大学出版社 2013 年版,第 198 页。

在逻辑上先于作为肯定性命令的德性义务的原则,那么很难理解后者如何推出前者。进一步说,如果康德把这种义务看作德性义务,那么它就与目的相关。这种与目的的相关性意味着我们服从这些义务,必然把我们道德完善的形式方面当作我们行动的目的。由此,她指出,虽然这些义务兼具法权义务与德性义务的特征,但是它们很显然更倾向于德性义务。由于这些义务的原则是限制性的,禁止某些行动,它们可以被称为从"我们人格中的人性的法权"而来的"内在的法权义务"。另外一方面,它们是自我强制的,涉及道德的目的,因而是宽泛意义上的德性义务。①

格雷戈尔正确地看到了对自我的完全义务虽然表现为禁令,但是与目的相关,她把这些义务看作是"内在的法权义务"。无疑,她把对自我的完全义务看作是从"人格中的人性的法权"中得来的,这在《伦理学讲义》中有根据。在《伦理学讲义——维格兰提伍斯》中,康德指出:"对自我的义务,不是与作为物理的行动者相连,而是总是与他人格中的人性的法权相连……对自我的义务也是依赖于人性本身的法权……正如一切义务要么是完全的,亦即一个法权义务,要么是爱的义务,所以对自我的义务也具有双重本性,依赖于它们是否涉及人格中的人性的法权,或者他之中人性的目的。"②对自我的义务就是对人格性的义务,相反就是人格性的法权。康德在后期做了一些改变。在出版的著作《道德形而上学》中,没有采取《讲义》中的说法,把"人格中的人性的法权"只是放在了法权义务中,在法权学说中没有留下对自我的义务,把这些对自我的义务都放在了德性学说中。

同样是对人格中的人性的义务,在法权学说中,这种法权体现在自我和他人的关系之中,亦即在与他人交往中,我不能把自己自我贬低,从而把自己仅仅看作是他人的手段,而不是目的自身。因而法权中对人格

---

① Kant, *Metaphysical of Morals*, Ed. and trans. Mary Gregor, Cambridge: Cambridge University Press, 1999, pp. 113 - 127.

② Kant, *Lectures on Ethics*, Trans. Peter Heath, Cambridge: Cambridge University Press, 1997, p. 350.

中的人性的法权要求他在与他人交往中,尊重自己的自由。相反,对自我的完全义务是自我对其人格性所承担的责任,是内部的关系。虽然二者都不可以被外在的强制,但是表现的是不同的方面。

笔者认为,我们可以从内在自由概念出发把对自我的完全义务看作属于德性义务。内在自由的消极概念在于独立于偏好的规定,这就要求"驯服自己的激情和驾驭自己的情欲",内在自由的积极的概念在于行动者切实地按照道德法则来行动,也就是说纯粹理性本身就是实践的。人对内在自由的认识体现在,他是实实在在地履行了德性义务,同时内在自由也是德性义务的存在根据,德性义务以内在自由为基础。从这个角度来说,我们可以认为,从内在自由的消极概念出发可以直接推导出德性义务中的对自我的完全义务,它体现为禁令,禁止我们做与自身人格中的人性的目的不一致的行动,比如禁止自杀、淫欲等等。通过履行对自我的完全义务,我们能够控制自己的偏好,从而进一步完善自己。

(二) 对自我的完全义务

按照康德对自我义务的划分,对自我的完全义务可以分为对人作为动物性存在的完全义务以及对人作为道德性存在的完全义务,这些义务的目的是保存人的人格性禀赋;对人作为动物性存在的不完全义务以及对人作为道德性存在的不完全义务,这些义务的目的是为了实现人的人格性禀赋,也就是人的内在自由,这是就人而言的真正的自由。

1. 人作为动物性存在对自我的完全义务

(1) 不能自杀的义务。在康德看来,人作为动物性的理性存在者,具有动物性的禀赋,这种禀赋首要的目的在于保存生命,维护自身的生存。与这种禀赋相对立的是自杀或者自残。我们可以从不同的关系来看自杀,比如自杀可以被看作违背他人的义务,具体而言,他违背对父母尽孝以及违背抚养孩子的义务(如果有孩子的话)。康德在这里讨论的是作为一个有人格性禀赋的人,他为什么有不能自杀的义务。

在《奠基》中,康德把不能自杀看作是对自我的完全义务。在定言命令的自然法则公式中,康德认为,如果一个人觉得活着很痛苦,看不到生活的希望,那么只要他还有理性,他可以问问自己:他的准则"如果生命虽有更长的期限却要面对更多痛苦的威胁,而不是许诺快适,我就从自爱出发把缩短自己的生命作为我的原则"①。是否可以成为一个普遍的法则? 他指出,这个原则在普遍化之后,与自爱的原则即促进人的生命相矛盾,因而它不能够成为一个普遍的法则,它违背了对自我的义务。在目的论公式的运用中,他认为自杀的准则违背了人的人格性的理念,这个准则把人的人格性仅仅当作满足自己偏好的手段,而不是目的本身。因而,不能自杀是一个义务。

在《道德形而上学》中,康德对这个义务的论证与《奠基》里人性公式的论证相似。康德认为,人是义务的主体,义务是人的人格性赋予人的责任。义务需要有人的身体作为基础,如果人自杀,那么他就破坏了维护和实现人格性禀赋的自然基础,从而放弃了任何义务和责任。人格性是目的自身,放弃任何义务和责任就是把人格性仅仅当作手段来使用。为了维护和实现人的人格性禀赋,人有不能自杀的义务。

不能自杀的自我义务基于维护和实现人的人格性禀赋,也就是要保障和维护人的自由,自由是目的自身,不能自杀是为了更好促进和实现人的自由。因而,康德在不同的文本和语境下,对自杀持有不同的态度。在"决疑论"中,康德提出一个问题:如果一个人为了拯救整个民族和国家或者为了保存自身的人格性的尊严而自杀,这是被许可的吗? 康德没有直接给出答案。在《伦理学讲义》中,康德甚至对这样的行动表露出一些赞许。他认为:"他们认为在自杀中有怯懦;但是在自杀的行动中,他们也表现出巨大的英雄气概,比如 Cato、Atticus 以及其他。我不能说这些自杀行动是怯懦的。"②我们可以做这样的理解:如果牺牲自己的生命是为了保持自身的人格性的尊严,那么自杀是许可的。这样的自杀行动

---

① 康德:《道德形而上学奠基》,杨云飞译,邓晓芒校,人民出版社 2013 年版,第 53 页。
② Kant, *Lectures on Ethics*, Trans. Peter Heath, Cambridge: Cambridge University Press, 1997, p. 148.

不仅不是违背道德的,反而表现出某些英雄的气概,是有勇气的。

盖耶认为,既然义务的目的在于保存和促进人的人性,那么"你的义务是保存尽可能多的人性,并且如果在一个你不能控制的极端的情景下,不是每一个人的人性都能够得到保存,那么你的义务是通过拯救更多的人来体现对人性的尊重"①。盖耶的理解很深入,很有启发。从康德的角度来说,在有些场合无法否定人可以自杀,但是在笔者看来,从康德那里,我们并不能推出有义务拯救更多的人的结论。因为人格性是不能被它物所取代的具有尊严的存在,所以每个人的人格性的尊严使得他们不能被任何他物所取代。尊严是无法进行比较的,人数的多少无法说明人格性尊严的大小。黑尔(Hill)也提出与我类似的问题。他在说明"尊严"是超越价格的概念之后提出这个问题,即尊严是否可以相互比较。他的立场是,因为尊严不是一个量的概念,所以"破坏具有尊严的某物,即使可以得到辩护,却不能仅仅通过权衡内在价值的量即便最高价值来获得辩护。赋予每个理性的行动者以尊严,不是引入新的价值来充当比较的作用,而是阻止我们把理性的行动者当作可交换的物品的倾向"②。虽然在现实的一些困境中,我们不得不从人数的多少等量的考虑来进行选择,但是这种选择不是基于尊严所具有的数量,相反,即使要做出这些不得已的选择,不可估价的尊严概念给予我们以反思和自我批判的维度。目前安乐死是社会讨论比较多的话题,如果从康德的角度来说,安乐死在大部分情况下是不被允许的,因为如果安乐死仅仅是为了逃避痛苦,那么就把自己的生命仅仅当作取得快乐和逃避痛苦的手段而言。但是如果一个人真的是为了维护自己的尊严而放弃自己的生命,那么这样的安乐死是被允许的吗?这依然是一个值得进一步讨论的问题。

(2)不能淫欲的义务。康德对义务内容的划分与一般的人类学知识有关。保存生命涉及个体的存在,性的关系涉及种族的延续,他们都是

---

① Paul Guyer, *Kant*, New York: Routledge, 2006, p. 198.
② Thomas E. Hill, *Dignity and Practical Reason in Kant's Moral Theory*, New York: Cornell University Press, 1992, p. 205.

人的完善的必要条件。尤其是后者,因为人只有在类中才可能实现自身的完善,实现人的自然禀赋的完善的义务除了保存自身之外,还要求保存种族。自然通过赋予人以性能力来实现种族的延续。无疑,性是人的一种自然欲望,但是它也涉及与他人的关系问题。康德在这里提出一个问题:人对其性能力的使用是否要受到他对自身义务的限制? 在法权论中,通过婚姻的方式,夫妻之间建立起相互的法权义务,使得他们在性愉悦中把对方当作手段的同时也尊重彼此的人格性。在这里,康德所要讨论的是就这种快乐而言,人是否服从对他自己的义务,而违背了这个义务是否是对人的人格性的玷污(defiling)。

康德甚至如此批判淫欲,认为它在最高的程度上违背道德性。首先,从自然目的论的角度来说,自然给予人以性能力是为了保存和延续种族,从而为进一步实现人格性禀赋奠定自然的基础。滥交违背了自然的目的,把性能力仅仅当作满足自己的感性欲望的手段,在这个过程中,它放弃了人格性。那么如何理解康德说淫欲"在最高程度上"违背了道德性呢? 淫欲把自己的人格性仅仅当作满足自己欲望的手段,尚不足以说明它在最高的程度上违背了道德性。康德做出相应的论证,与自杀相比,自杀虽然违背了对自己的义务,但是在很多情况下,自杀者需要有勇气,没有使得自己屈从于动物性的偏好。但是在淫欲中,人完全屈服于动物性的冲动,使自己完全失去了人格性的尊严,成了一个被厌恶的对象。

康德并不是要否认性行为的重要性。他在《人类历史揣测的开端》中认为,在人类的道德性发展中,性行为起到不可或缺的推动作用。人与动物不同,人的性行为不受季节等的限制,甚至可以通过想象来满足自己这方面的欲望。性冲动发展了人的想象力。同时为了取悦对方,人会努力装扮自己,以求在对方那里留下好点的印象,这也促进了人类尤其文化的发展。比较理想的情况是,在性的愉悦中,人控制他人,使他人成为满足自己欲望的对象的同时也保持了对他人的敬重。但是康德可能意识到现实的性行为并不是以道德性为目的的,相反它可能阻碍了道德性的完善,因而对性行为采取了某种看上去比较极端的态度。正如伍德所指出的,康德认为性行动的目的在于保存和繁衍种族,在现代人看来是难以完全接受的。但是,康德对淫欲的批判,对于现代社会的诸多现象是有着警示的意义的。① 在"决疑论"中,康德认为在这种行动中,人至少不应该违背自然目的。需要进一步思考的是,不考虑这个目的而进行的性行为是被许可的吗? 比如,如果妻子怀孕而不能有性行为,自己以某种方式满足欲望,那么这样的行动违背对自我的义务或者对他人的义务吗? 康德把这些情况放入决疑论中,虽然没有直接给出答案,但是并没有完全否定这样的情况(前面谈到许可法则时涉及)。

(3)不能饕餮无度的义务。除了性欲之外,人还有饮食的基本需求。从人的生存和发展来说,这种基本需求是为了使我们更好地生存下去,乃至于能够更好地完善自己的理性能力。康德意义上的饕餮无度不是基于明智的准则,亦即这种行动伤害了身体以及破坏了自己和他人的幸福,而是基于道德性的命令。因为无节制的饮食和酗酒使我们丧失理性,在某些时候,让我们变得与动物一样,无法进行理性的思考,伤害了我们设定目的的能力。人在酗酒时把自己放在与动物一样的水平,使得他自己无法作为一个人格性的存在;同样,暴食使人在认识和行动中不能正常地使用自己的理性能力。虽然酗酒和暴食都违背了对自己的义务,但是康德指出,二者存在着区别。酗酒通过发酵的饮料或酒精等,使人处于梦幻中,让人暂时忘却了痛苦。虽然这种效果使人可以发挥自己的想象力,甚至可以完善自己的某些能力,但是它会使人萎靡不振,更严重的是导致人对相应的物品有严重的依赖性,他们"重复使用麻醉品的必要性,甚至完全是由此增强这种必要性"②。在此情况下,人会屈从于自然的法则,丧失自己自由。与酗酒相比,暴食更差,因为酗酒即使违背了对自己的义务,却在一定程度上激发了人的想象力,然而在暴食中,人

---

① Thomas E. Hill(ed.), *The Blackwell Guide to Kant's Ethics*, MA: Wiley-Blackwell, 2009, p. 238.
② 康德:《道德形而上学》,张荣、李秋零译注,中国人民大学出版社 2013 年版,第 205 页。

完全处于一种没有任何积极意义的状态,因而,康德批评它"还处在那种动物性的感官取乐之下,因为它仅仅把感官当作消极的性状来役使,连想象力都不用,后者毕竟还是表象的一种积极的游戏,就像在前面提到的享受中就是这种情况一样;因此,它更接近牲畜的状态"①。

需要注意的是,康德实际上是一个非常喜好社交的人。据一些传记记载,康德不喜欢一个人吃饭,而是喜欢和他的朋友以及学生一起吃饭。在吃饭时,会交流一些比较轻松的话题。他甚至认为,单独吃饭不利于健康。② 康德在《实用人类学》中专门谈到他对宴会的看法:"喝酒也打开心扉,并且是一种道德属性亦即坦诚的物质载体。"③它使一些人更愿意坦诚交流,促进人的社会性,因而宴会或者聚会有促进道德目的的作用。

2. 作为一个纯然的道德存在者人对自我的完全义务

(1)不能撒谎的义务。康德把诚信问题纳入其批判哲学的著作中。在论文《一项哲学中的永久和平条约临近缔结的宣告》中,他强调,我们所说的,不一定都是真实的,但是凡是所说的,都必须是真诚的,也就是说,我们不能欺骗。欺骗表现为两种方式:"① 如果人们把自己毕竟意识到非真的东西冒充是真的;② 如果人们把自己毕竟意识到主观上不确定的某种东西冒充是确定的。说谎("说谎之父,一切恶都借它来到世上")是人的本性中真正腐败的污点;哪怕同时真诚的口吻(按照许多中国小商贩的实例,他们在自己的商店上方挂着金字招牌"童叟无欺")尤其在涉及超感性事物时惯常的口吻。"④第一种欺骗方式是把不能认识的对象误认为能够认识的。这就需要在认识开始之前,系统地考察我们的认识能力、范围以及界限等。第二种欺骗方式是在与他人交往中,把自己意识到假的东西传达给别人。前者属于理论哲学的范围,后者属于实践哲学的范围。二者都属于批判哲学的内容。在此笔者从实践哲学的角度

---

① 康德:《道德形而上学》,张荣、李秋零译注,中国人民大学出版社2013年版,第205页。
② 参见刘作《康德》,陕西师范大学出版社2017年版,第43—45页。
③ 《康德著作全集》第7卷,李秋零主编,中国人民大学出版社2008年版,第164页。
④ 《康德著作全集》第8卷,李秋零主编,中国人民大学出版社2010年版,第429页。

来考察不可以撒谎的义务。

在康德那里,义务体系是在后期著作《道德形而上学》中得到展现的。康德把义务分为两种:法权义务和德性义务。在这两个部分中,他都谈到不能说谎的义务。另外在 1797 年的一篇论文《论出自人类之爱而说谎的所谓法权》中,他提出,在任何时候都不能说谎,乃至于对一个站在门口的杀人犯也不能说谎。这篇论文的观点引发了争议。笔者试图从这篇论文入手,结合法权义务和德性义务的区分来说明:法权论涉及对外在行动的立法,不可以撒谎是一个无条件的义务,但是,人可以通过"事急无法",即撒谎,来避免更大的恶;德性论是对内在准则的立法,但一些日常看似撒谎之行动是否应被禁止,则需进一步反思;考虑到现实情况的复杂性,在未出版的《伦理学讲义》中,康德认为人可以撒谎;不可以撒谎是从理性存在者的角度来说的;在现实生活中,为了维护自由,人可以撒谎,但是人要清醒地意识到,这不是一种道德的行动,而仅仅是例外而已,否则就会导致伪善。

法国哲学家邦雅曼·贡斯当在其著作《1787 年的法国》中,对康德提出批评。他认为,康德认定说真话是一个无条件的义务,以至于断言:如果一个凶犯问我们,我们那被其追杀的朋友是否躲在我们家里,对之说谎也是一种犯罪。为了符合日常道德直观,贡斯当提出,义务的概念和法权的概念是相对应的。说真话是一个义务,仅当对方享有听取真话的法权。由于杀人犯不具有这种法权,所以我们应当对杀人犯撒谎。康德在《论出自人类之爱而说谎的所谓法权》一文中做出反驳。他指出,贡斯当的"对真话有一种法权"是一个没有意义的表述。人作为具有理性行动能力的存在者,有对真诚或者说主观的真话的法权。康德以人格来表述具有理性行动能力或者说自由属性的存在者。真诚是一个义务。

在这个例子中,我们无法回避用"是"或者"否"来回答,同时,我们是在一种受强迫的场合下来反思真诚的问题。康德认为,真诚是对每个人的形式的义务,不管由此给我们带来什么样的后果。如果我对杀人犯讲真话,那么我尽到自己的义务,行动的后果不能归责于我。如果我对杀人犯说了假话,告诉他,我的朋友不在我家里,那么我对行动的后果要负责任。康德做出如下论述:"谁说谎,不管他这时心肠多么好,都必须为由此产生的后果负责,甚至是在民事法庭前负责,并为此受到惩罚,不管这些后果多么无法预见,因为真诚是一种必须被视为一切都能够建立在契约之上的义务之基础的义务,哪怕人们只是允许对它有一丁点儿例外,都将使它的法则动摇和失败。"①人具有理性行动之能力,他可以通过其行动开启一个现象的序列,而自己本身不在这个序列里面。康德在《纯粹理性批判》中以先验自由来表达这种能力。先验自由处于本体的领域,不具有时间性。人的行动发生在现象领域,受机械的因果规律的决定。人性是目的之根据就在于人是自由的。他可以开启一个行动的序列,而自己不在序列之中。处于这种序列中的任何存在者都是手段。如果我们对这个杀人犯讲了真话,那么我们就听从了理性的声音,履行了理性的义务。此时我们让自己的意志保持在自由的领域,让自由成为自己的本真状态。如果我们从后果的方面来考虑是否应该讲真话,那么,我们让自己处于自然的领域之中,使得自己不自由,由此所发生的后果将由我们负责。

在《道德形而上学》的"德性论"中,康德再次讨论说谎的问题。按照对象来划分,德性义务分为对自己的义务以及对他人的义务。康德在授课时,所使用的是鲍姆嘉通的《哲学伦理学》。鲍姆嘉通把义务分为对上帝的义务、对自我的义务以及对他人的义务。对自我的义务分为对灵魂的义务以及对身体的义务等。康德反对这种划分,因为按照批判哲学的原则,无论从理性推论还是从经验的观察,我们都无法确证灵魂的存在。同时,义务有赋予义务者与承担义务者。按照字面的意思,在对自我的义务中,我既是义务的赋予者,又是义务的承担者。义务的概念包含着强制,对自我的义务概念就是自我对自我的强制。同一个自我既是强制者又是被强制者,包含着一个矛盾。康德接着说,人们以如下的方式澄

①《康德著作全集》第 8 卷,李秋零主编,中国人民大学出版社 2010 年版,第 436 页。

清(stellen ins Licht)这个矛盾：赋予义务者在任何时候都可以免除被赋予义务者的义务。义务不是无条件的，而是可以随时被解除的。这就取消了义务。所以，我们需要区分自我的不同含义。

在康德看来，当我们说对自我的义务时，这里的自我具有两种不同的含义。第一，作为感官的存在者，人作为动物物种之一而存在；第二，作为具有自由的理性存在者的人而存在。"现在人作为理性的自然存在者（现象的人），通过其理性的规定，作为原因在感官世界中行动，而在此尚未考虑责任的概念。但是，同一个人按照其人格性，也就是被思考为一个具有内在自由的存在者（本体的人），被看作一个有能力承担责任的存在者，确切地说，对自身（人格中的人性）的义务，所以人（在两种不同的意义上）能够承认对自身的义务而不陷入自相矛盾（因为人的概念不是在同一个意义上被设想的）。"①对自我的义务是对自身的人格性或者说自由的义务，我们有维护和完善自己的自由的义务。自由是人的"天命"，在任何时候，我们都不能放弃自己的自由和理性的存在。否则，人与动物就没有区别。

作为一个道德的存在者，不撒谎、真诚地面对自己的内心是对自我的义务。康德把撒谎看作对自我的义务的最严重的侵犯。撒谎可以分为外在的撒谎和内在的撒谎。前者是向他人撒谎，后者是自欺和伪善。外在的撒谎来源于内在的撒谎。自欺和伪善是一切恶之源。在理论上，它让我们无法确定理性能力的限度和范围；在实践上，它让我们无法正视自己的道德本性。行动的道德价值在于其行动的准则与法则的一致性。自欺者认为自己的行动准则侥幸地没有产生恶的后果，没有丝毫内疚，反而心安理得，误以为自己是一个道德高尚之人。如果这种思维方式成为习惯，那么我们就丧失了认识自己和反思自我的精神，无法判断自己的行动准则到底是否与义务的原则相一致。自欺从根本上破坏自

① Kant, *Die Metaphysik der Sitten*, Hambugr: Verlag von Felix Meiner, 1966, S. 262 - 263.

己的道德意向,进而向外扩张欺骗他人,违背对他人真诚的义务。

康德在解释不可以撒谎的理由时,强调它不是基于撒谎的后果。不是我们不能说撒谎会给自己或者他人带来伤害,我们才不应该撒谎,而是因为撒谎本身就是恶的。对他人撒谎,使得自己成为他人眼中受鄙视的对象;对自己撒谎在更大程度上使得自己成为没有价值的存在者。在《道德形而上学》中,他从两个方面论证我们何以不可以撒谎。第一,自然目的论的证明。撒谎就是人放弃其人格性的尊严。人具有传达自己思想的独特能力,这种能力是维护人之社会性的需要。只有在社会中,人才能保持和完善人的理性和自由。所以"通过包含与自己所设想的相反的语词(有意的)传达给他人,是一个与其传达自己思想能力之自然合目的性相反的目的,由此是对其人格性的放弃,并且是人的一个纯粹欺骗性的现象、而不是人本身"①。自然的合目的性是说,每一个存在者都有其特有的功能,完善这种功能就是行动所应当实现的目的。亚里士多德以自然的合目的性原理来论证幸福是基于德性的活动。近代机械论的确立,人们批判自然目的论的观点。需要注意的是,康德并没有简单地回到古希腊的自然目的论,而是把它放在批判哲学的视域中。自然目的论不是对存在者的一种客观认识的原则,而是反思判断力的主观的调节性的原则。通过反思判断力,自然目的论充当沟通自然与道德的中介,说明自由如何能够在自然中得到实现。所以,当康德说,撒谎违背人传达思想之能力的自然目的时,他是在强调,撒谎阻碍人的理性和自由的完善和实现。②

第二种是人性公式的证明。康德把人分为道德的存在者和自然的存在者两部分。在他看来,作为道德的存在者,人不能把作为自然的存在者的人仅仅当作手段来使用,从而把后者只是当作说话的机器,而是受制于思想传达的内在目的。人要承担起真诚的义务。这种义务要求

---

① Kant, *Die Metaphysik der Sitten*, Hambugr: Verlag von Felix Meiner, 1966, S. 278.
② 参见刘作《康德道义论之自然目的论审视》,载《云南大学学报(社会科学版)》2014 年第5 期。

我们与自身的人格性保持一致,真实地传达自己的思想。他举了例子,比如为了避免惩罚或者获得好处,我们向上帝表达自己的信仰,实际上我们并没有真正的信仰。因为真正的信仰不是为了获得额外的好处,而是建立在道德的基础之上的。

康德没有具体地解释,作为道德存在者的人何以能够欺骗作为自然存在者的人,只是说:"相反,这个人对于与他自称为道德存在者相一致的条件负有责任,并对自己本身承担有诚实的义务。"①自由的存在者应该使得自我的自然的存在与自我的道德的存在者是一致的。然而,这个人把它们分开,一方面,为了达到自己的目的,把自我的自然的存在仅仅当作实现任意目的的手段来利用,另一方面,宣称自己是道德的。这是一种自欺和伪善。自欺和伪善看似是自由的,实际上是不自由的,从根本上毁坏了自由的根基。因为,自欺者仿佛做出自由的选择,实际上这种选择是自相矛盾的,只是一种例外,无法成为一条普遍的法则。

不可以撒谎作为法权义务和德性义务都是基于人的人格性,以实现人的自由为目的。但是康德对二者持有不同的态度。在法权的领域,不可以撒谎在任何时候都是必须坚持的,而在德性领域,康德对它做进一步的探讨。在"决疑论问题"中,康德提出一些有待于进一步探索的问题。一位作者问他的读者,是否喜欢他的作品。读者不喜欢,但是为了顾及作者的情面,他是直接说出自己的想法,还是应该幽默地隐藏自己的想法呢?这需要他进一步思考。决疑论(Kasuistik)"既不是一门科学,又不是科学的一部分;因为它将是独断论,不是我们如何发现真理的学说,而是应当如需要追寻真理一样的训练"②。也就是说,不能撒谎这个普遍的规则是要遵守的,但是在具体情境中,一些日常看似撒谎的行动是否应被禁止,康德并没有给出确定的答案。不可以撒谎是一个无条件的命令,但是在特殊的情况下,我们还需要进一步思考,能否做

---

① Kant, *Die Metaphysik der Sitten*, Hambugr: Verlag von Felix Meiner, 1966, S. 279.

② Kant, *Die Metaphysik der Sitten*, Hambugr: Verlag von Felix Meiner, 1966, S. 256.

出类似善意的谎言之行动。联系现实,在一位癌症患者面前,医生是否可以撒谎? 我们都认为医生可以善意地撒谎,告诉患者疾病不严重。这一方面有利于患者减轻心理负担,提高患者的生活质量;另一方面有益于患者康复。

作为法权义务的不可以撒谎与作为德性义务的不可以撒谎之区分,要结合法权义务和德性义务的关系来理解。依康德,任何立法都有两个方面:客观的法则和主观的动机。由此存在两种立法:伦理的立法和法学的立法。前者是内在的立法,要求行动不仅合乎义务,而且以义务为其动机;后者是外在的立法,行动能够被外在强制,合乎义务,不一定出于义务。伦理的立法是对外在行动和动机的立法,也就是说,它是对准则的立法。法学的立法是对外在行动的立法,对动机没有强制的要求。

法权义务和德性义务都是以自由概念为基础,分别对应着法学的立法和伦理的立法。由于立法的不同,与之相关的自由概念有区别。法权义务的基础是外在的自由,德性义务的基础是内在的自由。外在的自由要求你的行动与他人的行动能够按照一个普遍的法则共存。每个人都是自由的,只要我的自由不损害他人的自由就行,即使我很想破坏他人的自由。或者说,即使我很想伤害他人,然而我的外在行动没有阻碍他人的自由,那么我并非不正当的。因而,康德得出普遍的法权原则:"如此外在地行动,使得你的意选的自由运用与每一个人按照一个普遍法则的自由能够共存"①。共存的原文表述是 bestehen,其原意是"存在,有"的意思。康德用这个词表达,法权原则要求,你的意选与每一个人的意选按照一个普遍法则都能够存在,而不是相互矛盾。此时,bestehen 有"共存的"意思。可以看出,法权的义务所关注的是外在的行动。人是一个社会性的存在者,不得不与他人交往。在交往的过程中,法权原则要求我们的外在行动不能侵害他人的合法的自由和权利,但是它并不要求我们把这种外在行动本身当作其行动的动机。比如履行合同是一个义

----

① Kant, *Die Metaphysik der Sitten*, Hambugr: Verlag von Felix Meiner, 1966, S. 35.

务。如果我们只是为了逃避外在的惩罚而履行合同，那么我们就是从法权的角度来看待这个义务。如果我们还把它看作自己行动的动机，认为它是我们应当做的，即便没有外在的惩罚，那么我们就是从德性的角度来看待这个义务。

作为内在的立法，德性义务把行动本身看作我们应当做的。在德性论中，康德提出"同时是义务的目的"的概念。作为理性所赋予的目的，他论证德性义务是实现这些目的的义务。康德的基本意思是，德性义务基于内在的自由。这种自由不仅是意志的自律，而且是意志的自治（Autokratie）。后者预设人的有限性，即人有违背道德法则的感性欲望。所以内在的自由是属于人的意志的自由，要求人用理性来控制自己的感性欲望。理性如何控制人的感性欲望呢？在康德看来，与动物不同，人的意志具有自发性。感性欲望对人的影响，是通过意志把它当作行动的目的纳入准则来实现的。与之相反，理性要求人把理性所赋予的目的纳入其意志的准则之中，以此消除感性的影响，实现人的内在自由。理性的这些目的就是自我的完善和他人的幸福。

由于立法的不同，法权义务是对外在行动的立法，德性义务是对行动的准则的立法。所以，法权论对行动的规定非常精确，而德性论对具体行动之规定有进一步讨论的空间（Spielraum）。这就是德性论有"决疑论"的原因。如前所述，这种"决疑论"是为了锻炼我们的实践判断力，搞清楚普遍的道德法则如何运用到具体的情况之中。康德对二者的区分做出明确的表述，法权论"按照其性质应该被严格地（精确地）规定，正如纯粹数学一样，不需要一个判断力应当如何运作的普遍的规定（方法），而是通过事实使之成为真实的。与之相反，伦理学由于其不完全义务所允许的活动空间，不可避免地导致判断力要求去澄清的问题，即在具体情况中，一个准则如何被运用的问题……伦理学陷入决疑论，法权论不知道这种决疑论"[1]。

---

[1] Kant, *Die Metaphysik der Sitten*, Hambugr: Verlag von Felix Meiner, 1966, S. 256.

　　理清二者的性质和区别，我们可以更好地理解康德对不可以撒谎的态度。在论文《论出自人类之爱而说谎的所谓法权》中，康德强调，即使在那个撒谎能够挽救朋友之生命的场合，我们也不可以撒谎。这是从法权的角度来说的。法权论对行动的规定如数学般精确。在任何场合都不可以撒谎。因为撒谎的行动破坏人与人之间的交流与基本信任，与每个人按照普遍法则的自由不一致。在德性论的领域，医生在面对患者时，考虑其实际情况，允许善意的撒谎。善意的撒谎不是告诉患者错误的消息，似乎他已经完全康复，能够回复到过去的生活方式，而是用委婉的语气告诉他，身体存在问题，需要进一步治疗，但是有改善甚至康复的希望。此时，医生所选取的不是蓄意的撒谎，而是促进他人幸福的准则。

　　如果我撒谎必定能够解救朋友的生命，我依然不可以撒谎吗？在法权领域，我们是不是绝对不可以撒谎呢？在面对门口的杀人犯的例子中，由于情况的复杂性，我的真诚不一定导致对朋友的伤害。康德意识到这个问题："毕竟有可能的是，在你真诚地用'是'来回答凶犯他所攻击的人是否在家的问题之后，这个人不被察觉地走出去了，就这样没有落入凶犯的手中，因而行动就不会发生；但是，如果你说谎，说他不在家，而且他确实（尽管你不知道）走出去了，凶犯在他离开时遇到了他，并且对他实施行动，则你有理由作为此人死亡的肇事者而被起诉。因为如果你尽自己所知说真话，则也许凶犯在家中搜寻自己的敌人时会受到路过的邻居们的攻击而行动被阻止。"[1]即使我告诉凶犯我的朋友在家里，朋友是否被害有多种可能。这些可能性受到一些自然因素的影响，并非由我的行动所直接导致的。我所需要做的就是尽我的义务，履行义务是我的自由的体现。

　　进一步，如果我的真诚会直接导致朋友遇害，那我应该怎么办？假设我的朋友戴着面具站在我的旁边，无处可走。如果我告诉凶犯我的朋友的位置，那么凶犯一定会找到他，没有其他的可能性。也就是说，我的

---

① 《康德著作全集》第 8 卷，李秋零主编，中国人民大学出版社 2010 年版，第 436 页。

真诚与朋友被害之间存在直接的关系。从法权的角度来说,我应该讲真话。但是,我们依然可以从康德的文本中找到说谎的理由。康德在详细阐述法权的定义之后,在"附录"中,提出"论有歧义的法权"。法权概念是由法则来规定的,然而在特殊的情况之下,人们会想到没有法权规定的广义的法权。有两种这样的法权:公道和紧急法权。前者是没有强制的法权,一个人年终拿到其全部工资,由于货币贬值,其购买力比不上签订合同时的预期。他不能根据自己的法权来要求补偿,只能呼唤公道。后者是没有法权的强制。康德所举的例子是,船沉后,我与另外一个人在同样的危险中漂浮。为了活命,我把那个人从木板上推开。我的行动不属于自卫,所以没有法则认定我这样做是正当的。然而,在危机的情况下,这样的行动是无法惩罚的。在门口凶犯的例子中,如果我的真诚与朋友的被害存在直接关系,那么我可以运用紧急法权,以拯救朋友的生命。但是,我依然要清醒地意识到,撒谎的行动是不正当的,此时的撒谎只是一种例外而已。

科尔斯科德在《说谎的法权:康德对恶的处置》一文中区分伦理学的理想理论与非理想理论。前者基于一个理想的环境,后者是在存在恶的环境中的运用。在非理想的环境中,正义的观念无法有效地实现出来,此时"特殊的正义观念变成一个目标,而不是一个不辜负的理想;我们必须努力创造它在其中得以实现的条件"[1]。不可以撒谎作为一条绝对的命令,在任何时候都必须遵守,只有在理想的环境中才得以可能。在非理想的环境中,比如在面对凶犯时,我们可以撒谎,以拯救朋友的生命。这有助于实现理想的环境(按照康德的术语,目的王国)。在康德的理论中,我们应当以目的王国的成员来要求自己采取道德的行动,对上帝的信仰为我们解决恶的问题提供了希望。因而他没有区分这两种不同的

---

[1] Korgaard, *Creating the Kingdom of Ends*, Cambridge: Cambridge University Press, 1996, p. 148.

理论,导致他虽然意识到恶的问题的存在,却没有处理好恶的问题。①

科尔斯科德很深入地看到康德伦理学的问题。人性公式以及目的王国的概念都是在道德形而上学的范围之内的。按照康德的设想,道德形而上学所研究的对象是纯粹意志的理念及其原则。所以,人性公式以及目的王国的概念都是从理想的角度来谈的。对上帝的信仰除了解决恶的问题之外,还与至善的可能性有关,涉及自然法则与自由法则之协调一致的问题。需要强调的是,康德也意识到恶的问题。在赫尔德的听课笔记中,康德认为:"如果我们的不真诚与我们的意图是一致的,那么它是恶;但是如果只能通过这种手段来扭转一个大的恶,那么……"②我们可以猜测省略号所省略的内容,即在此种情况下撒谎是允许的。在1784—1785 年《伦理学讲义》中,在谈到对他人真诚的义务时,他反思,我们对一个骗子撒谎,我们也是一个骗子吗?"如果他人欺骗了我,我反过来骗他,我肯定没有做错什么;既然他欺骗了我,他不能抱怨它,然而我还是一个骗子,因为我的行动违背了人性的法权。"③他人欺骗我,把我仅仅当作其手段,处于实现其目的的链条的一个环节;我也欺骗他,把他人仅仅当作手段,把其置于保护我自己的链条的一个环节。他无法抱怨我的欺骗,因为我没有伤害他。但是我的行动违背了人性的法权。我的欺骗行动如果普遍化,那么使得人们相互交往成为不可能。

综上所述,法权论是对外在行动的立法,不可以撒谎在任何时候都是人必须遵守的。然而在特殊情况下,人可以通过"事急无法",即撒谎,来避免更大的恶。德性论是对行动准则的立法,撒谎之行动是否被完全

---

① 参见 Korgaard, *Creating the Kingdom of Ends*, Cambridge: Cambridge University Press, 1996, p. 154。

② Kant, *Lectures on Ethics*, Cambridge: Cambridge University Press, 1997, p. 27. 结合罗尔斯的看法,有助于我们理解康德的观点。在《正义论》中,罗尔斯提道:"对平等自由的否定能够得到辩护,仅当它是提高文明的水平,使得这些自由在一定阶段上能够被享有。"(Rawls, *A Theory of Justice*, China Social Sciences Press, 1999, p. 152)在罗尔斯看来,为了更大的自由,我们才可以限制自由。

③ Kant, *Lectures on ethics*, Cambridge: Cambridge University Press, 1997, p. 203.

禁止,需要我们进一步反思。康德也意识到现实生活中的复杂性。在其《伦理学讲义》中,他明确提到,在特殊情况下,人可以撒谎。理解他的看似不一致的观点在于,义务的基础是自由,也是为了维护和完善人的自由。撒谎只能是为了维护更大的自由。当我们不得不撒谎时,我们要记住,这不是为了获得更大的经济或者现实的利益,而是为了维护自由本身。

(2) 不能吝啬(Geize)的义务。康德区分两种吝啬:一种是贪婪的吝啬,另外一种是小气的吝啬。二者的区别在于,前者是所得多于所需,所获得的财富等多于他实际上需要的,违背了对他人的义务;后者是占有很多财富,却不使用这些财富,忽视了自己对幸福的追求和对自己能力的培养,违背了对自己的义务。

在《伦理学讲义》中,康德对小气的吝啬做出了细致的心理学的分析。他指出这种人"穿着很破旧;他们并不关心衣物,因为他们认为,如果我想得到这些衣物,我就可能拥有这些衣物,因为我有买衣物的钱……当他们看到马车,他们认为只要我想要那个人的一切,我也能够拥有这些东西……占有获得快乐生活的必要手段取代占有真正的全部快乐;仅仅通过占有其中的手段,他们能够得到这些快乐并且也假装享受到这些快乐"①。康德进一步认为,这样的吝啬的出现与金钱的出现有关,"金钱的发明也是吝啬的一个来源,由于在金钱出现之前,这种吝啬不能够广泛地流传"②。金钱具有普遍的交换价值,是购买诸物品和享受快乐的普遍手段,占有大量的金钱,会让吝啬者产生占有金钱本身就是快乐的幻想。不需要使用金钱购买物品,仅仅占有金钱就使得他产生快乐。

人是一个社会化的存在,社会化意味着人与人之间的交往是必须的,同时这种交往有助于完善人自身与发展人自身的禀赋。吝啬作为恶

---

① Kant, *Lectures on Ethics*, Cambridge: Cambridge University Press, 1997, pp. 167 - 168.

② Kant, *Lectures on Ethics*, Cambridge: Cambridge University Press, 1997, p. 169.

习,还在于它使人脱离社会化:他们"被其他人鄙视和瞧不起,但是,他们不懂得为什么"①。即使其他人都觉得吝啬者的行动是可鄙视的,他却不这么认为,他反而觉得自己没有错。这就导致别人越来越疏远他,他变得越来越与人不合群。

吝啬者把想象中的物品及生活的享受替代这些存在者的实际存在的同时,他也把对宗教的想象中的虔诚替代了真正能使上帝喜悦的实在的道德行动。他们"普遍很虔诚,由于他们不娱乐,也不进入社会中与他人交往,因为这些都需要花钱,他们的心中满怀焦虑……他们试图通过没有任何花费的祈祷来获得上帝的帮助"②。康德强调,真正爱上帝就是做道德的事情,吝啬者却希望仅仅从上帝那里获得好处,得到上帝的恩典,而不付诸任何道德的行动。这直接违背了促进自我完善的义务。正如伍德很重视康德对吝啬的分析:"康德从心理学和社会学的角度分析这种小气的吝啬,很大程度上包含着马克思对商品的盲目崇拜的预期。"③

(3) 作为义务的不能阿谀奉承。如前所述,人因其意志的普遍立法而具有人格性的尊严,因而人应该自我敬重。这种自我敬重就是我们通常所说的——自我尊重,不过康德的伦理学把我们日常的自我敬重的哲学基础揭示出来了。敬重自己也就是敬重自己人格中的人性即人格性。在这个义务的开篇中,康德认为:"自然系统中的人[作为现象的人、有理性的动物]是一种意义不大的存在者,与其作为大地产品的动物具有共同的价值(pretium vulgare)。"④人有理性,具有高于动物的选择和设定目的的能力,但是这也只是给予他的有用性以一种外在的价值。人的价值仍然低于一般的交换物,即金钱,因为任何交换物都可以通过金钱来衡量,也可以通过金钱来进行彼此交换。

---

① Kant, *Lectures on Ethics*, Cambridge: Cambridge University Press, 1997, p. 168.

② Kant, *Lectures on Ethics*, Cambridge: Cambridge University Press, 1997, p. 168.

③ Thomas E. Hill (ed.), *The Blackwell Guide to Kant's Ethics*, MA: Wiley-Blackwell, 2009, p. 241.

④ 康德:《道德形而上学》,张荣、李秋零译注,中国人民大学出版社 2013 年版,第 212 页。

　　然而人作为一个人格,即一个道德实践理性的主体,具有超越于一切可交换的价值即价格之上的尊严。他不能仅仅被看作是手段,而应当在任何时候都被看作目的自身。由此,他能够要求其他任何一个存在者尊重他的人格,同时他也需要尊重自己,把自己看作一个有尊严的人,不违背自己的人格中的人性。他可以从两个方面看待自己的价值:从动物性的角度或者从人格性禀赋的角度来看待自己。虽然这两个方面都不可缺少,尤其是人具有动物性的禀赋,康德并未忽视这一点,但是人格性的禀赋更重要,他对他的人格性承担起责任,其动物性的需求要以完善和发展人格性的禀赋为前提和依据。所以他应当在保存自身的人格性的尊严的前提下追求幸福。

　　由于人的根本恶的倾向,在与他人交往中,他很容易把自己看得比他人高,违背对他人的义务;他也很容易为了达到自己的目的,卑躬屈膝,故意讨好他人,把自己看得比他人低,违背了对自己的义务。前者是傲慢(Hochmut),后者是虚假的谦卑。后者仅仅是为了达到自己的某种感性的目的而故意贬低自己,降低自己的人格。真正的谦卑源于他与自身中的法则相比,这种谦卑不仅没有贬低自己的价值,反而彰显了自身的人格性的崇高。

　　康德具体论述了人如何不违背这个义务:第一,不要成为人们的奴仆,也就是说,在任何时候都要尊重自己的人格,不贬低自己;第二,不要被他人不受惩罚地践踏你们的法权,这一点与第一点比较类似;第三,不要接受你们可能缺少的善行,而且不要做寄生虫或者谄媚者,要自食其力,让自己在与他人的交往中,尽量保持独立性;第四,不要抱怨和哀求,尤其逆境或者惩罚是由自己所招致的时,“如果你们意识到时自己招致了这种痛苦,那就最不般配了,因此要精打细算,以便不穷到要饭的地步”①。如果一个人由于犯法而被判处死刑,那么他的视死如归至少还存有某些高贵之处;第四,与宗教相关,不能下跪或者匍匐在地,“即便是为

---

① 康德:《道德形而上学》,张荣、李秋零译注,中国人民大学出版社2013年版,第214页。

了由此使对上天对象的崇拜感性化,也有悖于人的尊严……因为如果这样做了,你们就不是在一个你们自己的理性为你们树立的理想之下,而是在一个本是你们自己造成的偶像之下卑躬屈膝。"①理想和偶像之间有很大的区别。前者是出于理性的个体性理念,后者是有限的存在。对前者的敬重是对自己理性的敬重,而对后者的敬重是一种颠倒,把有限的东西误作无限的存在。

3. 从对自我的完全义务到不完全义务的过渡义务②

在详细论述了对自我的完全义务之后,康德接着提出所有自我义务的第一命令:认识你自己。笔者认为:康德把它当作是第一命令体现出它的重要性,同时认识你自己也是为了从完全义务过渡到不完全义务。首先,因为自我的完善要求抵抗我们心中根本恶的倾向。如前所说,这种倾向都表现为恶,都可以看作广义上的自欺,其中第三种最严重,是严格意义上的自欺。具体来说,前两种是在道德的和自爱的动机中自我欺骗,忽视我们自身有足够的道德动机的力量,导致了动机的不纯;第三种是我们实实在在地把自爱的动机当作了道德的动机。前两种低估了自己的道德力量,最后一种做了不道德的事情,却自认为是道德的,高估了自己。因而消除根本恶的倾向要求认识自我。其次,对自我的完全义务虽然也是对准则的立法,但是主要体现在外在的行动中,如不能自杀的义务,这也是对自我的完全义务是否属于德性学说成为一个争议的问题的原因。对自我的不完全义务是以

_____

① 康德:《道德形而上学》,张荣、李秋零译注,中国人民大学出版社2013年版,第214—215页。
② 黑尔在论文"Kant's Tugendlehre as Normative Ethics"中把良知、认识你自己以及道德的完善看作是指导行动的二阶原则。由于人有道德上的忽略、自欺以及脆弱,造成了我们违背义务。那么这三个二阶的义务分别解决上面三个问题:良知的警告让我们防止道德上的忽略、认识自己使我们避免自欺、道德上的完善即德性的完善使我们即使面对阻碍也能履行其他义务。[参见 Lara Denis(ed.), *Kant's Metaphysics of Morals: A Critical Guide*, Cambridge: Cambridge University Press, 2010, pp. 246-249]黑尔没有涉及作为文化的自然的完善,也许他认为它不属于二阶的义务,因为它没有涉及上面三个问题。但是,笔者把自然的完善看作是实现人格性禀赋的一个步骤,并且笔者认为康德的论述也揭示了这点,所以我还是按照《道德形而上学》的思路,论述相关的义务。

完善人性和人格性的禀赋为目的的义务,这些义务体现在意志立法的准则的自我完善上,也就是意志的准则总是能够符合理性的要求。这要求我们可以认识我们内在的准则,否则我们无法断定自己是否是完善的。准则来自人的自由的意选,这就要求对自我(不仅包括认识能力,而且包括意志的行动能力)的认识。

对自我的认识与良知(Gewissen)有关。Gewissen 中的 wissen 本身就有"知道、认识"的意思,它在这里体现为一种内在的认识。良知是人的内在的法庭。在康德那里,义务的概念包含着两个方面:一个是由理性给予我们的法则,另外一个是法则的内在强制。但是法则在运用于具体的场合时,需要有实践的判断力。这种实践判断力是把普遍和特殊结合起来,具有几个方面的作用:在行动之前,判断行动是否正当;在行动中,判断如何行动;在行动后,对行动者进行归责。康德这里的良知主要与第一和第三种实践判断力有关,是一种主观的原则。从这个角度来说,良知类似于内在的法庭,它所审判的对象是行动。黑尔很重视良知的作用,他指出:对于康德而言,理性规定行动的基本原则,判断力具体地运用这些原则,必须增强意志的力量使得它服从最好的判断力,而良知并不属于这些功能;但是,人的理性有可能被自欺所欺骗,判断力在具体运用时可能会犯错误,意志的力量可能难以抵抗感性倾向的影响,而良知始终强有力地伴随着我们。① 与克鲁修斯认为良知可能犯错不同,康德认为良知是道德性的,不可能犯错。由于我们是一个道德的存在者,具有对道德法则的意识,因而良知是我们本身所具有的,否则这与我们作为道德存在者的身份不符。因而我们不能说,我们有义务具有良知,这就等于说我们有义务具有义务。需要注意的是,我们虽然本来具有良知,但是我们有义务培养自己的良知禀赋,"义务在这里只是培养自己的良知,磨砺对内在法官的呼声的注意力,并

---

① Mark Timmons(ed.), *Kant's Metaphysics of Morals : Interpretative Essays*, New York: Oxford University Press, 2002, p. 240.

运用一切手段(因此只是间接的义务)来倾听良知"①。

在内在的法庭中,同时存在着被告和审判者。如果他们是同一个存在者,就会产生矛盾。因而我们应该把他们看作不同的存在者,来避免这种矛盾。康德的解决方式是,把人区分为双重的身份,一方面是立法的主体,一方面是服从道德法则的主体。前者是审判者,后者是被告。良知在这种双重身份中承担起两个作用:行动前的警告和行动后的判决。行动前的警告就是让行动者反思打算做的行动是否是道德的。行动后的判决就是宣布它是无罪的或者需要谴责的。如果是前者,那么所产生的是一种摆脱惩罚的消极愉快,康德指出,这种愉快不是积极的,而且它只能归于德性,是德性与人的根本恶的倾向作斗争的结果;如果是后者,那么这就是一种道德的痛苦情感,它是我们的立法的理性施于我们感性的结果。

我们有培养良知的禀赋的义务,需要我们认识自己。认识自己是人能够克服自己的根本恶的倾向,从而能够完善自己实现自己的道德价值的前提。因而认识自己是一个道德的义务,而不是假言命令。它要求我们认识我们的内心,认识我们的行动的准则和动机。由于实现人的自由要求人与根本恶的倾向进行斗争,去除其根本恶的倾向,发展向善的禀赋,如前所述,克服根本恶的对象是准则的根本改变,具体来说,不是具体的准则的改变,而是整个准则的意向革命,这要求我们认识自己的准则,认识这些准则与法则之间的关系。因而,康德非常深刻地说:"要求深入到更加难以探究的心灵深处(深渊)的道德上的自我认识,是所有人类智慧的开端。"②智慧是人的意志与至善的关系,要在尘世中实现至善首先需要人认识自我,虽然认识自我不是实现智慧,但是它是实现智慧的必要条件,因为只有认识自我才可以进一步克

---

① 康德:《道德形而上学》,张荣、李秋零译注,中国人民大学出版社2013年版,第184页。
② 康德:《道德形而上学》,张荣、李秋零译注,中国人民大学出版社2013年版,第219页。

服根本恶和实现自我的完善。①

需要注意的是,康德在《伦理学讲义》中提到对自我认识的义务的重要性,按照学生的记录:"康德教授注意到,所有道德义务的遵守,认识自己是首要的。因为,正如在形而上学的意义上来说,对自我的知识是领会呈现在我们之中的诸规定以及意识到进入我们之中的一切事物的前提,所以它也在道德的意义上被当作前提,它存在于我们对过去的状态的检查中,或者我们行动与它们的合乎义务的对比,只要我们遵守或者违背义这同一个义务。"②正如在认识论中,我们需要有对自我的认识,因为一切认识都可以归结到对自我的某种规定,在道德的领域,是否遵守义务、我们内在的准则到底是否纯粹,这些都需要有对自我的认识。对于因为道德运气的人来说,他以为自己的行动没有造成不良的后果,就沾沾自喜,以为自己是道德的。这时候,他需要认识自我,反思自己内心的准则,从而反思自己是否是道德的。

人的根本恶的倾向体现为自欺,那么对自我的认识需要排除两个方面:蔑视自我,人具有向善的禀赋,我们有能力做一个道德的人;过高地看自己,把自己看得比实际的情况更高,甚至认为仅仅通过愿望人就是道德的,相反,人要意识到,人是有限的,他只有通过不断地与恶的原则斗争的德性,通过不断地履行义务,他才可能做一个道德的人。从认识

---

① 康德在《实用人类学》中把智慧定义为"作为理性的合法则的和完善的实践运用的理念"(《康德著作全集》第 7 卷,李秋零主编,中国人民大学出版社 2008 年版,第 193 页)。这与他在《实践理性批判》中,把智慧定义为"从理论上看意味着对至善的知识,而从实践上看意味着意志对至善的适合性"(康德:《实践理性批判》,邓晓芒译,杨祖陶校. 人民出版社 2004 年版,第 178—179 页)是一致的。二者都表达的是人的意志与至善的关系。在康德一篇晚期论文《一项哲学中的永久和平条约的临近缔结的宣告》中,康德把哲学看作是对智慧的追求,智慧就是意志与至善的一致。由于追求至善是一个义务,道德法则对意志所规定的行动就是义务,所以智慧就是"遵循道德法则的意志的内在原则"(《康德著作全集》第 8 卷,李秋零主编,中国人民大学出版社 2010 年版,第 425 页)。如果说智慧是意志与至善的关系,实现至善是道德法则对意志的准则的规定,那么认识自己的准则需要认识自我。
② Kant, *Lectures on Ethics*, Trans. Peter Heath, Cambridge: Cambridge University Press, 1997, p. 353.

自我中得到如下的义务:要不偏不倚(impartiality)地评价自己与法则的关系,真诚地承认存在或者缺乏的内在的道德价值。

(三) 对动物的间接义务

在具体论述对自我的不完全义务之前,康德讨论了关于对动物和植物等非理性存在者的义务。这里有个区别,我们有关于(in Ansehung)自我、他人、动物、上帝等的义务,但是只有对(gegen)自我和对他人的义务。因为责任和义务是有限的意志之间的关系,只有人的意志才符合条件。康德为什么要把关于动物和植物的义务放在对自我的不完全义务之前呢? 这涉及康德认为对它们的义务虽然看起来是对自我的义务,但是实际上反映了对他人的义务,是介于完全义务和不完全义务之间的义务。

康德义务论是当代规范伦理学的最重要的学说之一。他的"人是目的而不能仅仅被用作手段"已经成了脍炙人口的口号,激励了我们以相互尊重的方式来行动。然而,康德伦理学的一些观点也引起了很多人的批判,尤其是关于人应当如何对待动物的观点,他认为,我们只有对动物的间接义务,动物只是事物,仅仅具有工具性的价值,在目的和手段的秩序中,只处于手段的地位。在目前环境伦理学强调人与自然包括动物的和谐以及其强烈的反人类中心主义的思潮中,康德的这个观点日益受到了批判。比如,布罗迪(Alexander Broadie)和派伯斯(Elizabeth M. Pybus)在其影响很大的论文《康德对待动物的方式》中认为:"我们的目标是说明康德的理性主义必须被否定,正是因为它与我们日常合理对待动物的方式的道德观点相抵触,即这种观点,动物就其拥有感觉到疼痛的能力而言,是我们道德关注的直接对象。"[①]康德的拥护者们从不同的角度试图使康德的这个学说符合人们的日常道德直观。科尔斯科德区

---

① Ruth F. Chadwick, *Immanuel Kant Critical Assessments Ⅲ* , London: New York: Routledge, 1992, p.144.

分了理由和对理由的知觉,认为动物感受疼痛的能力虽然不是我们行动的理由,但是是我们行动的理由的一种知觉。这种知觉给我们提供了规范性,我们有对动物的义务。笔者认为,在康德的体系内,这种看法依然存在问题(后面会讨论这个问题)。蒂默曼在批判了科尔斯科德之后,提出了自己的观点:"我将发展一个修正了的康德式的理由,用来解释(与科尔斯科德相反)为什么即使在对自我的义务的形式概念中,动物(与康德相反)应当受到我们直接的道德关注。对于我们来说,这个概念并不陌生。对于想要保持使康德的伦理学对通常意识和道德哲学两者都有吸引力的主要的理论特征的任何人来说,它可能是唯一的方法。"①

可以看出,康德对动物的间接义务在学界引起了很多争议。研究者们认为它违背了我们的日常道德直观,要么我们必须放弃它,要么我们必须对之做出另外的解释。前者受到了康德拥护者们的反驳,后者虽然做了一些工作,但是其解释超出了康德伦理学的界限。康德对动物的间接义务是不是一定违背了我们的日常道德直观呢? 在这篇论文中,笔者将从如下方面来为康德辩护:首先,通过详细地论述康德对动物的间接义务,我们可以看出,我们虽然没有对动物的义务,但是也应该善待动物,因为这是对自我的义务;其次,通过对康德的研究者们的分析和评判,进一步证明康德对动物的间接义务的学说是可以得到辩护的。

1. 在《奠基》第一章中,康德第一次明确地提出了他的义务概念,即"义务是由敬重法则而来的行动的必然性"②。从这个定义可以看出,义务包含着两个不可分的要素:在客观上是服从法则,在主观上是对法则的敬重。如果行动只是符合法则,但是行动的动机不是对法则的敬重,而是出于偏好之类的经验性的动机;那么行动虽然是合乎义务的,但是不是出于义务的。这样的行动没有道德价值。义务的法则是理性的法则,它要求你的准则具有普遍立法的形式,能够愿意它成为一条普遍的

① Jens Timmermann, "When the Tail Wags the Dog: Animal Welfare an Indirect Duty in Kantian Ethics," in *Kantian Review*, 2005(10), p. 129.
② 康德:《道德形而上学奠基》,杨云飞译,邓晓芒校,人民出版社 2013 年版,第 22 页。

法则。这是定言命令的普遍法则公式。它虽然没有直接说明义务的对象是什么,但是我们可以推理出相关的内容。必然性(Notwendigkeit)在实践上是指道德的应当,是对理性法则的敬重。只有理性的存在者才有可能激发我们产生敬重,所以义务的对象只可能是理性的存在者。

在人性公式中,康德明确地提到了义务的对象问题。他区分了动机和动因的概念,前者是主观的,基于感性,后者是客观的,基于理性,对所有的理性存在者都是适用的。定言命令虽然不以任何动机为条件,但是它不是无目的的,而是以某种动因为根据。康德认为偏好的对象以及偏好充其量只是动机,不具有无条件的价值。在谈到自然物时,他认为:"如果它们是无理性的存在者,它们就只具有作为手段的相对价值,因此而叫作事物(Sachen);与此相反,理性存在者就被称之为人格(Personen),因为他们的本性已经凸显出他们就是自在的目的本身,即某种不可仅仅被当作手段来使用的东西,因而在这方面就限制了一切意选(Willkür)(并且是一个敬重的对象)。"①无理性的自然物包括动物以及无生命体都只具有手段的价值,可以用作我们实现某种目的的手段。康德认为理性存在者的本性凸显他们是目的自身,他们的本性是什么呢? 康德在这里没有给出明确的答案,笔者的理解是其意志的自由。

理性存在者因其意志的自由才是目的本身,康德在人性公式中系统地表达了这一点。人性公式要求我们在任何时候都要把自己以及他人的人性同时当作目的,而不仅仅是手段。如果每个人都把自己以及他人看作目的,而不仅仅是手段,那么就构成了一个目的王国。在这个王国中,作为成员,每个理性存在者都是立法者,同时服从自己的理性所立的法。康德强调:"根据这条原则行动的实践必然性,也即义务,完全不以感情、冲动和偏好为基础,而仅仅基于理性存在者相互之间的关系,在这种关系中,一个理性存在者的意志必须永远同时被看作立法的意

---

① 康德:《道德形而上学奠基》,杨云飞译,邓晓芒校,人民出版社 2013 年版,第 62—63 页。

志。"①这说明了我们只有对自己的义务以及对他人的义务。由于动物不是人格,仅仅被自然规律所决定。与之相异的是,人作为人格,其意志能够被自身的法则所规定。所以我们有对自己和他人的义务,而没有对动物的义务。

在《实践理性批判》中,康德谈到敬重作为道德行动的唯一动机时,提到了"敬重任何时候都是针对人的,而绝不是针对事物的。后者可以在我们心中唤起偏好,并且如果是动物的话(如马、狗等等),甚至能唤起爱,或者就是恐惧,如大海,一座火山,一头猛兽,但是从来不唤起敬重"②。动物和无生命体无法引起我们的敬重感,因为它们没有自由意志。然而,康德对二者还是有区分的。在《判断力批判》中,康德认为,美是德性的象征。我们把道德性的评价术语赋予一些植物,比如我们说大树是庄严的、原野是快活的等,这些无生命体给我们美的感觉类似于我们在道德评价中的感受,即我们感受到了自己的自由。能够让我们感受到自由的美是自然美,与之相对的是艺术美。在自然美中,我们没有改变无生命体的状态,它们就直接地让我们感到愉快。对它们的改变甚至破坏,都违背了对自己的义务。所以康德说:"放肆地破坏在无生命自然中美的东西的偏好,违背了人对自己的义务。因为它破坏或者根除了在他之中的情感,这种情感是一种能够极大地促进道德性或者至少为之做铺垫的感性的倾向。"③保护无生命体有助于我们提高对道德性的易感性,这种保护是对自我的义务。

与无生命体不同,动物无法引起我们的美感,但是它们与我们有相同之处。我们也有动物性,有感受疼痛的能力。我们比动物更高的就是我们的理性,这也是我们具有权利和需要履行义务的根据。我们有维护动物性的义务,比如我们要保存自己的生命、维持种族的繁衍等。当我们看到他人在虐待动物时,动物表现的痛苦会激发我们的同情心。当我

---

① 康德:《道德形而上学奠基》,杨云飞译,邓晓芒校,人民出版社2013年版,第71页。
② 康德:《三大批判合集》(下),邓晓芒译,杨祖陶校,人民出版社2009年版,第90页。
③ 康德:《三大批判合集》(下),邓晓芒译,杨祖陶校,人民出版社2009年版,第296页。

们虐待动物时,动物表现出来的痛苦要么让我们停止虐待,要么形成了一种习惯,使我们对这种痛苦无动于衷。这种习惯会导致我们对其他人的痛苦也很冷漠,不愿意帮助他人,甚至伤害他人,进而违背对他人的义务。

但是,我们没有对动物的直接义务。义务的对象是理性的存在者,或者说是一个人格,其意志自身的法则是我们敬重的对象。动物很显然不具有人格,我们对动物只有间接的义务,康德认为:"就有生命但没有理性的受造物而言,暴力以及冷酷地对待他们在极大程度上违背了对自我的义务,他有义务不做这种事情;因为它使他对分享它们承受痛苦的感情变得迟钝,由此破坏和逐步地根除一种自然禀赋,这种禀赋有助于促进其与他人关系中的道德性。"①善待动物虽然不是对它们的直接义务,却是一种间接的义务。这种间接的义务在形式上是对自我的义务。康德强调,虐待动物之所以违背了对自我的义务,是因为从长远的影响来看,它违背了对他人的义务。

澄清两组概念即直接义务与间接义务以及对自我的义务与对他人的义务,有助于我们理解康德对动物的间接义务的概念。义务有承担者和对象,按照康德的看法,他们都是作为理性存在者的人,所以我们有对(gegen)自己的义务也有对他人的义务。这些是直接的义务,也是真正的义务。我们有关于(in Ansehung)某种对象的义务,比如我们有关于动物的义务。它不是真正的义务,而是一种间接的义务。间接义务在康德伦理学中是一个特殊的概念。康德在《奠基》中,认为促进自己的幸福是一个间接的义务。因为促进自己的幸福有助于我们履行自己的义务,同时,贫困也是我们违背义务的诱因。可以看出,间接义务是实现某种直接义务的手段。我们有对于动物的间接义务,那么这就意味着我们有对某种东西(X)的直接义务。我们必须履行对动物的间接义务,因为它是实现对 X 直接义务的手段。这有点类似于假言命令的目的和手段的

---

① Kant, *Die Metaphysik der Sitten*,Hambugr:Verlag von Felix Meiner,1966,S. 296.

关系。由上可知,X 就是自我,对动物的间接义务是实现对自我的直接义务的手段。

然而,康德认为,虐待动物也违背了对他人的义务。对自我的义务与对他人的义务在康德的伦理学中是什么关系呢? 在《道德形而上学》中,康德认为,假设没有对自我的义务,"那就没有任何义务,也没有任何外在的义务"①。因为我对他人的义务基于我对自我的约束,是我的纯粹实践理性对自身的约束。这是在康德的义务体系中,对自我的义务先于对他人的义务的原因。哪些对自我的义务与我们对待动物的方式相关呢? 正如蒂默曼所指出的:"我们既有对自己理性和身体能力的义务,也有关注我们品格的义务。这种关注在道德上本身是有价值的,但是它也使我们有能力履行对他人的义务。"②与对动物的间接义务相关,并不是所有的对自我的义务都涉及对他人的义务。品格包含了人的道德情感,是自我的一个重要的方面,虐待动物伤害了我们的道德品格,使我们容易以同样的方式来对待他人。这就是为什么虐待动物违背了对自我以及他人义务的原因。

康德举了几个例子来说明我们应该如何对待动物。他认为:我们没有对动物的直接义务,"即使,人有权限快速地杀死动物(没有痛苦)并且不让它们做超出其能力的工作(人必然使它们忍受这样的工作)"③。我们对动物的方式是受到道德约束的,虐待动物是不被允许的。在康德那里,出于理论的探索而拿动物做实验、伤害它们,如果我们可以通过其他的方式来达到目的,那么这样的行动是应当受到谴责的。我们要以对待人的方式来对待动物,我们不能够抛弃对我们忠心耿耿的老马和狗,甚至应当感激它们。这种应当不是对它们的直接义务,而是对自我的义务。

---

① Kant, *Die Metaphysik der Sitten*, Hambugr: Verlag von Felix Meiner, 1966, S. 262.

② Jens Timmermann, "When the Tail Wags the Dog: Animal Welfare an Indirect Duty in Kantian Ethics," in *Kantian Review*, 2005(10), p. 133.

③ Kant, *Die Metaphysik der Sitten*, Hambugr: Verlag von Felix Meiner, 1966, S. 296 - 297.

虽然,康德对动物的间接义务并不能够完全解决当今环境伦理学所讨论的一些问题,比如我们能否拿动物做药物试验? 如果素食可以保证人的健康,那么我们还能否把动物作为我们的食物? 但是,康德告诉我们:义务基于理性,体现为人与自我以及与他人之间的关系,我们应该善待动物,因为对动物的方式涉及乃至于反映了我们对自我的义务,即使我们没有对动物的直接义务。由此可见,康德的这个观点是非常符合我们的日常道德直观的。我们通常承认我们应该善待动物的同时,也承认人与动物之间是有区别的。在特殊的情况之下,拯救人的生命比拯救动物的生命更重要。当我们在新闻上看到一个人花巨资购买藏獒等动物时,我们在直觉上觉得这是不好的行动。因为,这些花费可以做更有价值的事情,比如创办实业、捐助希望工程等可以提高人类幸福的事情。

2. 布罗迪和派伯斯对康德的批评集中在这一点之上,即他们认为康德没有区分动物和其他事物。按照他们的看法,事物仅仅可被用作手段,我们可以任意地处置包括动物在内的任何事物,这违背了日常的道德直观。如果我们承认有对动物的间接义务,虐待动物会导致我们把他人或者自己的人性当作手段,那么我们把任何事物当作手段,都会导致我们把人性仅仅当作手段。由此,他们推出结论:"如果他利用这个论证,即把动物作为手段会导致我们把理性作为手段,他必然使这个结论一般化,并且认为由于我们对他人行动的影响,我们应当不要把任何事物用作手段,我们有不这样做的间接义务。这不仅是荒谬的,而且违背了他的技巧的命令。"[1]他们在这里把仅仅当作手段等同于虐待,由此推出了康德对动物的间接义务违背了其伦理学的基本原则的结论。然而,我们可以把动物仅仅当作实现我们目的的手段,不等同于我们可以虐待动物。在康德那里,作为一种设定目的的能力,人的意志的自由具有普遍性和必然性,表现在现象世界就是一贯性,即在过去、现在以及将来都

---

[1] Ruth F. Chadwick, *Immanuel Kant Critical Assessments* Ⅲ, London; New York: Routledge, 1992, p. 152.

是自由的。只有人所设定的目的被限定在道德性的范围之内,自由的这种一贯性才能够得到保障。我们虐待甚至任意杀害动物,严重地破坏了动物的生态。这样的行动在现在看来可能是自由的,却违背了自由的一贯性,破坏了我们将来的意志自由。毕竟在一个其他动物都不存在,只有人类存在的世界里,人设定目的的能力会受到极大的限制。因此康德在《伦理学讲义》中,明确地否认了虐待动物是合理的:"无法否认的是,以残忍的方式对待动物违背了理性的法则,它至少是使用手段的一种不合适的方式。"①把动物仅仅当作手段是虐待动物的必要条件,而不是充分条件。

康德从什么角度区分了动物与其他事物呢? 如果说我们不能随意地破坏无生命体的状态,是因为自然美是德性的象征,那么我们不能够残害动物,是因为动物与人一样具有动物性。在《纯然理性限度内的宗教》中,康德从三个方面对人的本性进行了规定:人有动物性、理性以及人格性三个方面的禀赋。动物性是一种自然的、纯粹机械性的本能,包括保存自身、种族繁衍以及社会本能三个方面。虽然人的动物性与理性无关,但是它们都具有向善的禀赋,能够促使我们遵守道德法则。保全生命、促进种族的繁衍等是我们的义务,动物也有保存自己的生命等需要。伤害动物容易产生伤害其他人的倾向,这违背了我们对他人的义务。所以,康德强调,"动物是人性的一个类比"②,我们对动物的间接义务建立在动物与人的类比的基础之上,我们应当以对人的方式来对待动物。③ 对于一只曾经对我们忠心耿耿而现在无法为我们继续提供服务的

---

① Kant, *Lectures on Ethics*, Trans. Peter Heath, Cambridge: Cambridge University Press, 1997, p. 434.

② Kant, *Lectures on Ethics*, Trans. Peter Heath, Cambridge: Cambridge University Press, 1997, p. 212.

③ 在《判断力批判》中,康德对类比做了说明。他认为类比"是在根据和后果(原因和结果)之间的关系的同一性……我们在对动物的技巧活动和人的技巧活动做比较时,把动物里面这些结果的我们所不知道的根据与我们所知道的人的相似结果的那种根据(即理性)设想为理性的类似物。"[康德:《三大批判合集》(下),邓晓芒译,杨祖陶校,人民出版社 2009 年版,第 496 页]动物的本能是一种理性的类似物,作为有生命的存在物,动物与人是同一个种类。

老狗，我们应该好好照顾它，以对待人的方式让它得以善终。如果我们打死它，那么虽然我们没有违背对它的义务，因为它没有理性，无法做出任何判断，但是这种行动破坏了我们心中的品格，降低了我们的人性，我们很容易以同样冷酷的方式对待他人。[①] 由此，在康德那里，把动物当作手段不会导致虐待它们，相反要求我们善待它，这种善待作为对动物的间接义务与康德的伦理学的基本原则是一致的。

前面提到过，科尔斯科德是一位康德主义者。她发展了康德的学说，把康德的自律的概念引申为实践的身份（identity，同一性）的概念，义务的基础来源于我们对自身实践的身份的反思。比如，作为一个学生，我们被要求好好学习。好好学习作为一个义务，是保持我们作为学生的身份所要求的。以此类推，动物作为一个生命体，也具有自己的身份。这种身份就是自身的法则。人与其他动物一样都会感受到疼痛，这种感受说明了我们需要改变自身的状况，否则就威胁到自身的身份。所以，感受疼痛给予了我们一个理由，它赋予了我们要改变自身状态的义务。动物无法反思，没有义务的概念，但是我们可以觉察到这个理由。这种对疼痛的知觉给予了我们要帮助动物改变其状况的义务。

科尔斯科德表达其观点的论述集中在下面一段话中："当你对一个正在呻吟的动物表示怜悯时，这是因为你觉察到一个理由。一个动物的呻吟是疼痛的表示，它们意味着有一个理由，一个改变其状况的理由。你不能把一个动物的呻吟仅仅当作噪音，除非你也把一个人的语词仅仅当作噪音。其他动物也能使你负有义务，正如其他人能使你负有义务一样。这是你与动物共享某种同一性的一种方式。所以，我们当然具有对

---

① 雷根（Tom Regan）在论文《Broadie 和 Pybus 论康德》中，批评了布罗迪和派伯斯混淆了把动物当作手段和虐待它们二者的区别。在一篇短小的论文"康德与虐待动物"中，他们回应了雷根。他们认为，虽然二者有区别，但是我们无法在康德那里找到这种区分。（参见 Kant, *Lectures on Ethics*, Trans. Peter Heath, Cambridge: Cambridge University Press, 1997, pp. 153-156）人与动物都具有动物性。康德强调：动物是人性的类比，我们对待动物的方式是我们对待自己和他人的方式的一个缩影。这种看法明确地说明了，我们虽然可以把动物仅仅当作手段，但是我们不能虐待它们。

动物的义务。"①她认为,如果我们感受到他人的疼痛,我们有帮助他人改变状况的义务,那么我们察觉到动物感受到了疼痛,也给予了我们改变它的状况的义务。由此,我们有对动物的义务,从广义上来看,康德所代表的义务论对动物的地位的观点是符合我们的日常道德直观的。然而,笔者认为,她的观点很难说是符合康德的伦理学的。这种背离主要体现在,她把动物与人做了类比,认为动物也具有意志自律的属性,使我们负有对它们的义务。在康德那里,对自我以及对他人的义务是基于其意志的自律,并以维护和促进意志的自律为目的。我们有对动物的义务意味着,动物拥有意志的自律的属性,要求我们敬重它们。然而,无论是站在康德的立场还是从日常观点出发,动物只具有动物性,不具有意志的自律。

科尔斯科德对动物的疼痛的感知建立在对动物的同情的基础之上。以同情来建立起对动物的义务在一定程度上符合人们的日常道德直观。问题是,同情使我们产生出对它的义务吗? 如果我们接受康德的观点,即义务是一种无条件的必然性,那么同情只是一种有条件的情感。我们无法指出哪些东西会引起我们的同情,哪些东西无法引起我们的同情。而且,每个人的感受能力不同,有的人天生就有一副善良的心,有的人天生就比较冷漠,对他人处境无动于衷,因而同情没有普遍性。把道德感建立在同情的基础之上是无法确立义务的概念的。需要注意的是,科尔斯科德与动物解放的捍卫者辛格(Peter Singer)有相同之处,都是从人和动物都具有感受疼痛的能力这个事实出发的。不过,二者具有明显的区别。科尔斯科德是义务论者,我们对动物的疼痛的知觉给予了我们行动的理由,辛格则直接从痛苦最小化的功利主义的原理出发,认为人与动物是平等的。②

蒂默曼不认可科尔斯科德关于人有对动物的直接的道德义务的论

---

① Christine M. Korsgaard, *The Sources of Normatively*, Cambridge: Cambridge University Press, 1996, p. 153.

② 参见 Peter Singer, *Animal Liberation* (2nd Edition), New York: Ecco Press, 1990, p. 21。

证,认为她偏离了康德的伦理学。为了使康德伦理学符合日常的道德直观,避免外部的批评,他持有一种折中的立场,以对自我的形式的义务的概念为前提,推出我们对动物有直接的道德关注的结论。前提基于康德的观点,结论是蒂默曼修改后的观点。在他看来,如果我们接受康德的观点,认为对动物的间接义务是对自我的义务,那么这种义务的动机就是自我敬重。他设想:"如果我的能力降为了动物性,那么我将不允许他人虐待我。虐待动物将包含一个矛盾;敬重我自身的理性能力禁止我在行动中犯引起这样的矛盾的错误。既然这样,如同在对他人的义务的情况中,它是属于康德伦理学核心的自我矛盾的危险。"①他与科尔斯科德一样,都是从人与动物具有动物性这个事实出发,与后者不同的是,他站在康德的立场之上,认为虐待动物的准则普遍化之后会出现自我矛盾,所以我们有对动物的直接义务。然而,康德的可普遍化检验所针对的是准则在道德上是否正当的问题,不涉及义务的对象的问题。

他似乎感觉到他的观点偏离了康德伦理学。在论文的后面,他通过一个例子进一步说明他的观点。如果我们答应了小孩的父母教小孩的外语,那么这个义务在形式上是对小孩的父母的义务。不过,这并不意味着小孩的教育本身无价值,相反,教导小孩是履行这个义务的一部分。与此类似,我们对动物也有直接的道德关注。可以看出,他的论证前提是,小孩和动物具有类似的地位。在笔者看来,这个前提是需要商榷的。虽然小孩心智不成熟,其理性能力发展不完善,但是小孩有理性能力的潜能,在将来具有理性的能力。我们承担履行教导小孩的诺言的义务,一方面是履行对父母的义务,另一方面是履行促使小孩完善其人性或者说理性能力的义务。由此,我们对这个小孩有直接的道德关注。但是动物不具有理性的潜能,我们对它没有直接的义务,即使虐待它违背了对自我的义务。

---

① Jens Timmermann, "When the Tail Wags the Dog: Animal Welfare an Indirect Duty in Kantian Ethics," *Kantian Review* 2005(10), p. 140.

综上,在如何对待动物的问题上,康德的伦理学受到了很多质疑和批评。康德的研究者们试图从不同的角度捍卫康德的立场。他们共同之处就是从人与动物都具有动物性这个事实来试图推出人有对动物的义务。在辩护的过程中,他们不得不偏离康德的观点,认为义务可以建基于动物性之上。考察不同的文本,我们发现,康德对动物的间接义务一方面强调了人与动物的不同,即人因其理性具有独特的价值,另一方面强调了我们要善待动物,这是我们对自己的义务的一部分。这些不仅符合日常道德直观,而且揭示了我们日常道德直观的根基——人是一个自由的存在者。我们不一定需要偏离康德的伦理学来为他的这个观点辩护,我们需要做的是,来到他的体系内,清晰地阐明他的观点,从而为进一步挖掘他的当代意义奠基。

(四) 对自我的不完全义务

对自我的不完全义务是以实现自我的完善为行动的目的的义务。由于它是不完全义务,因而人做出促进自我完善的行动,是值得赞扬的;没有做促进自我完善的行动,也不会受到责备;如果行动的目的直接违背了自我的完善,那么它是要受到谴责的。如前所说,自我的完善包括自然的完善和道德的完善,就所对应的义务而言,前者的目的在于促进文化,后者的目的在于促进道德性,它们分别以实现人性的禀赋和实现人格性的禀赋为目的。

人性是自由的,体现在它具有设定目的的能力。人的自由使得他不局限在某种特定的本能中,而总是处于某种未定的状态中,他可以超越自己本能的限制,体现自己的尊严。人应该过一种理性的生活,因而人有培养他的自然能力的义务,这些自然能力包括精神、灵魂和身体的力量。通过这些能力,人能够把设定和实现目的的能力彰显出来。精神的力量是一种理论理性的能力,体现在数学、逻辑和自然的形而上学中。逻辑和自然的形而上学属于理论哲学,是现在所说的科学。虽然它们自身还不是智慧,但是它们可以作为实现智慧即至善的手段,也就是说,有助于促进智慧即至善的实现。灵魂具有为了设定和实现各种目的而使用知性和规则的力量，它包括记忆力、想象力等。身体的力量主要包括身体的健康等，只有健康的身体才能体现人的自由，实现人所设定的目的，因而维护身体的健康和促进身体力量的完善也是一个义务。

作为不完全义务，促进自然的完善是一个广义的义务。在人的诸多能力中，优先完善哪些能力，以及如何完善这些能力，这些都取决于他对自身生活方式的理性反思，比如一个足球运动员会把身体的完善看作首要的，而且在身体的诸多能力中，把发展足球的能力看作是最具有优先性的。然而，康德强调，理性的反思有一个限制条件：他必须把自己看作对世界是有用的成员而存在，他不仅把自己看作一个实现自己幸福的人，而且也要把自己看作对这个世界起到作用的人存在。完善自身的设定目的的能力，不仅是为了满足自己的感性欲求，而且是为了促进整个社会的福祉，从世界公民的角度来看待自己的身份。唯有此，他才配得上作为诸多生物中不仅具有理性，而且也具有人格性的存在者。从而这个义务是对准则的规定，并没有规定具体的行动，而是给自由的意选以自由选择的空间。

道德的完善从形式的角度来说就是意向的纯粹性，此时法则就是行动的动机，行动的动机是出于义务。从质料的角度来说，道德的完善涉及目的，这种完善就在于履行所有的义务尤其实现诸多道德目的。康德引用《圣经》中的诫命把前者表述为"成为神圣的"，把后者表述为"成为完善的"。"成为完善的"就是德性的培养，德性是意志在履行义务时克服感性阻碍的一种道德力量。如前所说，克服这种障碍涉及目的的概念，也就是说，德性与目的相关，按照目的的不同，就有不同的德性义务。

由于人性的根本恶，对自我的不完全义务在性质上是完全的义务，但是在程度上是不完全的义务。这具体体现在，人性的根本恶导致人的自欺，他无法确定自己是否真的履行了义务，即使履行了义务，其动机到底是道德的，还是非道德的？对于他而言，其准则的道德性依然是无知的。由于他无法真正认识自己的准则，所以"成为神圣的"难以马上完成,甚至在某种程度上,难以看到完成的希望。从形式的角度来说,德性只有一种,它是一种实现准则的道德力量;在质料上,依照不同的目的,有不同的德性,因而道德的完善在于实现所有的德性目的。也就是说,在任何时候行动者都可以按照德性的要求来行动,然而这是不可能的,因为我们在任何时候都可以发现德性的缺乏。所以康德不得不说:"但追求这个目标,在人这里却永远只是从一种完善向另一种完善的前进"①。人"成为完善的"是一个长期漫长的过程,需要不断地努力。

正如科尔斯科德指出:"采纳道德上善的目的(道德完善的义务)的一般义务是完全的。但是使某物成为你的目的,并且使这个目的成为你行动的动机不是一个人能够简单地决定马上去做的某种事情。我们做这些目的的外在行动的动机可能夹杂着非道德的动机,并且我们不能确定这些动机是纯粹的。"②即使我们能够确定我们的动机是纯粹的,由于道德目的不只是一个,这也只是"成为完善的"一个阶段而已。也就是说,我们无法保证我们任何时候的动机都是纯粹的,因而道德上的完善只可能是一个不完全的义务。

第三节　对他人的德性义务

康德把对他人的义务分为对他人爱的义务以及对他人敬重的义务,最后达到二者的平衡——友谊的理念。康德为什么要做这样的区分呢?在笔者看来,这种划分与对自我的德性义务的划分具有类似性。一方面,人是具有动物性的理性存在者,具有追求幸福的自然倾向,追求自己的幸福,不需要被强制,但是促进他人的幸福,需要强制,是一个义务,康德以爱来称呼它。另一方面,人也是具有纯粹人格性禀赋的存在者,他应当敬重自己,也应该敬重他人。除此之外,康德有着更多的考虑,对他

---

① 康德:《道德形而上学》,张荣、李秋零译注,中国人民大学出版社 2013 年版,第 224 页。
② Christine M. Korsgaard, *Creating the Kingdom of Ends*, Cambridge: Cambridge University Press, 1999, p. 21.

人爱的义务是同时使他人负有责任的义务，是一种不完全的义务，就对这种义务的评价来看，履行这种义务是值得赞赏的，不履行这种义务也不会被指责，甚至惩罚。与之不同的是，敬重他人的义务是一种完全的义务，履行这种义务并不导致使他人承担责任，不履行这种义务相反会受到责备，甚至惩罚。康德在行文中指出爱和敬重是履行这些义务时的情感，它们能够分开来设想和存在。他举出一个例子，我们可能爱一个人，尽管这个人并不值得敬重。但是他又强调，爱和敬重作为对他人的义务，具有客观必然性，是结合在一起的。对此，巴伦（Baron）提出了质疑：康德有时候说敬重对每一个人都是必要的，有时候又强调对于不同的人敬重有区别，可见康德在用语上是含糊的。① 笔者认为：当康德说到敬重应当适用于每一个人时，这是从敬重作为理性对行动准则的立法，即它作为义务而言的；当他说在不同的人身上表现出不同敬重时，这里的敬重可以理解为在履行相关义务之后所产生的一种情感。在康德哲学中，情感是在法则之后产生的，行动者在履行义务后，对不同的人产生不同程度的敬重，这是一个自然而然的过程。康德经常举的例子是恶棍，恶棍也有人格性的禀赋，我有敬重和爱他的义务。但是由于他的品性，使得我在履行相关的义务之后，我很难产生对他的敬重和爱，甚至会产生出对他的鄙视的情感。这种鄙视是因为他的行动使得他配不上自己的人格性的禀赋。

我们帮助他人就是把他人的幸福当作自己的目的，尽力促进他人的幸福。如果他人的幸福依赖我们的慷慨，这容易使得他人在我们面前存在自卑的心理。康德充分意识到这一点，所以他强调，在我们帮助他人时，我们有义务使我们的这些行动看起来像是他们应得的，减少他们的自卑感从而保持对他们的敬重。他通过物理学规律进行进一步说明，知性世界中对他人义务的法则可以类比于物理世界中的引力和斥力。对

---

① Mark Timmons(ed.), *Kant's Metaphysics of Morals: Interpretative Essays*, New York: Oxford University Press, 2002, p. 398.

他人爱的义务使得人们彼此更加接近;对他们敬重的义务使得人们不致太接近,而能够保持一定的距离;最后在友谊的理念中,爱与敬重达到了平衡。对于康德的论述,学界也有一些质疑。比如巴伦认为康德在对他人的义务中夸大了爱与敬重的对立性,"为了敬重他人的自由与保存自我敬重,康德高估了与他人保持距离的程度。"[①]对于这一点,伍德给出了一个解释:康德的义务体系反映出人的非社会的社会性的状态,因自己的利益依靠他人,使人失去他人对自己的敬重,并且也使得自己失去对自己的敬重,这是爱与敬重在康德那里存在张力的主要原因,因而康德强调我们必须以保持敬重他人的方式来爱人。[②] 我基本上同意伍德的理解。我认为由人的非社会性的属性,导致爱与敬重的张力。这可以看作一个事实的描述。所以康德强调,对他人的敬重是一个完全义务,而对他人的爱不是一个完全的义务,而是不完全的义务。其中缘由,除了对他人的爱体现在准则上,无法规定具体的行动之外,还有其他原因,比如没有对他人的敬重的爱,不是真正的爱。爱他人就是帮助他人,帮助他人需要把他人看作一个自由的个体,这就是说,要尊重他人的个体性,才有可能是真正地帮助他人。但是,如果只是敬重他人,却不帮助他人,可能形成一个冷漠的社会。这样的社会似乎是可以存在的,但是它忽略了人的有限性,即人对幸福的追求,从这一点来看,二者不可分。真正敬重他人,一定会爱他人,而真正的爱,一定是以敬重他人为条件。从这个角度来说,巴伦忽略了人的这种基本特性,伍德虽然看到了人的非社会性,但是他没有仔细考察它们之间的必然联系。二者都存在一定的偏颇。

---

① Ark Timmons(ed.), *Kant's Metaphysics of Morals: Interpretative Essays*, New York: Oxford University Press, 2002, p. 406.

② 参看 Allen W. Wood, *Kantian Ethics*, Cambridge: Cambridge University Press, 2008, pp. 178 - 179。

（一）对他人爱的义务

在对他人爱的义务中，康德指出这里的爱不能像沃尔夫那样理解为一种对他人完善的情感，也不能如道德感官学说那样把它理解为对他人幸福所感觉到的愉快，而是从实践的角度把它理解为实践的善意。这种实践的善意不同于仅仅善良的愿望，而是通过行动表现出来，表现为导致善行的准则。为此，康德再次区分 Wohlwollen（善意）和 Wohltun（善行），从词的构成来看，善行包含了善意，但是它不仅仅是善意，还包含了帮助他人的行动。因而善行的特点在于它的准则是促进他人幸福的行动，而善意可以只是体现为一种善良的意愿，不一定表现为具体的行动。康德通过定言命令对善意的准则"爱人如己"作为一种义务作出论证：① 人和人之间道德上的实践关系是由纯粹实践理性所规定的，这种规定体现在意志的行动准则能够成为普遍的法则，或者说意志能够通过其准则（作为手段）成为普遍立法的；② 我有社会性，我要与其他人在一起，才能够更好地生活，我希望其他人对我有善意，那么我也应当善意地对待其他人；③ 否则，我希望他人对我善意，而我不这样，即我希望他人把善意当作自己的法则，而我却成为这个法则的例外；④ 由于法则之所以称为法则，是因为它对所有人都有效，如果这条法则对我没有规范性，那么它即不成为其法则；⑤ 善意是一个义务，其中包含着所有人，也就是说对所有人（包括我）都具有规范性；⑥ 责任（约束性）概念包含着人的有限性，因而包含着强制，由于我自然而然地对自己有善意，这是一种基本的自然倾向，所以，对我自身的善意不需要被强制，不是一个义务。但是，理性基于平等的要求，要求我对自身和他人都有善意。康德在后面提到作为普遍法则的善意时，如果没有特别强调，都是指包含善行的准则。

如何对他人的善意呢？虽然对他人的善意是一个普遍的法则，包含着对所有人的规范性要求，在范围上是最广的，但是它在程度上是最小的。当我出于爱每一个人而希望促进他人的幸福时，这个希望的兴趣在程度上是很小的，甚至只是表现出我对他人的幸福并非漠不关心而已。

法则是普遍的,但是法则的运用是具体的,有对象的区别。与此有关,康德提出一个问题:当一个人比另一个人的关系更亲近(比如我的父母和邻居),他们都需要我的帮助,我力所能及却只能帮助其中一个时,我该怎么办?在康德那里,善意是一个普遍的法则,因而我应该对他们都保持善意,尽自己的能力帮助他们。这种对每个人的善意在某种程度上甚至可以看作是一个完全的义务。与经验性的实践理性有关,由于父母比邻居更亲近,在一般的情况下,我与我的父母的感情会更深,因而我可以选择更多地帮助我们的父母,而不是邻居。这在道德上是被许可的。原因在于善意的准则表现为善行,促进他人的幸福是广义的义务,并没有规定我们具体的行动,所以我们帮助谁以及我们如何帮助都需要通过理性的反思。在反思中,情感和偏好在其中起到一定的作用。正如巴伦和法米(Melissa Fahmy)指出:"在我们看来,康德没有提供进一步的指导不是一个缺陷;道德行动者不服从一系列要求他具体如何做的规则,而是要求他自己思维、自己反思,从而找到如何生活的答案,这是康德伦理学的一部分。"①不完全义务可以更好地体现启蒙的特点,这种义务并没有具体地要求行动者做什么,而只是给出一个原则,行动者自己思考如何行动。此时,经验性的实践理性会参与其中,它让我们思考我们需要什么样的目的,如何达到目的等问题。

康德分别用三个义务来说明对他人爱的义务,作为不完全义务,它们都包含了促进自我偏好和情感的内容。这些义务分别是行善的义务、感激的义务以及同情的义务,与之对立的恶习有妒忌、忘恩负义和幸灾乐祸。这些恶习是人的根本恶的体现,也体现了人的非社会性。

1. 行善(Wohltaetigkeit)的义务。康德在这里进一步强调了行善和善意的区别,他认为:"善意就是以他人的幸福(福乐)为乐;但行善却是把这种善意当作目的的准则,而且这方面的义务就是通过理性强制主体

---

① Thomas E. Hill(ed.), *The Blackwell Guide to Kant's Ethics*, MA: Wiley-Blackwell, 2009, p. 223.

把这种准则当作普遍法则来接受。"①善意可以表现为一种以他人的幸福为乐的情感,但是行善是把促进他人的幸福当作行动的准则。前者不一定表现为具体的行动,后者一定涉及行动。行善的义务是"即尽自己的能力帮助身处困境的其他人得到他们的幸福,对此并不希冀某种东西,这是每个人的义务"②。他再次论证了这个义务:如果他把自己自私的准则,即不想在别人需要帮助时帮助他人的准则公开化(laut werden ließe,公开出去,康德在此时用公开出去,是准则的普遍化的另外一种表达),因而,这个自利的准则,那么,当他出于困境中需要帮助时,别人就不会帮助他,然而这并不是他所需要的。因而自私自利的准则如果普遍化,就会出现矛盾。这种矛盾体现出意志的自我冲突,其准则不能持续成为普遍法则。康德指出:"确切地说是因为这些人就应当被看作同类,即看作是有需要的,在一个居住地由自然为了互相帮助而联系起来的理性存在者。"③人是有限的,总是需要他人的帮助,把他人看作自己的同类,需要充分考虑这一点。可见,彼此帮助是一个义务。

　　需要注意的是,康德三次论证了帮助他人的义务。仔细来看,这些论证在表述上存在一些区别。第一次康德是在说明他人的幸福同时是义务的目的,第二次是证明善意的准则是一个义务,第三次是证明善行是一个义务。第一次和第三次对善行的表述存在一定的差别,它把善行的对象加上了"在贫困中的"(in Nöten)条件,第二次是对善意的准则的论证,说明我们要在平等的原则上善意地对待每个人,哪怕我们无法对每一个人同等行善。康德为什么如此重视这个义务,先后三次对这个义务进行了论证呢? 在笔者看来,这反映了这个义务的重要性,帮助他人,促进他人的幸福是非常重要的义务。人不能仅仅停留在对自我的关注上,不论从纯粹实践理性的角度还是从经验性的实践理性的角度,我们都应当帮助他人。康德没有使用人性公式论证这个义务,而是用普遍法

---

① 康德:《道德形而上学》,张荣、李秋零译注,中国人民大学出版社 2013 年版,第 230 页。
② 康德:《道德形而上学》,张荣、李秋零译注,中国人民大学出版社 2013 年版,第 230 页。
③ 康德:《道德形而上学》,张荣、李秋零译注,中国人民大学出版社 2013 年版,第 230 页。

则公式(有学者比如伍德区分自律的原则和普遍公式,认为后者是形式的,得不出具体内容,康德在这里的论证所使用的也是自律的原则,而不是普遍公式,但是这种区分在此意义不大)论证这个义务,这也说明形式的普遍法则是可以得到我们通常的重要的义务的。形式与质料相对,但是不等于空洞。

有学者认为,康德善行的义务在于促进那些"在穷困中的"人的幸福,那么这个义务的对象就比较窄了。我认为,这里的"in Nöten"应该做广义的理解,把它理解为处于急需帮助的情景之中,这个义务不仅帮助那些处于贫困中的人,而且包括促进他人其他的合理的目的。巴伦和法米也提到这个问题,他们指出康德在说明善行是义务时,用的是"in Nöten",它可以做更广泛的需要的理解,只有"Bedürftige"与需求有关,一个处于缺乏需求状态下的人是真正的贫困的人,康德只是在他的结论中用的是"Bedürftige"这个词。①

在法权学说中,康德认为富人有缴税来维持穷人生存的义务,这是合乎法权的社会的平等自由的理念的要求。在德性学说中,康德继续探讨富人帮助穷人是否是德性义务的问题。法权义务是可以被外在强制的义务,要求富人缴税是一种被强制要求的行动,而在德性论中,德性义务是不可以被强制的义务,因而富人帮助穷人是富人个人的行动,不能被外在的强制,在这个层面上,富人的帮助属于捐助。对于这种行动的道德评价,康德认为很难把富人帮助穷人的行动看作是值得赞赏的。因为德性的概念包含着对阻碍的克服,阻碍越大,相应的行动越值得赞赏。富人帮助穷人所受到的障碍很小,甚至没什么阻碍,所以这种帮助的行动不是值得赞赏的行动。相反,如果富人想通过捐助使得对方承担感激的义务,甚至使穷人在他那里卑躬屈膝,显得自己更为高大,那么,这种行动不仅是不值得赞赏的,其内在的动机反而是可疑的。也许在康德心

---

① 参见 Thomas E. Hill(ed.), *The Blackwell Guide to Kant's Ethics*, MA: Wiley-Blackwell, 2009, p. 227。

中,富人帮助穷人真正的善行的方式是在完全秘密的情况下进行的。

在"决疑论"中,康德继续讨论了这个问题。他关注的是法权和行善的问题:人的自由和行善的问题。他指出:"有人行使由国家法律准许他对另一个人拥有的最高权力,他剥夺了后者按照自己的选择来幸福生活的自由(这是他的一个庄园的世袭农奴),我要说,如果他按照他自己的幸福概念仿佛父亲那样照料后者,那么,这个人可以把自己视为行善者吗?"①如果一个人不被看作人,而是被看作奴隶,虽然给予他幸福(物质上的享乐),但是不能给予他自由的法权,那么这种行善是可行的吗? 康德接着给出他的立场:"剥夺一个人的自由这种不公正,岂不是某种与一般法权义务如何相悖的东西,以至于在这种条件下,依赖于主子的行善而委身,对于心甘情愿同意这样做的人来说,就会是对人性的最大放弃,而主人为后者的最大的预先关心根本就不会是什么善吗?"②可以看出,康德反对以剥夺人的自由为条件来行善的做法。然而在现实中可能会出现这种情况,即行善如此之大,是否可以抵消被剥夺的法权呢? 康德持有明确的否定立场:"我不能按照我的幸福概念向某人行善(未成年的孩子和有障碍的人除外),而只能按照那人自己的概念去行善,不能打算通过强加给他一个礼物向他提供一种善行。"③康德在行文中把"我的"和"那人"都加了重点的符号表示强调,他意在说明,帮助他人要以尊重他人的自由和法权为基础,不能以牺牲他人的自由和法权为代价来帮助他人,甚至以帮助他人为名义来奴役他人。这一点直接影响了罗尔斯的两条正义原则。

与善行直接相对的恶习是妒忌(der Neid),妒忌"作为一种痛苦地感知他人福乐的癖好,虽然并没有因此损害他人的福乐。但如果导致了行动(减损那种福乐),就叫作情节严重的妒忌,否则就只叫做嫉妒,但毕竟只是一种间接邪恶的意向,亦即不情愿看到我们自己福乐由于他人的福

① 康德:《道德形而上学》,张荣、李秋零译注,中国人民大学出版社 2013 年版,第 231 页。
② 康德:《道德形而上学》,张荣、李秋零译注,中国人民大学出版社 2013 年版,第 231 页。
③ 康德:《道德形而上学》,张荣、李秋零译注,中国人民大学出版社 2013 年版,第 231 页。

乐而黯然失色,因为我们懂得不是在福乐的内在价值中,而是仅仅在与他人福乐的比较中评价福乐的标准,并使这种评价直观化"①。由于人的非社会性和根本恶的本性,我们把自己幸福的标准不是放在自己的内在价值中,而是放在与他人的比较中。我是否幸福和快乐在于与他人的比较中,如果我比他人强,那么我是幸福的,如果我比他人弱,即使我很幸福,我也感觉不到幸福。这种恶习普遍地存在于人的本性之中,如果人把这种恶习爆发出来,是一种不仅仇恨自己(自我折磨),也仇恨他人(意图伤害他人)的情欲。所以这种恶习既违背自己的义务,又违背他人的义务。德性作为一种实现内在自由的力量和能力,要求我们摆脱这种情欲的影响,按照纯粹实践理性来进行自我控制。在任何时候,我们都把自己的价值放在自己本身中,而不是放在与他人进行比较中。这种比较有一定的意义,意义仅仅在于,它可以让我们更好地认识自己,以他人作为参照,看到自己的不足。

2. 感激的义务。与对他人的敬重有别,对他人爱的义务使得履行义务者让对方也承担感激的义务。他人帮助我,我应该向对方表示谢意,这就是感激的义务。感激(der Dankbarkeit)的义务就是行善者使对方承担义务的结果,当他人帮助我时,我就承担感激他人的义务。如果一个人对我行善,那么"对一个人格的崇敬,与这种评判结合在一起的情感是对(使他承担义务的)行善者的敬重情感,反之,行善者对接受者则只是在爱的关系中来看"②。他人帮助我,我对他人产生出感激和敬重的情感。感激是从受到帮助的角度来说的,敬重是从他人的行动体现出道德法则的角度来说的。需要注意的是,对他人爱的义务和对他人敬重的义务与这里的因他人行善而产生的敬重情感有一定的区别。前者是一般的义务,对任何人都要有敬重的义务,不得不尊重他人,甚至是恶棍。但是对行善者的敬重是因他人的善行而产生出来的,具有特殊的针对性。

① 康德:《道德形而上学》,张荣、李秋零译注,中国人民大学出版社 2013 年版,第 236 页。
② 康德:《道德形而上学》,张荣、李秋零译注,中国人民大学出版社 2013 年版,第 232 页。

有一种理解是,感激之所以是义务,是因为履行这种义务是为了使得行善者保持继续行善的动机,如果不感激,那么行善者就可能不会继续行善。康德并没有否认这种工具理性的思考,只是指出,作为义务的感激不是这种思维方式,相反,感激是一种(无条件的)定言命令,履行它不考虑是否可以获得好处。他进一步指出,感激的义务与普通的义务有别,它是一个神圣的(heilige)义务,"视为这样一个义务,对它的侵犯甚至能够在原理中毁灭行善的道德动机(作为令人愤慨的例证)"①,对这个义务的违背甚至在原则上破坏了履行道德性行动的动机。我对行善者的帮助表达了谢意,并不表明我就可以完全取消对对方的感激的责任。感激的责任依然存在,虽然我不一定需要向对方表达一种实际感谢的行动。在笔者看来,康德在这里强调感激的义务是一种神圣的义务,一方面是为了说明它不是假言命令,而是定言命令;另外一方面,人要保持对他人乃至于对整个人类的善意。

康德对感激的对象提出了自己的看法。我们不仅要对同辈人心存善意,而且也有义务使得先辈不受攻击和蔑视等。但是我们没有必要认为先辈们比同时代的人更有才能,在道德上更为完善,似乎这个世界总是在不断变坏一样。在康德看来,即使这个世界不断出现不好的事情,我们也要认为,它是不断地完善的,恶的出现只是为更大的善奠定基础的。只有具有这种心态,才可以对世界,对人类的发展充满信心。

对他人的爱是促进他人幸福的义务,康德把感激的义务放在这个义务的大条目之中,那么对他人的感激在何种意义上是促进他人的幸福呢? 康德对于这个问题并没有给出足够的解释。康德也明确否认把它当作工具性的理解,即感激他人是为了更好地使对方继续行善。盖耶给出了一个解释:如果行善者履行义务,帮助他人,那么他就配享幸福;反过来,如果行善者把感激当作自己配享幸福的一部分,那么受益者对行善者的感激就确实促进了行善者的幸福。盖耶由此得出结论:"我们可

---

① 康德:《道德形而上学》,张荣、李秋零译注,中国人民大学出版社 2013 年版,第 232 页。

以把感激的义务的例子看作是通过拥有,或者至少强化某种对他人积极的情感来促进他人幸福的一个更一般的要求的例子。"①笔者认为,他的理解很有道理。不过笔者更倾向于认为,这里的感激义务是作为总体的行善的义务之中的。行善者做了善事,那么受益者表达感激,这是一个相互的过程,体现了彼此之间的敬重。二者都包含在一般的行善的义务之中。

感激行善者之所以是一个义务,还可以通过结合与之对应的恶习来解释。义务表达了理性对行动者的客观强制,它预设了人的有限性,即人具有根本恶的倾向。行善者使他承担了感激的义务。他认为自己失去了对方的敬重,比行善者的地位要低,因而他并不愿意感激对方,甚至通过敌视对方来感受到自己的存在,以回避这种心理上的不适。不感激甚至敌视对方的这种恶习还在于他误解了对自我的义务。人有人格性的尊严,要凭借自己的双手构建自己的生活,不能祈求别人的施与。但是如果他把这种维护人格性尊严的自我义务误解为宁愿忍受生活的艰辛,也不愿意获取他人的帮助,那么他就会把接受他人的帮助看作是一种自我贬低。康德甚至认为,不感激可以看作一种破坏了人性的恶习,这不只是在于它妨碍人们进一步行善,更是因为它颠倒了对人性的爱,把对人和人性的爱降低到对它们的恨。这使得人的社会性变得不可能。

3. 同情(der Teilnehmung)的义务。同情在康德那里被看作属于对他人爱的第三种义务:"同甘和共苦虽然是对他人的快乐和痛苦状况的一种(因此可被称为审美的)愉快或者不快的感性情感(同感,同情的感受),自然早已把对它们的易感性置入人心了。"②康德明确说明为什么它是对他人爱的义务:虽然自然已经使我们易于感受这些情感,比如因他人高兴而快乐,因他人痛苦而不快,但是,把它当作促进行善的手段仍然是一种特殊的,即使是有条件的义务。说它是有条件的义务,是因为它

---

① Paul Guyer, *Kant and the Experience of Freedom: Essays on Aesthetics and Morality*, Cambridge: Cambridge University Press, 1993, pp. 387 - 388.
② 康德:《道德形而上学》,张荣、李秋零译注,中国人民大学出版社 2013 年版,第 232 页。

有助于义务的履行。这个义务有其特殊之处,它是人性(Menschlichkeit, humanity)的义务,人性等同于理性的本性,但是作为具有感性的理性存在者,人不仅有义务提高自己的理性能力,而且也有义务增强自己分享他人情感的能力。与他人在一起,感受到他人的苦乐,并与他人共同分享这些情感,这使得人与人之间的交往会更好。

同情的义务的具体要求是什么?康德指出:"不要回避那些缺乏最必需的东西的穷人所在的地方,而要寻找他们,不要为了逃避人们无法抵御的极痛苦的同感而躲开病房或者犯人的监狱等等诸如此类的东西;因为这种同感毕竟是自然置入我们心中的冲动之一,去作出义务表象独自不会去完成的事情。"①同情的情感一方面可以克服人作恶的偏好,增强我们履行义务的动机,另外一方面,有助于我们认识履行义务的具体场合和情境。也就是说,这个义务在履行其他义务方面有增强动机和认识具体义务的作用。盖耶对于后面的作用提供了一些解释:"正如没有感性直观的概念是空的(A51\B75),没有同情的道德原则也是空的。当然,正如没有概念的直观是盲的,没有原则的情感也是盲的。情感总是需要原则的指导,但是没有情感的原则不能容易地导致我们采取任何特殊的行动。"②他认为,这段话说明,为了实现我们善意的准则,我们同情的自然偏好有助于我们认识到应当做哪些行动;我们参观那些受苦的地方,同情的禀赋将使我们意识到所需要做的行动。所以义务的原则向我们提供行动的抽象的规则,但是我们必须依靠由我们的情感所提供的例子来具体地运用这些规则。他的解释有助于进一步理解康德哲学中义务和情感的关系。康德在《奠基》中所举的几个例子遭到诸多误解,尤其是很多学者认为康德的义务概念否定了情感的作用。这个义务说明了情感在康德那里是有适当的位置的。同时,这个义务也可以回应道德感官的学说,道德感官在道德学说中具有很重要的地位,有助于我们履行

---

① 康德:《道德形而上学》,张荣、李秋零译注,中国人民大学出版社 2013 年版,第 233 页。
② Paul Guyer, *Kant and the Experience of Freedom: Essays on Aesthetics and Morality*, Cambridge: Cambridge University Press, 1993, pp. 387 - 389.

义务和认识具体的情景,但是它不能作为道德的原则。道德感官学说的错误在于把具体的义务看作了道德的原则。

与同情的义务相对立的是幸灾乐祸(Schadenfreude)。人的这种非社会的倾向使得他依据想象力的法则,在看到他人不幸和痛苦时,不仅不会感受到他人的痛苦,反而感到自己的幸福增强了。幸灾乐祸直接违背了对人类的爱的义务,破坏了人与人之间的社会性关联,使得人的社会性交往变得难以具有可能性。我们有培养同情的义务,这是促进人类幸福的一个重要的方面。

(二) 对他人敬重的义务

人的自由即人格性使他具有尊严。这种尊严使得他不能仅仅被用作手段,而应该在任何时候都同时被看作目的自身,"人性本身就是一种尊严;因为人不能被任何人(既不能被他人,也甚至不能被自己)纯然当作手段来使用,而是在任何时候都必须同时当作目的来使用,而且他的尊严(人格性)正在于此,由此他使自己高于一切其他不是人、但可能被使用的世间存在者,因而高于一切事物"[1]。人具有尊严,高于所有其他的事物,具有把其他存在物当作手段的特权。这意味着,他不能把自己自我贬低为事物,不能把自己仅仅看作手段。他人也具有此种身份和位置,也是一个具有尊严的存在者,他也需要尊重他人的自由和尊严。这就是对他人的敬重,敬重就是"我对别人怀有的,或者一个他人能够要求于我的敬重,就是对其他人身上的一种尊严的承认,亦即对一种无价的、没有可以用价值评估的客体与之交换的等价物的价值的承认"[2]。敬重是一种具有规范性的义务,它要求我敬重任何人,把他看作是一个有价值的存在者。康德指出这个义务具有严格的普遍性,即使是恶棍,他的所作所为配不上得到他人的敬重,但是我们依然要把他看作一个人,给

---

[1] 康德:《道德形而上学》,张荣、李秋零译注,中国人民大学出版社 2013 年版,第 239 页。
[2] 康德:《道德形而上学》,张荣、李秋零译注,中国人民大学出版社 2013 年版,第 238—239 页。

予人那样的敬重。在笔者看来，康德的意思是要表达，惩罚恶棍是对他的敬重，因为这是他的自由意志的体现，惩罚他就是对他的自由的敬重，但是惩罚他的方式有规范性要求，不能采用一些侮辱人的、有辱人性本身的惩罚，比如五马分尸、让狗撕咬等刑罚。

与对他人爱的义务相比较，对他人敬重的义务是完全义务。违背对他人的爱的义务只是德性的缺乏，违背对他人的敬重就是恶习。按照对象，敬重可以作出如下的区分：对道德法则，我们有积极的敬重，这是一个无条件的义务；对他人，由于他有人格性的禀赋，所以我们也需要敬重他，不管他事实上如何，但是这种敬重只是一种消极意义上的，而不是积极地对他人的敬重，而是以消极的方式表现出来。因而关于对他人的敬重的义务，就体现出不违背某些恶习，是禁令的方式。这些恶习就是傲慢（der Hochmut）、毁谤（das Afterreden）和嘲讽（die Verhöhnung）。

1. 不能傲慢的义务

康德考察了傲慢的词义，即一种向上浮的倾向。这是一种虚荣，它"要求其他人在与我们相比时贬低自己，因而是一种与每个人都可以合法要求的敬重相违背的恶习"①。我们要求他人在与我们比较时贬低自己，违背了对他人敬重的义务。傲慢与爱名誉的虚荣不同，后者是"在与别人相比时一点也不错过其人的尊严的那种谨慎（因此，它通常也配上"高贵的"这个形容词）不同；因为傲慢要求别人敬重，自己却不敬重别人。"骄傲是维护自己的尊严，但是并不贬低别人的价值，或者说把自己看得和别人一样具有价值。在《人类历史的揣测》中，康德指出爱荣誉是道德性发展的一个人类学基础，因为它珍视自己的价值。② 傲慢只是要求别人看到自己的价值，自己却不尊重他人的价值。傲慢者认为自己比他人更强，具有更大的价值。

人之所以傲慢，就在于其非社会性和根本恶的倾向。人的非社会性

① 康德：《道德形而上学》，张荣、李秋零译注，中国人民大学出版社2013年版，第241页。
② 参见《康德著作全集》第8卷，李秋零主编，中国人民大学出版社2010年版，第116页。

使得他总是在与他人的比较中来理解自己的价值，如果别人比他强，他就觉得自己不幸福。只有别人比他弱，他才觉得幸福。傲慢就在于把自己的这种价值放在与他人比较中，而没有真正把自己的价值放在自身之中，从而导致这种恶习的存在。

2. 不能毁谤的义务

毁谤体现在公开地表达贬低他人的言论，仅仅为了使得他人得不到应得的敬重。康德把它与中伤（Verleumdung）区别开来。前者只是散布一些不利于对方的言论，而没有特定的意图，后者具有某种特定的目的，是为了降低对他人的敬重，并不是为了得到某种具体的东西。

无意地散布某些毁谤他人的言论，即便所说的并没有公开，甚至是真的，都贬低了对他人的敬重。这种做法有点类似于我们现在所说的散布谣言。不过康德坚持认为，这种散布谣言的行动不归公共的司法权管辖，不属于外在的法权领域中的事情。康德指出这种做法的后果："最终给我们的族类本身身上染上卑鄙无耻的阴影，使厌恶人类（遇人胆怯）或者蔑视成为主流的思维方式，或者使其道德情感由于这种思维方式略见不鲜而变得麻木不仁，对此习以为常。"[1]康德所担心的是，这种毁谤人类会成为主流的人类思维方式，使得人总是被认为不值得敬重。另外这种思维方式会导致伤害人的道德情感的后果，使得完善道德情感变得不可能。因而，在这里德性义务就在于"不要对暴露他人的错误幸灾乐祸，以便由此确保自己的意见是正确的，至少不比其他所有人差，而是不仅通过缓和我们的判断，而且通过隐瞒这些判断来给他人的错误蒙上人类之爱的面纱"[2]。康德说明了为什么要保持对人性的一种敬重，"因为他人给予我们的敬重的榜样也能够使得在同样的程度上配享这种敬重的努力活跃起来"[3]。对他人的敬重，把他人当作榜样，可以激发我们也努力达到这种榜样的动力。

---

[1] 康德：《道德形而上学》，张荣、李秋零译注，中国人民大学出版社 2013 年版，第 242 页。
[2] 康德：《道德形而上学》，张荣、李秋零译注，中国人民大学出版社 2013 年版，第 242 页。
[3] 康德：《道德形而上学》，张荣、李秋零译注，中国人民大学出版社 2013 年版，第 242—243 页。

3. 不能嘲讽他人的义务

嘲讽他人是一种对他人真实的或者想象的错误的取笑。它与亲密的朋友之间的开玩笑完全不同。嘲讽他人是通过取笑他人的错误,试图尽力抬高自己,这是人的非社会的社会性的表现。它违背了对他人的义务。嘲讽他人的目的就是为了贬低对他人所应有的敬重,从而间接抬高自己。如前所说,在康德那里,人的非社会性非常重要,这种非社会性使人和人之间相互比较以及在比较中相互竞争,竞争体现为两种不同的表现方式:一是人们通过比他人强的方式来获得他人的敬重,为此他们努力提高自己的价值;二是人们仅仅通过贬低他人来间接地抬高自己的价值。前者只要在一定的限度范围内,就是符合自然目的论的,从自然目的论的角度来说,这种相互比较和相互竞争有利于促进文化的发展,从而为道德性的发展奠定基础;后者完全违背了道德性,由之所产生的恶习不仅违背了对他人的义务,而且也把自己的人格中的人性仅仅当作满足自己偏好的手段,因而这些恶习也违背了对自我的义务。

每个人都应当得到他人的敬重,这是由道德法则规定的,然而在现实中,在不同的社会和文化之下,这种敬重具体呈现为不同的程度和表现方式。由于《道德形而上学》所考察的是一种出自先天概念的理性知识,因而道德法则的经验性的运用不属于《道德形而上学》的范围。但是康德并不否认在理性的层面上的平等和现实的不平等之间的张力,他非常清晰地认为:"根据人们性状的不同,或者根据其部分地是基于任意地安排的偶然关系的不同,亦即年龄、性别、出身、强弱的不同,或者干脆是地位和身份的不同,而向他人表示的不同敬重,不可以在德性论的形而上学初始根据中详细陈述并加以分类,因为这里要讨论的只是德性论的纯粹理性原则。"[①]敬重在经验中的具体应用涉及经验人类学,而康德所关注的是先天的道德原则。伍德也提出了总结性的观点:"所有理性存在者平等并不要求他们必然在任何特定方面都被同等地对待。它并不

---

① 康德:《道德形而上学》,张荣、李秋零译注,中国人民大学出版社 2013 年版,第 244 页。

排除重视他人的能力和成就,即作为实现各种目的的手段的同时也是就自身而言的目的。(这些被看作他们幸福的部分的能力及其成就甚至是道德性要求我们所具有的目的)然而,康德的道德原则(以及意图)极端地暗示着我们对我们自己以及对他人的日常态度……康德的成熟伦理思想基于把人性看作是两种不相容的人性的价值概念的斗争的人类状况的概念之上:一个是出于我们作为社会存在者基于比较、竞争、对抗以及嫉妒的本性;另一个来自道德理性的培养,这种培养命令给予每一个理性存在者的人性的尊严以平等的敬重以及强制我们按照会把所有人的目的连接为一个和谐系统的原则来行动。我们的进步的道路就是从第一个自我价值的概念到康德所提及的第二个自我价值的概念。"①如前所说,把康德成熟的伦理学即后期伦理学看作基于非社会的社会性,是存在问题的,因为非社会的社会性只是一种外在的表现,其核心是人的根本恶。但是伍德的这种总结性的观点还是很有积极意义的,他揭示了康德的义务学说从法权义务到德性义务、从文化的发展到道德性的完善就是试图从不平等的现实社会上升到人们相互平等的目的王国的理念的过程。

4. 友谊的理念

爱与敬重连接在一起,不能分开,因为二者的根据都是基于人的自由。自由是我们敬重一个人的根据,也是我们爱一个人的根据。因他的自由,我们敬重他,也因他的自由,我们承担起对他的爱的义务。不过如前所述,二者有一定的张力和区别,在对他人爱的义务中,行善者使受益者承担了感激的义务,使受益者感到失去了应得的敬重。因而,行善者应当敬重受益者,使得他感到自己的尊严并没有受到损害。同时,对他人敬重也不能离开对他人的爱,敬重他人就是敬重他的人格性禀赋(自由的潜能),尊敬一个人,也需要理解他的需求,要求我们尽力促进他的

---

① Allen Wood, *Kant's Ethical Thought*, Cambridge: Cambridge University Press, 1999, pp. 138 - 139.

幸福。二者缺一不可，但是具有一定的张力，只有在友谊的理念中，它们才可以得到比较好的平衡。

什么叫作友谊（Freundschaft）？康德认为："两个人格通过相同的彼此的爱和敬重而结合。"①友谊是一个理想，它要求两个人都把促进对方的幸福当作自己的目的，同时要求他们彼此敬重对方。由于把友谊"接纳入他们双方的意向也是配享幸福的"②，因而人们有友谊的义务。但是他进一步指出，我们很容易就可以知道，友谊的理想只是一种理念。因为在现实中完善的友谊是不能完全达到的，亦即在现实中的友谊总是以一种不完善的形式存在着。

学界也注意到康德的友谊理念，比如伍德。在他看来，友谊的理念包括相互的善意、平等、相互的占有、亲密的交流以及一种双方都感到满意的爱（love toward reciprocal well-pleasedness）。接着，他认为相互的善意是友谊的最终基础；平等是友谊的必要条件；相互的占有是友谊独特的效果；从自然目的的角度来看，亲密的交流是友谊的最终目的；相互满意的爱是从道德性上来说，是友谊的终极目的。伍德认为："虽然，友谊的自然目的不是道德的，但是它无疑与道德性是很接近的。最后，因为友谊被证明是包含着使我们配享幸福的意向，康德也认为它是人类的一个伦理的义务。"③伍德所依据的主要文本是《伦理学讲义》。在《道德形而上学》中，友谊的理想是作为"伦理学要素的结论：爱与敬重是在友谊中最紧密的结合"中出现的，康德明确说它是爱和敬重的平等，是一个德性义务，而不仅仅只是"与道德性是很接近的"。

友谊的理念难以实现体现在：它要求爱和敬重二者的相互平等，这首先要求人能够认识自己的准则，但是认识你自己是一个不完全的义务，完全实现它是很困难的，在认识到自己的准则之后，我们才能够要求

---

① 康德：《道德形而上学》，张荣、李秋零译注，中国人民大学出版社 2013 年版，第 245 页。
② 康德：《道德形而上学》，张荣、李秋零译注，中国人民大学出版社 2013 年版，第 245 页。
③ Allen Wood, *Kant's Ethical Thought*, Cambridge：Cambridge University Press，1999，p. 276.

实现二者在准则中的平等。因而，康德进一步认为："而且，如果一个人在爱上更强烈，那么，他是否并不恰恰因此而在敬重他人上失去某种东西，以至于爱和敬重两方面在主观上很难达到平衡均匀？"①从近代物理学的角度来说，爱类似于引力，敬重类似于斥力。如果说爱的原则使我们感到双方的彼此接近，那么敬重的原则则要求二者保持一定的距离，爱和敬重的平等才能使友谊得以维持。所以康德提出颇有现实性的主张：即使在最亲密的朋友中，也要求有对其限制的一个规则，即相互之间不能太亲近。比如说，举出对方的过错在道德上符合对他人爱的原则，但同时它也会导致对方认为自己丧失了应得的敬重。二者的平衡如何在现实中把握，是一个比较难的问题。所以，友谊的理念是一个在现实中无法完全达到的理想。

同样，不能从明智的角度来看待友谊。首先，如果认为友谊就在于当自己需要帮助时，获得对方的帮助，那么，这会让对方感到沉重的负担，因而他需要时刻关注朋友的需要和命运。其次，在帮助他人的行动中，虽然双方可以达到平等的爱，但是在敬重上存在差异，是不平等的，这也不是真正的友谊。通常，在我们看来，友谊与情感有关，甚至是建立在情感之上的，但是在康德看来，虽然友谊需要情感的参与，朋友双方可以交流自己的情感等。但是，友谊不能建立在情感的基础之上，而应当建立在原则之上。康德举出一个例子进行说明，在那些没有开化的人那里，友谊是建立在情感之上的，没有原则来限制。因而，他们需要相互争吵，通过和解来保持友谊。

实现友谊的理念的困难的深层次原因在于：友谊的理念要求我们在交往中爱与敬重是平等的。但是，从自然目的论的视角来看，自然实现其目的的手段是人的非社会的社会性，这种非社会性导致人们互相竞争。而且这种竞争是在现实中存在着的。人的这种相互竞争使得人们之间更加不平等。在人类的发展过程中，随着文化进步，人们之间的不

---

① 康德：《道德形而上学》，张荣、李秋零译注，中国人民大学出版社 2013 年版，第 245 页。

平等更加明显。所以，友谊中的相互平等是很难实现的。即使在一个合乎法权的社会中，自然通过人的非社会的社会性完善人的禀赋，不平等还是存在着。只有在目的王国中，人们互为目的和手段，才有可能实现平等。因而，友谊的理想接近于目的王国的理念，也只有在目的王国中，才能真正地实现友谊的理想。当然，二者还存在着区别：在目的王国中，人们之间的平等是广泛的，而友谊还是局限在两个人之间。

虽然友谊的理想无法实现，但是道德友谊在现实中还是可能存在的。康德提出了道德友谊的概念，这种友谊在于两个人格之间的完全信任。这种信任使得他们在相互敬重的条件下，能够相互展示自己隐秘的判断和情感。作为一个社会性的存在者，人感到有向他人倾诉的需要；同时他也有非社会性，他担心由于揭露了自己的思想，而被他人利用，从而失去他人的敬重，使自己受到伤害。道德友谊类似于康德在《伦理学讲义》中的意向的友谊。在《伦理学讲义》中，康德把友谊分为了三种类型：需要的类型、鉴赏的类型以及意向（disposition）的类型。需要的类型就是以促进幸福为目的的结合；鉴赏的类型在于"对同伴以及两个人之间的相互交往感到愉悦，而不是幸福"①；意向的类型是二者在情感上的交流，我们摆脱了限制、完全自由地与他人交流。道德友谊能够促进人的社会性，发展人的禀赋。

第四节　德性学说是否也具有许可法则？

《道德形而上学》分为法权学说和德性学说两个部分，分别对应于人的外在自由和内在自由的领域。如前所说，学界一般认为法权学说中存在着许可法则，那么在德性学说中有没有许可法则呢？康德没有给出直接的说明，我们可以通过二者的区别来探索这个问题。法权学说和德性学说的共同概念是自由。康德在其批判哲学中确立起了自由的概念及

---

① Kant, *Lectures on Ethics*, Trans. Peter Heath, Cambridge: Cambridge University Press, 1997, p. 187.

其法则,法权学说是纯粹理性的外在立法,德性学说是纯粹理性的内在立法。前者把自由概念运用在人的外在行动上,其最高的原则只是要求行动的准则不违背普遍的法则,要求行动具有合法性;后者把自由概念运用到人的准则上,其最高原则要求准则要能够成为普遍的法则,要求行动具有道德性。把二者都建立在自由的概念上,是康德的一个突破。黄裕生教授认为,卢梭把意志和法则联系起来,意志是一种普遍的意志,所颁布的法则是普遍的法则,这一联系实现了伦理学的突破,并且指出:"卢梭将意志与法则关联起来是具有突破性意义的关键环节,在这一点上学界一直未给予应有的重视"。① 不管是把卢梭的公意理解为普遍的意志还是一般的意志,卢梭把意志和法则结合起来,这无疑给康德进一步提出自由意志创造了条件。但是,卢梭的这种普遍意志还是停留在外在自由的范围,他规范的是人与人之间的外在关系,而并未进入到人的理性和感性之间的规范性关系。卢梭在《社会契约论》中指出,社会契约要解决的根本问题就是:"创建一种能以全部共同的力量来维护和保障每个结合者的人身和财产的结合形式,使每一个在这种结合形式下与全体相联合的人所服从的只不过是他本人、而且同以前一样的占有"②。解决这个问题的方式就是把每个人的权利都转让给整个集体,这个集体的意志就是普遍的意志。每个人遵循这个普遍的意志的法则,就是遵循自己所立的法,不仅可以得到之前通过转让所失去的东西,而且能够更好地保护自己的人身和财产的权利。

卢梭所要解决的问题恰好是康德的法权学说所解决的问题。康德在解决这个问题时也提出了普遍意志的概念,不过他深化了普遍意志的概念:第一,普遍意志所代表的个体是具有自由意志的诸个体,他们所形成的共同的意志才是真正的普遍意志,所以普遍意志的基础是自由意志;第二,自由意志不仅有外在的方面,而且有内在的方面,二者不可分;

① 参见黄裕生《论意志与法则——卢梭与康德在道德领域的突破》,载《哲学研究》2018 年第 8 期,第 88 页。
② 卢梭:《社会契约论》,李平沤译,商务印书馆 2015 年版,第 18—19 页。

第三,从自然状态到遵守普遍意志的法权状态,存在着许可法则。第一个方面为普遍意志寻求根基,第二个方面扩展普遍意志的范围,第三个方面为普遍意志的实现提供历史性的维度。由于行动发生在自然界,可以被观察到,也可以被外在强制,所以康德认为,法权的原则可以像几何学一样得到精确的规定。与法权相关的义务是完全的义务,是对行动的具体规定。不同的是,德性学说对行动没有做具体的规定,而是把实现自我的完善和他人的幸福作为目的,是对行动的准则的规定。不管是法权学说还是德性学说,在具体实现时都要考虑到实际的情况。在法权的状态中,与法权相关的义务是无一例外地得到执行的,但是如果不是在一个这样的理想状态,那么法则存在着例外。许可法则有着限制,即它们是实现法权状态的手段。在德性学说中,与许可法则具有类似功能的是决疑论。康德认为:"决疑论既不是一门科学,也不是科学的一个部分;因为这会是独断论,不是如何发现某种东西的学说,而是应当如何寻求真理的练习。"[①]如何在具体的情况下实现作为义务的目的,这需要考虑准则如何具体应用的问题,探索普遍的原则如何运用于具体的情境之中。德性学说无法规定这种具体的运用,这一方面是情境的复杂性;另一方面也是人的自由选择的需要。比如促进他人幸福是我们的义务,但是理性无法具体规定我们捐助多少来促进他人的幸福。是否捐助以及捐助多少,这些都依赖我们对幸福的理解,也需要考虑我们的实际情况。假如理性具体规定我们如何实现这些作为义务的目的,那么康德提醒我们此时理性的运用是独断的。因为它没有反思普遍的原则与具体的情境的关系问题,就把这些原则直接运用于具体的情境并对之做出规定,这样的运用会导致理性无法实现自身的目的。

康德在"决疑论"中提出一些他没有给出答案的问题。比如不能自杀是自我完善的义务,但是有一些自杀的行动是否违背了这个义务,难以给出直接的回答。康德举出几个比较典型的例子:一个人为了拯救国

---

① 康德:《道德形而上学》,张荣、李秋零译注,中国人民大学出版社 2013 年版,第 193—194 页。

家而自杀、一个担心伤害他人的狂犬病患者的自杀以及为了保存生命而注射疫苗。前面两个例子都有自杀的行动,但是都有为了维护其他人的自由的目的,而且具有某种英雄的气概,这样的自杀行动违背了义务吗?第三个例子,注射疫苗虽然是为了保存生命,但是也注入了某种病毒,从而把自己置于生命危险的境地,那么注射疫苗是被许可的吗?康德只是提出问题,却没有给出答案,但是结合康德在后文中的论述,这样的自杀行动"要求有勇气,在此对其自己人格中的人性的敬重始终还找到了位置"①。我们可以猜测,康德并没有把它们批判为不道德的。

值得注意的是,康德在"性愉快上的自取其辱"这一节的"决疑论"中提到许可法则。在康德看来,两性的结合是为了繁衍物种,违背这个目的而产生的性行动违背了自身的义务。康德的基本证明是,违背目的的性行动忽略了自身的人格性,把自己当作物品一样满足他人或者自己的欲望。这看起来很绝对,毕竟现实中存在着一些特殊的情况,康德也考虑到了现实的复杂性。他在"决疑论"中指出,如果妻子怀孕不适合于两性行动时,那么男性使用自己的性属性是违背义务的吗?在这种情况中,"一个道德实践理性的许可法则在对其规定根据的违背中,使得某种自身虽然不许可的东西为了防止一种更严重的违背(仿佛宽容地)成为许可的,这里有这样的许可法则吗?"②是否存在着许可法则,需要读者进一步思考。但假如存在着许可法则,那么它就是对某种禁令的例外,目的是为了防止产生更大的恶。结合前面不能自杀的义务,笔者认为,康德更倾向于承认这里存在着许可法则。促进他人的幸福是肯定性的命令,也存在着"决疑论",但是康德没有提起许可法则的问题。这并不是因为它们不需要考虑现实的情境,而是因为在如何促进他人的幸福上存在着一些自由考虑的空间,这些空间体现了行动者如何把普遍的原则运用于现实的情景的思考。因而,许可法则并不是如学界目前普遍认为的

① 康德:《道德形而上学》,张荣、李秋零译注,中国人民大学出版社2013年版,第204页。
② 康德:《道德形而上学》,张荣、李秋零译注,中国人民大学出版社2013年版,第204页。

那样只存在于法权学说中,在德性学说中的禁令中也可以存在。不过,由于德性学说是与实现某种目的相关的义务,在如何实现目的上,存在着选择手段的考虑。它们包含在"决疑论"中,因而德性学说的"决疑论"取代法权学说中的许可法则。

重视康德的许可法则,有助于学界更全面地理解康德的伦理学,打破康德伦理学不考虑现实的严格主义的印象。比较典型的是,康德在1797年的论文《论出自人类之爱而说谎的所谓法权》中,指出在任何时候都不能说谎,即使谎言有可能防止一桩谋杀的出现。康德的论述给人一种很严苛的印象,难道为了拯救一条活生生的生命,谎言也是不被许可的吗? 如前所说,科尔斯科德通过区分理想的环境和非理想的环境为康德辩护。在她看来,当康德说不能撒谎是需要严格执行时,是说在理想的环境中,而在非理想的环境中为了实现理想的环境撒谎是被许可的。① 这种解读是否违背康德的立场,是需要讨论的。撒谎在康德的体系中是否可以作为被许可的行动,从而相应的行动的准则是否可以作为许可法则,这个问题有待于进一步研究。笔者在此试图说明,批判哲学关注人的理性能力的界限问题,与理性的普遍原则有关,对具体的现实问题关注较少,但是这不意味着康德不关注这些原则的具体运用,相反,康德很关注这些普遍的原则在现实中如何运用的问题,许可法则和"决疑论"都是康德思考普遍的道德原则如何运用于现实,自由的理念如何在复杂的现实中实现出来的问题的体现。

---

① Christine M. Korsgaard, *Creating the Kingdom of Ends*, Cambridge: Cambridge University Press, 2000, pp. 147–151.

第五章　自由体系的现实性

第一节　教育学——个体如何成为道德的

　　康德哲学关注的问题是"人是什么"。学界最关注的康德的批判哲学是从知、情、意这三个角度来论述这个问题的。批判哲学是从先验的角度来讨论这些问题，揭示出人的知、情和意这三种心灵能力都有先天的原则，以及各自的立法的范围和界限。然而，康德哲学还有另外一个维度，即经验人类学的维度。康德需要讨论，处于具体社会情境中的人如何能够成为一个自由的人。它涉及两个方面，一是人类如何能够持续进步，二是个体的人如何能够成为一个真正的人。前者是历史哲学的问题，后者是教育学的问题。教育学关注的是，作为个体的人如何能够成为一个真正的人。它涉及对人的理解以及对教育的目的的理解。在康德看来，人需要教育才可以成为真正的人，人具有善的禀赋，这给教育提供了可能性；人只有通过教育才可以实现他的这些禀赋；通过教育，人培养了技能，成为一个在社会中文明的人，更重要的是，人成为一个道德的人，尊重自己和他人的人格，意识到他在这个社会，乃至整个世界中的责任。当然，康德也面临如何从强制培养自由的教育学的难题。笔者认为,他所强调的榜样的作用可以在一定程度上解决这个难题。

学界一般对康德的批判哲学关注比较多,对康德的教育学研究比较少。近几年国内外开始关注康德的教育学,国外学界在 2012 年出版了一部关于康德教育学的论文集《康德和教育:解释和评论》,主要涉及如下一些问题:第一,康德和卢梭的关系问题(下文会提到);第二,对康德的道德教育的目标的探讨,其中苏尔普瑞南特(Chris W. Surprenant)指出康德的道德教育的目标是培养自由的人,这是对教育学的贡献,虽然康德对这个问题的解决是不完善的;①第三,康德教育学在体系中的作用问题,其中赫伯特(Gary B. Herbert)指出,康德的体系类似于感性形式,使得道德的先验原则能够运用于经验之中。② 汉语学界也做过一些细致的研究,比较突出的如詹世友教授详细梳理了道德法则在康德教育学中的基础性作用,并以之为基础对当代的教育进行了反思。③ 刘凤娟对康德人性公式的解读有助于理解康德的道德教育思想。④ 林晖教授也发表了对康德教育学深入研究的论文,对第二个问题做了详细讨论。⑤ 无疑以上的问题都值得深入讨论的,本章详细讨论第二个问题,立足点与林晖教授类似,不过本章的角度与他不同,试图从榜样的角度理解这个问题。

(一) 人为什么需要教育?

康德在《教育学》的"导论"开篇第一句话就是:"人是唯一必须受教

① 参见 Chris W. Surprenant,"Kant's Contribution to Moral Education," in *Kant and Education : Interpretations and Commentary*, Ed. Roth K. & Chris W. Suprenant, New York: Routledge, 2012, p. 10。
② 参见 Gary B. Herbert, "Bringing Morality to Appearances: Kant's Theory of Education," in *Kant and Education : Interpretations and Commentary*, Ed. Roth K. & Chris W. Suprenant, New York: Routledge, 2012, pp. 81 - 93。
③ 参见詹世友《道德法则是德性的纲维——康德的道德教育原则及方法探微》,载《上饶师范学院学报》2014 年第 5 期。
④ 参见刘凤娟《再论康德人性概念》,载《道德与文明》2015 年第 5 期。
⑤ 参见林晖《启蒙的技艺:康德教育哲学的难题》,载《复旦教育论坛》2009 年第 4 期。

育的造物"。① 作为婴儿,他需要照管;作为幼童,他需要训诫;作为学生,他需要塑造在内的教导。婴儿需要照管,否则它就会使自己受到伤害。比如破壳而出,尚未睁眼的雏燕知道让自己的粪便落到鸟巢外。与之相反,如果没有父母的照管,婴儿的第一声啼哭会招来猎食动物。训诫是把人的动物性改变成人性。动物按照其本能就是它的一切,其规定是由"外在的理性"来安排好了的。动物只具有本能,除了本能之外,它没有其他的规定。人与动物不同,人没有特定的本能,他需要自己安排自己的人生计划。当然,人也有与动物一样的某些本能,比如人具有食、色等欲望,但是这些欲望的发展和满足不是自然而然的,满足这些欲望有着诸多的考虑。比如吃饭,动物是一种刺激—反应的模式,看到食物就要吃。人肚子饿了,面对面前的食物,在食用之前,会考虑这些食物是否健康,是否得到他人的允许等问题。这些考虑体现人的本质,即理性。在论文《关于一种世界公民观点的普遍历史的观念》中,康德指出:人没有公牛的角,没有狮子的爪,也没有狗的牙齿,而只有双手,人需要靠自己的双手创造自己的生活。② 动物的这些器官都有某种特定的功能,能够使它们满足自己的本能,能够在这个世界中存在下去。相反人的双手只有通过他自己不断地练习和尝试才具有某些功能。

但是,人的理性一开始是不完善的,这有两个方面的因素:一是理性能力的使用需要有身体的基础;另一方面,理性自身需要得到训练和培养。人初来到世间,身体很虚弱,需要他人的看护和抚养。他没有养活自己的技能,不清楚如何与他人交往,不明白自己作为人的独特价值。这些能力都是理性的能力,是人需要具备的。因而,他需要教育,只有通过教育,他才可以成为一个真正的人。

正如柏拉图在《美诺篇》里提出教育学所面对的一个两难问题:"一个人既不能研究他所知道的东西,也不能研究他不知道的东西。"③因为

---

① 《康德著作全集》第 9 卷,李秋零主编,中国人民大学出版社 2010 年版,第 441 页。
② 参见《康德著作全集》第 9 卷,李秋零主编,中国人民大学出版社 2010 年版,第 26 页。
③ 参见苗力田主编《古希腊哲学》,中国人民大学出版社 2006 年版,第 250 页。

他不需要学习已经知道的东西,也不可能学习他不知道的东西。柏拉图引入了回忆说解决这个问题,在来到这个世界之前,灵魂已经具有理念世界的知识,灵魂与肉体结合之后,忘却了这些知识,所以教育的作用就是通过引导的手段把这些失去的知识恢复过来。柏拉图的回忆说回答了两个问题,第一是教育如何可能的问题,第二是教育所要达到的目的的问题。对于第一个问题,既然人的灵魂在来到尘世之前就具有知识,知识潜在地存在于人的灵魂之中,教育的可能性就在于人具有这些潜在的知识。如果人不具有这些潜在的知识,那么教育就徒劳无功,毕竟动物无法被教育成为具有理性思考的存在者。对于第二个问题,柏拉图说明了教育的目的是为了使人恢复失去的知识,这些知识就是对理念的认识,最高的知识就是善的理念。

康德也面临教育的这两个问题。与柏拉图用具有神学倾向的回忆说不同,康德从人的禀赋的概念入手来解决教育的可能性问题。在《纯然理性界限内的宗教》之中,康德提出人具有三种原初的禀赋。这些禀赋是人要成为人的必然的形式,它们是潜在的,表达着存在者的一种可能性。它们都与人的本质规定相关。这三种原初的禀赋分别是:第一,人作为有生命的存在者,具有动物性的禀赋,这包括保存自身、延续种族和与他人生活在一起的社会本能;第二,人具有人性的禀赋,人性是一种通过与他人比较而获得的自爱,也就是说,在他人的看法中获取自身的价值;第三,人具有人格性的禀赋,这种禀赋使得他易于接受对道德法则的敬重,把道德法则当作自己意志的充分动机,也就说做一个道德的人。康德是按照从低到高的顺序来列举这三种原初禀赋的,动物性是人的本能,人性与我们通常说的工具理性有关,人格性是人性的理念,亦即完善的人性。完善的人性不是停留在工具性的算计之中,而是超出这种算计,把某种纯粹善的原则,亦即道德法则作为自己的行动根据。这样的人,就是一个自由的人。他不仅能够运用自己的双手为自己创造幸福,而且还有能力独立于这种创造之外为自己设定一种绝对的价值。

康德在《纯然理性界限内的宗教》之前的著作中,没有把人性的禀赋与人格性的禀赋明确地区分开来。比较明显的是,在《道德形而上学奠基》中,康德把人性看作与理性的自然等同的术语,认为"理性的自然区别于其余的自然,就在于它为自身设定了一个目的"①。康德在这里把人性看作是一种设定目的的能力。由于这里的目的是多样的,只要它在道德的限制之下就行,所以这里的人性概念是广义的,也包含与假言命令相关的理性能力。康德区分人性的禀赋和人格性的禀赋,有多种意义。对于教育学来说,它揭示了自由教育的三个不同的方面,即对人的技能培养、人的文明化以及人的道德化,前面两种能力的培养属于完善人性的禀赋。在《伦理学讲义》中,康德指出:"人类的最终的命运是道德的完善,只要它是通过人的自由所完成的,借此人在这种情况下是有能力获得最大的幸福的……然而,我们如何寻求这种完善,以及这种完善从何处可以被期待获得呢?只能通过教育。"②教育的目的是为了达到道德的完善,也只有通过教育,人才可以达到道德的完善。一个道德完善的人,就是一个自由的人。所以教育的目的是培养自由的人。

(二) 如何进行教育?

康德把教育学分为两个部分,一个是自然的教育,一个是自由的教育。自然的教育主要是使人的身体和心灵得到培育和发展,自由的教育就是把人塑造成一个自由的存在者。对于一个自由的存在者来说,他具有独立思考的能力,具备养活自己的技能,同时也能够很好地与他人相处,除此之外,他也具有一种独立的价值。因而,康德把教育分为四个阶段。第一个阶段是训诫,这个阶段是为了防止动物性对人造成伤害,驯服人身上的野性。人所具有的动物性禀赋可以向善,但是如果不加以训诫,很容易导致人染上贪食、荒淫、放荡等恶习。这些恶习使人无法摆脱动物性,成为一个理性的存在者。

---

① 康德:《道德形而上学奠基》,杨云飞译,邓晓芒校,人民出版社 2013 年版,第 75 页。
② Kant, *Lectures on Ethics*, Trans. Peter Heath, Cambridge: Cambridge University Press, 1997, pp. 220 - 221.

第二个阶段是培养，即造就人的技能，使人具有实现某些目的的能力。这些能力有助于他在成人之后养活自己。当然，技能是多样的，这需要个人的选择。康德认为，有些技能在所有的场合都是好的，比如读和写；有些技能只是为了一些目的，比如音乐，为的是让我们招人喜爱。康德做出这样的区分，是为了说明有的技能是必备的，有的技能则不是。培养人的技能，对应于康德在《道德形而上学奠基》提到的假言命令中的熟巧的命令。熟巧的命令的目的是随意的，在价值上是中性的。对于行动者来说，医生使患者康复的处方与投毒者为了保证置人于死地的处方，在价值上是一致的。只要这些行动可以达到目的，它们就是善的。但是我们知道，目的是有价值的区别的，所以相应的技能在价值上是有区别的。康德批评道：孩子不知道将来要过什么样的生活，于是父母就试图让孩子学习各种各样的技能，期望在以后的生活中能够用得着，"以至于父母们普遍忽略了训练他们对也许有可能会成为自己的目的的那些事物的价值作出判断，并校正他们的判断"[①]。培养技能很重要，它发展了人的双手运用其他事物达到自身的目的的能力，为人成年后在这个世界中养活自己打下了基础。然而它不是教育的全部，一方面，技能是多种多样的，什么样的技能对孩子是合适的，这需要他形成关于自身幸福生活的概念；另一方面，技能也需要受到道德性的限制，没有这种限制，越熟练的技能作恶越大。所以，技能性的培养只是教育的一个阶段。目前，很多家长很焦虑，担心孩子输在起跑线上，给孩子上很多辅导班。孩子们很辛苦，家长也很累。其实，家长们需要思考自己的孩子想要过什么样的生活，何种技能对他是合适的，他培养这些技能到底是为了什么，是仅仅作为随意的选择，还是作为以后的生存的手段。

第三个阶段是文明化的培养。这个阶段就在于和他人如何相处，如何利用他人达到自己的目的。文明化的人不仅具有好的技能，而且善于处世。在很多场合中，他能够比较好地把自己内心的想法用他人可以接

---

① 康德：《道德形而上学奠基》，杨云飞译，邓晓芒校，人民出版社2013年版，第44页。

受的方式表达出来。他在人群中比较招人喜欢,人们愿意和他在一起工作和生活。要做到这些,他必须掩饰自己,使得自己让他人无法完全看透,但是又必须能够察言观色,了解他人的想法和需求。在一些特别的场合,他需要隐藏自己的想法,甚至接近于虚伪,但是又不能是虚伪的。所以康德说,这个阶段"在人身上是最后出现的东西,但按照价值,它居第二位"①。它要求很高的技巧,需要他在现实生活中不断地实践,不断地总结经验,才有可能更完善。我们现在所强调的情商教育属于这个阶段。在现实中,有的人技能很强,但是他很率直,经常不注意他人的感受而把自己的想法非常直接地说出来,导致人们不太愿意和他相处。到底如何评价这样的人呢? 他们也许不会作恶,但是不受周围人的欢迎。从康德的角度来看,他缺乏文明化的教育。让自己变得招人喜欢,也是教育的一个重要内容。

　　文明化的培养所需要的时间最长,但其价值低于道德性。道德性是教育的最终目的,也就是说,教育的目的是要使人成为一个自由的人。在《道德形而上学奠基》中,康德指出:"道德性就是行动与意志自律的关系,这就是通过意志的准则而对可能的普遍立法的关系。"②如果意志的准则是普遍的法则,那么这个意志就是具有道德性的。道德性是人具有尊严的根据。教育学的目的是要使人实现道德性,能够从道德性的眼光看待自己、他人以及整个世界。如何实现人的道德性? 这个问题康德在《道德形而上学》的第二部分"德性论"中做了深入的探讨。由于人有作恶的倾向,这种倾向表现在人的激情和情欲导致人丧失对自我的控制,从而作恶,所以人要"驯服自己的激情、驾驭自己的情欲"③。在教育学中,康德提出的一些主张与"德性论"相似,比如,孩子要学会忍受和习惯承受,这有助于避免偏好成为激情;要培养孩子的同情心,但是要避免他们多愁善感;要确立做某事的坚定决心的品质;等等。

---

① 《康德著作全集》第 9 卷,李秋零主编,中国人民大学出版社 2010 年版,第 486 页。
② 康德:《道德形而上学奠基》,杨云飞译,邓晓芒校,人民出版社 2013 年版,第 79 页。
③ 康德:《道德形而上学》,张荣、李秋零译注,中国人民大学出版社 2013 年版,第 190 页。

值得注意的是,康德在教育学中强调榜样的力量。康德在《道德形而上学奠基》中否定模仿榜样行动,认为各种榜样只是使道德法则直观化,"但它们绝不可能使我们有权把存在于理性中的真正原型放在一旁而按照榜样行事"①。与之相反,康德在《教育学》中强调榜样的作用,他认为:"人们必须尽可能多地通过榜样和规定教给孩子们他们应当履行的义务。孩子应当履行的义务毕竟只是对自己和对他人的一些寻常的义务。因此,这些义务必须从事物的本性得出。"②两个文本面对的问题不同,所以它们的观点也有区别。《道德形而上学奠基》寻求道德性的最高原则,"我们"作为读者,是具有成熟的理性思考能力的人。"我们"在行动时需要直接按照道德法则来行动,而不是按照榜样来行动。但是,教育学所面对的对象是理性能力尚未成熟的孩子,义务概念对于他们来说太抽象,难以理解。榜样能够让义务的概念直观化,有助于他们理解义务。所以通过榜样向孩子展示的义务都是寻常的义务,不需要复杂的推理;它们可以从事物本身得出,目的是让孩子意识到自己和他人的自由和尊严。

康德批评他之前的那个时代的伦理学没有意识到对自己的义务,因而他要求人们首先意识到对自己的义务。对自己的义务就是要维护自身人格性的尊严,比如不能酗酒,不能做无节制的事情,尤其不能撒谎。因为撒谎让自己的话语无法表达自己的思想,使自己丧失他人的尊重,彼此的信任变为不可能。对他人的义务就是要尊重他人的自由和尊严。康德举出一个具有现实意义的例子。一个孩子欺负另一个穷人家的孩子,教育者不能对孩子说,因为他是一个穷孩子,你要有同情心,所以你不能欺负穷孩子,而是应该告诉其以同样傲慢的态度对待穷孩子,以此告诉这个孩子,他的错误在于他侵犯了每个人都具有的平等的权利。这种对等的方式能够使这个孩子意识到他的错误不在于他没有同情心,而

---

① 康德:《道德形而上学奠基》,杨云飞译,邓晓芒校,人民出版社 2013 年版,第 35 页。
② 《康德著作全集》第 9 卷,李秋零主编,中国人民大学出版社 2010 年版,第 489 页。

在于他忽视了他人的权利。

道德教育的目的是为了让孩子意识到人的尊严,因而人们不能让孩子按照他人的价值来评价自己,否则"就会激起妒忌。毋宁说,他应当按照自己的理性的概念来评价自己"①。家长倾向于把自己的孩子和其他小孩相互比较。如果自己的孩子成绩弱一些,就会说诸如"你看看,你同学多么优秀"之类的话语。孩子会产生一种不满的情绪,认为自己比他人差。这导致孩子要么努力把自己抬高到其他孩子之上,要么贬低其他孩子的价值,认为他们不过如此。怀有这种不满情绪的孩子难以快乐,即使他一时可以超过别人。如果无法超过,甚至会做出极端的行动。几年前,山东淄博发生一件惨案,一名初三的学生处心积虑地杀害了他的同学,原因就在于他在班级长期第二,而被害者长期第一。他的动机很简单,杀了第一,他就变为第一了。这则新闻受到社会的广泛关注。我们可以从不同的角度反思这个事件,比如如何从应试教育转变到素质教育等。更重要的是,我们要反思,父母应教导孩子不要把自己的价值放在与他人的比较之中。父母要让孩子意识到,分数固然很重要,但是要把它看作检验自己学习是否有效的一个手段,而不是通过获取高分来显得比他人更强。我们可以猜想,如果他得到了足够的道德教育,意识到自己和他人的权利和尊严是不可以用外在的东西衡量的,那么他会尊重成绩比他好的同学,并从他们那里学到很多东西,逐步地完善自己。

第一阶段训诫属于自然教育的否定阶段,第二阶段中对精神的自然培养属于自然教育的肯定阶段。康德对自然教育的论述继承了卢梭的自然主义的教育方法。在卢梭看来:"最初几年的教育应当纯粹是消极的。他不在于教学生以道德和真理,而在于防止他的心沾染罪恶,防止他的思想产生谬误……你开头什么也不教,结果反而会创造一个教育的奇迹。"②自然给予诸存在者合适的安排,这些安排都是好的,不干扰它

① 《康德著作全集》第9卷,李秋零主编,中国人民大学出版社2010年版,第491页。
② 卢梭:《爱弥儿》,李平沤译,商务印书馆2016年版,第107页。

们,使它们顺其自然地发展就可以了。康德所举的一些例子也与卢梭类似,比如不能顺从孩子的哭闹,以免孩子养成独裁的意志。不要使用牵引带和学步车教孩子走路,而是应该把孩子带到草地上,自己玩耍(卢梭),或者让他们在地上爬来爬去(康德),逐步学会走路。一些人为的措施都会使得他们受到伤害。

然而,二者的区别很大。正如莱瑟(Joseph Reisert)指出,卢梭的《爱弥儿》对康德的影响很大,他们都认为教育的目的是为了完善人的自由。他接着指出,二者有三个基本的区别:第一,康德提倡学校的公共教育,而卢梭反对这一点;第二,康德认为应通过道德的教义学来教导孩子道德内容,而卢梭反对直接的道德教导,建议在为他人行善的(小心管理的)实践中发现道德内容;第三,康德重视道德榜样的作用,认为把道德榜样传达给学生,能够让他们正当地行动,然而对于卢梭而言,道德榜样能够让那些观察到他们的人深切地感受到不幸和恶总是不可分离地在一起。他认为,这些区别源于二者对情感在获得道德和运用道德知识上的区别。① 这些区别体现了二者对教育的不同理解。在卢梭看来,人的恶是在社会中产生的,教育是发展人的天性,归于自然。然而康德认为人具有向善的禀赋,这只是一种可能性,同时人具有一种作恶的倾向,所以教育需要强制,外在的强制是必要的。这样就导致一个问题:如何从强制中培养人的自由?

(三) 教育的难题:如何从强制中培养自由?

在康德那里,自由意味着理性的自我立法,人作为有限的理性存在者,自由就是理性的自我强制。人服从理性所颁布的法则,就是自由的。然而,"人天生对自由有一种如此强烈的趋向,以至于他只要有一段时间

---

① Joseph Reisert,"Kant and Rousseau on Moral Education," in *Kant and Education:Interpretationsand Commentary*,Ed. Roth K. & Chris W. Suprenant,New York:Routledge,2012,p.12.

习惯于自由,就将为它牺牲一切"①。这种强烈的自由趋向不是真正的自由,而是随心所欲。康德在其他著作中把这种自由又叫作"无拘无束的自由""放任的自由"等。② 它会导致人与人的争端,使人处于彼此的对立和冲突之中,因而教育者要用法则来约束这种自由。与卢梭认为人天生所具有的自由是崇高的不同,康德把这种自由看作是一种野性,它不服从理性的法则。所以训诫孩子要使他感到法则的强制,把孩子送到学校,开始不是为了学到知识,而是让孩子感受到一种强制,比如让孩子习惯于安静地坐着,严格遵守学校的规定。康德非常重视这种强制作用,认为忽视了对孩子的训诫,比忽视对孩子的培养会造成更大的伤害。培养可以弥补,但是训诫很难补救。如果一个孩子没有养成遵守规则的习惯,那么他长大成人后,总会有野性。训诫所带来的强制让他可以感受到有东西抵制他,他无法随心所欲,会逐步适应这种外在的抵抗。从而当他进入社会时,可以更好地与他人相处。

教育的目的是为了把孩子培养成为一个道德的人,而这种教育的方式需要强制,所以问题就在于,如何从强制中培养出自由? 强制是必需的,没有强制,人就会停留在动物式的野蛮之中,但是教育孩子所施加的强制是一种外在的强制,孩子需要忍受和习惯这种强制,同时教育者需要引导他们正确地运用自己的自由。如果强制无法培养出自由,那么孩子就丧失了运用自由的能力,变为唯唯诺诺的人。这就需要教育者思考如何恰当地给孩子施加强制。康德意识到这个问题,并且给出他的回答。他的回答有三个方面:第一,在人与事物的关系上,让孩子从小就有使用事物的自由。比如,孩子可以自由地玩玩具,只要不伤害他自己;孩子可以大声嬉戏,只要不影响他人的休息。第二,在自我与他人的关系上,要向孩子指出,只有通过让别人也达到自己的目的,他才能达到他的目的。比如,孩子认真完成功课之后才可以吃糖。第三,向他证明,施加

---

① 《康德著作全集》第 9 卷,李秋零主编,中国人民大学出版社 2010 年版,第 442 页。
② 参见《康德著作全集》第 9 卷,李秋零主编,中国人民大学出版社 2010 年版,第 31 页。

给他强制的目的是为了把他引向运用自己的自由。^① 前两个方面说明强制和自由的限度，尤其说明强制手段的限度，即对孩子的强制以不伤害自己和不侵犯他人的自由为原则。第三个方面说明强制的目的是为了培养孩子的自由，使他成为一个独立的人。因而康德很强调学校的公共教育，认为它可以让孩子学会用别人的权利限制自己。

这三个方面给个体的人从强制培养出自由提出指导性的原则，实质上是尝试通过经验性的手段培养出自由，按照康德批判哲学的术语，就是从现象通达本体。它们可以比较好地培养孩子的权利意识，然而是否可以培养出道德的意识，依然值得商榷。一个道德的人不仅在外在的行动上维护自己和他人的权利，而且意识到这是出于他的义务。外在的强制无法确定是否能够让人产生出于义务的思维方式。所以正如苏尔普瑞南特（Surprenant）所认为的：康德的教育方式可以有效地培养出合法行动的人，但是难以确定是否会产生按照义务行动的人，因而康德对如何从强制产生自由的问题的解决方式是不完整的。^② 林晖也持有类似的看法，他给出了一种解释："康德对这一问题的解决诉诸于人类整体的教育，而非个体教育，即把人类的整体历史发展过程同时视作教育本身不断趋向完善的发展过程。"^③他认为，康德解决这个问题诉诸历史理性，是通过对人类整体教育来实现的。

诉诸历史理性来解决强制和自由的关系问题，是一个不错的视角。然而教育学面对的还是个体的人，笔者在这里试图结合其他文本来思考这个问题。康德在《纯然理性界限内的宗教》中认为，道德的进步不是从改善习俗开始，而是要从转变思维方式开始。人需要意识到行动的道德价值在于对道德法则的敬重，而不是出于其他的动机。"通过缓引善人

---

① 参见《康德著作全集》第 9 卷，李秋零主编，中国人民大学出版社 2010 年版，第 453—454 页。
② Chris Surprenant，"Kant's Contribution to Moral Education," in *Kant and Education: Interpretations and Commentary*，Ed. Roth K. & Chris W. Suprenant，New York：Routledge，2012，p. 10.
③ 林晖：《启蒙的技艺：康德教育哲学的难题》，载《复旦教育论坛》2009 年第 4 期，第 20 页。

们(就他们合乎法则而言)的榜样,让道德上的学习者从他们的行动的真实动机出发,去判断某些准则的不纯正性,可以无与伦比地培植这种向善的禀赋,并使它逐渐地转化为思维方式,以至义务纯粹为了自己本身开始在他们的心灵中获得明显的优势。"①如前所述,康德在《教育学》中也提到过榜样的作用。不过二者有区别,《教育学》的榜样的作用是让孩子熟悉基本的义务,而这里的榜样的作用是改变人们的思维方式,增强他们的道德动机。

在《实践理性批判》的"方法论"中,康德具体阐述了榜样在教育学中的作用。给一个十岁的孩子讲解一个正派人的故事,别人要这位正派人士诽谤一位无辜的人,比如参与英格兰的亨利八世对博林的控告。首先,别人许以好处,他拒绝接受,此时孩子心中产生赞同。接着,别人以损失威胁他,他的朋友宣告要中止与他的友谊;他的近亲威胁他要剥夺他的财产权;君主宣告要迫害他,甚至剥夺他的自由和生命;最后他的贫困的家庭恳求他让步。然而,这位正直的人士依然坚持自己的原则,不为所动。这个例子在孩子心中"从单纯的赞同上升到钦佩,从钦佩上升到惊奇,最后一直上升到极大的崇敬,直到一种自己能够成为这样一个人(当然并不是在他那种情况下)的强烈的愿望"②。这位正直的人士所处的情况使人逐步摆脱对外在的结果的考虑,在极端的情况下把道德价值凸显出来,唤醒了人内在的道德意识,意识到道德的力量,使人容易改变自己的思维方式,把道德法则作为自己的行动根据。

当然,康德的这种道德教育方式预设了人都有对道德法则的意识。这种方式有多高的有效性,是一个需要进一步讨论的话题。不过,笔者认为,从康德哲学体系来说,康德的教育学涉及个体的人如何成为自由的人的问题,这关系到本体的道德法则如何落实到现实的个人的问题。从当代教育学的角度来看,我们如何让孩子成为一个人格健全的人,康

---

① 康德:《纯然理性界限内的宗教》,李秋零译注,中国人民大学出版社 2012 年版,第 34 页。
② 康德:《康德三大批判合集》(下),邓晓芒译,杨祖陶校,人民出版社 2009 年版,第 165 页。

德的教育学给我们诸多启发。尤其在目前教育倾向于培养孩子的技能的情况下来说,康德的教育学让我们意识到:自然的教育和自由的教育都很重要,身心健康不可或缺;对于自由的教育而言,无论是技能的培养,还是文明化的培养,都要以自由的人格为目的。

第二节　历史哲学——人类整体如何成为道德的

近年来,康德的历史哲学受到学术界的关注。黄裕生教授指出,实现永久和平是人类此世的一个绝对的希望。① 虽然黄教授的这篇论文的主要内容是康德的法权学说,但是在具体论述时涉及目的论,尤其"希望"的概念,它们与康德的历史哲学有关。詹世友教授认为,康德的历史哲学不属于第四批判,而属于质料性的道德哲学,历史哲学的作用就是:"我们可以看到,历史哲学在康德手里,不是仅仅要传达某种历史进步的乐观信念,更是要给出对历史朝着道德化不断进步的阐述框架。"②历史哲学除了给予我们历史进步的希望之外,还说明历史是如何走向道德的进程。刘凤娟博士在一篇具有代表性的论文中指出,康德的历史哲学的产生和实质是用类的不朽取代灵魂不朽,把经验性的绵延的时间放入目的论的考察之中,她把历史哲学在康德哲学体系中的作用理解为:"因此,当他放弃灵魂不朽的公设,转而从人类社会的历史进程中思考道德和配享的幸福得以实现的必要条件时,他在思想上就突破了抽象的个体信仰(即个人和上帝的直接沟通),更进一步提升了人的主体能动性。"③国外学界也逐步关注康德的历史哲学,在罗蒂(Rorty)和施密特(Schmidt)主编的论文集中,学者们系统考察了康德的历史哲学文本《关

---

① 黄裕生:《人类此世的一个绝对希望——论康德有关共和政体与永久和平的思想》,载《江苏行政学院学报》2014年第1期,第12—19页。本书把希望理解为理性存在者所要达到的状态,这是理性的要求。这种理解与康德指出人在做了道德的事情之后,有获得幸福的希望不同。这种理解无疑受到黄裕生教授的影响,虽然他在此文中没有做出明确的定义。
② 詹世友:《康德历史哲学:构建原则及其道德趋归》,载《道德与文明》2017年第6期,第82页。
③ 刘凤娟:《从灵魂不朽到类的不朽——康德历史哲学的产生及其本质》,载《杭州师范大学学报》2018年第1期,第64页。

于一种世界公民观点的普遍历史的理念》(以下简称"《普遍历史》")。其中阿利森研究了康德历史哲学的批判基础。按照他的观点,康德的历史哲学属于《判断力批判》的第二部分"目的论判断力的批判",虽然我们似乎合理地期待历史在道德性的禀赋的完全发展中起到重要作用,然而,历史哲学所涉及的自然的终极目的与道德性的关系不大。他提出一个设想:在康德那里,达到道德的状态,即实现伦理共同体,不是诉诸国家,而是诉诸教会,需要一个长期的过程。他的设想是:康德的历史哲学不仅包括实现合乎法权状态的过程,而且还应该包括实现道德共同体的过程。①

可见,学界对康德的历史哲学关注的问题包括:① 康德的历史哲学在批判哲学中的位置问题;② 康德是否放弃了灵魂不朽的公设,用伦理共同体取代它;③ 历史哲学是否包含着伦理共同体。第三个问题与第二个问题紧密相关,如果康德以类的延续取代灵魂不朽的公设,那么历史哲学就包含着实现作为道德共同体的伦理共同体。如果灵魂不朽的公设依然具有其独特的作用,不可以被取代,那么康德的历史哲学是否包含着实现伦理共同体的过程,依然是一个未决的问题。解决这些问题需要理清历史哲学为什么要以类的延续为对象? 类的延续给作为理性存在者的人带来何种希望? 这种希望与人作为个体的希望有什么区别?

(一) 历史哲学与类的延续

1784 年的《普遍历史》是学界目前所关注的康德历史哲学文本。康德在此文的开头提到,不管哲学家们对意志自由形成一个什么样的概念,意志自由表现于外的行动显现在自然世界之中,具有时间性,受到自然法则的规定。具有时间性才可能具有哲学意义上的历史,但是它只是必要条件,而不是充分条件。纯粹的自然现象具有时间性,有产生、发展

① 参见 Henry Allison, "Teleology and History in Kant: the Critical Foundations of Kant's Philosophy of History," in *Kant's Idea for a Universal History with a Cosmopolitan Aim: A Critical Guide*, Cambridge: Cambridge Press, 2009, pp. 44 – 45。

和消失的过程,但是它不具有自由意志,没有哲学意义上的历史。自由意志处于本体的领域,是没有时间性的,但是行动作为自由意志在现象世界中的直接结果,是有时间性的,也是历史哲学考察的对象。历史的对象虽然在现象之中,但是这种现象背后的原因——自由意志却是不可知的。这种对象具有双重的性质,它自身是现象,却具有本体的原因。因而历史哲学既不属于自然哲学,也不属于以自由意志为对象的道德哲学,而是介于二者之间。康德在《纯粹理性批判》"纯粹理性的历史"中谈到哲学的历史,但是没有出现历史哲学方面的内容。同样在《道德形而上学奠基》与《实践理性批判》中也没有谈到这方面的内容。

作为历史哲学的历史是"宏观地考察人的意志之自由的活动时,它能够揭示这种自由的一种合规则的进程;而且以这种方式,在个别的主体那里杂乱地、没有规则地落入眼底的东西,在整个类那里毕竟将能够被认作其原初禀赋的一种虽然缓慢,但却不断前进的发展"①。历史哲学不是对个体行动的考察,而是对人类行动整体时间延续的考察。正如家庭的数目一样,人有自由意志,能够遵守和不遵守既定的规则,对家庭的出现产生影响,这样看起来难以确定家庭的数量,但是已有的统计表明,家庭的数量也具有与自然规律类似的稳定性。历史哲学的考察试图说明,人类的历史就是逐步发展其禀赋的过程。作为个体的人不仅具有理性,也具有感性,它具有违背理性法则的可能性,但是它也不是仅仅从本能出发,所以对于个体的人难以找出确定的规则。因而个体的行动不可能成为历史哲学的对象。康德吸取了斯密在《国富论》中所举的"看不到的手"的例子,诸个体都在追逐自己的利益,却在整体上促进了公共的利益。不过他并不认同历史的发展是逐步促进公共利益,而是认为历史的发展是完善人类的原初的禀赋。在笔者看来,这些禀赋是后来在《纯然理性界限内的宗教》中所提到的人的动物性的禀赋和人性的禀赋,这些禀赋的完善有利于人格性的禀赋的发展。

---

① 《康德著作全集》第8卷,李秋零编译,中国人民大学出版社2010年版,第24页。

类的活动具有什么特点呢?"人在其努力中不像动物那样仅仅依照本能行事,但也不像有理性的世界公民那样在整体上依照一个商定的计划行事,所以,他们似乎也不可能(像蜜蜂或者海狸那样)有一个合乎计划的历史。"①动物按照本能活动,它的发展有确定的规则。世界公民与目的王国中的元首和成员不同,他们不一定按照道德法则行动,但是他们会相互协商,按照大家都同意的法则来行动,重要的是,他们不会违背大家所同意的法则。人类不同于动物,他们除了本能之外,还有理性,但是人类也不同于有理性的世界公民,因为从经验的观察中得知让人沮丧的结果:"最终一切在宏观上都是由愚蠢、幼稚的虚荣交织而成的,常常也是由幼稚的恶意和毁灭欲交织而成的,那么,人们就无法抑制某种不满。"②人类作为整体难以像理性的世界公民一样商定出能够普遍遵守的规则,即便有这样的规则,人类也经常为了满足自己的欲望而违背这些规则,因而哲学家难以形成一个确定的概念说明人类事实上会成为什么样的存在者。

如果哲学家找不到说明人类发展的特定概念,那么他就无法说明历史哲学到底是什么,乃至于历史哲学根本就不存在。幸好存在另外一种出路,即"既然宏观上根本不能在人及其活动中预设任何理性的自有意图,他便尝试看能不能在人类事务的这种荒诞进程中揭示一个自然意图"③。人类的活动杂乱无章,哲学家无法从理性的角度说明人类到底要向何处发展,只能从无规则的诸多现象中,为自身寻找出一个意图,使得这些杂乱的现象能够得到理解。康德接着以开普勒和牛顿作为例子,"自然曾产生一位开普勒……并且曾产生一位牛顿"④,开普勒发现使得杂乱的行星运行得以解释的三条法则,牛顿进一步指出这些法则的普遍原因——万有引力。在康德的体系中,万有引力以及相应的法则属于理

① 《康德著作全集》第 8 卷,李秋零编译,中国人民大学出版社 2010 年版,第 24 页。
② 《康德著作全集》第 8 卷,李秋零编译,中国人民大学出版社 2010 年版,第 24—25 页。
③ 《康德著作全集》第 8 卷,李秋零编译,中国人民大学出版社 2010 年版,第 25 页。
④ 《康德著作全集》第 8 卷,李秋零编译,中国人民大学出版社 2010 年版,第 25 页。

论领域,是对自然的建构性的解释。康德提到他们,不在于说明历史哲学也有某种建构性的解释,而在于说明自然是有意地产生他们,使得自然的诸多现象能够得到解释。相应地,自然也会产生哲学家,让他发现混乱的人类行动所遵从的法则,这些法则最终会实现某种意图。与理论领域的区别在于,历史哲学的自然意图不是建构性的,不是说人类在时间性中的行动是按照某种确定的计划展开,具有某些意图,而只是理性为了使得这些行动能够得到理解而自我发现的意图。

由此可见,历史哲学不属于理论哲学,也不属于实践哲学,属于康德在五年之后出版的《判断力批判》所详细展开的反思判断力的作用。正如阿利森指出的,历史哲学属于"目的论判断力批判",具体来说,这一部分有两种形式的合目的性:内在的和外在的,前一种合目的性是康德对有机体的反思,构成了他的生物学哲学;第二种合目的性是把这些有机体和作为整体的自然的关系看作一个合目的性的系统,把这种合目的性运用到历史就是历史哲学。[①] 在他的解读中,外在的合目的性导致把整个自然看作一个合目的性的体系,运用于历史就是历史哲学。这无疑是很有见地的,尤其这种合目的性所揭示出来的自然目的概念,是历史哲学所强调的。不过,整个自然作为合目的性的系统是一个空间上的合目的性的系统,而历史哲学考察的是人类在时间的延续中的行动所遵循的某些法则。如何从第二个合目的性的系统到历史哲学,是一个需要进一步思考的问题。

历史哲学确实属于目的论反思判断力的范围,它的对象是人类的延续。目的论反思判断力或者质料的反思判断力的首要对象是有机体,在第 64 节"作为自然目的的事物的特有性质"一节中,康德通过树的例子说明有机体的三个性质:有机体在类上是自己生产自己,作为个体自己生产自己,部分也进行自我生产。人类很显然具有这三个性质,比如第

---

① 参见 Henry Allison, "Teleology and History in Kant: the Critical Foundations of Kant's Philosophy of History," in *Kant's Idea for a Universal History with a Cosmopolitan Aim: A Critical Guide*, Cambridge: Cambridge Press, 2009, p. 31。

一个性质"按照类来说它是自己产生出自己,它在这类中一方面是作为结果,另一方面是作为原因,不断地自己被自己生产出来,同样又经常自己生产出自己,而作为类持久地保持着自己"①。人类自己产生自己,自己维持自己的发展。类的延续在时间中,类的活动与其他的自然事物紧密相连。人类是有机体,与类的活动有关的其他事物乃至于处于时间中的整个自然界都可以看作是一个合目的性的系统。这个推理过程与康德在《判断力批判》中从有机物推到整个自然的合目的性体系是一致的,只不过历史哲学强调的是时间方面的延续,而在《判断力批判》中康德着眼于空间的扩展。

(二) 历史哲学与类的希望

康德在《普遍历史》中通过九个命题做出细致的说明。第一个命题是说,自然的安排都是有目的的。康德尤其提道:"一个据说不被使用的器官,一项达不到自己目的的安排,在目的论的自然学说中都是一种矛盾。"②看待自然的方式主要有两种:一种是机械性的,以机械的因果性原则来看待自然,关注的是作用因;另外一种是目的论的,以目的论的因果性原则来看待自然,关注的是目的因。近代以来,随着牛顿物理学的确立,人们通常以第一种方式来看待自然。这一点影响了康德,他在《纯粹理性批判》里花很大的篇幅从哲学上论证了"一切事情的发生都是有原因的"的有效性,说明机械因果性对认识自然产生知识的必要性。目的论的因果性在古希腊就出现了,亚里士多德把目的因作为探求自然原因的一个重要原因。与康德有密切关联的是西塞罗的《论义务》,据说,康德很早就读过这部著作,非常欣赏西塞罗,并且认为阅读和模仿他,才可能构建受欢迎的哲学。③ 西塞罗在《论义务》中提道:"大自然在构造我们

---

① 康德:《判断力批判》,李秋零译注,中国人民大学出版社 2011 年版,第 191 页。
② 《康德著作全集》第 8 卷,李秋零译编,中国人民大学出版社 2010 年版,第 25 页。
③ 参见曼弗雷德·库恩《康德传》,黄添盛译,世纪出版集团、上海人民出版社 2008 年版,第 319 页。

的身体时似乎有一个绝妙的计划。"①"计划"显然表达了目的性。他进一步认为,大自然把我们的脸和体型中好看的部分安放在可以看得见的位置,而把那些不好看的地方遮盖起来,人类的羞耻心也遵从大自然的这一设计。虽然康德的目的论受到以西塞罗为代表的斯多亚学派的影响,但是二者还是有区别的。正如桑托茨基(Santozki)所说:"不管怎么样,在康德那里,这样的一个自然的合目的性,它的技术,是被设想为与一个设定目的的知性类比而得到的,对于斯多亚学派来说,自然是一个女艺术家,是人为的。"②斯多亚学派把自然看作是目的论的,而康德是通过与知性的类比而设想自然为一个目的论的系统。

　　与古希腊哲学(包括亚里士多德和斯多亚学派)从认识自然的角度入手不同,康德侧重于从实践的角度把自然看作目的论的。如何辩护从实践的角度把自然看作合目的性的,康德在 1788 年的《论目的论原则在哲学中的应用》中讨论过这个问题。他认为,目的与理性有紧密的联系。我们的理性在行动中是一种设定目的的能力,我们可以通过与我们的理性的类比设想一种外在的理性也具有这种设定目的的能力。目的分为自然的目的和自由的目的。我们先天地知道任何一个发生的事情都有一个原因,却无法先天地知道存在着自然的目的。后者需要在经验中才可以观察得到,因而自然的目的不具有先天的原则。自由的目的如果是由感性的欲望和偏好所决定的,亦即幸福,那么也没有先天的原则。幸好实践理性批判已经指出,纯粹理性自身就直接是实践的,它包含着规定意志的法则,而且包含着由这些法则所带来的先天的目的。因而康德转换了思路,把自由的目的原则运用于自然,由于自然目的的原则是经验性的,所以无法完备地说明自然的合目的性的最终根据,"那么,人们就必须与此相反,期待一种纯粹的目的学说(它不能是别的,只能是自由的目的学说)来做到这一点,这种目的学说的原则先天地包含着一般理

---

① 西塞罗:《论义务》,张竹明、龙莉译,中国政法大学出版社 2015 年版,第 52 页。
② Ulrike Santozki, *Die Bedeutung Antiker Theorien für die Genese und Systematik von Kants Philosophie*, Berlin: Walter de Gruyter, 2006, S. 408.

性与一切目的的整体的关系,并且只能是实践的"①。从道德法则所带来的先天的目的即至善的角度出发来理解自然的合目的性的关系。至善是先天的,那么至善得以实现的可能性也需要被预设为先天的,这需要自然具有实现至善的可能性,从至善的现实性来说,自然是合目的性的,由此自然的目的原则纳入自由的目的,进入批判哲学的视域之中。

这一思路成为理解康德两年后出版《判断力批判》第二部分的重要线索。这一部分的写作顺序大概如下:有机体——自然作为一个目的论的系统——自然的最终目的——创造本身的终极目的——伦理神学(上帝的存在)。创造本身的终极目的就是作为本体的人,本体的人就是自由的人,自由的人必然服从道德法则,因而也努力在尘世中实现道德法则所要求的至善。这要求自然具有实现至善的可能性。人看待自然有两种方式:机械论和目的论。前者被认为构成了对自然的客观性的知识,但是它无法说明实现至善的可能性,相反自然的灾祸等经常让我们看不到实现这种可能性的希望。只有目的论的自然才有这种希望,具体来说,自然的最终目的不是幸福,而是文化,文化中的技巧并不是自然的最终目的,只有教化才是。康德对教化的规定是否定性的,"在于把意志从欲望的专制中解放出来,欲望的这种专制使我们依附于某些自然事物,没有能力自己作选择"②。教化的目的是使得意志能够消除对感性偏好的依赖,这为理性的自我立法提供了先决条件。教化对应的是消极的自由,即意志能够摆脱感性偏好的规定。它使得人的意志能够从感性的特殊性中逐步上升到普遍性。有了自然的最终目的,整个自然才可以作为一个目的论的系统,否则一个没有终点的序列是无法确立起来的。有机体存在于感官世界之中,无法先天地指出存在着有机体,但是它在经验中的发现为自然目的论提供了证实的材料。因而康德的思考顺序与写作顺序是相反的秩序,前者是从先天的原则逐步下降到经验的观察,

---

① 《康德著作全集》第 8 卷,李秋零编译,中国人民大学出版社 2010 年版,第 182 页。
② 康德:《判断力批判》,李秋零译注,中国人民大学出版社 2011 年版,第 248 页。

后者是从经验的观察上升到先天的原则。如果没有先天的原则，那么这些经验性的观察和内容就不具有系统性。

可见，虽然康德也提到过类似于"自然不做无用功"的说法，但是他是从与实践理性类比的方式提出来的。① 我们并不能说自然本身就是合目的性的，只是从与我们的意志具有设定目的的能力的类比的方式来说，自然是具有合目的性的。自然的这种合目的性给予我们实现自由的希望。

这种希望是什么？第二个命题接着第一个命题，说明从自然目的论的角度来说，个体的生命是有限的，无法发展其自然禀赋，只能期望在类中发展自然禀赋。否则"这会取消一切实践的原则，并由此使自然惟独在人身上有儿戏之嫌，而在评判其余一切安排时，通常都必须把自然的智慧用作原理"②。康德明确地把自然目的论与实践原则结合起来，不过并没有说明，如果自然的安排是无效的，那么它取消实践原则本身，还是取消实践原则的具体运用。如上所说，从《判断力批判》可知，自然的安排与实践原则的具体运用，而不是实践原则本身有关。第三个命题说明自然的目的是人类通过自己的理性来完善自己，而不是带来幸福。第四个命题康德指出自然以人的非社会的社会性来发展人的禀赋，不过康德加入一个限制性的条件，即"只要这种对立毕竟最终成为一种合乎法则的社会秩序的原因"③。如果非社会性的对立造成了一个合乎法权的状态，那么这种对立就可以成为发展人的自然禀赋的手段。人的对立冲突促成合乎法权的状态的产生，在这样的状态中，人能够不断地完善自己。

① 亚里士多德在《政治学》中认为："自然，就像我们常说的那样，不会作徒劳无益之事，人是唯一具有语言的动物。"（《亚里士多德选集》（政治学卷），颜一编，中国人民大学出版社 1999 年版，第 6 页）康德在《判断力批判》中也提到"世界上的一切都为了某种东西是好的；没有任何东西在世界上是白费的。"（康德：《判断力批判》，李秋零译注，中国人民大学出版社 2011 年版，第 198—199 页）二者的表述是相似的，都认为自然的安排是好的。不过，亚里士多德把自然的目的看作理解事物乃至于整个自然的秩序，而康德是从实践理性的角度把自然类比为有目的性的。
② 《康德著作全集》第 8 卷，李秋零编译，中国人民大学出版社 2010 年版，第 26 页。
③ 《康德著作全集》第 8 卷，李秋零编译，中国人民大学出版社 2010 年版，第 27 页。

如果人类不在这样的状态,依然在一个混乱的状态中,那么人的相互对立不但不会完善自己,而且会导致持久的相互对抗,甚至会毁灭自己。

人的这种双重性质,决定了人生活在同类之中时,需要一个主人。主人可以是一个人,或者是一个团体。如果没有主人,那么他的感性偏好会诱导他成为法则的例外。主人应该是公正的,但是主人也是人,也具有这种双重性,他也需要一个主人,这会导致需要主人的推论不断后退,以致没有终点。所以康德非常沮丧地认为,这是所有任务中最困难的任务,完全解决这个任务甚至是不可能的。自然要求我们不断地接近这个理念,这需要三个方面:对合乎法权状态的正确的概念、经验丰富以及一个善良意志。这三个方面缺一不可,前面两个涉及对法权概念的正确理解和运用,第三个包含着康德对主人具有善良意志的要求,即他(他们)的公正不但合乎义务,而且出于义务,意识到公正自身就是善的。很显然要得到这三个方面,是很难的,"这三者是很难有朝一日凑齐的,而如果凑齐,也是很晚,是在经过许多徒劳无功的尝试之后"①。凑齐这三者需要很多世代的努力,在这个过程中,人类需要不断地尝试,有的尝试是进步的,有的尝试可能是无用功,甚至给自身带来灾难。如何凑齐这三者,出现一个自身就是公正的主人,这是人类最后解决的问题,也是历史哲学的时间性的体现。它是作为"类"最后解决的问题,只有解决了这个问题,人的相互对抗才可以促成人的自然禀赋的完善。

类的希望具有可能性吗? 从经验的立场来看,人类历史充满了冲突,经常爆发战争,人与人之间尔虞我诈,很难以有确切的证据表明人类历史总是在不断地进步。但是康德坚定地认为,人类依然具有实现类的完善的可能性,因为人是理性的存在者,自然有促成他实现他的自然禀赋的隐秘计划。即使在他有生之年无法实现,类的延续也能够给人带来希望。完善人的自然禀赋,需要构建一个完善的合乎法权的国家,以及国际之间的关系。构建这样的合法的状态,并非没有任何根据,因为人

---

① 《康德著作全集》第 8 卷,李秋零编译,中国人民大学出版社 2010 年版,第 31 页。

的理性会告诉他自己,持续的对抗会导致彼此的不安全,甚至自我毁灭,走出这种状态,进入一种和平的状态,才是大家应该选择的。康德从理性和相互对抗所导致的可怕后果推出走出这种状态,进入一种合法的状态的必要性的结果。对这种非社会性的对抗的描述体现霍布斯的影响,不过正如施尼温德(Schneewind)指出的:"对于霍布斯来说,社会性是一个命令,而不是一个基本的欲望。"①社会性在康德那里是人的一个基本特点,并非霍布斯所认为的是维护自己生命安全的权宜之计,它与非社会性一道构成了经验人类学的重要内容。

(三) 历史哲学与个体的希望

康德的历史哲学所考察的对象是作为整体的人类,理性与人所具有的非社会的社会性是历史哲学的前提,自然目的论提供了历史的维度,即人类即使像西西弗斯的石头那样,总是要退回原处,自然也不会做无用功。它赋予人以理性的能力,以及人的非社会的社会性,这些都使得人们有理由相信,人类"有朝一日"会不断进步和完善。人类的进步和完善是在一个合乎法权的状态中进行的,这是人类能够完善自己的自然禀赋的唯一状态,因而康德在最后一个命题中指出历史哲学的目标:"按照自然的一项以人类中完全的公民联合为目标的计划来探讨的普遍的世界历史,这样一种哲学尝试必须被视为可能的,甚至是有益于这个自然意图的。"②历史哲学讨论公民如何在一个合乎法权的国家中,以及国际的秩序中结合起来的理念。对这个理念的探讨才使得自然赋予人以理性成为可以理解的。如果历史哲学不做这样的探讨,那么人的自然禀赋是否得到发展,就是未知的,自然很有可能做了无用功。自然目的论是从实践哲学的类比来看待自然,历史哲学是对自然目的论在人类历史发

---

① Schneewind, "Good Out of Evil: Kant and the Idea of Unsocial Sociability," in *Kant's Idea for a Universal History with a Cosmopolitan Aim: A Critical Guide*, Cambridge: Cambridge Press, 2009, p. 98.
② 《康德著作全集》第 8 卷,李秋零编译,中国人民大学出版社 2010 年版,第 36 页。

展中的进一步展开。

类的希望是此世的希望,人们相信,历史的发展是有规律的,它朝向一个合乎法权的状态,人的自然禀赋可以得到发展。康德在《纯粹理性批判》中提到他关注的三个问题,其中第三个问题是,当我做了道德律所要求的行动之后,我可以希望什么？康德的回答是,我可以希望获得幸福。康德在这里提出的希望是立足于人具有感性的特征,笔者讨论的希望是从人的理性存在者的身份对类和对个体而言。道德与之成比例的分配幸福就是至善,至善的可能性需要上帝的存在和灵魂不朽这两个公设。因而康德有一个非常重要的观点"道德不可避免地导致宗教",道德的原则不需要宗教,但是道德的必然结果——至善在宗教中才具有可能性。有所区别的是,康德在《纯粹理性批判》中所公设的是来世的生活(ein künftiges Leben),在《实践理性批判》中所公设的是灵魂不朽(die Unsterblichkeit der Seel)。相应的关注点有区别,前者关注的是行动者在未来的道德世界中能够分享到与其道德性相匹配的幸福的生活,后者关注的是行动者道德的完善。二者有一点是共同的,它们涉及的是个体,而不是类。就灵魂不朽而言,它涉及个体具有道德完善的希望。

历史哲学以类的延续为对象,试图揭示出,人类在这种时间的绵延中的活动体现出某种规律性。在康德看来,人类虽然一直存在着对抗,但是这些对抗迫使人类进入一个合法的状态中,在这种状态中,人的相互对抗保持在一定的限度内,科学得到发展,文化得到促进,人类摆脱自己的粗野性,逐步实现自己的自然禀赋。这种状态虽然为人类的道德完善提供了一个必要的条件,但是并不足以导致人的道德完善。合法的状态关注的是人的外在行动的合法性,而不是人的内在动机的道德性。外在行动的合法性可以由一个共同的普遍意志(区别于自我的普遍意志)来强制,但人的内在动机无法由这样的意志来强制,因而人的道德价值是个体的事情,不能通过共同体来完成。共同体可以提供促进个体道德完善的条件,这种条件体现在维护人的外在的自由、财产权等,在合乎法权的状态中,人可以自由地思考,与他人自由地交换意见,从而能够逐步从自我的偏狭中走出来,让自己的思维具有普遍化的特征。

康德在《纯粹理性批判》的"先验方法论"中讲到思辨理性的思维方式时,也提到文化和道德的关系。人的本性中包含着某种比实际表现得更好的倾向,他试图掩饰自己的真实意图,使得自己让他人看起来是道德的。康德乐观地认为这一种倾向表明人在内心中意识到道德的优先性,包含着一种善良目的的禀赋。人的掩饰的直接的作用是使得自己变得文明起来,在某种程度上是有道德的,"因为没有一个人能够看穿彬彬有礼、正直可敬、谦和端庄的面饰,从而就在他于周围看到的善事的自以为真实的例证上,为自己找到一个从善的学校"①。人把自己伪装为道德的,从自身的角度来看,不是道德的,但是他人无法看穿自己的内心,在合乎义务的行动上看到一个道德的榜样,有助于增强他人从善的信心。然而,康德也意识到,这种伪装的道德意向不是持久的,只是"临时地"使人摆脱野蛮状态,"因为在此之后,在真正的原理已经发展,并且成为思维方式之后,那种虚妄就必须逐渐地遭到坚决的反对,因为若不然,它就会败坏心灵,使善良的意向因外貌秀美的杂草丛生而无法生长"②。真正的原理成为人的思维方式,人的行动不仅具有合法性同时具有道德性。此时,伪装的道德意向就必须被否定,否则,它会把虚假的道德意向一直看作是真正的道德意向,使得人的思维方式从根本上变坏,阻碍真正的道德意向的发展。文化的进步与道德的完善有什么关系呢? 在康德的这段表述中没有丝毫迹象显示文化的进步会直接导致道德的完善,相反,他强调,文化的进步如果不加以限制,可能会阻碍道德思维方式发生作用。结合前面的分析,我们可以认为,文化的进步让人摆脱粗野性,使得人们更易于接受道德的思维方式。在某种程度上来说,它是确立起道德思维方式的必要条件,但不是充分的条件。

康德在《纯然理性界限内的宗教》区分律法上的善人与道德上的善

---

① 康德:《纯粹理性批判》,李秋零译注,中国人民大学出版社 2011 年版,第 496 页。
② 康德:《纯粹理性批判》,李秋零译注,中国人民大学出版社 2011 年版,第 496 页。

人,也进一步证实了二者的关系。他指出前者并不能直接转变为后者,"只要准则的基础依然不纯,就不能通过逐渐的改良,而是必须通过人的意念中的一场革命(一种向意念的圣洁性准则的转变)来促成"①。康德接着把这种转变比作"再生"和"重新创造",人"成为一个新人"。文明的提高,文化的进步不能直接导致人的思维方式的变革,后者需要思维方式的彻底转变。康德提出一些道德修行法,比如榜样的作用,试图说明这种转变的可能性。实质上,思维方式的彻底转变需要启蒙的逐步开展,由此人能够摆脱自我的局限,从普遍法则的角度来看待自我、他人与世界之间的关系。无疑,启蒙的开展需要一个好的外部条件,在一个合乎法权的社会中,人们可以自由地思考和交换彼此的意见,从而能够站在他人的角度看问题,逐步确立起一种普遍性的思维方式。

思维方式的转变让人看到个体的希望:"他能够希望,凭借他接纳为自己任性的最高准则的那个原则的纯粹性和坚定性,走上一条从恶到善不断进步的美好的(尽管狭窄的)道路。"②这种转变使得人成为能够接纳善的主体,人还需要在行动中体现善的原则才能成为一个善人。虽然思维的转变属于本体领域,无法认知,不具有时间性,但是人的行动发生在感官世界,具有时间性,行动的准则能够体现出意志的善与恶。如果人总是能够按照道德法则来行动,那么这是他的心灵已经做出彻底改变的证明。然而这是很困难的,一方面人的内心是难以探究的,人难以完全认识其准则的内在根据;另外一方面,人需要同自身以及周围的恶不断地做斗争。因而实现自我的道德上的完善,虽然是实践理性的要求,但是人却无法确切地表明他事实上能够做到这一点。他可以希望他做到这一点,这就使得道德哲学进入宗教之中,无论是《实践理性批判》中的灵魂不朽,还是在《纯然理性界限内的宗教》中的伦理共同体,都是把个人实现其道德的完善放在超越此世的宗教之中。

---

① 康德:《纯然理性界限内的宗教》,李秋零译注,中国人民大学出版社2012年版,第32页。本文把"Gesinnung"(意念)翻译为"意向"。
② 康德:《纯然理性界限内的宗教》,李秋零译注,中国人民大学出版社2012年版,第33页。

　　盖耶考察康德不同时期的著作,指出康德的思路出现了变化:在第一批判和第二批判中,康德出于不同的原因把实现至善放在来世中,把完全实现道德的世界放在一个智性的世界(an intelligible world)而不是感官的世界中,而在 18 世纪 90 年代之后的著作中,包括《纯然理性界限内的宗教》,康德把至善以及目的王国或者道德的世界由人的类在感官世界中的延续来实现出来。① 刘凤娟参考了盖耶的这个观点,指出康德的历史哲学用类的延续取代灵魂不朽(前引)。在笔者看来,盖耶引用康德不同时期对至善的理解难以说明康德出现了根本的变化,倒是说明康德揭示出道德完善所需要的社会性因素。康德在《判断力批判》中已经凸显这个因素,即至善的现实性需要考虑人与自然的关系,以及人与他人之间的关系。在第 87 节,康德举出一个正直的人的例子。这个人具有坚定的道德意向,按照道德法则的要求,努力实现尘世中的至善。如果他坚决不相信上帝和来世二者的存在,那么他无法找到实现至善的迹象,因为"欺诈、暴行和嫉妒也将总是在他周围横行;那些诚实的人,无论他们怎样配享幸福,却由于对此不管不顾的自然,而仍然与地球上的其他动物一样,遭受着贫困、疾病和夭亡这一切不幸"②。即使人具有了坚定的道德意向和遵守道德法则的决心,他人的德福不一致,以及自然环境的恶劣,也会打击他的道德意向,动摇他遵守道德法则的决心。

　　基于自然目的论的视角,人被看作整个自然的终极目的。自然环境的恶劣不足以说明人类与其他动物一样,不具有独特的价值,反而可以看作对人类自身的考验。人类的相互斗争不足以说明人类丧失进步的希望,反而促进人类自身的进步。历史哲学试图说明,类的希望在于合乎法权的社会状态的建立,以及人在其中文化的进步,这些有助于人的道德完善。人的社会性因素也会影响人的道德完善,"当他处在人们中间时,妒忌、统治欲、占有欲以及与此相联系的怀有敌意的偏好,马上冲

① Paul Guyer, *Virtues of Freedom : Selected Essays on Kant*, New York: Oxford University Press,2016, pp. 301 - 302.
② 康德:《判断力批判》,李秋零译注,中国人民大学出版社 2011 年版,第 267 页。

击着他那本身易于知足的本性"①。因而只有在一个以道德法则为共同法则的伦理共同体之中才是有可能的。伦理共同体与合乎法权的状态有一些共同点,比如它们都遵守共同的法则,但是它们的立法性质不同。前者是外在立法的,针对的是人类的外在行动,可以外在的强制,因而是此世的;后者是内在立法的,针对的是人类的内在意向,不可以外在强制,只能设想一个作为立法者的上帝理念,因而不在此世之中。伦理共同体的概念是否否定了康德在批判哲学时期提出的来世和灵魂不朽的观念呢? 康德在说明实现至善的理念导向对上帝的信仰时,括号里面进一步解释了至善的理念,"不仅是从隶属于它的幸福方面来说,而且还从人们为整个目的的必然联合方面来说"②,至善概念不仅包括与德性相匹配的幸福,而且还包括人类为实现道德完善而结合为一个整体。这个整体显示人在实现道德完善时所具有的社会性维度。一个具有坚强道德意向的人,必然会选择相信上帝的存在和灵魂不朽。然而他在此世中具有社会性,总是与他人生活在一起,他人的行动会影响到他自己履行义务的决心,因而他也会选择相信他人与他自己一道生活在一个未来的道德世界即伦理共同体之中,他人与他在此道德世界中遵守共同的道德法则,为实现至善而努力。灵魂不朽与伦理共同体,都给作为个体的行动者增强了在此世坚守道德意向的信心。然而它们不在此世中,超出了自然目的论的范围,不具有时间性,不能把它放在康德的历史哲学之中。

结合康德提出伦理共同体的语境,有必要进一步讨论它是否属于人类的历史。如果它属于人类的历史,那么历史哲学就包括个体的道德完善的发展过程,也就把个体的希望当作其主题之一。笔者认为,康德在《纯然理性界限内的宗教》中提出伦理共同体的概念意在说明,教会发展的最终目的是要逐步摆脱其外在的规范性,而上升到实现德性自由的伦理共同体,因而伦理共同体表现的是教会的历史,而不是人类的历史,也

① 康德:《纯然理性界限内的宗教》,李秋零译注,中国人民大学出版社 2012 年版,第 81 页。
② 康德:《纯然理性界限内的宗教》,李秋零译注,中国人民大学出版社 2012 年版,第 126 页。

就不属于历史哲学的范围。人具有非社会性,这是人类的基本特点。基于这种非社会性,哲学家可以猜想甚至推断出人类历史的走向。教会不是人类共同具有的特点,它的发展充其量属于人类某部分的历史,而不属于整个人类的历史。有没有可能找到人类向伦理共同体发展的历史呢?历史之所以成为历史,是因为在其中可以找到某种合规则的东西,人类的非社会性提供人类走向合乎法权状态的线索,即便这种线索是反思判断力的作用。然而哲学家找不到实现伦理共同体的线索,因为它关涉人的内在意念。教会虽然提供实现它的暗示,但是教会不是人类普遍的东西。不过这启发我们进一步思考不同的文化群体如何实现这种德性自由的共同体的问题。

总而言之,人作为理性的存在者,一方面有对类的希望,这是历史哲学的主题;另一方面有对个体的希望,这是宗教的主题。值得注意的是,实现法权状态乃至永久和平,这是理性的要求,但是这个要求如何能够得到实现,从理性自身却无法看出来。它是人的理性的有限性的体现。由于现实中人的非社会性导致相互冲突,为理性的统治留下可能性,所以人们有理由相信,自然赋予人以理性和非社会性,是为了让人实现一个合乎法权的状态。因而康德的历史哲学属于反思判断力的作用,试图说明人类会逐步进入一个合乎法权的状态,从而发展自己的禀赋,这是类的希望,在类的延续中得到实现的可能。除此之外,个人具有道德完善的希望,它只有在灵魂不朽的公设中才具有可能性,而与历史哲学无关,康德在后期著作中提出的伦理共同体凸显了个体的希望所具有的社会性因素,并不意味着他放弃了灵魂不朽的公设。虽然类的延续和灵魂不朽没有提供实质性的道德法则,但是它们从不同的角度给我们带来实现自由的希望,二者不可或缺。

第三节 道德法则的现实运用——道德冲突

道德冲突是伦理学一个很重要的现象,当我们同时面对两个或者更多的义务选项而不得不进行选择时,道德冲突就出现了。经典功利主义者密尔认识到这种现象,"在每一种道德体系中,都明白无误地存在着义务冲突的情况"[①],他的解决方式很清晰,诉诸功利来解决义务冲突的问题。这种解决方式符合功利主义的最大多数人的最大幸福原则。康德哲学则呈现给读者不同的印象。康德在《道德形而上学奠基》(以下或简称《奠基》)中推出义务是具有绝对必然性的概念。除了《奠基》之外,康德在《实践理性批判》中也没有明确提出义务冲突的概念。克勒梅教授在对《奠基》的释义中,在解释康德对诸义务的推导时,提出康德是否解决了义务冲突的问题,指出:"毫不夸张地说,康德在他后面出版的著作中没有给出更加清晰的论证。"[②]这一定程度上代表了学界通常的看法。从康德的基本概念出发,也容易给读者这种印象。在康德那里,义务是出于敬重法则的行动的必然性,是无条件的要求。如果存在着义务冲突的情况,那么义务就不是无条件的,这与义务的概念矛盾。然而,我们在现实生活中确实存在着义务冲突的现象,比如我答应了马上还钱,但我发现有一个急需我帮助的人需要这笔钱,而我违背承诺对债主没有实际的伤害,此时我到底是遵守承诺还是帮助他人? 二者虽然都是义务,但是不可能同时得到满足,因而义务的冲突是存在的。更为典型的例子是,我们是否可以对一个行凶者撒谎来拯救无辜者的生命? 这里存在着不能撒谎和拯救他人的生命这两个义务。直觉告诉我们,我们应该撒谎,但是康德给出的答案却是在任何时候都不能撒谎。这看起来违背了我们的日常道德直观,然而我们依然需要思考,康德是如何理解日常生活中的道德冲突的。

目前学界对康德的义务冲突问题作出比较细致的解读的是蒂默曼。他结合不同的文本,对康德的"责任的根据"做出了自己的理解,并且指出学界忽视了在康德的法权义务那里不存在着道德冲突,只有在伦理义

---

① 密尔:《功利主义》,徐大建译,世纪出版集团、上海人民出版社 2008 年版,第 25 页。
② Heiner Klemme, *Kants Grundlegung zur Metaphysik der Sitten : ein Systematischer Kommentar*, Leipzig: Reclam, 2017, S. 172.

务中才存在着道德冲突的情况。实际上，当代学者科尔斯戈德提出的实践同一性的概念与黄裕生教授对本相和角色的区分，虽然没有直接分析康德的道德冲突的学说，但是可以看作是这个学说在当代的进一步发展。就本文而言，笔者试图论证：为了维护法则、义务等概念的绝对必然性，康德把我们日常所说的义务冲突的现象解释为道德的冲突。道德冲突的实质是责任的根据之间的冲突，与目前学界，尤其与蒂默曼的解释不同，笔者把责任的根据理解为康德在《道德形而上学》中列举的内在的自由法权、物品法权、人身法权，以及在德性义务中的我们人格中的人性的目的（自我的完善）和人的目的（他人的幸福），这些责任根据一方面具有规范性，另外一方面描述了人的现实生活的必要条件。康德以某种严格的词典式的顺序展示这些责任的根据之间的优先性，给解决道德冲突提供了普遍性的标准，虽然这种解决方式在某些情况下会带来诸多争议，但是它有助于我们理解当代实践哲学相关理论的发展，同时也有助于我们反思我们的日常道德生活。

（一）义务冲突还是道德冲突？

康德在《道德形而上学》的导论部分有一段集中地讨论了他对义务冲突的理解。"种种义务的冲突（collisio officiorum s. obligationum［种种义务或者责任的冲突］）就会是它们之间的关系，通过这种关系，其中一个（全部或者部分地）取消另一个。"①康德使用的是虚拟式，他并没有说确实存在着义务冲突，而是说，假如存在义务冲突，那么义务冲突会是什么样的情况。按照蒂默曼的考证，康德在这里批判的是鲍姆加通，康德在讲授伦理学时，所使用的是鲍姆加通的教材，在鲍姆加通看来，存在着不同程度的责任，由此责任的冲突是存在的，但是他又认为，最强的责任是真正的责任，这些责任是没有冲突的。② 康德接下来的一句话说明

① 康德：《道德形而上学》，张荣、李秋零译注，中国人民大学出版社 2013 年版，第 22 页。
② Jens Timmermann，"Kantian Dilemmas? Moral Conflict in Kant's Ethical Theory，" in *Archiv für Geschichte der Philosophie*，95（2013），p. 39.

了他不同意鲍姆加通的理由："既然义务和责任一般而言都是表述某些行动的客观的和实践的必然性的概念，而且两条彼此对立的规则不能同时是必然的，而是如果根据其中一条规则去行动是义务，那么根据相反的规则去行动就不仅不是义务，而且甚至有悖义务，所以，义务和责任的冲突就是根本无法想象的（obligationes non colliduntur［责任不能互相冲突］）。"①熟悉康德伦理学的读者应该对这句话不陌生。义务和责任的概念是康德伦理学的核心概念。康德在《奠基》中寻求和确立起道德性的最高法则，也确立起义务概念的必然性，这种必然性体现在它在客观上是由定言命令所规定的行动的必然性，在主观上是行动者对法则的敬重。行动的必然性和对法则的敬重是同一个义务概念不可分的两个方面，它们都表达了义务的无条件性。

如何理解这种必然性？康德在《奠基》的前言部分谈到建立纯粹道德哲学的必要性，其中一个理由是通常的道德意识都认为道德法则应该具有绝对必然性，比如"不要撒谎"这个命令，不仅对于人来说有效，而且对于所有的理性存在者来说都是有效的。如果要确立起道德法则的绝对的必要性，那么就需要我们不能从经验的人类学，而应当在纯粹的理性那里寻求道德法则的来源和根据。法则具有绝对必然性，因为它来源于纯粹理性。法则所规定的义务也具有绝对必然性，其规范性不依赖于任何经验性条件。类似于"不能撒谎"这样的义务不能因其他的因素而违背它。如果我具有一个不能撒谎的义务，那么在相应的场合，我就应该要履行不能撒谎这个义务，同时撒谎不可能成为我的义务。如果不能撒谎和撒谎同时成为我的义务，那么这就出现了义务的冲突。这种冲突意味着理性同时颁布相互矛盾的义务，导致理性自身的不一致。

蒂默曼对康德关于义务冲突的表述有不同的理解。他认为，康德在说明义务的概念之后，接着用复数 rules（规则）说明义务冲突是不可能的，因而，康德这里的义务是指与道德法则相关的命令，而不是我们通常

---

① 康德：《道德形而上学》，张荣、李秋零译注，中国人民大学出版社 2013 年版，第 22 页。

理解的具体的责任和行动。并且他引用《伦理学讲义——维格兰提伍斯》(以下简称《讲义》)中的论述,指出在康德那里,"义务的冲突"要么是严格义务的"法则"的冲突,要么是广泛义务的"规则"的冲突。①　这种解读是为了让康德对义务冲突的理解与日常的道德直观保持一致。依照这种解读,当康德说义务的冲突不存在时,是指义务所对应的法则是不可能冲突的。这一方面保留了康德所强调的法则的普遍性,另外一方面并不否认在康德那里存在着我们日常所感受到的义务冲突问题。这种解读忽略义务与法则一样都是具有绝对必然性的概念,因而不管是在正式出版的《道德形而上学》还是在《讲义》中,当康德说义务的冲突不存在时,这种冲突不仅仅是指法则不会相互冲突,而且也指由法则所规定的行动也不会发生冲突。这样才可以保持康德伦理学的基本概念的一致性。

　　然而,我们的生活中确实存在着类似于义务冲突的现象,康德也意识到了这个问题,接下来,他作出如下解释:"但是,这很可能是责任的两个根据(rationed obligandi[责任的根据]),它们的这一个或者那一个不足以使人承担义务(rationes obligandi non obligantes[责任的根据不能使人承担义务]),它们在一个主体中或者在主体给自己指定的规则中结合起来,此时有一个不是义务。"②康德使用转折词"但是"(aber)说明虽然他不承认义务冲突,但是他并不否认表现为义务冲突的现象。接着的代词"这"(es)可理解为表现为义务冲突的现象。康德否认这些现象是义务的冲突,而是把它阐释为责任的根据之间的冲突。如果一个责任的根据与另外一个根据相冲突,导致其中一个根据不足以使人承担义务,相应的行动就不是义务。行文至此,康德已经表明了他的立场:存在着责任的根据之间的冲突,这种冲突是对我们通常所理解的义务冲突的一种正确的理解。接下来康德做出进一步的说明:"如果这样两个根据彼

① Jens Timmermann, "Kantian Dilemmas? Moral Conflict in Kant's Ethical Theory," in *Archiv für Geschichte der Philosophie*, 95(2013), p. 42.
② 康德:《道德形而上学》;张荣、李秋零译注,中国人民大学出版社2013年版,第22页。

此冲突,那么,实践哲学所说的就不是:较强的责任占了上风(fortior obligatio vincit[较强的责任取胜]),而是较强的使人承担义务的根据保持着这位置(fortior obligandi ratio vincit[较强的使人承担责任的根据取胜])。"①他批判鲍姆加通认为存在责任之间的冲突的观点,把这种冲突看作责任的根据之间的冲突。之所以把这段话全部引用出来,是因为在康德正式出版的著作中,这是他唯一明确地论述义务冲突之处。接下来的问题是,我们如何理解康德所说的责任的根据以及如果这些根据发生冲突,那么如何解决这些冲突?

(二) 道德冲突的核心概念——责任的根据是什么?

康德在《道德形而上学》中没有明确说明"责任的根据"到底是什么。蒂默曼在讨论这个术语时把它与《实践理性批判》的方法论部分结合起来,并推出以下结论:在康德那里,法权义务是本质性的义务,不可违背,因而道德的冲突不存在于法权义务中,而只存在于德性义务之中。② 康德在《实践理性批判》的方法论里提到要区分两种不同的法则,即"仅仅给约束力提供一个根据的法则"与"事实上本身就有约束力的法则"。接着他举例说明这两种法则的区别,比如涉及人们的需要的法则是前者,涉及人们的权利的法则是后者。③ 这里的类似之处是"给约束力提供一个根据的法则"中的"根据",康德的表述是 einen Grund zur Verbindlichkeit,从字面来说,是给约束力(责任)提供一个根据,它与"责任的根据"(Grund der Verbindlichkeit)是有区别的,后者表示约束力(责任)的根据。④ 所以《实践理性批判》这个地方没有给读者提供理解"责任的根据"的直接提示,也不能从此处得出道德的冲突是否存在于这两种

---

① 康德:《道德形而上学》,张荣、李秋零译注,中国人民大学出版社 2013 年版,第 22 页。
② 参见 Jens Timmermann, "Kantian Dilemmas? Moral Conflict in Kant's Ethical Theory," in *Archiv für Geschichte der Philosophie*, 95(2013), pp. 46 - 47。
③ 参见《康德著作全集》第 5 卷,李秋零主编,中国人民大学出版社 2007 年版,第 167 页。
④ 参见 Kant, *Kritik der praktischen Vernunft*, Reclam, 2017, S. 228。

法则之中的结论。

考察《讲义》中康德的相关论述，可以给我们带来一些启示。他在§9节中论述了他对义务冲突的理解。这一节对义务冲突的论述与《道德形而上学》中的论述基本一致，然而需要注意到细微的区别：第一，义务冲突体现在何处？康德在《道德形而上学》中认为是诸责任的根据之间的冲突，在《讲义》中，除了诸责任的根据之间的冲突之外，还存在着"责任根据与一个责任"之间的冲突。第二，康德在《讲义》中还提到"一个遵循义务的行动的诸根据之间可能存在着冲突"，对比《道德形而上学》，康德此时把责任的根据与遵循义务的行动的根据看作是等同的。第三，《道德形而上学》没有举例说明责任或者义务的根据是什么，《讲义》作为上课的笔记，倒是举出一些例子，有助于我们理解。他在这一段的结尾举例如下：比如一个作为证人的兄弟，在他的情况中，真话与亲情之间存在着冲突①。这个例子看起来很像责任根据与一个责任之间的冲突，但是康德明确地把这个例子看作是遵循义务的行动的诸根据的冲突，即真话与亲情是责任的根据，它们之间出现了冲突。康德没有直接说如何解决这个冲突，他引入这个例子是为了强调，不存在着义务的冲突，而只是存在着义务的根据之间的冲突。换句话说，虽然义务冲突不存在，但是存在着作为责任根据之间冲突的道德冲突。

在§17节康德详细分析了责任的概念。责任是一种按照自由法则的道德强制，是对人的意选的一种强制，这里面包含着自由法则和意选的被强制这两个因素。接着康德从责任的根据、责任的推动性根据（impelling grounds）、责任的消失以及责任的强制者四个方面详细论述责任的概念。在这一节，康德从义务的概念梳理责任的根据的概念："义务总是包含一个责任的根据（ratio obligans），或者有义务去做遵循义务的行动的充分理由；然而与之直接相反的是责任的根据（ratio

---

① 参见 Kant, *Lectures on Ethics*, Trans. Peter Heath, Cambridge: Cambridge University Press, 1997, p. 261。

obligandi)，即任何其他的理由，虽然它是不充分的，并且这个说明，即在冲突时，更强的道德原因获胜仅仅意味着，不充分的责任根据无法产生责任。"[1] 义务表达行动的必然性，包含着一个充分的责任根据，与这个责任根据相反的则是不充分的责任根据。同样是责任根据，有强弱之分。强的责任根据会产生责任和义务的概念，弱的责任根据则不会产生责任和义务的概念。因而康德没有忘记指出，在鲍姆嘉通那里，更强的道德原因获胜实质上是更强的责任根据获胜。

康德接着举出一个例子："如果作证不利于父亲或者行善者，并且后者拒绝我的好处，那么这些关系，孝敬的义务与感激，仅仅是与讲真话的义务以及作为责任的根据的普通的正直相违背的。"[2] 这句话提到两种情况，第一种情况和上一个例子比较类似，都是真话和亲情之间的冲突，第二种情况是正直与感激之间的冲突。它们都是责任的根据，在同一个场合出现了冲突，谁的约束力更强，谁就成为真正的义务。在§33节，康德讨论法则规定责任的不同情况，一种是严格的责任，所有的法权义务都属于此类，行动者没有选择的空间，另外一种是宽泛的责任，它规定着行动者的目的，而没有规定行动本身，因而行动者在实现目的时有选择的空间。接着他讨论这种空间是否可以被理解为例外，比如在我的财产或者家庭受到局限时，做好事的义务就消失了。这是否属于宽泛的责任的空间问题。这个问题也回应了康德在《奠基》的脚注中提出的，如果完全义务不允许因偏好而有例外，那么不完全义务是否可以因偏好而有例外的问题。[3] 康德的回答是，在任何伦理学的法则中，都不存在着这样的例外，因为伦理学的法则是具有必然性的法则。如果存在着例外，那就是责任的根据之间存在着冲突的问题，即道德冲突的问题。

在这一节，康德也举了一个例子展示这种道德困境。他设想如下情

---

① Kant, *Lectures on Ethics*, Trans. Peter Heath, Cambridge: Cambridge University Press, 1997, p. 273.

② Kant, *Lectures on Ethics*, Trans. Peter Heath, Cambridge: Cambridge University Press, 1997, p. 273.

③ 参见康德《道德形而上学奠基》，杨云飞译，邓晓芒校，人民出版社 2013 年版，第 53 页。

景：一个对我善意的朋友陷入了悲惨的境地，我应该感激它，如果我此时刚好有一笔要还债的钱，债主很富裕，我不还债不影响他的财务状况，此时我是否可以把这笔钱用来帮助我的朋友？这是一个典型的例子，康德认为这里的道德困境是：还钱的责任具有绝对的约束性，"虽然它的责任的根据（回报），甚至考虑到公平，在此可能与债主的富裕……以及其他的责任根据相冲突，但是不难决定哪一种根据失去影响"①。这段话有一些值得注意的地方，比如为什么考虑到公平，回报与债主的富裕可能有矛盾。它涉及康德对贫富差距现象的一些理解。本文暂时不讨论他的这些理解。与本文相关，他在这里两次提到责任的根据，第一次明确说是回报，第二次没有明确说，在笔者看来，可以把后者解读为人身法权。在这个例子中，人身法权与感激之间存在着冲突，由于前者的约束力更大，因而在发生冲突时，行动者应该选择前者赋予的责任和义务。

在康德的伦理学中，偏好和道德法则之间的冲突是很常见的冲突，二者的冲突是否可以看作责任根据之间的冲突呢？康德专门澄清了这一点：它们的冲突实质是低级欲求能力和高级欲求能力之间的斗争，不能与责任的根据之间的冲突并列。因为道德法则所颁布的命令是无条件的，感性偏好对道德法则的阻碍使得道德法则的实现依赖于感性偏好，因而道德法则需要抵抗来自于感性偏好的阻碍。这种阻碍是理性和道德法则需要克服的对象，与责任的根据无关。然而，理性颁布的道德法则和感性的偏好都是人的行动的规定根据，我们有必要把源于后者的根据与责任的根据区分开来，康德用拉丁文 rationes impellentes（驱动性的根据）表达源于感性的规定根据，以区分二者。可见，责任的根据来自理性，具有规范性。

从康德的论述和这些例子中，笔者认为我们可以把责任的根据理解为康德在《道德形而上学》中所举出来的诸法权和与德性义务相关的一

---

① Kant，*Lectures on Ethics*，Trans. Peter Heath，Cambridge：Cambridge University Press，1997，p. 296.

些内容。这包括生而具有的自由法权,它赋予我们在与他人交往中维护自己的价值,即做一个正派的人的义务。这一点可以从康德的表述中得到支持。康德认为,这个义务"将被解释为出自我们自己人格中的人性法权的责任(Lex iusti[正当的法则])"①。做一个正派人的义务来源于作为责任的根据的自由法权。在私人法权范围内,人的法权赋予我们某种责任和义务,比如不能侵犯他人的物品法权的义务等。除了物品法权,人的法权还包括人身法权和采用物的方式的人身法权。它们都是人的法权的具体化,是相关的责任的根据。在德性义务中,我们人格中的人性的目的与人的目的,作为责任的根据,分别赋予我们促进自我的完善和他人的幸福的义务,具体的包括不能自杀(与保存生命相关)、性愉快上的自取其辱(与种族的延续相关)等。康德已经把这些责任的根据成体系地放入《道德形而上学》中,所以在"导论"部分没有仔细地说明。需要注意的是,康德在表述具体的责任根据时,有时候会把具体的义务也当作责任的根据。例如,如前所述,康德在《讲义》中把感激也看作是责任的根据。感激也可以表述为感激的义务,由于它是德性义务,没有规定具体的行动,所以把感激当作责任根据时,它赋予行动者做某种回报对方的具体行动的义务。因而康德的这些表述不违背义务之间不会出现冲突的立场。

考察学界目前对这个概念的研究有助于厘清它的含义。伍德虽然没有详细讨论这个概念,但给出了他的观点:"康德允许在两个责任的根据(或者有责任的理由)之间存在着冲突。换句话说,你有一个为什么做 S 的严格义务的理由,与你有一个为什么不去做 S 的严格义务的不同理由可能发生冲突。"②他对责任的根据的理解一方面比较宽泛和抽象,因为"为什么我要把做某事当作我的义务"从"根据"的含义就可以推出来,然而从他的观点中我们看不出责任根据与一般的根据有何区别,所以他

---

① 康德:《道德形而上学》,张荣、李秋零译注,中国人民大学出版社 2013 年版,第 34 页。
② Allen W. Wood, *Kantian Ethics*, Cambridge: Cambridge University Press, 2008, p. 164.

自己都认为"我们应当想知道它是否真的告诉我们有信息的东西"①。另一方面,他界定道德冲突的范围比较窄,他只是认为严格的义务存在着责任根据之间的冲突,而没有看到其他的义务也存在这样的情况。

笔者虽然不认同伍德对责任的根据的理解,但是他把这个概念看作一个具有规范性的概念是具有启发性的。蒂默曼不认同这种纯粹规范性的解释,他认为,把责任的根据解释为人类所生存于这个世界的事实或者伦理学的原则都是不行的,因为前者不具有规范性,后者作为必然性的原则不可能产生冲突。因而只有把诸原则和事实放在一起才能产生冲突,"具体来说,当一个行动者正确地把一个伦理学的原则运用到一个具体的事例时,一个责任的根据就产生了。这个根据,即使是真正的根据依然可能无法产生一个现实的责任,如果行动者缺乏促进伦理学的目的的手段时,比如由于某些物理上、心理学上的,或者道德的不可能性"②。责任的根据存在于道德原则的运用的层面,而不是在运用之前就存在着。即使责任根据存在,但是由于一些现实的条件,这种根据依然无法产生具体的责任和义务。比如亲人和陌生人都需要我的帮助,而我的资金有限,仅仅能够帮助其中一个人时,帮助他人的义务就由于现实的条件而产生出道德冲突。由于法权义务是严格的义务,不存在行动者选择的空间,所以法权义务没有责任根据之间的冲突,也就不存在道德冲突的问题。伦理学的义务涉及促进相应的目的,实现目的的手段由于经验性的原因存在着冲突,此时,责任的根据之间存在着冲突,因而道德冲突只在伦理学的义务中存在着。

在笔者看来,蒂默曼的理解启发我们,责任的根据不可能是纯粹规范性的,否则这些根据之间不可能出现冲突,因而它应该是既具有规范性,又具有描述性。笔者与他的分歧在于,责任根据是存在于具体的道德法则所赋予的义务之前,还是在这些道德法则运用于现实所产生的具

---

① Allen W. Wood, *Kantian Ethics*, Cambridge: Cambridge University Press, 2008, p. 164.
② Jens Timmermann, "Kantian Dilemmas? Moral Conflict in Kant's Ethical Theory," in *Archiv für Geschichte der Philosophie*, 95(2013), p. 48.

体义务之后。如果是前者,那么道德冲突就存在于整个义务体系中,或者说存在于人的整个实践领域之中,不管是法权义务的领域,还是伦理学义务的领域。从康德所举的例子来看,道德的冲突不仅存在于伦理学的义务之中,而且也存在于法权义务之中。另外,康德无论是在《讲义》中,还是在《道德形而上学》之中,都是把道德冲突放在义务体系之前论述的。从这种写作的顺序来看,道德冲突是整个义务体系共有的现象,不仅仅存在于伦理学的义务之中。伦理学的原则涉及同时是义务的目的,这种目的是由理性赋予,是需要我们维护和促进的目的。如何促进这种目的,存在着现实的限制和具体的考虑,但是它不属于责任的根据,而属于行动者自由选择的范围。我在这个范围内如何选择,不具有规范性。当熟悉的人和陌生人同时需要我帮助,而我只可以帮助一个人时,此时的责任的根据是人的目的,与之相关的义务是促进他人的幸福。我帮助熟悉的人还是帮助陌生人,理性对此不会有强制性,也不存在规范性的要求。人的目的具有两个方面的属性:一方面,它是描述性的,表达人是有限的存在者,具有感性的偏好和追求幸福的倾向;另外一方面,促进他人的幸福是理性对行动者的规范性要求,因而它具有规范性。

(三)如何解决道德冲突?

康德在《道德形而上学》中提到责任根据的强弱问题,强的责任根据先于弱的责任根据,但是他没有明确地讨论判断强弱的规则是什么。这点可以参考《讲义》:"在此规则是,更强的法则优先;如果诸规则冲突了,那么弱的规则成为例外。由此,不完全的义务总是服从完全的义务,正如几个不完全的义务超过一个不完全的义务一样;比如另外一个人的灾祸,即使是致命的,也不能迫使我负债或者在我父母挨饿时迫使我感恩。"①这几句话读起来给人的感觉是,康德承认法则之间存在着冲突。实际上,他在这

---

① Kant, *Lectures on ethics*, Trans. Peter Heath, Cambridge: Cambridge University Press, 1997, p. 296.

里引用的是鲍姆嘉通的看法:强的法则的规范性高于弱的法则。所举的例子涉及两种情况:第一种是完全义务的规则性(人身法权)高于不完全义务(帮助他人),第二种是多个不完全义务的规范性(孝顺与帮助他人)高于一个不完全义务(帮助他人)。接下来康德正面表述自己的立场:"我们现在在此不能说同时满足两个义务是绝对不可能的,这些义务依然存在,即便它们无法得到履行。因为,正如我们已经说的,诸法则和诸规则不能彼此冲突;相反,存在着与另外一个义务的根据对立的义务的根据的相反的行动,导致二者不能同时存在,因为一个义务的根据比另外一个义务的根据更强,比如义务强于感激。"①为了保持法则、义务等概念的绝对必然性,他否认诸法则和诸义务之间存在着冲突,但是他承认道德冲突现象,把这些现象归结为义务或责任的根据之间的冲突。在如何解决道德冲突的问题上,他的处理方式类似于鲍姆嘉通,即法权义务的责任高于德性义务(伦理学义务)的责任,多个伦理学义务的责任高于一个德性义务的责任。

康德在《道德形而上学》中并未给出如《讲义》那样的规则,也许他认为解决冲突的规则是大家都知道的。从普芬道夫开始,近代思想家就强调法权义务的约束力高于德性义务的约束力。康德的创新之处体现在两个方面:第一,他把他之前的哲学家所说的义务冲突解释为责任根据之间的冲突;第二,他在《道德形而上学》中按照词典的顺序提供了详细的诸责任根据。按照这种词典的顺序,法权义务的根据先于德性义务,在法权义务中,对自我的法权义务的责任根据即自由的法权先于私人法权。这种思维方式在康德的其他著作中也有所表现,比如在论文《论俗语:这在理论上可能是正确的,但不适用于实践》中,康德否认人民有革命的法权,因为防止国家的灾祸是无条件的义务。他接着举出另外一个例子,在遭遇海难时,我是否可以为了保全我的生命,而将另一个人从他

---

① Kant, *Lectures on Ethics*, Trans. Peter Heath, Cambridge: Cambridge University Press, 1997, pp. 296 - 297.

的木板上撞下来。康德指出，这种做法是错误的，"因为保全我的生命，这只是有条件的义务（如果无须犯罪就能够做到这一点）；但对于另一个并未冒犯我，甚至根本未陷我于丧失自己生命的危险之中的人来说，不剥夺他的生命，是无条件的义务"①。康德在此没有说明不侵害他人的义务为何是无条件的义务，以及保存自己的生命为何是有条件的义务。无条件的义务和有条件的义务分别对应着法权义务和德性义务，前者纯粹是形式的，不以任何目的为根据而对行动提出规范性要求，后者是质料的，行动以实现某些目的（自我的完善与他人的幸福）为依据。不剥夺他人的生命属于法权的领域，保存自己的生命是不能自杀的德性义务，属于伦理学的领域。前者的责任先于后者，因而当二者冲突时，不能为了后者而违背前者。不过，在笔者看来，他的解释需要进一步澄清。如果我抢走他的木板，他幸运地活了下来，那么这是否违背了义务呢？康德肯定会认为这依然违背了义务。违背何种义务？实际上这个例子还存在着另外一个责任的根据——物品法权。我抢夺他人的木板，违背他人的物品法权。因为这块木板是他人的所有物。如果在遭遇海难时，我和他碰到一块无主的木板，那么我是可以使用自己的力量来获取这块木板的。物品法权是严格法权义务的责任根据，优先于保存自己的生命。当二者冲突时，起作用的是物品法权，以及它产生的不能侵犯他人财产权的义务。

康德严格遵守这种词典式的顺序，导致他在 1797 年的论文《论出自人类之爱而说谎的所谓法权》中得出违背道德直观的结论：即使我们说谎可以拯救一个无辜者的生命，我们也不能说谎，"因为真诚是一种必须被视为一切能够建立在契约之上的义务之基础的义务，哪怕人们只是允许对它有一丁点儿例外，都将使它的法则动摇和失败"②。他在这里把真诚看作与契约有关的法权领域的义务，拯救无辜者的生命是帮助他人的

---

① 《康德著作全集》第 8 卷，李秋零主编，中国人民大学出版社 2010 年版，第 304 页。
② 《康德著作全集》第 8 卷，李秋零主编，中国人民大学出版社 2010 年版，第 436 页。

德性义务。当二者的责任根据(契约和他人的幸福)发生冲突时,契约优先于他人的幸福,因而我们应该选择真诚,不管它可能会带来何种后果。费希特详细讨论了这个例子,他的理解与康德不同。在他看来,一个试图通过撒谎来挽救他人生命的人,其目的实际上是担心自己的生命受到威胁,正当的做法是心平气和地劝说对方放弃伤害他人的意图,如果无法劝说,那就只能奋力保卫他人的生命,因为保卫他人的生命,就是在保卫自己的生命,"一俟人的生命处于险境,你们就不再有权利设想你们自己的生命的安全了"①。他人的生命受到威胁,实际上违背了不伤害他人生命的原则,这导致每一个人的生命都受到威胁。分析至此,费希特对这个道德困境的解决方式比康德更好。但是道德困境与复杂的现实情况有关,如果我们根本无法反抗,反抗会导致自己死亡,撒谎则会保护他人和自己的生命,那么我们可以撒谎吗? 费希特的回答是:此时我们依然不能撒谎,最坏的结果就是死亡,但是死亡并不可怕,因为死亡不过意味着我们没有义务捍卫他人的生命,同时也避免了说谎的危险,所以"死亡重于说谎,并且绝不要说谎"②。可见,与康德相似,费希特依然保留了不能说谎的绝对性,同样违背了我们日常的道德直观。毕竟我们通常会认为,如果我们说谎可以保存自己和他人的生命的话,那么说谎是不得已的做法。

对于这个典型的例子,科尔斯戈德区分理想的环境和非理想的环境,指出在非理想的环境中撒谎是实现善的目的的手段③。这种解读符合日常的道德直观,但是它产生了把康德的义务概念有条件化的问题。除此之外,她在《规范性的来源》中提出实践的同一性探讨义务的规范性问题,与解决道德冲突的问题有关。实践同一性是指行动者对自身是什么的反思。行动者是什么,在社会中承担什么角色,给予他按照什么样

①　费希特:《伦理学体系》,梁志学、李理译,商务印书馆 2007 年版,第 15 页。
②　费希特:《伦理学体系》,梁志学、李理译,商务印书馆 2007 年版,第 315 页。
③　参见 Christine M. Korsgaard, *Creating the Kingdom of Ends*, Cambridge: Cambridge University Press, 2000, p. 27。

的法则行动的理由。他具有什么样的身份和实践同一性，是偶然的；他必然具有某种实践同一性和某种身份，是必然的。在诸多特殊的实践同一性中，道德的同一性是必然的。行动者作为一个自由的存在者，赋予自身和他人以价值，这种道德的同一性给予其他特殊的同一性以规范性。诸多实践同一性可能会存在着冲突，这种冲突有两种形式：第一，特殊的实践同一性与道德的同一性相冲突，比如一个杀手的同一性；第二，特殊的实践同一性与道德的同一性没有冲突，但是它们在具体的情况中会导致冲突。第一种冲突可以解决，因为与道德的同一性相冲突的实践同一性不具有规范性的力量，应当被放弃。第二种冲突确实存在着，尤其在个人的关系之中存在着，这些个人关系包括作为某人的朋友、情侣等。一个人是目的王国的一员，同时也是很多更小的群体的一员。在通常情况下，二者是一致的，但是在有些情况下，存在着冲突。她没有举出具体的例子。不过在学界争议比较多的例子，即我是否有义务举报亲人的违法行动，比较符合这种冲突。从我是一个目的王国的成员的角度来看，我要维护目的王国的法则，即自由的法则，从我与亲人的关系的角度来看，我应该维护他的利益。此时特殊的实践同一性的规范性要求与普遍的道德规范性出现了冲突，我到底应该怎么办？或许在她看来，后者具有更强的规范性，但是为什么如此？她提出了问题，却没有给出直接的回答："为什么你同普遍人性的关系常常比你同某个特殊个人的关系更加重要呢，对此，并没有很明显的理由……我相信，这就是为什么个人关系与道德之间的冲突会如此棘手的原因。"①

黄裕生教授对道德冲突的问题也有独特的思考。在论文《普遍伦理学的出发点：自由个体还是关系角色》中，他提出区分本相和角色的存在论区分是普遍伦理学得以可能的观点。这种区分实质上是人的本体和现象这两种存在的进一步区分。人首先是作为自由的存在者，以维护自

---

① 克里斯蒂娜·科尔斯戈德：《规范性的来源》，杨顺利译，上海译文出版社 2010 年版，第147 页。

己和他人的自由为行动的原则,其次他也是作为现象的存在者,表现为
自身与他者包括自然与他人之间的关系,受到各种自然法则的支配。角
色的存在关注的是自我与他人之间的关系,比如亲人、朋友等的关系。
一种普遍的伦理学区分人的这两种存在,并把前一种存在作为后一种存
在的规范性要求。人首先是自由的存在者,服从普遍的道德法则,接着
才考虑到自己处于何种关系之中。当二者出现冲突时,人要以自由的存
在者的身份来规范和调节关系中的各种角色。当亲人作恶时,我处于自
由的存在者与亲情这两种存在形式的冲突之中,前者要求我反对作恶的
行动,后者要求我维护亲人,即便他作恶。普遍伦理学的出发点是我作
为自由存在者的身份高于作为亲情的身份,我应该为了维护公义而阻止
作恶。① 关系的存在实际上基于各种自然的因素,比如血缘、地域等。这
种自然关系是描述性的,独自不能提供出具有规范性的普遍性原则。人
的自由存在是规范性的,它运用到各种关系时,会产生具体的规范性要
求。我帮助朋友,因为我是自由的存在者,我把自己也把他人当作目的
自身。自由的存在者之间不会产生冲突,但是由这些存在者在现象的关
系中所产生的具体义务可能会存在着冲突。依照康德的说法,这些冲突
不是义务的冲突,而是义务的根据的冲突。亲人盗窃,我是否应当举报?
于我而言,这出现了物品法权和亲情之间的冲突,此时,物品法权具有优
势的地位,我应当制止,甚至举报这种违法行动。

可见,康德对自由和现象的区分为当代学者的实践同一性和本相与
角色的区分提供了理论的基础。当代学者的实践同一性和本相与角色
的区分可以看作是康德道德哲学的当代发展。就解决道德冲突而言,康
德在《道德形而上学》中按照词典式的顺序给出详细的责任的根据,这一
方面为解决现实的道德冲突提供了一个普遍的标准,另一个方面区分了
道德冲突与非道德冲突。我是否举报犯罪的亲人,这属于道德冲突,因

---

① 参见黄裕生《普遍伦理学的出发点:自由个体还是关系角色》,载《中国哲学史》2003 年第
3 期。

为它是物品法权和亲情（放入他人的目的范围内）之间的冲突。在有限的财力下，我是帮助熟悉的人还是陌生人，这种冲突不属于道德冲突，因为他人的目的让我产生促进他人的幸福的义务，但是帮助谁，在于我的选择，不涉及道德的因素。同样，在日常生活中，我如何规划我的未来，选择何种职业，诸种选择之间可能会存在着冲突，这些冲突也不是道德冲突。因为我的人格中的人性的目的要求我促进自身的完善，促进何种完善以及如何促进等具体的问题与责任的根据没有直接的关系，与道德无关。

第六章　康德自由体系的地位及影响

不管是批判时期的伦理学学说，还是后期伦理学说，核心概念都是自由。它与亚里士多德的德性论的比较，对康德之后德国古典哲学（德国观念论）的影响以及对当代伦理学的影响，都是值得关注的问题。笔者试图从不同的角度对这些问题做出一些理解性的工作。

第一节　康德伦理学与亚里士多德的沟通问题——以不能自制为例

20世纪德性伦理学复兴以来，它与义务论、功利主义成为伦理学的三大理论。它们之间的相互批评使它们不断地修正和丰富自己的理论。德性伦理学关注人的幸福，尤其强调情感和理性的和谐。对于当代人来说，这些特点具有很强的吸引力。相反，康德的伦理学给人以完全不同的特征。人们通常认为，康德忽视甚至敌视情感，是一个极端的理性主义者。其中，有的学者认为康德的伦理学最终回到亚里士多德的自制的概念。在亚里士多德的伦理学中，自制居于德性和不能自制之间，低于作为德性的节制。这样，康德的伦理学的终极取向是低于亚里士多德的。康德的研究者们做了相应的研究和辩护，比较突出的有谢尔曼

(Nacy Scherman)和巴克斯利(Anne Margaret Baxley)。谢尔曼把斯多亚学派作为亚里士多德伦理学与康德伦理学的过渡,比较亚里士多德和康德的德性概念,考察在不同文本中康德的德性概念,得出康德的德性概念具有情感的维度的结论。[①] 巴克斯利区分亚里士多德的自制概念与康德的德性概念,论证康德的德性不仅基于纯粹理性的自律,而且基于纯粹理性的自治(Autocracy)。自治不是通常所理解的抵制情感,而是控制情感,使之与理性和谐一致。康德的德性概念与古希腊的德性概念具有类似的情感的维度。[②]

学者们梳理康德的德性概念,分析理性和情感的关系,论证康德与亚里士多德的德性概念所具有的共通性。这是从亚里士多德的角度出发开启二者对话的可能性。那么,我们是否可以转换立场,从康德的角度来分析亚里士多德伦理学的一些重要学说,从而将二者的对话继续下去呢? 基于已有的研究成果,笔者选取亚里士多德的不能自制的学说,并从如下方面进行论证:第一,亚里士多德从知识论的角度分析不能自制的现象;第二,这种分析所引起的疑难以及当代学界的争议;第三,从康德的视角出发,意志的自由可以更好地理解不能自制的现象;第四,这种视角在亚里士多德那里是隐而不显的,亚里士多德对行动的分析具有意志自由的因素。

(一) 亚里士多德论不能自制

亚里士多德在《尼各马可伦理学》第七卷对自制和不能自制的分析堪称哲学分析的典范,是研究行动哲学的一个重要文献。我们通常认为,作为理性存在者,我们按照理性来认识和行动。如果我们判断一个行动是善的,我们就会为此而行动。但是不能自制的现象违背了这个直

---

① 参见 Nacy Sherman, *Making a Necessity of Virtue:Aristotle and Kant on Virtue*, Cambridge:Cambridge University Press, 1997, pp. 350 - 361。
② 参见 Anne Margaret Baxley, *Kant's Theory of Virtue*, Cambridge:Cambridge University Press,2010, pp. 75 - 79。

觉。不能自制者具有理性的判断,却违背理性而行动。这种现象普遍地存在。比如有些人知道偷盗不好,却依然以身试法。然而,苏格拉底否认这种现象的存在。在他看来,每个人都希望获得幸福,德性是让我们达到幸福的手段。如果我们认为某个行动可以让我们得到幸福,那么我们就必然会采取相应的行动。人之所以会作恶,不是因为欲望使得他丧失理性的判断,而是他的理性在认知上出了问题。他误以为某个行动可以让他获得幸福。如果他具有真正的理性的判断,那么他就不会作恶。防止作恶需要我们有关于善的真正的知识。激情和欲望无法阻止我们做出符合善的行动。所以德性就是知识,无人有意作恶。一个偷盗的人并非不知道偷盗违法,而是带着侥幸心理误认为偷盗可以给他带来幸福。但是,苏格拉底的看法无法解释孱弱的不能自制,即严格的不能自制。在这种情况下,我们清楚地知道某个行动可以给我们带来幸福,但是我们依然不采取相应的行动。

亚里士多德对不能自制的研究是承接苏格拉底的。与讨论其他问题一样,亚里士多德首先摆出现象,接着考察其中的困难,最后肯定其中某些意见中的合理的成分。在流行的看法中,亚里士多德最关注的是苏格拉底的看法。在转述苏格拉底的看法之后,他认为:"这种说法与现象不相符。如果那种感情是出于无知,我们就要弄清它是出于何种无知。"①"现象"是指经验事实。在苏格拉底那里,我们的欲望要么是善的,要么被误认为善的,总之欲望与善相关。然而,在亚里士多德看来,这种观点和我们的所经验的事实相悖。吸烟的人知道吸烟的欲望不是善的,但是他依然吸烟。所以,不能自制是存在的,关键是如何解释这种现象。

亚里士多德在"德性引论"里对灵魂的划分是解释这种现象的基础。在他那里,人的灵魂分为两个部分。一个是无理性(逻各斯)的部分,一个有理性的部分。无理性的部分包括植物性的营养的部分,它是人与其他生物所共有的能力。除此之外,人的灵魂还包括能够听从或者反对理

---

① 亚里士多德:《尼各马可伦理学》,廖申白译,商务印书馆 2010 年版,第 194 页。

性的欲望的部分。在节制者、自制者以及不能自制者这里,有理性的部分都被保存着。区别在于,节制者的欲望部分完全听从理性;自制者的欲望部分有反对的倾向,但还是服从理性;不能自制者的欲望部分反对理性。亚里士多德把欲望与理性分离,是解释不能自制者的基础。

自制和节制都以快乐为对象。然而,节制是一种德性。节制者把节制自己的欲望看作是快乐的。与之不同,自制者有坏的欲望,只是他可以控制自己,不做出违背德性的行动。二者行动相同,品格有异。不能自制者和放纵者都做出违背德性的行动,区别在于:前者感到后悔,意识到这种行动是不正确的;后者感到快乐,没有意识到他的行动是恶的。自制和不能自制的核心是理性和欲望的斗争。那么,在不能自制者这里,欲望是如何战胜理性而主导我们的行动的呢?我们在何种意义上说,不能自制者具有知识、而不完全具有知识呢?在"不能自制与知识"这节中,亚里士多德通过区分具有知识的不同形式来详细地探讨这些问题。

具有知识有三种不同的形式。第一,有知识而不运用与有知识并且运用它,一个人做了不应当的事情,是否清晰地意识到所具有的知识,是有区别的。清晰地意识到所具有的知识而做了相反的行动,这是非常令人奇怪的。有知识而没有清晰地意识到知识,导致做出违背知识的事情,这倒是可以理解的。第二,行动是以实践三段论的方式表达出来。三段论有大前提和小前提,以及由此推出的结论。一个知道大前提和小前提的人,也有可能没有把前者运用于后者而得到结论。进一步考察,实践三段论的大前提的主词和谓词涉及行动者和事物。行动总是与具体的事物相关。与感觉相关的知识越具体,就越容易导致相应的行动。然而,我们很可能具有或者不具有这种具体的感觉知识。亚里士多德举了一个例子有助于我们理解这一点。大前提"干燥的食物对所有的人都是有益的",里面涉及"干燥的食物"以及"所有人"。我们是否应当吃眼前的这个食物,取决于我们是否具有"这个食物是干燥的"的知识。第三,具有知识而未能运用还可以区分为不同的类型,亚里士多德通过两个类比说明这一点。第一个类比是，这种人像一个睡着的人、疯子或者醉汉那样既具有知识又不具有知识。这些人虽然有知识，但是在睡觉、发疯或者喝醉时，他们处于无知的状态。第二个类比是，"说出"和"使用"某个知识是有区别的。一个初学者可以背诵某个知识点，但是没有理解它，所以无法内化为自身的一部分。

以上对具有知识的几种区分构成了亚里士多德解释不能自制的基础。不能自制者就像睡着的人、疯子或者醉汉那样，受欲望的影响，处于无知的状态，做出违背自己理性判断的行动。他又类似于一个初学者，没有使知识成为自身的一部分，从而有效地行动。那么不能自制者的实践三段论表现为何种形式，使其不能使用知识呢？在亚里士多德对实践三段论的理解中，大前提"每个人都应该品尝令人愉悦的食物"，小前提"我是一个人，甜的食物令人愉悦，这个食物是甜食"，结论"我应该品尝这个食物"。大前提与行动者的品质相关，是关于我们应该做某事或者不做某事的表述，小前提涉及人与事物，越具体就越具有现实的驱动力。① 如果没有其他因素作为前提进入这个实践三段论中打断行动者的推理，那么他就会品尝这个食物。这是实践三段论的一般情形。

在不能自制者这里，亚里士多德说："如若有一个普遍意见阻止我们去品尝，另一方面又有一个意见说，'甜的食物是令人愉悦的'，且'这个食物是甜的'——这种意见有一种现实的驱动力量，如若我们有了欲望，那么即使第一个普遍意见阻止我们，欲望也会驱使我们向前（因为它能使身体的每个部分都动起来）。"②对于这段话，学者们有不同的解释，争议最大的问题是，这里涉及一个还是两个三段论？笔者认同普莱斯

---

① 亚里士多德在《尼各马可伦理学》中，对这个实践三段论的论述并不充分。他只是列举了几项小前提，而没有提到具有应该做或者不做某种行动的大前提。笔者参照 Paula Gottlieb 的研究做了修改。参见 Kraut, Richard, *The Blackwell Guide to Aristotle's Nicomachean Ethics*, London: Blackwell Publishers, 2006, p. 226。

② 亚里士多德：《尼各马可伦理学》，廖申白译，商务印书馆 2010 年版，第 199—200 页。

(Price)的做法,亚里士多德在这里使用的是一个三段论。① 我们重构这个三段论如下:大前提:每个人都不能以不适当的方式品尝甜食;小前提:① 我是一个人,② 甜的食物是令人愉悦的并且这个食物是甜食,③ 品尝这个甜食是不适当的;结论:我不应当品尝这个食物。这个三段论不适用于节制者,因为他没有②。它适用于自制者。自制的人有②,但是不被它所诱惑,而是坚决地执行理性的判断。放纵者的大前提与这里的大前提是相反的,同时没有③。在不能自制者这里,在行动的那一刻,起作用的是①和②,大前提和③失去作用。此时,他如一个醉汉一样只是重复地说出这个实践三段论,或者如一个初学者,虽然记得整个三段论,但是只有②才是起作用的。

结合其他著作,我们可以更清楚地理解这个问题。亚里士多德在《论动物的运动》中,谈到思想和运动的关系。他认为:"思想何以有时导致行动,有时不导致行动,有时导致运动,有时不导致运动? 同样的情况也发生在当人们对不动的实体进行思想和推理的时候。一方面这种活动的目的是思辨对象(因为一旦对两个前提进行思考,就会直接思想到和推论出结论来);但另一方面来自两个前提的结论可以产生行动。例如,一旦想到每个人应当行走,你自己是人,那么你直接行走。如果你想到在某种状态下无人应当行走,你是人,因此你直接保持静止。在上述两种情况下人们都会如此行动,除非有某种阻碍和强迫。"②思想和行动都表现为三段论的形式,从两个前提推出结论。区别在于,前者是关于对象的知识,后者在没有阻碍的情况下,结论直接产生行动。

那么,在不能自制者那里,这种阻碍是什么呢? 它如何起作用的呢? 亚里士多德认为,这种阻碍就是欲望。欲望中断了整个三段论的推演,

---

① 普莱斯认为,这种理解可以把实践三段论的复杂性激发出来。参见 Richard Kraut, *The Blackwell Guide to Aristotle's Nicomachean Ethics*, London: Blackwell Publishers, 2006, p. 241. 除此之外,笔者认为,在亚里士多德那里,与放纵不同,不能自制者保留了与节制者相同的大前提,即行动的"始点"。这是亚里士多德认为他"总体上不坏"的原因。在一个三段论中更能够体现不能自制者的这种特性。

② 《亚里士多德全集》(五),苗力田主编,中国人民大学出版社 1990 年版,第 165 页。

突出②,使得③不再发挥作用,整个三段论的必然联系被打破。此时,不能自制者虽然保留了作为行动"始点"的大前提,但是由于没有③,无法得出"不应该吃这个食物"的结论。②如何产生行动呢? 在实践领域,具体的前提起到更大的作用。在《论灵魂》中,他提道:"由于一个前提或陈述是普遍的,而另一个是特殊的(因为其一断定这样的人应当做这样的事,而另一断定现在的这种行动就是这样的事,我就是这样的人),正是后面的这种意见引起运用,而不是那个普遍的东西。或许也许是两者,然而共相更倾向于静止,而另一个则并非这样"①。具体的前提对行动产生更大的影响,或者说普遍的大前提必须通过具体的小前提产生行动。在不能自制者这里,作为具体的前提,②可以直接产生"我吃这个食物"的行动。

使得不能自制者变为自制者就需要让普遍的知识运用于"最终的小前提"之上。亚里士多德认为,这属于生理学的范围,不是伦理学探讨的领域。所以他没有完全否定苏格拉底的观点。不能自制者只有被欲望所扭曲的感觉知识,不是真正的普遍的知识。这种结论与其哲学的方法是一致的。在哲学的分析中,亚里士多德总是摆出现象,找出疑难,从不同的意见中找出合理的东西。在他看来,苏格拉底的观点具有某种合理性,只是他没有区分知识的不同方式。

(二) 不能自制的疑难

学界对亚里士多德关于不能自制的学说存在很多争议。这些争议主要基于两点:第一,不能自制分为两种:冲动的不能自制与孱弱的不能自制。前者无法有效地作出判断,后者由于软弱无法坚持自己的判断。前者是宽泛意义上的不能自制,后者才是严格意义上的不能自制。正如涂纪亮先生所指出的:"亚里士多德的分析大致说来比较适合于'冲动',

---

① 《亚里士多德全集》(三),苗力田主编,中国人民大学出版社1990年版,第89页。

而不大适合于'软弱'。"①不能自制是欲望打破推理的进程,导致行动者不清楚自己到底应该做什么,与某种程度上的无知并存。这种情况属于冲动的不能自制。孱弱的不能自制者已经做出完整的推论,知道自己应当做什么,由于欲望的原因,无法坚持理性的判断。那么,亚里士多德是否认为孱弱的不能自制也属于不能自制的范围呢?在区分不能自制时,他指出:"在不能自制者中间,那些冲动类型的人比那些意识到逻各斯而不能照着做的人要好些。因为,后面这种人有一点诱惑就要屈服。而且,与冲动的人不同,他们并不是未经考虑而那么做的。"②孱弱的不能自制者有理性的考虑和选择,知道自己应该做什么,但是受到诱惑而无法坚持自己的判断。然而,亚里士多德无法解释这种类型的不能自制者。在谈到不能自制者与知识时,他认为,在做了不应当的事情的人之中,有知识而没有意识到与清楚地意识到知识是不同的,前者可以做出解释,后者是"非常令人奇怪的"。

第二,亚里士多德分析不能自制时,经常强调他们的心理冲突。在对比不能自制者与放纵者时,他认为:"不能自制者在违反正确的逻各斯而追求过度的肉体快乐时,并不认为自己应当那样做。放纵者则认为他应当那样去做。"③欲望的影响并没有使得不能自制者相信他所做的就是正确的。所以,他感到后悔,相反放纵者感到快乐。如果是这样,那么不能自制者必然已经清楚地知道他应当做什么。也就是说,他拥有完整的实践三段论。可是,按照亚里士多德对不能自制者的分析,在他们的推论中,部分的具体小前提被欲望所打断,他们无法得出正当的结论。在行动时,他们不会产生心理的冲突。看来,亚里士多德对这方面的强调符合常识,但是与其论述不一致。

基于亚里士多德看似自相矛盾的说法,学界有两种不同的观点。第一种认为,亚里士多德不承认孱弱的不能自制,从而严格的不能自制不

---

① 余纪元:《亚里士多德伦理学》,中国人民大学出版社 2011 年版,第 171 页。
② 亚里士多德:《尼各马可伦理学》,廖申白译,商务印书馆 2010 年版,第 212 页。
③ 亚里士多德:《尼各马可伦理学》,廖申白译,商务印书馆 2010 年版,第 212 页。

存在;第二种认为,亚里士多德对不能自制与知识的分析不是总结性的,只是涉及不能自制的一种类型而已。① 第一种观点符合亚里士多德对不能自制与知识的分析,但是无法说明他对不能自制的区分,尤其是他突出了不能自制者的心理冲突。第二种观点符合我们的日常观念,包含了他对不能自制所做的区分,但是与其对行动与知识的关系的立场不相容。

　　学界对这个问题做了进一步的研究。普莱斯在总结学界的不同观点之后,提出一种补充性的论述,试图给出一个更一般性的说明。在麦克道威尔(McDowell)理解的基础上,他认为:“只有那些充分地意识到(appreciate)被正确地设想的幸福的伦理价值的行动者,在定义其内容时,才能够拒绝他们的某些一般或者特殊的欲求;而缺少这种意识的行动者不得不在他们的幸福的概念中考虑一切欲求。”②我们的欲望是指向幸福的,只有我们对幸福拥有清晰的概念,确切地知道我们需要什么,我们才可以一致地行动。学界过去对幸福的看法,要么是客观充分的,即幸福给行动者提供足以满足其内心欲望的东西,要么是主观充分的,即它包含行动者所需要的一切。这两种幸福的概念都使得不能自制成为问题。因为“在任何一种情形中,行动者怎么可能不履行他知道或者认为最好的东西,头脑清楚地抵制幸福的召唤呢? 亚里士多德可能被他类似于严格不能自制的广义的不能自制提供了的说明所吸引,因为他并没有发现这个问题的答案”③。我们只有重新定义幸福的概念,把幸福看作在不断反思中所形成的一个概念,我们才能够更好地解释不能自制的现

① 余友辉对这个问题做了自己的解释。他认为目前学界关于亚里士多德立场的争论在于误解了亚里士多德的本意。在他看来,亚里士多德对苏格拉底的承认不代表自己的本意,只是一种“反讽”。从亚里士多德对灵魂的区分来看,可以顺利地推出其对孱弱的不能自制的承认。笔者认为,这种解读忽视了亚里士多德“拯救现象”的方法论以及对知识和行动的直接关系的立场。参见余友辉《亚里士多德论不自制》,载《道德与文明》2013年第1期。
② Richard Kraut, *The Blackwell Guide to Aristotle's Nicomachean Ethics*, London: Blackwell Publishers, 2006, p. 249.
③ Richard Kraut, *The Blackwell Guide to Aristotle's Nicomachean Ethics*, London: Blackwell Publishers, 2006, p. 249.

象。不能自制的现象之所以出现,是因为行动者没有形成和意识到自己的幸福概念。如果他们知道自己需要什么,他们就不会做出违背幸福的事情。亚里士多德缺乏对幸福概念的正确说明,因而,他无法真正说明不能自制的现象。

普莱斯的观点代表了学界的一种倾向,认为不能自制者没有正确地理解幸福的概念,不能像有德性的人那样行动。这种理解在某种程度上与苏格拉底类似。如果我们有真正的幸福概念,那么在行动时我们就会有所取舍,不会违背自己理性的判断而行动。与苏格拉底不同,他们把幸福看作一个动态的概念。幸福是在自我与他人以及在社会的广泛参与中形成的,目的的选择是在理智运用于经验时不断变化的。这种解读依然存在疑难之处:如果一个人没有形成自我认同的幸福概念,做了不应当做的行动,我们何以能够评判他违背了自己的理性呢?

(三) 基于康德的视角

亚里士多德和当代亚里士多德的研究者们基于知识论的立场,试图给予不能自制以一个清晰的说明。他们都以知识会导致行动的预设为基础。如果没有与知识相应的行动,那么问题就在于在形成知识的过程中出现了阻碍。在亚里士多德看来,阻碍在于我们实践三段论的具体小前提被欲望所遮蔽。在当代一些研究者看来,这种阻碍在于我们尚未形成真正的幸福概念。他们的理解都存在一些疑难。在笔者看来,从康德的角度出发可以更好地理解不能自制的现象。

在康德那里,知识和行动之间没有直接的关系,而是通过意志来使得知识成为行动的。这在康德的《道德形而上学奠基》中可以看出来,意志是"一种自己按照某些法则的表象规定自身去行动的能力"[1]。动物只能被法则所决定而去行动,而人是按照法则的表象来行动。作为理性的存在者,人不是被外在事物直接决定去行动,而是通过对事物的认识来

---

[1] 康德:《道德形而上学奠基》,杨云飞译,邓晓芒校,人民出版社2013年版,第61页。

选择自己的目的和采取相应的行动。因而,作为一种行动的能力,意志是自由的。不论我们选择感性的目的,还是遵从理性的要求,我们都是自由的,都具有自我决断的能力。

在西方哲学中,奥古斯丁开始明确地提出意志的概念。为了说明人何以背离上帝,他凸显自我选择之行动的能力。人拥有这种自我规定的能力,能够为自己的恶负责。我们可以说,正是在这个大背景之下,康德阐述了意志的概念。然而奥古斯丁的意志自由并不是彻底的,他只解释人何以作恶,人重新回到上帝的希望却非人之力所能为,需要依靠上帝的恩典。与之不同,康德揭示出人的意志具有绝对的自发性的能力,不仅能够选择恶,同时也能够弃恶从善。我们可以把康德的自由做出如下区分:第一,先验的自由,开启一个新的序列的能力;第二,选择的自由,人具有选择善或者恶的自由;第三,消极的自由,独立于外在的规定而起作用的自由;第四,积极的自由,意志的自我立法或者说自我规定。① 其中,先验的自由是基础性的,没有它,其他的自由都无法成立。

正如亚里士多德没有意志的概念,不会有意志薄弱的概念,康德也没有意志薄弱的概念。但是他们都在探讨意志薄弱的现象。与亚里士多德类似,理性和感性是康德实践哲学的两个基本概念。人有感性,所以有欲望。当人的欲望以实现某个感性目的为对象时,它就是偏好。偏好在人的准则中有所表现,说明人的动机、行动和目的等要素。准则是人的行动的主观原则,是意志的选取的对象。我们可以被他人强迫做某个行动,但是无法被他人强迫来选取准则。在康德那里,行动的原则是准则,选取准则是意志的自由的行动,理性的动机和感性欲望的动机通过意志进入准则之中。行动者不会因为某个行动是善的就马上去做,"这部分是因为主体并不总是知道这个行动是善的,部分是因为即使知

---

① 学界一般会把消极的自由和积极的自由看作康德的意志的自由概念。笔者依据《单纯理性限度内的宗教》把选择的自由也作为意志自由的一部分。具有同样看法的有盖耶。参见 Paul Guyer, *Kant*, second edition. , New York: Routledge, 2014, pp. 260 - 265。

道这点,该主体的准则还是可能会违背实践理性的客观原则"①。行动者不知道善恶,这是知识论的问题。但是,即使他知道某个行动是善的,其准则也可能会违背道德法则。这体现了康德与亚里士多德在说明知善而不为的现象时的区别。前者把它放入知识论中,后者把它放入准则和意志的关系之中。

那么,康德如何解释不能自制的现象呢?作为按照原则来行动的能力,意志在选取某个准则时,就会采取相应的行动。所以,它没有软弱的品质。软弱和不能自制是在人性中得到考察的。当我们对人性做出善恶的评价时,我们就预设了人的选择的自由。如果人没有选择,只是被自然所规定,那么人性就只具有自然的属性,不具有善恶的道德价值。我们也不能仅仅从行动中来考察人性的善恶,因为行动发生在自然界中,受到机械因果律的支配,并不一定是自由的。只有行动的原则即准则才是自由的,可以说明人性的善恶。人具有趋恶的倾向(Hang),倾向是"一种主观规定根据,它先行于任何行动,所以自身还不是行动"②。在理性和感性欲望之间,我们有选取感性欲望的倾向,康德把它称为趋恶的倾向。这种倾向虽然在行动之前就已经存在,但是这种选取依然是自由的。我们无法继续追问人为何有这种倾向,因为解释意味着给予它一个在先的根据,这种根据要么是自由的,要么是自然的。前者并未给我们提供新的内容,后者使得我们失去自由,不能为这种倾向负责。

康德把这种趋恶的倾向分为三个不同的层次:第一,人的本性的脆弱,与感性动机相比,理性是比较弱的动机;第二,心灵的不纯正,理性即使有足够力量采取行动,人还是把感性的动机混入其中;第三,人心的恶劣,人颠倒道德的秩序,将理性仅仅当作实现感性欲望的手段。在前面两个层次,人的准则虽然没有道德价值,但是其行动还是合乎义务的。在第三个层次,人做出恶的行动。值得注意的是,康德对人的道德认知

---

① 康德:《道德形而上学奠基》,杨云飞译,邓晓芒校,人民出版社 2013 年版,第 48 页。
② 康德:《单纯理性限度内的宗教》,李秋零译,商务印书馆 2012 年版,第 27 页。

持有乐观的态度,但是对人的道德动机很悲观,认为大多数合乎义务的行动的动机都是可疑的。人即使作恶,也没有丧失对道德法则的意识。

在人选取准则时,理性和感性都不可或缺。没有理性,我们就没有选择的自由;没有感性,我们就忽视了我们是一个有限的理性存在者的事实。不能自制者就在于,在其意志的选择中,他具有善恶的知识,却把感性的欲望放在理性的动机之前,做了违背道德的事情。这种选择依然是自由的。结合前面亚里士多德举的贪吃者的例子。贪吃者理解大前提,同时知道具体的小前提,因而能够推出"他不应该吃这个食物"的结论。不幸的是,他听从了感性欲望的诱惑,把吃这个食物满足自己的欲望作为规定根据纳入准则之中。然而,他觉察到理性的呼声,感觉后悔。因而,康德对意志自由的揭示,在某种程度上更好地说明了不能自制的现象。

(四) 二者沟通的可能性

如果我们只是用康德的理论来理解亚里士多德的不能自制,那么这只是一种外在的比较,谈不上二者的沟通。我们还需要说明,亚里士多德和康德具有相关的问题域,康德的一些基本概念在亚里士多德那里是隐而不显的。笔者试图从两个方面说明这种沟通的可能性。

第一,在对道德现象的描述上,二者具有相似性。前面说过,康德对人的道德认知持有乐观的态度,而对人的道德动机很悲观。亚里士多德也有类似的看法。在谈到行动对成为有德性的人的重要性时,他批评知而不行的状况:"但是多数人不是这样做,而是满足于空谈。他们认为他们自己是爱智慧者,认为空谈就可以成为好人。"[1]在谈到自制和不能自制都是某种极端时,他认为:"因为与多数人所能够做的相比,自制的人所坚持的东西过多,不能自制者所坚持的又过少。"[2]只有少数人才具有

---

[1] 亚里士多德:《尼各马可伦理学》,廖申白译,商务印书馆 2010 年版,第 42 页。
[2] 亚里士多德:《尼各马可伦理学》,廖申白译,商务印书馆 2010 年版,第 216 页。

德性。多数人知道应当做什么，但是处于自制者和不能自制者之间。他们有时被欲望所征服，做出不能自制的行动，没有自制者那么坚强；他们有时能够坚持自己的理性判断，做出自制者的行动，比不能自制者要好。

第二，亚里士多德在讨论意愿行动时，谈到行动具有自发性，这接近意志自由的概念。我们的行动在出于意愿的条件下是受奖赏或惩罚的。在被强迫或对行动的个别对象无知的情况下，行动是违背意愿的。亚里士多德对行动的分析是非常细致的。我们通常认为，由于畏惧某种更大的恶而做的行动，是违背意愿的。亚里士多德不这么看。他指出，一个行动是否违背意愿，要看这个行动的初因是否在本身之内，"如果一项行动尽管就其自身而言是违背意愿的，然而在一个特定时刻却可以为着一个目的而选择，其初因就在当事人自身中"①。他以船遭遇风暴抛弃财物为例。一般来看，无人自愿地抛弃自己的财物，抛弃财物是受到外在的强制，然而在行动的特定时刻，行动者在保全财物和救人的生命之间能够做出选择。也就是说，亚里士多德意识到，行动者是其行动的原因。只要行动者在那个时刻具有选择的能力，他就是自由的，能够为其行动负责。这种选择正是康德的意志自由的一个方面。如果亚里士多德把这种选择的能力与不能自制联系起来，不能自制者是自愿地选择欲望、而不是理性来作为自己行动的根据，那么他对不能自制的探讨会开启一个新的维度。

第二节　为什么要承认他人的权利？——费希特和黑格尔对康德的发展

人生来就与他人共处于一个世界之中。在现代人看来，他人与我们一样都是自由的存在者，都具有同样的权利，我们要尊重他人的权利。从哲学的角度来进一步反思，我们为什么要承认他人的权利？德国古典哲学已经系统地探讨过这个问题。学界通常以费希特哲学为起点，认为

---

① 亚里士多德：《尼各马可伦理学》，廖申白译，商务印书馆 2010 年版，第 60 页。

费希特首先提出承认的概念,这个概念经过黑格尔哲学的发展,达到一个新的高度。然而,笔者认为,康德已经提出承认的基本原则,费希特和黑格尔从不同的方面继承和发展了康德。如果我们说德国古典哲学具有一种逻辑的发展脉络,那么我们把主体间的相互承认追溯到康德哲学,可以进一步理解德国古典哲学对这个问题的探讨。①

(一) 康德:承认与自由的自我认同

众所周知,康德区分知性和理性,前者主要是认识的能力,后者主要是行动的能力。在实践领域,康德区分假言命令和定言命令。这些区分不是康德的原创。在康德之前的克鲁修斯已经做出类似的区分。康德接受了这种区分,不过,他批判地考察这种区分的合理性。在他看来,假言命令只是一种建议或明智的劝告,因为它是有条件的,只是一种手段的必然性。由于对手段的认识涉及对事物的认识,所以这种必然性还是处于理论的领域。只有定言命令才是无条件的实践法则。从定言命令的概念出发,定言命令的原则就是你的准则要能够并且愿意它成为一条普遍的法则,也就是要求行动者的准则能够被任何一个理性的存在者所遵守。准则是个人的,但是道德的准则也能够被其他的理性存在者所遵守。这样的要求使得我必须站在每一个他人的立场上思考道德问题。

在《道德形而上学奠基》中,康德举出四个典型的例子让我们理解这种普遍化的要求。其中有两个例子涉及对他人的义务。第一例子是虚假承诺的例子。当一个人非常贫困,不得不借钱,摆脱难关,但是他深知,他无法偿还。那么他的准则,即"如果我认为自己急需用钱,我就去借钱并承诺偿还,哪怕我知道这永远不会兑现"②。是否可以普遍化呢?

---

① 黄裕生教授以康德的自由概念为基础,深入地研究了人为什么具有权利的问题。在他看来,人的自由存在使得人具有不可让渡的权利。(黄裕生:《从实践哲学的自由到存在论的自由》,载《浙江学刊》2011年第1期,第5—12页)范志均探讨了康德的承认问题,批评康德没有进一步演绎承认的问题。(范志均:《尊严与承认——康德尊严论道德的承认前提》,载《道德与文明》2012年第3期,第62—67页)
② 康德:《道德形而上学奠基》,杨云飞译,邓晓芒校,人民出版社2013年版,第54页。

此时,一个道德的人就会站在每一个他人的立场发现,如果这个准则普遍化,每一个人都以它作为自己的行动的准则,那么普遍化就会导致承诺以及承诺的目的成为不可能。第二个例子是帮助他人的例子。如果一个人很富有,境况很舒适,那么当他看到别人有困苦时,他是否可以采纳不帮助他人的准则?康德认为,这样的准则如果成为普遍的法则,没有产生出矛盾。但是作为一个有限的理性存在者,人不是自足的,必须与他人交往才能满足和完善自己,由此人必然不愿意这条冷漠的准则成为一条普遍的法则。康德提出的这种普遍化的要求,是把个人看作独立的、而不是孤立的个体。作为独立的个体,他是自由的,可以采纳准则,并对之进行理性的反思。他不是孤立的,而是与他人共在的个体,所以他的自由表现在他站在每一个他人的立场上思考问题,也把他人当作一个自由的个体。

定言命令的人性公式和目的王国公式包含着承认他人的视角,这一点有的学者已经指了出来。[①] 有两个方面值得我们注意。第一,康德在论证人性公式时认为,如果存在着无条件的命令,那么就必然存在一个自在的目的。这个自在的目的是什么?康德直接提出他的观点:"现在我要说,人以及一般的每一个理性存在者,都作为自在的目的本身而实存,不仅仅作为这个或那个意志随意使用的手段,而是在他的一切不管指向其他理性存在者的行动中,都必须总是同时被看作目的。"[②]接着康德使用排除法说明非理性的存在者何以不能作为自在的目的自身。偏好的对象的价值依赖于偏好,即行动者的感性欲望。偏好作为需要的源泉,使得行动者追求相应的对象来满足这种欲望,但是这种满足只是暂时的,满足一种欲望,其他的欲望接踵而至,行动者欲壑难平,难以保持其独立性。非理性的存在者只能被看作事物,作为我们设定目的的单纯

---

① 贝克指出,康德的定言命令,尤其是人性公式要求我们尊重彼此的权利,只不过康德没有对之进行演绎,把它看作理性的先天事实。参见古纳尔·贝克《费希特和康德论自由、权利和法律》,黄涛译,商务印书馆 2015 年版,第 103 页。

② 康德:《道德形而上学奠基》,杨云飞译,邓晓芒校,人民出版社 2013 年版,第 62 页。

手段而被使用,不能被看作目的自身,即使有些非理性的存在者的存在不依赖我们的意志,而是依赖自然。唯有理性的存在者才是一个人格,"因为他们的本性已经凸显他们就是自在的目的自身"①。康德没有明确地告诉我们,理性存在者的本性是什么。但是当康德把理性的存在者与偏好的对象、偏好以及非理性的存在者对比时,我们可以推出,理性存在者的独特之处就是他具有理性的能力。理性是一种能够摆脱外在的强制,而开启一个在现象中的序列的能力。它赋予我们以自由的本性,我们因具有自由的本性而是自在的目的自身。

第二,人作为理性的存在者必然以自由的身份进入与他人的关系之中,这要求我们把自己的以及他人的人性当作目的,而不仅仅是手段。康德接着说:"但每一个其他的理性存在者,也正是这样按照对我也适用的同一个理性根据来设想其存有的"②。他在这句话的脚注中说明,这个命题在此是一个"悬设"(Postulat),是作为实践的需要而提出来的,只有在第三章才可以找到根据。康德在《奠基》的第三章的主要任务是演绎定言命令,说明定言命令的可能性。他的基本思路是,我们把自己看作自由的,就必然会遵守道德法则,由于我们也具有感性,所以道德法则对于我们来说以定言命令的形式表达出来。那么,他在推演人性公式时要表达的就是,每一个理性的存在者以其意志的自由设想自身的存在,必然把自己以及他人当作目的自身。

在一个富有争议的脚注中,康德批判传统所谓的金规则"己所不欲,勿施于人",指出它是一种"老生常谈",不能作为普遍的法则。因为这个规则不包含对自己的义务的根据,也不包含对他人的义务的根据,最后"也不包含相互之间应尽的义务之根据;因为罪犯会从这一根据出发对要惩罚他的法官提出争辩"③。我们可以把"欲"理解为感性的欲望。如果一个人从自己的欲望出发来看待自己和他人以及相互之间的关系,那

① 康德:《道德形而上学奠基》,杨云飞译,邓晓芒校,人民出版社2013年版,第62页。
② 康德:《道德形而上学奠基》,杨云飞译,邓晓芒校,人民出版社2013年版,第63页。
③ 康德:《道德形而上学奠基》,杨云飞译,邓晓芒校,人民出版社2013年版,第65页。

么这种规则就不能成为普遍的规则。所以要使"己所不欲,勿施于人"成为合理的规则,行动者必须把"欲"放在人性或者自由的概念的限制之下。这种限制要求行动者把自己和他人看作一个理性的存在者,一个具有自由本性的人。如果罪犯没有把自己看作自由的存在者,否认自己应该为自己的行动负责,那么他就也没有把审判他的法官看作一个自由的存在者,他当然可以依据金规则来为自己辩护,以此逃脱罪责。①

确立人的自由的本性,即人具有一种摆脱外在的因果必然性的决定而自我规定的属性,那么自由的存在者何以与他人共处呢?康德接受近代以来哲学家们认为人具有非社会的社会性的观点。人不得不交往,这样他才会感觉到自身的发展和完善,但是他也试图把自己的价值建立在与他人相互比较的基础之上。每个人都想比他人更强,甚至能够充当他人的主人,任意地支配他人。这种比较在适度的范围之内可以促进文化的发展,但是如果超出合理的界限,就会导致争端,战争就是这种争端的极端形式。如果人把自己看作自由的存在者,那么他的意志所遵循的就是普遍的法则。把自由的概念运用到人与人的外在关系上,我们就得到外在自由的概念,它要求我的意选能够按照一个普遍的法则与他人的意选保持一致。

由外在自由的概念我们可以直接推出普遍的法权的法则,即"如此外在地行动,使你的意选的自由应用能够与任何人根据一个普遍法则的自由共存"②。bestehen,共存之意,我的意选所涉及的空间与他人的意选所涉及的空间要保持一致。这种一致性意味着,我不能侵入他人的权利空间,他人也应该承认我的权利空间。如果我不承认他人的权利,侵

① 蒂默曼赞同康德认为义务不能从金规则推导出来的观点,但是质疑法官的例子,因为"难道法官不能赞同,如果他犯有他现在没有犯的这同一个罪行,他就会不得不受到同样的对待吗?纵然如果他是有罪的,难道他不会想要受到惩罚吗?"(Jens Timmermann, *Kant's Groundwork Metaphysics of Morals: A Commentary*, Cambridge: Cambridge University Press, 2007, p. 100)其实康德在这里的意思是,如果罪犯没有对自我自由本性的认同,那么以己推之,他也不会把法官看作一个具有自由本性的人,他理所当然地认为自己可以摆脱惩罚。康德在这里强调,金规则的普遍性建立在理性或者对自我认同的基础之上。
② 康德:《道德形而上学》,张荣、李秋零译注,中国人民大学出版社 2013 年版,第 35 页。

入他人的权利空间,那么我就没有遵守普遍的法权原则,违背自身的意志的一致性,没有把自己当作自由的存在者。可以看出,康德已经意识到承认他人的权利的问题,并且把对这个问题的解决放在道德哲学的基础之上。在他看来,自由的存在者必然会承认他人的权利,侵犯他人的权利是否认自身自由的体现,承认他人的权利意味着承认自己的自由的本性。在霍布斯那里,人们签订契约,从自然状态进入有法的状态,承认他人的权利,是基于个人的自利。康德把对他人的承认与对自身自由的认同联系起来,把承认问题提升到一个新的高度。费希特和黑格尔分别从逻辑的角度和辩证法的角度加深了对这个问题的研究。

(二) 费希特:承认与确定的自我意识

费希特的权利学说建立在其知识学的基础之上。费希特试图克服康德的现象和物自身的区分,从自我出发演绎出理论哲学和实践哲学的体系。在《自然法权基础》的第一编中,费希特立足于知识学的三条原理说明法权概念的合法性。在他看来,我不设定自身为自由的存在者,就不能成为具有自我意识的理性存在者。同时,我会把他人看作自由的存在者,许多人与我共同生活在这个世界之上,我的自由就不是没有限制的。"由于我也给其他人留下自由,所以,我就把自己限制在我拥有的自由范围中。因此法权概念是关于自由存在者彼此的必然关系的概念。"①费希特对法权概念的界定与康德是一致的。在康德那里,法权也是关于理性存在者之间外在关系的概念。

费希特对康德的发展体现在,他明确地把他者的维度放入自由的概念之中。康德在法权学说中认为,我的自由得以扩展必须使用手段,这些手段包括在我之外的物品、他人行动的意选(契约)以及与我相关的他人的状态。但是康德在说明这些对象的可能性时,不是从自我的自由中直接推出这些对象,而是借助于"实践理性的法权公设"来说明,理性存

---

① 费希特:《自然法权基础》,谢地坤、程志民译,商务印书馆 2006 年版,第 8 页。

在者使用这些外在的对象与法权的普遍原则并不矛盾。按照知识学的第一条原理"自我设定自身",自我设定自身为具有能动性的存在者,把自身设定为具有效用性的概念,"一个理性个体或一个人要想发现自己是自由的,还需要有另一个条件,那就是由此设想的对象在经验中应当符合于他的效用性的概念,因此,从他的能动性的思想中应当产生出某种在他之外的世界中的东西。"①自由不能仅仅停留在自我之内,而是必须与他者相关,通过对他者的作用来彰显自身的自由。每一个理性的存在者通过自身的能动性产生出效用性,他们必然会相互影响、相互干扰,甚至会相互阻碍。所以每个理性存在者的效用性应该被限定在一定的范围之内。

　　自由的存在者为什么要对自身的效用性进行限制呢?虽然我们必然预设存在着与我们类似的其他的自由存在者,但是我们为什么要把他人看作自由的存在者呢?这就涉及法权的概念的可能性问题。按照知识学的第二条原理"自我设定非我",我们有必要设定自我不仅存在着效用性,而且还存在着一个感性的世界。自我在这个世界的行动会改变这个世界,这种改变体现自我的能动性。在这个过程中,感性世界作为客体,阻碍着自我能动性的效用性。当自我的效用性得到实现时,客体的形态发生,客体已经不再是原来的客体了。效用性和客体之间存在着对抗,想象力把效用性和客体之间的对抗连接起来,就形成时间。如果接受效用性的是同一个客体,那么,任何当前阶段的效用性都受到先前阶段的效用性的制约,并受到所有先前阶段的效用性的制约。因为我对当前的效用性的理解受到前一阶段的效用性的制约,而前一阶段的效用性又受到它之前的效用性的制约,这样我们陷入一种无限后退的过程之中,无法形成确定的自我意识。所以自我通过对感性世界的能动性是无法说明自我意识的可能性的。

---

① 费希特:《自然法权基础》,谢地坤、程志民译,商务印书馆2006年版,第8页。

要解释自我意识的可能性，关键是要找一个确定的点，以之为基础，主体能够把当前的和过去的所有阶段的效用性都连接成为一条线。这就需要"假定主体的效用性与客体已在同一个阶段得到综合统一，主体的效用性是被知觉和被理解的客体，客体无非是主体的这种效用性，因而两者是同一个东西"①。在同一个阶段，效用性和客体能够同时存在，此时自我不需要后退就可以把二者综合起来，达到对客体的理解，从而形成自我意识。那么这种客体是什么呢？一般来说，客体首先从外部感觉中给予我们，然后在内部感觉中给予我们，当我们意识到客体时，就已经预设自我意识是存在的。所以如果客体是主体的效用性，那么这种客体不能与外在的对象相关，只能被理解为"走向行动的单纯要求"。此时的效用性还只是一种概念的存在，并没有成为现实，无法通过感觉给予我们。行动总是与对象相关。我们以目的的概念来理解行动的对象，即我们要通过我们的行动把这个概念的对象实现出来。此时的效用性既不是过去，也不是现在，而是面向未来。这种效用性是自由的，拥有自由的效用性的主体是自由的和独立的存在者。

在费希特看来，作用与反作用是结合在一起的，如果要对自由的效用性进行精确的规定，那么它就是一个自由的交互性的概念。所以，主体提出行动的要求必然有与之相应的外在原因，否则难以理解主体何以提出走向行动的要求。费希特继承康德把自由看作自律的立场，认为"理性存在者决不像在因果性概念中结果受原因的规定和强迫那样，应当受这个要求的规定和强迫去行动，而是仅仅应当按照这个要求规定自身去行动"②。主体规定自身去行动，必然理解这个要求，才能进一步决定是否采取相应的行动来回应这个要求。这预设着这个外在的原因必然以主体能够理解这个要求的方式与之相联，也就是说，这个原因具有理性和自由的能力，是一个理性的存在者。他对主体提出要求，主体能

---

① 费希特：《自然法权基础》，谢地坤、程志民译，商务印书馆 2006 年版，第 32 页。
② 费希特：《自然法权基础》，谢地坤、程志民译，商务印书馆 2006 年版，第 37 页。

够理解这个要求,并对之作出行动的回应。这是一种自由的交互作用。它立足于现在,具有对过去的认识,更重要的是,它面向未来,其概念先于其自身。这就解释了自我意识何以可能的问题。

费希特的论证方式与康德相似,都是先验论证的方式,即从先天的角度说明某个对象可能性的条件。费希特并不是质疑自我意识是否是可能的,而是追问,如果自我意识是可能的,那么其可能性的条件是什么。在他看来,这种条件就是其他理性存在者的存在。所以,他强调,人只有在与他人共在的情况下,才是一个人,"假如确实应该存在着人,就必定存在着许多人"①。只有通过第二个人甚至更多的人,我们才可以解释第一个人。人从本质上来说,是一个社会性的存在。人的自由本性只有在与他人共在之中得到说明。

主体与他人的共在要求他必须限制自己的行动的范围,为他人的行动留下空间。费希特强调,这种限制既是一种认识,又是一种行动。如果主体没有认识到这种自我限制的必然性,那么理性的规律就无法得到实现,主体就没有把自己当作理性的存在者。如果主体认识到这种自我限制,却没有在行动中体现出来,那么其他的理性存在者就不会认为他是一个理性的存在者。由此可见,只有通过自我限制,主体才在自我以及在他人那里被看作有理性的存在者。所以主体对他人的承认与主体对自身的认同联系在一起,二者不可分割。他人不是在自己的良知中承认主体的权利,而是把自己的意识与主体的意识综合统一起来,形成一个共同的意识。这个共同意识对二者各自的行动范围有相互约束和限制的作用,使得他们的行动基于普遍的原则。当前的相互承认规定着各自未来的行动,如果主体把自己和他人看作理性存在者,那么这种意识规定着他未来以自由的方式来行动。如果主体在未来侵犯他人的权利,那么他使得未来与现在不一致,违背自身的一致性。

---

① 费希特:《自然法权基础》,谢地坤、程志民译,商务印书馆 2006 年版,第 40 页。

（三）黑格尔：承认的辩证发展与自由的完善

费希特的演绎引起学者们的批评。比较典型的批评者如伍德区分理论和实践，认为费希特的先验演绎从理论上论证承认是自我意识的条件，但是"由此不能得出，他们必须彼此教导，说明彼此去要求一个特定的外在自由的范围，并尊重他人的类似要求"①。如果一些人认同康德式的自由的观点，生活在一个合理的社会中，那么他们会按照费希特的方式彼此尊重相互的权利。但是假如他们被社会化，认同侵犯他人的权利使得自身的利益最大化，那么即使他们认识到相互承认的重要性，他们也会在实践上相互伤害。伍德的批评让我们意识到，仅仅从理论上论证承认是不够的，有必要从辩证发展的角度理解承认的价值。黑格尔正是从后一种路径出发分析承认问题的。

在康德那里，作为一种设定目的的能力，意志是自由的，但是自由的结果是否可以在自然中实现出来，这涉及自然的作用因和自由的目的因是否协调一致的问题。康德区分物自身和现象，说明自由的结果即使无法在自然中实现出来，意志依然是自由的。然而，在黑格尔看来，这种自由只停留在主体之内，是一种主观主义。真正的自由不仅在于摆脱外在的束缚而自我立法，还在于在他者之中回复到自身，所以"意志的活动在于扬弃主观性和客观性之间的矛盾而使它的目的由主观性变为客观性，并且即使在客观性中同时仍留守在自己那里"②，自由需要有客观性，需要把自己的对象在现实之中实现出来，达到自我和对象的统一。与费希特一样，黑格尔继承了康德的自由的自律的思想，并且从客观性的角度推进了康德。

黑格尔不是从先验演绎的角度说明承认对于自我意识的必要性，而

---

① Allen Wood, *Hegel's Ethical Thought*, Cambridge：Cambridge University Press，1990，p. 83.
② 黑格尔：《法哲学原理》，范扬、张企泰译，商务印书馆 2009 年版，第 36 页。

是从辩证法的角度说明承认对于完善的自我意识的必要性。在他看来，自我意识最开始是一种无差别的，仅仅以自我作为对象的意识，即"我是我"，这是抽象的自我意识，没有特定的内容。自我意识要达到确定性，必须要以他者为中介来回归自身。因而自我意识是一种欲望，通过扬弃他者来达到自身的确定性，"自我意识确信他者是虚无缥缈的，它把这个确定性设定为一个为着它而存在的真理，设定为它的真理；通过消灭独立的对象，自我意识为自己争取到的自身确定性成为一种真实的确定性，一种在它看来以客观的方式出现的确定性"①。黑格尔继承费希特的立场，即自我具有一种设定和超越他者的冲动。同时他也认同费希特的看法，拥有自我意识的他者才可以给欲望带来满足。与费希特不同，黑格尔是通过欲望的特性来阐述其对象的特征的。欲望通过否定对象来满足自己，否定对象就是改造甚至消灭对象。但是这种满足只会带来对新的对象的欲望，自我意识变得依赖于外在的对象，丧失其独立性。唯有这个对象自己否定自己，才能够持续存在，才使欲望获得满足，并保持自我意识的独立性。这样的对象只能是一个自我意识。自我意识通过另外一个自我意识来获得自身的确定性。

黑格尔通过主奴关系揭示承认的辩证运动。对于黑格尔的主奴辩证法，学界已经有了很多深入的研究。② 笔者在这里主要探讨，承认为什么要以对彼此自由的认同为基础？每一个自我意识都希望获得对方的承认，才可以满足自己的欲望。但是自我意识到，他对对方所做出的行动，对方也会做出同样的行动。二者是一种交互的关系。由于欲望的否定本性，自我意识开始总是试图否定对方，把对方仅仅当作物来满足自己，对方也以同样的方式来对待自己，由此开始了生死斗争。但是，斗争

① 黑格尔：《精神现象学》，先刚译，人民出版社 2013 年版，第 116 页。
② 杨云飞对主奴关系做了详细的分析，他指出，由于主人没有承认奴隶的自由，那么他与奴隶一样，也会陷入斯多亚的自由意识。[杨云飞：《〈精神现象学〉主奴关系解析》，载《武汉大学学报》（人文社会科学版），2011 年第 7 期，第 33 页]

的结果不是造成对方的死亡,因为死亡是一种自然的否定,使得承认变为不可能。那么对死亡恐惧造成两个自我意识的分裂,一个是纯粹的自我意识,另一个是为他的意识。前者是主人,后者是奴隶。

在黑格尔看来,主人是具有否定性的,看似独立的自为意识,而奴隶是一个与物直接相关的为他的意识。也就是说,主人看起来是自由的,奴隶受制于主人,是不自由的。然而,事物的辩证运动向我们揭示出,如果片面地坚持某一个方面,事物就会走向自己的反面。主人不承认奴隶,只把奴隶当作物一样使用,所以主人的承认只是单方面的承认。奴隶得不到主人的承认,只是在物的关系中,通过自己的劳动来体现自己的能动性。要注意的是,为了维护自身的片面自由,主人不会消灭奴隶,奴隶的自然生命得以保存。由于物对于奴隶来说也是独立的,所以他不是将物消灭掉,而是对之进行改造,从形式上对之进行加工。由此主人和奴隶的对象都是具有持存性的。对于主人来说,奴隶"这个对象与它的概念并不契合,也就是说,主人在实现自身的过程中所面对的恰恰不是一个独立的意识,而是一个不独立的意识"①。对于奴隶来说,劳动使得它"作为一个被驱赶回自身的意识进入到自身内,并使自己转而成为一种真正的独立性"②。主人片面的自由使得他不自由,奴隶反而获得独立性。但是奴隶的独立性并不是真正的自由,因为他生活在恐惧之中,得不到主人的承认,他的自我意识只是刚愎自用,仅仅在思维之中的自由,无法在客观世界之中获得承认。

从某种意义上来说,主人和奴隶的关系类似于奴隶与物的关系,奴隶对物的塑形活动,仅仅给他带来一种思维的自由,主人把奴隶当作物,在奴隶身上看不到自己的独立性。所以,二者都没有从他者那里回复到自身,没有从对象那里,意识到自身的独立性。二者都会转化为斯多亚主义的自由,亦即纯粹在思维中的自由。

---

① 黑格尔:《精神现象学》,先刚译,人民出版社 2013 年版,第 123 页。
② 黑格尔:《精神现象学》,先刚译,人民出版社 2013 年版,第 124 页。

正如霍尔盖特所指出的,主奴关系向斯多亚主义的过渡是"逻辑的过渡,而不是历史的过渡,斯多葛主义的思想是一种新的意识形态,它明晰地呈现了奴隶的经验中所隐含的东西"①。主奴关系向我们揭示出,自我意识只有把其他自我意识当作平等的对象来看待时,自身才是自由的。把他人当做奴隶、任意地支配他人看似自由,实际上会走向自由的反面,变为不自由。这也是理解黑格尔在《法哲学原理》中所说的:"奴隶产生于由人的自然性向真正伦理状态过渡的阶段,即产生于尚以不法为法的世界。在这个阶段不法是有效的,因此,它必然是有它的地位的。"②人的欲望想支配他人,必然会产生生死斗争。但是这种斗争所带来的结果使得双方都无法获得真正的自由。只有在伦理世界中,自我意识与自我意识之间按照共同的原则来行动,相互承认才是真正的自由。

伍德对黑格尔的主奴意识提出两点批评:第一,如果主人不认同黑格尔式的自由,而"偏爱通常意义上的自由,而非他所谓的自我确定性或绝对自由,黑格尔的论证没有向我们说明为何我们还要尊重他人的权利"③。第二,黑格尔如何确保共同体的普遍性,即"如果我已经通过在我所在的特权群体之中的成员资格得到自我确定性,那么,我不仅没有损失,还可能会因为无视那些并不属于这一特权群体之人的本应该有的权利而受益颇丰"④。可以看出,黑格尔所理解的自由具有普遍性,即自由不是放任,而是按照法则来行动的能力。黑格尔继承康德对自由的规定,但是深化了康德对自由的理解,即自由的实现不是一蹴而就,而是必然要经过生死斗争,才可以在伦理共同体之中实现。

---

① 霍尔盖特:《黑格尔导论——自由. 真理与历史》,丁三东译,商务印书馆 2013 年版,第113 页。

② 黑格尔:《法哲学原理》,范扬、张企泰译,商务印书馆 2009 年版,第 66 页。

③ Allen Wood, *Hegel's Ethical Thought*, Cambridge: Cambridge University Press, 1990, p. 92.

④ Allen Wood, *Hegel's Ethical Thought*, Cambridge: Cambridge University Press, 1990, p. 93.

第三节　罗尔斯的万民法

罗尔斯的《正义论》，从某种程度上来说，开启了当代政治哲学的研究范式。学界对这部著作的研究也很多。学界通常认为，罗尔斯的正义学说是对康德伦理学的发展，比如无知之幕是对康德的自律概念的一种当代阐释，薄的善观念是对康德的理性存在者的一种具体解释，罗尔斯的正义学说是对康德伦理学的一种程序性的构建，其中罗尔斯去掉了康德的那种本体和现象的区分，也去掉了康德批判哲学所确立起来的先验自由等概念。① 这是康德批判哲学对罗尔斯的影响，那么康德后期的著作对罗尔斯的影响体现在哪里呢？康德的永久和平思想对罗尔斯的政治哲学的影响很大，尤其体现在他的万民法上。众所周知，康德的法权义务的最终落脚点是实现永久和平，这是一个由理性所赋予的义务。在康德看来，只有实现了永久和平才能保障人的自由。罗尔斯继承了康德的思想，但是与康德把永久和平的实现建立在自然目的论的基础上，体现"天意"或者"命运"不同，他把实现永久和平看作是一种程序性的正义。

罗尔斯在开篇定义了万民法："系指运用于国际法与实践之原则与准则中权利与正义的一种特殊政治总念。"②万民法并不是如通常所说的各民族的共同法律，而是规定人民相互间政治关系的特殊原则。在康德看来，要实现永久和平，不能是一个大一统的国家，否则，这只会导致暴政，因而必须存在着不同的独立个体性的国家。但是不同的国家又有时

---

① 对罗尔斯这方面的研究，可以关注汉语学界姚大志教授、石元康教授和卞绍斌教授等所作的研究。近些年，杨云飞教授也做了非常深入的研究，他在论文中详细论述了他们之间的关系，比如正义论的纯粹程序是对定言命令的程序的具体展现，正义论的人性基础来源于定言命令所解释的人的自由和自律，另外罗尔斯的善与正当的一致性源于康德的德福一致。最后他得出结论：哲学史虽然是历史，但是并没有消失，它对理解当代学说有着非常重要的意义。[参见杨云飞《论康德对罗尔斯正义理论的影响——兼谈哲学史对于当代哲学研究的启发意义》，载《武汉大学学报》（人文社会科学版）2013 年第 2 期，第 26—34 页]

② 罗尔斯：《万民法》，张晓辉译，吉林人民出版社 2001 年版，第 3 页。

时爆发战争的危险（潜在的或者现实的），因而康德提出了要建立国际联盟的设想。罗尔斯也承认不同国家的存在，并且也试图建立一个和平联盟，但是比康德更进一步的是，他区分了不同的国家，从不同的方面讨论万民法如何能够成为一个被处于不同国家的人民所接受的普遍原则。他区分出五种不同的国内社会：合理的自由人民、合宜的人民、法外国家、负担不利的社会以及仁慈专制主义社会。

与《正义论》所设计的正义程序原则类似，首先万民法的内容由自由人民在无知之幕中所确定。自由人民有三个基本特征："服务于其根本利益的合理正义宪政民主政府、由穆勒所谓'共同情感'结合起来的公民；最后是道德本性。第一方面在于制度，第二方面在于文化，第三方面则要求牢固地系于权利与正义的政治（道德）总念。"①简而言之，自由的人民是处于康德所说的合乎法权状态中的具有理性的公民。与《正义论》相似，罗尔斯设想了两种原初状态。第一次的原初状态是在同一个公民社会中进行的，第二次是在可能不同的合乎法权的社会中进行的。这两个原初状态选出的人民代表有五个基本特征：① 处于自由平等的地位；② 是理性的人民；③ 对恰当的主题进行思考，即它们的主题是如何确立万民法的内容；④ 依据正当的理由；⑤ 人民的根本利益。

自由的人民所制定的万民法的原则有八条，它们分别是：① 人民要自由独立，其自由与独立要受到其他人民的尊重；② 人民要遵守条约与承诺；③ 人民要平等，并作为约束他们的协议的各方；④ 人民要遵守不干涉的义务；⑤ 人民有自卫的权利，除自卫之外，无权鼓动战争；⑥ 人民要尊重人权；⑦ 人民在战争行动中要遵守某些特定的限制；⑧ 人民要有义务帮助其他生活于不利条件之下的人民，这些条件妨碍了人民建立正义或合宜的政治及社会体制。可以看出，①③④以及⑥是直接来自康德对合乎法权的社会中的公民有平等的自由的规定，②涉及康德所说的不违背契约的义务，⑤和⑦与康德在法权学说中对战争的规定直接相关，

---

① 罗尔斯：《万民法》，张晓辉译，吉林人民出版社 2001 年版，第 25—26 页。

由于罗尔斯把这一规定放在了对法外国家的"非理性的理论"之中,所以下面会详述。⑧涉及他的正义理论中的"差异原则",这个义务的目的不是为了仅仅在物质上帮助对方,而是为了维护对方的尊严和保障其自由。

在康德看来,获得财产是单个意志的行动,但是单个意志不能使他人承担不侵犯他人财产的义务,这种义务只有在一个合乎法权的社会中由一个先天的普遍的意志才能建立起来,也就是说政府有保护财产的作用。公民社会的目的是为了保障公民的法权和自由,以及创造有利于公民的人性发展的条件。罗尔斯也继承了这个立场,在他看来,政府是人民的代表,起着保持领土及其环境的作用,由此,政府有保护财产的义务,"除非有特定的代理者负责保护财产,对其失职造成的损失承担责任,否则财产就将逐渐流失"①。

康德只是提出达到永久和平的基本原则与设想,并没有区分出不同的国家。在探讨自由的人民在无知之幕中的选择必然是万民法之后,罗尔斯进一步探讨非自由的国家如何能够接受万民法。首先探讨的是合宜而不自由的社会。他首先为合宜的社会制定了两个标准,这两个标准是自由的社会也具有的,但是合宜的社会并不一定是自由的。在无知之幕的原初状态中,合宜的人民通过自己的理性制定出万民法。最后,如果他们的基本利益由两个标准所决定,那么他们就会采用与自由社会同样的万民法。

这两个标准是什么呢?它们是:① 社会不是以侵略为方式而是通过和平的途径达到合法的目的。② 包括三个部分:法律体系保护所有成员的人权,这些人权包括:生命权、财产权等;法律体系将道德义务和责任加于所有的人;对政府的信任。因而,虽然合宜的人民还不是自由的人民,还处于不同的集团之中,但是他们有合宜的协商等级制度,接受上面两个标准。接下来,罗尔斯论证了合宜等级制人民在原初状态中,必然

---

① 罗尔斯:《万民法》,张晓辉译,吉林人民出版社 2001 年版,第 42 页。

会采用万民法的八条原则。他的基本论证如下：首先，合宜的人民不会从事侵略战争，因而也接受平等的原则。其次，合宜的人民保护所有人民的人权，因而也要保护人民的善，以及维护他们的安全与独立。同时，他们必然接受相互援助的义务。因而，合宜的人民也可以是理性的，他们可以接受万民法。罗尔斯想象了一个叫作"卡赞尼斯坦"的合宜的等级制人民。这是一个伊斯兰教的国家，其政府是合宜政府，它的统治者不会容许自己腐化，其他教派都能够得到宽容。这种政府并不为了追求自己的利益而发动战争。虽然里面的人民都属于不同的集团，但是各集团之间能够相互协商，并且促进其根本利益等。他指出这样的社会是接受万民法的。

正如自由在康德的伦理学中是最基本的概念，在罗尔斯那里，人的权利（法权）在万民法中也是最基本的。在康德那里，国家为了保护自己的自由和法权，在没有一个和平联盟的情况下，允许发动战争，罗尔斯继承了这点，他认为："战争不再是政府政策允许采用的手段，而仅在自卫当中或者为保护人权进行干涉的严重情形中才能证明为合理。"[1]在康德那里，自然状态中的国家处于战争状态，因而它们应当进入一个法权的状态，也就是一个和平的状态。这就提出一个问题：在进入法权状态之前，合乎法权的社会如何对待不合乎法权的社会？罗尔斯回答了这个问题，他指出：不合乎法权的社会富有侵略性和危险性，自由和合宜的人民有权利不宽容这些国家，这也是万民法的必然结果。罗尔斯在第三部分"非理想理论"中仔细探讨了这个问题。

非理想的理论分两种类型：第一种是拒绝遵守万民法，通过战争来促进自己的利益，这就是法外国家；第二种是处于很多不利条件中的国家，这些国家达到自由和合宜体制的条件困难重重，但并不是完全不可能达到合乎法权的状态。如前所说，为了保护人权，自由和合宜的人民有发动战争的权利。但是，罗尔斯强调，与康德相似，发动战争的国家在

---

[1] 罗尔斯：《万民法》，张晓辉译，吉林人民出版社 2001 年版，第 82 页。

战争中必须遵循一些原则,具体而言,罗尔斯继承了如下方面:第一,康德认为战争的目的是为了促进和平;第二,在康德看来,如果国家是合乎法权的社会,即一种理想的共和制体制,其战争由全体人民所决定,那么战争就很难爆发了,罗尔斯更详细地论述了这一点,他认为:"组织良好的人民不会相互进行战争,而只是针对非组织良好的国家,因它们的扩张主义政策威胁到组织良好体制的安全与自由制度,并引起战争。"①第三,在康德看来,战争的法权就是,在发动战争时,双方要遵循使得进入和平状态成为可能的原则,其中,交战双方都不能侵犯公民的法权、不能劫掠人民等。罗尔斯进一步认为,在战争中,自由和合宜的人民应当区分法外国家的领袖、官员以及平民。由于法外国家的平民没有发动战争的权利,因而战争应当保障平民的人权。即便法外国家的士兵,它们也应当和平民一样,不对战争负责任。罗尔斯还认为在战争中,自由和合宜的人民不仅要尊重平民和士兵的人权,而且还要向他们宣讲人权的内容,使得他们知道人权的重要性。第四,康德认为战争之后,战胜国应当提出签订和约的条件,以促进和平。罗尔斯是如此论述的:"既经传授人权内容的思想之后,下一个原则是组织良好的人民根据自己的行动和宣言,只要可行,就要在战争中预先表示出其所欲达成的和平目标,以及其所欲形成的相互关系。"②

正如通过战争将法外国家带入自由的状态一样,自由和合宜的人民也试图通过援助的义务将承受负担的社会带入自由的状态。承受负担的社会是那些虽然不从事侵略扩张,但是却缺乏政治及文化传统,缺乏组织良好的社会所需要的资源的社会。对这些社会的援助不单纯是援助物质财富,而是建立并维持正义的制度,改变其政治文化以及达到合理而理性地管理自己的事务,并最终成为自由和合宜的人民。

正如罗尔斯把康德的实践哲学解读为"建构主义"(constructivism)

① 罗尔斯:《万民法》,张晓辉译,吉林人民出版社 2001 年版,第 100 页。
② 罗尔斯:《万民法》,张晓辉译,吉林人民出版社 2001 年版,第 102 页。

一样,他两次运用原初状态构建起合理的社会也是对康德的"和平联盟"做建构主义的解读和运用。① 因为自由的人民在原初状态中所策划的万民法正是自律的人在构建能够体现其自由本性的原则。罗尔斯比康德更进一步的是,通过分清五种不同的社会,他具体地论证万民法如何能够普遍化。他强调万民法并非抽绎自实践理性,也不依赖宗教和哲学学说,只是通过理性的人的程序性的建构,那么处于原初状态的人们如何一定得出万民法的八条原则呢? 在笔者看来,罗尔斯最后还是回到了康德的自由的概念。正如康德把永久和平看作是一个只能逐步实现的理念一样,罗尔斯也是把体现万民法的政治制度看作是一个理念:"万民法并没有预先假定合宜等级制人民的实际存在,一如它并不预先假定合理正义宪政民主制人民的实际存在。如果我们把标准订得很高,两者都不会存在。就民主人民的情形而言,我们能所说的多半在于,一些人民比之另一些更接近于合理正义的宪政体制。"②因而在理性和现实的张力之间,如何实现普遍自由的世界仍然是人类一直所向往和追求的目标。

---

① 罗尔斯在论文"Themes in Kant's Moral Philosophy"(康德道德哲学的诸主题)中提出了对康德建构主义的解读。他把普遍公式和自然公式等同起来,认为定言命题体现为对准则的测试的程序,他称为 CI-程序。定言命令的第二个和第三个公式并没有增加新的内容,只是从不同的观点来看待这个程序。人性公式是从人性的角度把准则看作是人格的基本要素,自律公式是从主体不仅是服从法则而且是创制法则的角度看待这个程序,因而他认为使用道德法则的三个公式以两种方式是主观上实践的:第一,通过展示道德法则如何从不同角度与方式看待行动,这些公式加深了我们对它的理解;第二,对法则更强的理解增强了我们以之行动的欲求。罗尔斯也对康德实践哲学的其他方面进行了深入的探讨,在这里不详述。(参见 Ruth F. Chadwick, *Immanuel Kant Critical Assessments Ⅲ* , London; New York: Routledge, 1992, pp. 1 - 41)罗尔斯的建构主义解读,影响了英语世界对康德哲学的研究,比如瑞思(Reath)、科尔斯戈德等,其中后者把这种程序看作是一种实践同一性的观念。但是问题是,康德在《道德形而上学》中,并没有按照这个程序来构建自己的义务体系。伍德以这个理由反对罗尔斯,他认为康德的实践哲学是建立在人格中的人性的基础之上的,因而康德的义务学说是一种基于价值的(value-based)学说。(参见 Allen W. Wood, *Kantian Ethics* , Cambridge: Cambridge University Press, 2008, pp. x - xi)但是,他的解读模式也是有问题的。因为在康德那里,道德法则是第一位的,价值是由道德法则所规定的,是道德法则无条件地要求我们敬重我们的人格性,由此凸显我们的自由。

② 罗尔斯:《万民法》,张晓辉译,吉林人民出版社 2001 年版,第 80 页。

第四节　罗斯的显见义务

在康德那里,义务是无条件的定言命令,因而,义务之间不存在冲突。这也是康德在《论出自人类之爱而说谎的所谓法权》对不能说谎所做出的非常严格解释的原因之一。但是,这种解释违背了通常的道德直觉,按照通常的道德直觉,我们很难想象当你知道如果你说谎可以拯救一个人的生命,但是为了遵守义务,而不得不给施暴者说实话的情形。虽然康德研究者比如科尔斯科德对之进行了辩护,认为在特定的条件下,我们可以撒谎,但是这在很多人看来不符合康德的意思(前面已经讨论过这个问题了)。康德对道德困境的观点和立场,在前面已经谈到了。罗斯的显见义务(prima facie duty)的概念除了展示他自己的学说之外,还给我们如何理解道德困境提供了诸多启发。

在《正当与善》中的"什么使正当的行动成为正当的?"罗斯首先提出了是什么使得一个行动是正当的问题。与康德相似,他拥护普通的道德意识,同时也站在这个立场上批判了自我主义和功利主义。但是与康德不同的是,他是一个直觉的经验主义者。首先,在自我主义看来,行动是正当的,就是有助于提高行动者的利益。罗斯认为,这是错误的,因为普通的道德意识都说明了,我们的很多义务不是为了促进自己的利益,而是为了保护他人的权利等。其次,在快乐主义的功利主义看来,行动是正当的是因为它能够产生最大的快乐。罗斯的反对意见是,快乐并不是我们唯一的善,有很多别的东西,比如明智、好的品格(good character)等都是善的。不过,罗斯花了最大气力批判的是理性功利主义,后者把"能产生最大的善"代替"能产生最大的快乐"。他认为前者比后者更具有吸引力,前者是后者的逻辑前提,只有在前者真的情况下,后者才可能是真的。同样,罗斯反驳了这种功利主义。他指出,当我们履行承诺时,我们并不是因为它能够产生最大的善,而是因为我们已经承诺了要这么做。当然存在着例外的情况,比如履行诺言会带给别人灾难性的后果,那么不履行诺言是正当的。但是这并不是因为违背诺言会带来更多的善,而是因为有另外的行动更是一个义务。这种说法与前面康德关于道德冲突的学说有相同之处,二者都认为,当义务之间有取舍时,不是说这个义务本身被取消了,而是因为有某种因素使得其中一个义务成为真正的义务。

在罗斯看来,有两种理论涉及例外的情况,一种是康德的观点,在康德看来,有些是不容许有例外的完全义务,比如实现诺言等。另一种是摩尔的理想功利主义,他们认为当出现了义务的冲突的时候,应该诉诸"通过哪种义务产生更大的善"来得到解决。看起来奇怪的是,罗斯接下来并没有批判康德,而是着力批判功利主义。这可能是因为罗斯的学说与康德有很多相似之处。

在罗斯看来,理性功利主义的问题之一是:"似乎不恰当地简化了我们与我们的伙伴们的关系。它实际上是在说,我的邻居对我具有的唯一在道德上重要的关系是,成为我的行动的可能的受惠者。"[①]但是这只是其中的一个关系,而不是全部关系。在显见义务中应当包括的关系是全面的,包括妻子和丈夫、孩子和父母、朋友和朋友等等。当我处于某种情境中时,我应当充分地了解各种关系,然后形成我的成熟意见,考察这些义务中哪些义务更能够使我负有责任,这样最后形成的就是真正的义务(duty proper)。

罗斯明确地提出他的显见义务的概念:"指涉行动所具有的特性的方式[与成为一种本己义务(duty proper)的方式很不相同];这种特性,行动是借助于属于某个类型(比如遵守诺言),借助于成为这样的行动而具有的:这种行动如果不同时属于在道德上重要的另一种类型,就会是一种本己义务。一种行动是不是一种本己义务或实际义务,取决于它作为其例子的所有那些在道德上重要的类型。"[②]显见义务不是真正的义

---

① 罗尔斯:《万民法》,张晓辉译,吉林人民出版社 2001 年版,第 73 页。

② 罗尔斯:《万民法》,张晓辉译,吉林人民出版社 2001 年版,第 74 页。

务,而是行动所具有的某些正当或者不正当的道德特征,这些特征给我们做或者不做这个行动提供了理由。

他对显见义务进行了分类:① 忠诚,这些义务基于我们先前的行动,比如不要撒谎的义务。② 补偿,基于过去对他人错误的行动,所以,一个能够补偿过去错误的行动是这个行动的道德相关的特征,这个特征是这个行动是正当的原因。③ 感激,对他人善行的回报具有某种道德上相关的特征。④ 公正,这个义务涉及权利和义务的分配。如果一个人的所得多于付出的,或者所得少于付出的,那么就需要重新分配。⑤ 善行,帮助他人就是善行的义务。⑥ 自我提高,有些行动基于我们可以提高自己的德性,这是自我提高的义务。⑦ 不伤害他人,不伤害他人是一个基本的义务,这与康德的法权学说比较类似。我们的行动在某种方式上会给他人造成伤害,阻止这些伤害构成了不伤害他人的义务。

罗斯对这七个显见义务进行了说明:首先,他强调的是行动,而不是行动的动机,因而,⑤用的是善行,而不是带有动机色彩的善意;其次,虽然这些义务的列表不是终极的,没有一个逻辑原则作为基础,但是他认为"实际上对我们的道德信念的反思似乎就可以将它揭示出来"①。这些显见义务可以在通常的道德意识中得到;最后他批判了康德,在康德那里,自我的完善和他人的幸福是作为同时是义务的目的,同时,促进他人的完善不能作为义务。罗斯对康德的批判点在于,他过分地夸大了提高自我德性的内在性,我们感觉到特别有责任提高自己的,而不是他人的德性,只是因为提高我们自己的德性更容易受到我们的控制。罗斯对康德的批判体现出二者的基本区别,康德的伦理学建立在理性的自律的基础之上,而罗斯的伦理学建立在某种直觉的基础之上。

我们可以看到,这七种显见义务与康德的后期伦理学紧密相关,其中①③⑤和⑥可以与康德的德性义务联系起来,②④和⑦可以与康德的法权义务联系起来,尤其⑦与康德的外在法权原则很相似。当代学者有

---

① 罗尔斯:《万民法》,张晓辉译,吉林人民出版社 2001 年版,第 78 页。

一种看法,认为罗斯的显见义务没有一个统一的原则,而哲学家们需要寻求统一的原则。为了弥补这一点,有些学者把它们与康德的人性公式联系起来,比如奥地(Audi)就这么认为:"难道不可以合理地认为撒谎、违背诺言、征服、折磨以及类似的是把他人仅仅当作手段吗?忠于人民、善意地对待他们以及公正地对待他们……难道不是把他们当作目的吗?要点不在于能够从定言命令中演绎出罗斯的原则来……而是定言命令的内在人性公式使得义务的这些原则可理解甚至可预期。"①罗斯的显见义务也确实表达了康德的人性是目的的思想。

一般而言,罗斯的显见义务的优点是解决伦理困境的问题。如前所述,康德提出了伦理困境源于责任根据之间的冲突问题,但是他对责任根据的解释存在诸多争议。尤其对撒谎的问题,康德对撒谎问题给人的印象是他是带着绝对否定的立场的。这种立场经常给人以一种违背日常道德直观的印象。罗斯的显见义务给予了我们一些启发,比如在承诺和拯救他人的生命方面有冲突时,在罗斯看来,二者都是显见义务,都给予了他做这些行动的理由,但是在很多情况下,拯救生命的显见义务比实现诺言的显见义务更重要,因而他可以选择后者,后者才是一个真正的义务。从笔者前面对康德道德困境的理解来看,罗斯的显见义务可以看作是对康德的后期伦理学中呈现出来的义务学说的明确表达。

需要注意的是,在处理伦理困境时,罗斯从显见义务到获得真实的义务需要两次用到实践判断力。第一次是判断行动属于哪些显见义务,这是比较容易做出判断的。第二次是运用判断力推出真正的义务,这需要在这些不同的显见义务中,判断哪个显见义务是最严格的。罗斯指出这个问题,并且认为:"在这方面,涉及这一特定判断的对的判断正像涉及某一特定自然对象或艺术作品之美的判断了。比如,一首诗就其某些方面是美的,就其他方面而言又不美;而我们涉及它在整体上具有的美

---

① 转引自 Mark Timmons, *Moral Theory: An Introduction*, New York: Rowman & Littlefield Publishers, 2002, p. 203。

的程度就永远无法从对其特定的美或特定的缺陷的领会中经过逻辑推理得到了。在这个例子里和在道德的例子一样，我们都具有一些或多或少可能为真的意见，这些意见并非从被承认为自明的一般原则合乎逻辑地论证出来的结论。"①正如美的判断没有精确的规则一样，判断行动的正当与否也没有非常精确的规则，特别是在复杂的情形下。因为行动具有某个显见义务，给予了它成为我们的义务的一个理由，但是这只是其中一个理由，只有充分考察使行动落入不同的显见义务范畴的诸因素，最后才能得到作为确定结果的真正的义务。这涉及两个问题：第一，如果说得到真正的义务需要考察所有的因素，那么如何获得所有的相关因素，罗斯的经验主义立场不可能给出规则和答案；第二，即使行动者能够得到所有的因素，我们也面临如何判断在这些因素中，哪个因素是最严格的问题。罗斯认为，正如自然法则中物体的力是物体所承受的力的合力一样，真实的义务也是在综合不同的因素中推出来的，解决伦理困境和义务冲突的问题也是从这里着眼，不过由于并不是每个人都有这样的能力，所以在现实的实践运用中，也面临诸多问题。

---

① 罗尔斯：《万民法》，张晓辉译，吉林人民出版社 2001 年版，第 87 页。

结　语

　　理解康德的批判哲学尤其实践哲学需要关注他之前的沃尔夫和克鲁修斯哲学。他们构成了理解康德哲学的语境和背景。康德的后期伦理学是以批判哲学时期所构建的自由概念为基础,系统地展现了法权学说和德性学说。自由概念具有消极意义和积极意义,二者不可分。人具有社会性和非社会性,这体现了近代自然法对康德的影响。这对理解康德的伦理学,尤其后期伦理学具有很重要的价值。人具有社会性,通过与他人的交往,人能够完善自己、发展自己的禀赋。但是,人也有非社会性,在与他人的交往中,由于人受到感性的影响,具体表现在他所具有的求名誉、统治欲和占有欲等使得他破坏他人的自由的同时也破坏了自己的自由。外在自由即自由的消极概念在法权的学说中,要求人独立于他人的强制。法权和法权的原则都是来源于外在的自由概念,直接从外在自由的概念中推出来。

　　外在自由只具有消极的含义,法权义务的动机可以来自感性的规定。可见,外在自由还不是真正的自由。在笔者看来,真正的自由就是自律(自法),即理性的自我立法。德性义务是自律的学说,但是于人而言,它不仅是自律的,而且还是自治的。自由的概念运用于人的意选的内在规定时,就是内在自由的概念。由于人的根本恶倾向,人总是受到激情和情欲的影响和控制,因而内在自由不仅表现为纯粹实践理性的自律,而且也表现为纯粹实践理性的专制。人的行动是目的性的,内在自由与同时是义务的目的紧密相关,以内在自由为基础的德性义务就是实现这些目的的义务。人履行德性义务,完善自己,实现自己的人格性禀赋,即真正的自由。

法权和德性二者不可分,是实现自由的不可分的两个方面。法权学说中展现的法权义务保障了人的外在自由;德性论中展现的德性义务保障了人的内在自由。没有外在自由的维护,人的内在自由就很难完善。除此之外,康德在后期伦理学著作中,还关注了人的自由如何实现的问题。这体现在他的教育学和历史哲学的著作中,前者关注的是自由在个体身上的发展,后者关注的是人的自由在人类中的实现。二者有着紧密的关系。个人的自由的发展是循序渐进的,难以确定在某个具体的个人中能够得到实现,这就需要有历史的视野,从人的类的发展的角度来看人的自由的发展和完善。在笔者看来,康德的历史哲学所关注的是人的外在自由,虽然外在自由为内在自由的发展奠定了基础,但只是必要条件,而不是充分条件。个体的自由发展是教育学所探讨的主题。康德之后的哲学家们更关注历史哲学,黑格尔系统地发展了历史哲学,马克思系统地发展了历史唯物主义。因而研究康德的后期伦理学著作也有助于理解康德之后哲学家们的哲学思想。

主要参考文献

一、中文类

1. 康德的翻译著作

[1]康德. 纯粹理性批判. 邓晓芒译. 杨祖陶校. 人民出版社,2004

[2]康德. 实践理性批判. 邓晓芒译. 杨祖陶校. 人民出版社,2004

[3]康德. 判断力批判. 邓晓芒译. 杨祖陶校. 人民出版社,2005

[4]康德. 纯粹理性批判. 李秋零译. 中国人民大学出版社,2004

[5]康德. 康德著作全集 1—9 卷. 李秋零主编. 北京:中国人民大学出版社

[6]康德.《道德形而上学》导言. 曾晓平译. 邓晓芒校.《世界哲学》1992 年第 5 期

[7]康德. 实践理性批判. 韩水法译. 商务印书馆,2009

[8]康德. 康德书信百封. 李秋零编译. 上海人民出版社,2006

[9]康德. 道德形而上学基础. 杨云飞译. 邓晓芒校. 人民出版社,2013

[10]康德. 道德底形上学. 李明辉译注. 科技部经典译注,2015

[11]康德. 道德形而上学. 张荣,李秋零译注. 中国人民大学出版社,2013

2. 中文的其他著作(包括研究著作和其他哲学家的著作)

[1]杨祖陶. 德国古典哲学的逻辑进程. 武汉大学出版社,2003

[2]杨祖陶. 康德黑格尔哲学研究. 武汉大学出版社,2002

［3］杨祖陶,邓晓芒.康德《纯粹理性批判》指要.人民出版社,2001

［4］邓晓芒.思辨的张力.湖南教育出版社,1998

［5］邓晓芒.康德哲学讲演录.广西师范大学出版社,2005

［6］邓晓芒.冥河的摆渡者.武汉大学出版社,2007

［7］邓晓芒.康德哲学诸问题.三联出版社,2006

［8］邓晓芒.康德论道德与法的关系.《江苏社会科学》2009 年第 4 期

［9］卢雪昆.康德的自由学说.台湾:里仁书局,2009

［10］曾晓平.关于道德形而上学的两个基本的问题.《湖北大学学报》1998 年第 5 期

［11］曾晓平.自由的危机与拯救.武汉大学博士论文,1995

［12］韩水法.康德物自身研究.商务印书馆,2007

［13］舒远招.论《道德形而上学》对法权义务和德性义务之划分.《德国哲学》 2016 年第 2 期

［14］杨云飞.定言命令研究.武汉大学博士论文,2006

［15］王天成.直觉与逻辑.长春出版社,2000

［16］张志伟.康德的道德世界观.中国人民大学出版社,1995

［17］裴顿.康德的经验的形而上学.韦卓民译.华中师范大学出版社,2009

［18］赫费.康德的《纯粹理性批判》.郭大为译.人民出版社,2008

［19］赫费.康德生平、著作与影响.郑伊倩译.人民出版社,2007

［20］库恩.康德传.黄添盛译.上海人民出版社,2008

［21］康蒲・斯密.康德《纯粹理性批判》解义.韦卓民译.华中师范大学出版 社,2000

［22］阿利森.康德的自由理论.陈虎平译.辽宁教育出版社,2001

［23］科尔斯戈德.规范性的来源.杨顺利译.上海译文出版社,2010

［24］里夏德・克朗纳.论康德与黑格尔.关子尹编译.北京:商务印书馆,2004

［25］罗尔斯.道德哲学史讲义.张国清译.北京:三联出版社,2003

［26］罗尔斯.万民法.张晓辉译.长春:吉林人民出版社,2001

［27］曼弗雷德・鲍姆.康德实践哲学中的法和伦理.邓晓芒译.《云南大学学报》 2010 年第 6 期

［28］罗斯.正当与善.林南译.上海译文出版社,2008

［29］杰弗里·墨菲.康德:权利哲学.吴彦译.中国法制出版社,2010

［30］黑格尔.哲学史讲演录四.贺麟译.商务印书馆,1997

［31］邓安庆.启蒙伦理与现代社会的公序良俗——德国古典哲学的道德视野之重审.人民出版社,2014

［32］黑格尔.法哲学原理.邓安庆译.人民出版社,2016

——法哲学原理.范扬,张企泰译.商务印书馆,2009

——精神现象学.先刚译.人民出版社,2013

［33］黄裕生.普遍伦理学的出发点:自由个体还是关系角色.《中国哲学史》2003年第3期

——权利的形而上学.商务印书馆,2019

［34］刘作.人何以是自由的?——评克勒梅教授的《康德的〈道德形而上学奠基〉:一种系统注释》.《清华西方哲学研究》2017年第2期

——康德.陕西师范大学出版社,2017

——康德的道德形而上学是一个一致的概念.《武汉科技大学学报》2011年第3期

——论康德的许可法则.《哲学研究》2019年第3期

［35］塞缪尔·普芬道夫.人和公民的自然法义务.鞠成伟译.商务印书馆,2014

［36］舒远招."德性"抑或"理性"——《道德形而上学》德性论导论中的代词之谜.《中山大学学报(社会科学版)》2019年第5期

——康德的伦理学不是义务论吗?.《清华大学西方哲学研究》2018年02期

——论《道德形而上学》对法权义务和德性义务之划分.《德国哲学》2016年02期

［37］詹世友.道德法则是德性的纲维——康德的道德教育原则及方法探微.《上饶师范学院学报》2014年第5期

［38］刘凤娟.再论康德人性概念.《道德与文明》2015年第5期

［39］林晖.启蒙的技艺:康德教育哲学的难题.《复旦教育论坛》2009年第4期

［40］杨云飞.论康德对罗尔斯正义理论的影响——兼谈哲学史对于当代哲学研究的启发意义.《武汉大学学报》(人文社会科学版)2013年第2期

［41］费希特.自然法权基础.谢地坤,程志民译.梁志学校.商务印书馆,2006

［42］霍尔盖特.黑格尔导论——自由.真理与历史.丁三东译.商务印书馆,2013

［43］古纳尔•贝克.费希特和康德论自由、权利和法律.黄涛译.商务印书馆,2015

二、外文类

1.原著类

［1］Kant. *Die Metaphysik der Sitten*. Hambugr：Verlag von Felix Meiner,1966

［2］Kant. *Critique of Pure Reason*. Ed. Paul Guyer. Cambridge：Cambridge University Press,1998

［3］Kant. *Lectures on Ethics*. Trans. Peter Heath. Cambridge：Cambridge University Press,1997

［4］Kant. *Groundwork for the Metaphysics of Morals*. Ed. and trans. Allen W. Wood. New Haven：Yale University Press,2002

［5］Kant. *Critique of Practical Reason*. Ed. and trans. Lewis White Beck. Beijing：China Social Science Press,1999

［6］Kant. *Anthropology，History，and Education*. Ed. Paul Guyer. Cambridge：Cambridge University Press,2007

［7］Kant. *Practical Philosophy*. Ed. Paul Guyer. Cambridge：Cambridge University Press,1999

［8］Kant. *Metaphysical of Morals*. Ed. and trans. Mary Gregor. Cambridge：Cambridge University Press,1999

［9］Kant. *Opus Postumum*. Ed. Eckart Förster. Cambridge：Cambridge University Press,1995

［10］Kant. *Notes and Fragments*. Ed. Paul Guyer. Cambridge：Cambridge University Press,2005

［11］Kant. *Critique of the Power of Judgment*. Trans. Paul Guyer and Eric Matthews. Cambridge：Cambridge University Press,2000

［12］Kant. *Metaphysical Elements of Justice*. Trans. John Ladd. Indianapolis：Hacktt Publishing Company,1999

2. 关于康德的研究性著作

［1］ Allen W. Wood. *Kant's Ethical Thought*. Cambridge：Cambridge University Press，1999

Allen W. Wood. *Kantian Ethics*. Cambridge：Cambridge University Press，2008

Allen W. Wood. *Kant*. Malden. MA：Blackwell Publishing，2005

Allen W. Wood. *Hegel's Ethical Thought*. Cambridge：Cambridge University Press，1990

［2］ Henry E. Allison *Kant's Transcendental Idealism*. New Haven：Yale University Press，2004

［3］ Andrew Ward. *Kant the Three Critiques*. Malden，MA：Polity，2006

［4］ Karl Ameriks（ed.）. *The Cambridge Companion to German idealism*. Cambridge：Cambridge University Press，2000

［5］ Anne Margaret Baxley. *Kant's Theory of Virtue*. Cambridg：Cambridge University Press，2010

［6］ Arthur Ripstein. *Force and Freedom Kant's Legal and Political Philosophy*. Cambridg：Harvard University Press，2009

［7］ Andrews Reath and Jens Timmermann（ed.）. *Kant's Critique of Practical Reason A Critical Guide*. Cambridge：Cambridge University Press，2009

［8］ Gary Banham. *Kant's Practical Philosophy：from critique to doctrine*. New York：Palgrave Macmillan，2003

［9］ Lawrence C. Becker. *Encyclopedia of Ethics 1 - 3*. London：Routledge，1997

［10］ Lewis White Beck. *A Commentary on Kant's Critique of Practical Reason*. Chicago：University of Chicago Press，1963

［11］ B. Sharon Byrd and Joachim Hruschka. *Kant's Doctrine of Right：A Commentary*. Cambridge：Cambridge University Press，2010

［12］ C. D. Broad. *Five Types of Ethical Theory*. London：Routledge，2002

［13］ Christine M. Korsgaard. *Creating the Kingdom of Ends*. Cambridge：Cambridge University Press，1999

Christine M. Korsgaard. *The Constitution of Agency：Essays on*

Practical Reason and Moral Psychology. London: Oxford University Press, 2008

Christine M. Korsgaard. *Self-constitution: Agency, Identity, and Integrity*. Oxford; New York: Oxford University Press, 2009

［14］Dieter Henrich. *Between Kant and Hegel*. Ed. David S. Pacini. Cambridge: Harvard University Press, 2002

［15］Graham Bird (ed.) *A Companion to Kant*. Malden, MA: Blackwell Publishing, 2006

［16］Heiner Klemme, *Kants Grundlegung zur Metaphysik der Sitten ein Systematischer Kommentar*. Stuttgart: Reclam, 2017

Heiner Klemme and Manfred Kuehn eds. *The Bloomsbury Dictionary of Eighteenth-Century German Philosophers*. London: Bloomsbury Academic, an imprint of Bloomsbury Publishing Plc, 2016

［17］Heiner F. Klemme and Manfred Kuehn (ed.). *Kant Practical Philosophy*. Burlington, VT: Ashgate, 1999

［18］Helmut Holzhey and Vilem Mudroch. *Kant and Kantianism*. Lanham: Md, Scarecrow Press, 2005

［19］Henry E. Allison. *Idealism and Freedom: Essays on Kant's Theoretical and Practical Philosophy*. Cambridge: Cambridge University Press, 1996

［20］Thomas E. Hill. *Respect, Pluralism, and Justice Kantian Perspectives*. Oxford; New York: Oxford University Press, 2000

［21］Christoph Horn. *Groundwork for the Metaphysics of Morals*. Berlin: Walter de Gruyter, 2006

［22］Otfried Höffe. *Kant's Cosmopolitan Theory of Law and Peace*. Trans. Alexandra Newton. Cambridge; New York: Cambridge University Press, 2006

［23］Howard Caygill. *A Kant Dictionary*. Oxford, UK; Cambridge, Mass, USA: Blackwell Reference, 1995

［24］J. B. Schneewind. *The Invention of Autonomy*. Cambridge: Cambridge University Press, 1998

J. B. Schneewind. (Ed.) *Moral Philosophy from Montaigne to Kant.*

Cambridge: Cambridge University Press, 2003

[25] Jens Timmermann (ed.). *Kant's Groundwork of the Metaphysics of Morals : A Critical Guide*. Cambridge: Cambridge University Press, 2009

Jens Timmermann. *Kant's Groundwork Metaphysics of Morals : A Commentary*, Cambridge: Cambridge University Press, 2007

Jens Timmermann (Ed.). *Kant's "Tugendlehre": A Comprehensive Commentary*. Berlin: De Gruyter, 2013

[26] Karl Ameriks and Höffe, Otfried (ed.). *Kant's Moral and Legal Philosophy*. Trans. *Nicholas Walker*. Cambridge: Cambridge University Press, 2009

[27] Katrin Flikschu. *Kant and Modern Political Philosophy*, Cambridge: Cambridge University Press, 2004

[28] Klaus Brinkmann. *German Idealism Critical Concepts in Philosophy*. London: Routledge, 2007

[29] Knud Haakonssen. *Natural Law and Moral Philosophy*. Cambridge: Cambridge University Press, 1996

[30] Richard Kraut, *The Blackwell Guide to Aristotle's Nicomachean Ethics*. London: Blackwell Pubing, 2006

[31] Lara Denis (ed.). *Kant's Metaphysics of Morals : A Critical Guide*. Cambridge: Cambridge University Press, 2010

[32] Lara Denis and Oliver Sensen. *Kant's Lectures on Ethics : A Critical Guide*. Cambridge: Cambridge University Press, 2015

[33] Marcus Willaschek and Jürgen Stolzenberg eds. *Kant-Lexikon*. Berlin: De Gruyter, 2017

[34] Mark Timmons. *Moral Theory an Introduction*. Washington D. C. : Rowan & Littlefield Publishers, 2002

Mark Timmons. (Ed.). *Kant's Metaphysics of Morals : Interpretative Essays*. London: Oxford University Press, 2002

[35] Mary J. Gregor. *Laws of Freedom*. Oxford: Blackwell, 1963

[36] Mulholland Leslie Arthur. *Kant's System of Rights*. New York:

Columbia University Press，1990

[37] Paul Guyer. *Kant and the Experience of Freedom*：*Essays on Aesthetics and Morality*. Cambridge：Cambridge University Press，1993

Paul Guyer. *Kant*. London：Routledge，2006

Paul Guyer. (Ed.). *Kant and the Modern Philosophy*. Cambridge：Cambridge University Press，2006

Paul Guyer. (Ed.). *The Cambridge Companion to Kant*. Beijing：SDX Joint Plublishing Company,2006

Paul Guyer. *Kant's Groundwork for the Metaphysics of Morals*：*A Reader's Guide*. London:Continuum，2007

[38] Philip Stratton-Lake. *Kant*，*Duty and Moral Worth*. London：Routledge，2000

[39] Robert B. Louden. *Kant's Impure Ethics*：*From Rational Beings to Human Beings*. London：Oxford University Press，2000

[39] Roth K，Surprenant C W. (ed.). *Kant and Education*：*Interpretations and Commentary*. New York：Routledge，2012

[40] Samuel J. Kirstein. *Kant's Search for the Supreme Principle of Morality*. Cambridge：Cambridge University Press，2002

[41] Sally S. Sedgwick. *Kant's Groundwork of the Metaphysics of Morals*：*An Introduction*. Cambridge：Cambridge University Press，2006

[42] Nancy Sherman. *Making a Necessity of Virtue*：*Aristotle and Kant on Virtue*. Cambridge：Cambridge University Press,1997

[43] Thomas E. Hill. *Dignity and Practical Reason in Kant's Moral Theory*. New York：Cornell University，1992

[44] Thomas E. Hill(ed.). *The Blackwell Guide to Kant's Ethics*. Malden，MA：Wiley-Blackwell，2009

3. 关于康德的研究性论文

[1] Anne Margaret Baxley. Autocracy and Autonomy. *Kant-Studien* 2003

[2] Claudia M. Schmid. The Anthropological Dimensions of Kant's Metaphysics of Morals. *Kant-Studien* 2005

［3］J. B. Schneewind. Kant and Natural Law Ethics. *Ethics* 1993 Oct

［4］Marcus Willaschek. Why the Doctrine of Right Does Not Belong in the Metaphysics of Morals. *Annual Review of Law and Ethics* 1999

［5］Oliver Sensen. Kant's Conception of Human Dignity. *Kant-Studien* 2009

［6］Pablo Muschnik. On the alleged Vacuity of Kant's Concept of Evil. *Kant-Studien* 2006

［7］Silvestro Marcucci. Moral Friendship. *Kant-Studien* 1999

"纯粹哲学丛书"书目

《哲学作为创造性的智慧:叶秀山西方哲学论集(1998—2002)》 叶秀山 著

《真理与自由:康德哲学的存在论阐释》 黄裕生 著

《走向精神科学之路:狄尔泰哲学思想研究》 谢地坤 著

《从胡塞尔到德里达》 尚杰 著

《海德格尔与存在论历史的解构:〈现象学的基本问题〉引论》 宋继杰 著

《康德的信仰:康德的自由、自然和上帝理念批判》 赵广明 著

《宗教与哲学的相遇:奥古斯丁与托马斯·阿奎那的基督教哲学研究》 黄裕生 著

《理念与神:柏拉图的理念思想及其神学意义》 赵广明 著

《时间性:自身与他者——从胡塞尔、海德格尔到列维纳斯》 王恒 著

《意志及其解脱之路:叔本华哲学思想研究》 黄文前 著

《真理之光:费希特与海德格尔论 SEIN》 李文堂 著

《归隐之路:20 世纪法国哲学的踪迹》 尚杰 著

《胡塞尔直观概念的起源:以意向性为线索的早期文本研究》 陈志远 著

《幽灵之舞:德里达与现象学》 方向红 著

《形而上学与社会希望:罗蒂哲学研究》 陈亚军 著

《福柯的主体解构之旅:从知识考古学到"人之死"》 刘永谋 著

《中西智慧的贯通:叶秀山中国哲学文化论集》 叶秀山 著

《学与思的轮回:叶秀山 2003—2007 年最新论文集》 叶秀山 著

《返回爱与自由的生活世界:纯粹民间文学关键词的哲学阐释》 户晓辉 著

《心的秩序:一种现象学心学研究的可能性》 倪梁康 著

《生命与信仰:克尔凯郭尔假名写作时期基督教哲学思想研究》 王齐 著

《时间与永恒:论海德格尔哲学中的时间问题》 黄裕生 著

《道路之思:海德格尔的"存在论差异"思想》 张柯 著

《启蒙与自由:叶秀山论康德》 叶秀山 著

《自由、心灵与时间:奥古斯丁心灵转向问题的文本学研究》 张荣 著

《回归原创之思:"象思维"视野下的中国智慧》 王树人 著

《从语言到心灵:一种生活整体主义的研究》 黄益民 著

《身体、空间与科学:梅洛－庞蒂的空间现象学研究》 刘胜利 著

《超越经验主义与理性主义:实用主义叙事的当代转换及效应》 陈亚军 著

《希望与绝对:康德宗教哲学研究的思想史意义》 尚文华 著

《多元与无端:列维纳斯对西方哲学中一元开端论的解构》 朱刚 著

《哲学的希望:欧洲哲学的发展与中国哲学的机遇》 叶秀山 著

《同感与人格:埃迪·施泰因的交互主体性现象学研究》 郁欣 著

《从逻辑到形而上学:康德判断表研究》 刘萌 著
《重审"直观无概念则盲":当前分析哲学语境下的康德直观理论研究》 段丽真 著
《道德情感现象学:透过儒家哲学的阐明》 卢盈华 著
《自由体系的展开:康德后期伦理学研究》 刘 作 著